テキストブック
21世紀アジア経済

日本総合研究所
調査部 環太平洋研究センター
今井宏・高安健一・
坂東達郎・三島一夫

はじめに

　本書は，民間シンクタンクのエコノミストが，アジア経済について初めて学ぶ学生を想定して執筆した教科書である．併せて，アジアで事業を展開している企業の方々にも活用していただける内容となっている．

　読者の理解度を高めるために，いくつかの工夫を施してある．各章の冒頭で，各々のテーマに関する主要な議論や歴史的展開を整理した．図表については，各章での論点や長期的なトレンドが把握できるように配慮した．章末には，読者がさらに理解を深めることができるように，重要な参考文献（含むホームページ・アドレス）を掲載するとともに，特に有用なものについては解説を加えてある．また，最近の企業動向や現地情報を，コラムで紹介している．

　本書は，序章を含む14の章で構成されている．第1部（第1章〜第3章）では，アジアの経済発展の軌跡と特徴について述べる．その際に，政府の役割に着目するとともに，高度経済成長の負の側面にも焦点をあてている．次に，アジアの経済発展を牽引してきた直接投資と貿易の動向について，中国のプレゼンスの高まりにも焦点をあてて述べる．最後に，アジア経済に大きな打撃を与えた通貨危機が起きたメカニズムについて解説する．

　第2部（第4章〜第6章）では，アジア各国・地域が発展してきた背景および現在直面している課題を，NIEs，ASEAN，そして中国に分けて述べる．その際に，NIEsとASEANが中国経済の台頭から受ける影響についても触れる．

　第3部（第7章〜第10章）では，日本企業のアジア進出の歴史と事業展開を，エレクトロニクス産業，自動車産業，そして銀行業について述べる．エレクトロニクス産業では，国際分業体制の進展に伴ってアジアへの生産シフトが急速に進み，日本国内での生産に大きな影響を及ぼしている．自動車産業では，1998年以降の完成車メーカーの戦略的提携を反映したアジア戦略が実施段階を迎えており，主要企業グループは事業を拡大している．邦銀は，アジア通貨危機と国内の金融システム危機の洗礼を受けて，アジアでのビジネスを縮小させ

た例として位置付けられる．

第4部（第11章〜第13章）では，成長と安定に向けたアジア全体の枠組みと，日本の経済支援のあり方について述べる．経済安全保障については，政治面のみにとどまらず，エネルギー，食糧，環境，地域間の経済・所得格差などを含め，幅広い観点から解説する．次に，世界における貿易自由化と地域経済統合の動きを概観したうえで域内における経済協力の現状と問題点について述べ，日本の経済支援のあり方を論じる．

本書は，教科書という性格上，読者に対してアジア経済を学ぶために必要な情報や視座を提供することを目的としている．しかし本書の真の価値は，経済制度整備，中国経済の台頭と日本の位置付け，企業にとってのリスク管理という3つの点に配慮しながら，民間シンクタンクのエコノミストが執筆したところにある．

なお，本書は，株式会社日本総合研究所が立命館大学との学術交流の一環として経済学部で実施している「アジア経済論」の講義内容を基に執筆したものである．同学部の平田純一教授には，びわこ・くさつキャンパスにて大変にお世話になっている．

本書の出版にあたって，渡辺利夫・拓殖大学国際開発学部長（日本総合研究所顧問）より，その構想段階より随所でご指導をいただいた．この出版企画に理解を示し，支援していただいた筆者の勤務先にも謝意を表したい．勁草書房の宮本詳三・編集部長には，日頃の調査・研究の成果を発表する機会を与えていただくとともに，企画・草稿の段階から貴重なアドバイスを頂戴した．厚く御礼を申し上げる．

2002年12月

筆者一同

目　次

はじめに

序　章　成長と安定のための経済制度改革 …………………………… 3
　　1．経済制度改革への取り組み　3
　　2．中国経済の台頭と日本のポジショニング　5
　　3．企業活動とリスク管理　7

第1部　アジアの経済発展の特徴

第1章　アジアの経済発展と政府の役割 ……………………………… 11
　　1．戦後のアジア経済　12
　　2．発展段階に入ったアジア経済：東アジアの高度成長期　16
　　3．21世紀のアジアの経済成長と政府の役割　25
　　4．おわりに　27
　　【コラム1】開発独裁の光と影　30
　　【コラム2】東アジアの産業政策：日本と韓国の重工業化　31

第2章　経済発展をもたらした直接投資と貿易 ……………………… 33
　　1．直接投資とは　34
　　2．アジアにおける直接投資の拡大　38
　　3．アジアにおける貿易の拡大　45
　　4．おわりに　52
　　【コラム3】日中貿易摩擦と国内産業保護　54

第3章　アジア通貨危機と経済再建への取り組み …………………… 55
　　1．タイの通貨暴落とアジア通貨危機　56

2．アジア通貨危機の背景　60
3．IMF の処方箋と通貨危機への各国の対応　67
4．危機再発防止に向けての取り組み　70
5．おわりに　74
【コラム4】マレーシアの資本取引規制　75

第2部　経済発展と直面する問題

第4章　新たな成長シナリオを模索する NIEs …………………………79
1．これまでの NIEs の経済発展の経緯　80
2．NIEs の経済発展戦略と成長要因　88
3．NIEs の抱える課題と政府の対応　96
4．おわりに　101
【コラム5】初期条件の違いがその後の発展パターンにどう影響したか：
　　　　　NIEs と ASEAN4 との比較　103

第5章　成長の踊り場を迎えた ASEAN 経済 ……………………………105
1．ASEAN 諸国の概要　106
2．ASEAN4 の経済発展の経緯　111
3．見直しを迫られる ASEAN 諸国の成長メカニズム　114
4．ASEAN 諸国の今後の課題　119
5．おわりに　126
【コラム6】マレーシアの国民車プロジェクト：プロトン社　127

第6章　真の経済大国への道を歩む中国 ……………………………129
1．高まる中国経済のプレゼンス　130
2．経済発展の経緯　132
3．経済発展の特徴　136
4．中国経済の現状と今後の課題　145
5．おわりに　151
【コラム7】中国の失業問題とそのインパクト　153

目次　　　　　　　　v

第3部　アジアと日本企業

第7章　日本企業の事業展開 …………………………………157
　1．日本企業を取り巻く環境の変化　158
　2．日本企業のアジア事業の概要　159
　3．日本企業のアジア事業の展望　166

第8章　エレクトロニクス産業と日本企業の事業展開 …………171
　1．アジアへの進出　172
　2．投資拡大に伴って緊密化する日中間の貿易関係　180
　3．日系エレクトロニクス企業のアジアにおける事業活動　184
　4．日本のエレクトロニクス産業の課題　187
　5．おわりに　191
　【コラム8】広がる戦略的提携の動き　193

第9章　自動車産業と日本メーカーの事業展開 …………………195
　1．市場規模と生産基盤　196
　2．主要自動車生産国の概要　205
　3．世界的規模で進展した完成車メーカーの戦略的提携　209
　4．アジアにおける分業体制の展望　213
　5．おわりに　215
　【コラム9】ASEAN後発加盟国で出会った自動車　218

第10章　アジア金融市場と邦銀の事業展開 ……………………219
　1．国際金融業務とは　220
　2．アジアに注力する理由　223
　3．カントリーリスクと現地政府による規制　226
　4．アジア金融市場の特徴　230
　5．邦銀の事業展開　235
　6．おわりに　239

【コラム10】金融危機と邦銀アジア支店　241

第4部　安全保障と経済協力

第11章　アジアにおける経済安全保障　245
1. アジアの経済安全保障の課題　246
2. 政治的安全保障　249
3. エネルギー保障　256
4. 食糧保障　259
5. 環境問題　264
6. おわりに　269

【コラム11】アジアの所得格差　271

第12章　地域経済統合の進展　273
1. 貿易自由化の流れと地域経済統合の現状　274
2. 地域経済統合とは　279
3. アジアにおける地域経済統合・自由貿易協定の現状　282
4. おわりに　290

【コラム12】地域経済統合先行事例の統合効果　292

第13章　日本の対アジア政府開発援助　293
1. 政府開発援助の定義と役割　294
2. ODAの分類と実施体制　295
3. 日本のODAの特徴　298
4. アジア諸国にとっての日本のODA　303
5. 援助政策に関する考え方の変遷　305
6. 日本の援助政策　311
7. おわりに　316

【コラム13】アジア通貨危機と新宮澤構想　318

あとがきに代えて：中国とどう向き合うか　319

資料：東アジア諸国の主要経済指標 …………………………………………323
索　引 …………………………………………………………………………329

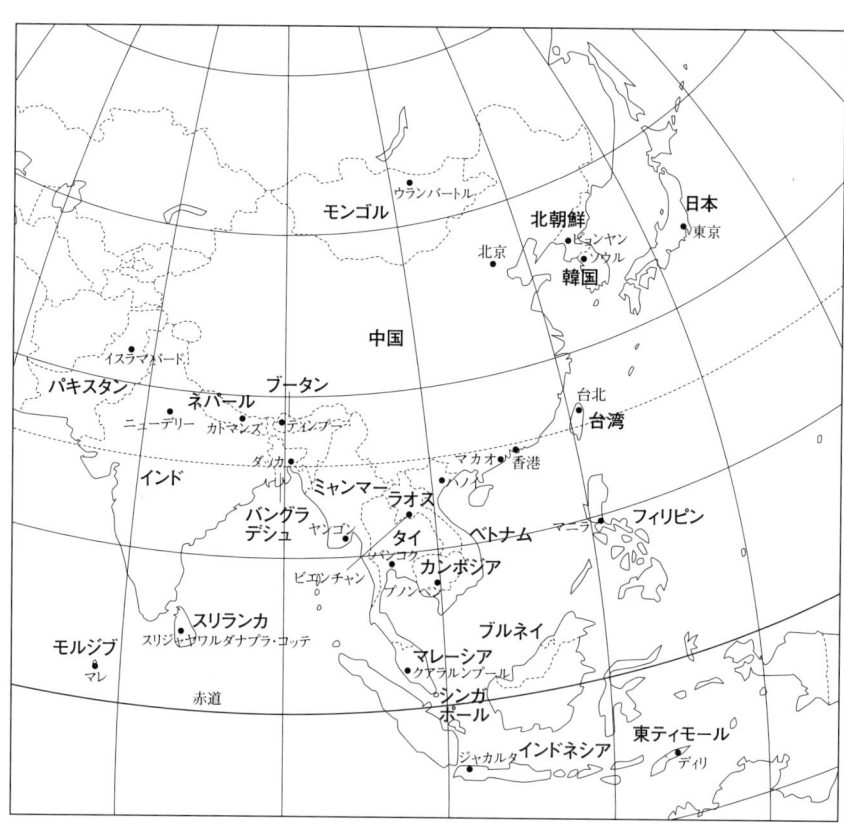

テキストブック　21世紀アジア経済

序　章　成長と安定のための経済制度改革

1．経済制度改革への取り組み

　過去10年ほどの間，アジア経済に対する見方は，楽観論と悲観論の間を大きく揺れ動いてきた．われわれは，足元の経済動向もさることながら，長期的に当該国・地域の潜在力を高めるような経済制度改革が行われているのかという点を重視すべきだと考える．

　世界銀行が1993年に『東アジアの奇跡：経済成長と政府の役割（*The East Asian Miracle: Economic Growth and Public Policy*）』を発表してからしばらくの間，アジア諸国が経済的成功を収めた秘訣が注目を集めた．95年になると，米国のマサチューセッツ工科大学（当時）のポール・クルーグマン（Paul Krugman）教授は，東アジアの経済成長の大半は労働力と資本の投入によってもたらされたものであり，技術革新を伴ったものではないとの主張を展開した．そして，97年7月に，タイ・バーツ切り下げに端を発するアジア通貨危機が発生し，アジア諸国が抱える構造問題が一気に顕在化した．その後は，99年のV字型の景気回復，2001年に入ってからの情報技術（IT）バブルの崩壊，同年9月の米国同時多発テロの影響による景気の落ち込みとその後の急速な回復など，アジア経済に対する評価は目まぐるしく変わった．

　アジア通貨危機は，第2次世界大戦後の高度経済成長を支えてきた経済制度を見直すきっかけになったと考えられる．各国・地域の従前の経済制度，そして外部からの経済支援が経済発展を支えてきたことは間違いない．しかしながら，同時に，それらが限界に達しつつあったことも否定できない．

　通貨危機が発生してからアジア太平洋経済協力会議（APEC: Asia-Pacific Economic Cooperation）等の場で，「キャパシティ・ビルディング（capacity building）」という用語がさかんに使われるようになった．われわれは，アジア諸国が中長期的な課題として，その国の潜在能力を高めるような政策を実施し

ているのか，そして潜在能力を顕在化させるような政策をとっているのか，という点をこれまでにも増して注視する必要がある．さらに，経済制度改革を着実に進めることにより，通貨危機のような外的ショックに対する抵抗力が高まることが期待できる．

通貨危機後の各国・地域は，新しい時代にふさわしい，持続的経済発展の礎となる経済制度の構築を模索している．これは，単にグローバルな，あるいは欧米のスタンダードをアジアへ導入することの是非という，ある種の価値判断の存在を前提とした視点から論じるべきではない．われわれは，経済制度改革は，次のような視点を取り入れて推進されるべきであると考える．

第1に，経済制度の問題は，政府と民間の役割分担という，経済発展論の永遠のテーマと深く関わっている．新しい経済制度の整備にイニシアチブを発揮できるのは政府をおいてほかにない．グローバル時代における政府の役割は，民間部門が潜在能力を高め，それを十分に発揮できるような経済制度の構築である．通貨危機を経験した諸国では，政府の経済活動への介入が一時的にせよ高まった．それは，市場メカニズムが機能する状態を作り出し，民間部門の活力を引き出すための過渡的な対応であった．

第2に，各国の経済制度間のインターフェースの確保という視点を取り入れるべきである．改めて指摘するまでもなく，グローバル・スタンダードを，発展途上国にそのまま適応するには無理がある．本来，経済制度は，その国に固有の歴史，社会的条件などを踏まえて，選択的に，時間をかけながら導入していくべきものであろう．しかしながら，その一方で，近隣諸国との共通性を著しく欠いた経済制度を温存したり，その整備に膨大な時間を費やしている余裕はない．アジアにおいても経済の相互依存関係が深まるなかで，各国の経済制度の相違が大きいと，企業活動が阻害されたり，効率的な資源配分が歪曲され，結果的に経済発展が阻害されかねない．重要なのは，アジア諸国が経済制度改革に取り組むにあたってのベンチマークを設定することと，他国とのインターフェースを意識して経済制度を設計することである．

第3に，アジアにおける経済制度整備は，重層的なプロセスである．従前からのASEAN自由貿易地域（AFTA：ASEAN Free Trade Area）やAPECなどに加えて，1997年にASEAN＋3（日本，中国，韓国）による定期首脳会談がスタートするとともに，自由貿易協定（FTA：Free Trade Agreement）の網が

急速に広まろうとしている．こうしたアジア太平洋での動きは，世界貿易機関（WTO：World Trade Organization）や国際通貨基金（IMF：International Monetary Fund）・世界銀行を中心としたグローバルな体制と対立するものではなく，補完するものと位置付けることができよう．国内，2国間，東アジア，アジア太平洋，そしてグローバル・レベルの経済制度改革が連動してきたと考えるべきであろう．

経済制度が国の競争力を大きく左右する時代が到来したことを，アジア諸国も無意識のうちに感じ取っているように思える．アジア諸国が，日本でも知られるようになったスイスの経営開発国際研究所（IMD：International Institute for Management Development）が発表する「国際競争力ランキング」に高い関心を示すようになったことが，それを物語っている．シンガポールの経済開発庁（EDB：Economic Development Board）は，国際競争力ランキングで自国が上位に位置付けられていることを，ホームページ上で強調している．事実，同国はアジアの中で多国籍企業を引き付けるための制度改革を最も熱心に実施してきたといえる．

通貨危機後のアジア諸国の経済再生への取り組み，2001年の中国のWTO加盟，そして日本の構造改革に共通しているのは，持続的経済成長を達成する礎となる経済制度を作り出そうとしていることである．その際に忘れてならないのが，各国・地域における内発的な要素を引き出す努力である．近年流行している産業集積を促進するための産官学の連携強化，空港や港湾の整備によるハブ機能の向上，ITの導入などは，実施体制やハードを提供するものにすぎない．その国，地域に独特な何か，より正確には比較優位を探し出すとともに，そこから価値を生み出せる人材が揃っていなければならない．こうした人材を数多く生み出すシステムを構築することこそが，経済制度改革の目的であろう．

2．中国経済の台頭と日本のポジショニング

中国経済については，第6章で取り上げているほか，本書を通じてその存在を強く意識している．ここでは，われわれが日本のアジアにおけるポジショニングという観点からも，中国を意識していることを指摘しておきたい．

中国経済に関するここ数年の議論を振り返ると，わが国の産業界を中心に，

相反する方向から脅威論が展開されてきたように思える．1つは，3大改革（行政・国有企業・金融改革），地方と中央の対立，エネルギー・環境をはじめとする諸々の問題が顕在化し，中国がアジアの不安定要因になるという見方である．もう1つは，中国製品の国際競争力が飛躍的に向上し，日本やASEANの産業・経済が大きな打撃を受けているという見方である．1999年頃までは前者の脅威論が大勢を占め，2000年以降は後者の脅威論が勢いを増した．確かに，主要な経済統計は，世界経済，そしてアジアにおける中国経済のプレゼンスが高まっていることを示している．

中国脅威論について，どちらの見方がより説得的であるかは別にして，世界的にはここ数年中国に対する評価がほとんど変わっていないことに関心を払うべきである．イギリスの金融専門誌である*Institutional Investors*は，世界の国々のカントリーリスク（与信リスク）に関するデータを定期的に発表している．それによると，通貨危機が発生する直前の1997年3月から最新のデータが得られる2002年9月までの間に，中国の評価は56.4点から60.6点の間で安定している（満点は100点，点数が高いほどリスクが低い）．他方，IMDの「国際競争力ランキング」でも，中国はここ数年ほぼ30位前後にランクされており，評価はほとんど変わっていない．このように，世界の中国に対する見方は，リスクと競争力のいずれにおいても，きわめて「安定」している．

では，何が問題なのか．それは，アジアにおける日本の地位が低下していることである．日本のカントリーリスク評価は，1997年3月の91.3点から2002年9月には82.7点へと低下した．日本政府が発行する国債の格付けは段階的に引き下げられており，2002年4月にアメリカの格付け会社であるスタンダード・アンド・プアーズ社は，長期債務格付けを「ダブルA」から「ダブルAマイナス」へ1段階引き下げた．国際競争力ランキングでは，2002年には30位へ大きく順位を下げた．

日本は，自国と中国の距離を基準に脅威論を展開すべきでない．世界，そしてその他のアジア諸国が中国をどのように評価しているのかという座標軸も加えて，中国を多面的に評価したうえで，自国のアジアにおけるポジショニングを考えるべきである．

日本のアジアにおける地位は，過去10年ほどの間に大きく低下した．日本が問われているのは，こうした傾向を甘受するのか，それとも積極的にリーダー

シップを発揮すべく体制を立て直すのかということである．

　日本は，アジアにおける地位を回復するためにも，国内の構造改革を着実に進めなければならない．構造改革の成功体験なくしては，他のアジア諸国への支援，特に経済制度改革に関わる知的支援は説得力を欠いたものとなる．

　通貨危機に見舞われたアジアの国々のみならず，WTOに加盟した中国・台湾も含め，アジア諸国は例外なく構造改革に取り組んでいる．おそらく，1997年以降のアジアで最も構造改革が進展した国は韓国である．同国は，もともと96年の経済協力開発機構（OECD：Organization for Economic Cooperation and Development）加盟を控え国内諸制度の改革に取り組んでいた．97年の通貨危機を契機に，改革は大きく加速した．中国は，90年代に市場経済化の推進，そして3大改革で弾みをつけた構造改革を，2001年12月のWTO加盟をステップにさらに前進させようとしている．ASEANでは，今なお改善の余地は大きいものの，インドネシアとタイが経済制度改革で大きく前進した．ベトナムは1986年に開始したドイモイ（刷新）政策を継続している．シンガポール，香港という都市国家でも，成長戦略の見直しを進めている．

　日本のアジアにおける地位は低下してはいるが，その経済力は依然アジアで飛び抜けて大きい．日本の名目GDP（2000年）は，アジア全体（日本，NIEs4，ASEAN4，中国の合計）の65.2％を占めており，中国の14.8％を大きく上回っている．日本の銀行資産は同じくアジア全体の61％（2002年6月）を占めている．日本には世界的に活躍している企業が多く，技術レベルも高い．日本が「構造改革の雁行形態」の先陣を切り，その成果を他のアジア諸国に伝播するのが本来の役割であろう．

3．企業活動とリスク管理

　アジアにおける経済制度改革の進展は，日本企業の行動に大きな影響を及ぼすことになる．情報の入手，行政手続き，取引，資金調達などをはじめとする企業経営に関わる諸々のコストが低下すれば，企業は投資・貿易活動を活発化させるであろう．これに情報通信ネットワークの発達や物流コストの低下が加わり，企業はアジア全体でのコストの最小化を目指すことになる．価格情報が市場参加者の間で瞬時に伝達されるようになり，企業は同業他社の製品よりも

製造原価を引き下げることに邁進する．企業は，そのために必要な生産ネットワークをアジアで確立し，価格競争力を高めようとする．サプライ・チェーン・マネジメントの導入により，製品の開発から市場投入までの時間とコストの最短化を競っている．

　日本企業は，アジアとの関係を深めることにより，今後とも競争力の強化を目指すことになろう．しかしながら，それは，単にアジアの拠点を拡充すればよいということではない．むしろ，われわれが警鐘を鳴らしたいのは，大競争時代の到来は新たなリスク管理のあり方を問い掛けているということである．ここでいうリスクとは，1997年にみられた為替レートの急落や，一般的な投資・貿易活動に関わるリスクに限定されない．われわれが改めて想定すべき，企業活動に関わるリスクとして次の点を指摘しておきたい．

　第1に，競争は進歩や技術革新の源泉ではあるが，企業行動は往々にしてオーバーシュートする．ブームにのって各社が同じ戦略を推進し，結果的にすべての企業が疲弊するという「合成の誤謬」に陥る恐れがある．企業は，他社製品に対して優位に立てるまでコスト削減競争を繰り広げるが，やがて消費者は価格だけではなく付加価値を求めるようになる．また，価格だけを追求したビジネスモデルは他の企業に容易に真似されやすい．

　第2に，経済制度改革を進める過程でさまざまな摩擦が生じることが予想される．例えば，2001年に日本と中国の間で繰り広げられた，生椎茸，畳表（いぐさ），ネギをめぐる緊急輸入制限措置（セーフガード）の暫定発動の問題は，新しい制度が定着する過程で生じた摩擦として理解できよう．それら3品目の輸入を規制したことに対抗して，中国政府は日本からの自動車などの輸入に対して高関税を課したが，これは自動車業界にとっては寝耳に水，すなわち想定外のリスクであった．また，日本製品に関する情報や生産ノウハウが海外に普及すればするほど，模造品が横行するリスクも拡大する．

　第3に，今後10年を展望してもアジアの多くの国が発展途上国のポジションから脱しているとは考えにくいことである．貧困問題は解消されていないであろう．宗教対立が解決しているとはとうてい思えない．民主主義の定着や政治参加の問題も多くの国で課題として残るであろう．こうした国々のカントリーリスクをどのように認識し，どういった対策をとるのかという点も企業にとっては引き続き重要な課題である．

第 1 部　アジアの経済発展の特徴

第1章　アジアの経済発展と政府の役割

◆本章のポイント

　本章では，①独立時に前近代的な状態にあったアジア各国はどのようにして経済発展に取り組んだのか，②アジアの中で東アジア諸国が特にめざましい経済成長を達成したが，そのなかで政府が果たした役割は何であったのか，③アジアの経済発展において今後，政府が果たすべき役割は何か，について学ぶ．

1．独立後，アジアの自由主義国は市場メカニズムを重視した経済政策により，社会主義国は計画経済により経済開発を進めた．自由主義国においても経済開発計画に基づいて経済開発が進められたが，工業化政策は当初の輸入代替工業化から輸出志向工業化にシフトしていった．
2．東アジアは，日本に続いてNIEsが，さらにASEAN，中国が次々と経済成長段階に入るという雁行型発展をみせた．東アジアの高度成長は，輸出志向工業化と外資誘致を核とした外向きの開発戦略によって実現された．
3．政府の役割に関しては，市場メカニズムを重視する考え方と政府の介入を是認する考え方という対立する見解がある．世界銀行の報告書『東アジアの奇跡』は両者を超える新しい考え方を示した．この報告書が有効と認めた政府の役割は，安定したマクロ政策，人的資源開発など基礎的条件整備である．
4．東アジアの経済開発は，開発独裁体制のもとで達成された．一方，開発独裁が進めた開発至上主義による経済開発は，公害，環境破壊や官民癒着によるクローニズムや市場メカニズムの歪みなどの問題を発生させた．
5．グローバル化の進展によって，アジアでもこれまで以上に市場メカニズムが重視されることになる．一方で，開発至上主義から経済的公正などへの開発プライオリティの見直しも必要である．こうした状況のなか，より効率的で民主的な経済体制を築いていくため，政府の制度能力の向上が求められる．

1. 戦後のアジア経済

(1) 独立後のアジア経済

　アジアは，日本を除くと25の国・地域（旧ソ連に属していた中央アジアは除く）から構成され，地理的にはユーラシア大陸の東部および中部と周辺の島々からなっている．面積は約2,000万平方キロメートルで世界の陸地面積の約15％に相当し，人口は約34億人で世界人口の6割近くに達する．これらの国・地域は，その立地から大きく北東アジア，東南アジア，南アジアに分けられる[1]．

　アジアの国々は，人種，民族，言語，宗教，気候風土において多種多様であり，歴史的背景も異なっている．その多くは，先進国の殖民地としての歴史を有しており，第2次大戦後，独立を達成した．1946年のフィリピンから始まって57年までに14カ国が独立を達成している．

　全般的に独立当時のアジア諸国は，所得水準が低く，経済の自律的発展を可能にするメカニズムが欠如していた．産業構造をみると，農業比率が高く，工業化は遅れていた．1955年における第2次産業のシェアは，日本，台湾を除けば10％台と低かった．

　アジア諸国は，特定の一次産品に特化した**モノカルチャー経済**の性格を有していた．欧米の植民地となった国々では，植民地化の過程において宗主国に従属する経済構造が形成された．これらの国々は宗主国に対する原料供給拠点として位置づけられる一方で，宗主国で生産された工業製品の消費市場となった．農業では自給的農業からプランテーション（綿花，ゴムなど単一作物を栽培する大規模農場）に代表される換金作物農業への転換がみられ，また鉱物資源の開発も進められた．その結果，米，綿花・生糸・ジュート麻などの繊維作物，ゴム，パーム椰子，錫など特定の一次産品に依存する経済構造が形成された．

　製造業においては，宗主国をはじめとする先進国から流入した外国資本が中心となり，自国資本の発展はみられなかった．土地制度や流通制度などの経済制度や道路・通信・電力などのインフラストラクチャー（社会的生産基盤のこと．以下，インフラと略す）も前近代的な状態にあった．

---

1) アジア南西部（アフガニスタン以西）の国々は西アジア，あるいは西南アジアと呼ばれるが，本書では対象に含めない．

また，第 2 次世界大戦およびその後の独立運動において，農業・鉱業の生産施設やインフラの受けた物的被害は大きかった．農業の生産性が低いため，労働人口の多数を占める農業部門の家計所得は低く，工業製品に対する需要も小さかった．貯蓄を投資に向けるための金融組織が未成熟で工業化に必要な資本は蓄積されておらず，労働力の教育水準・技術水準も低く，近代的工業の基礎的条件はまったく整っていなかった．

（2）アジアをめぐる政治情勢と経済体制の選択

東西冷戦構造のもとで，アジア諸国は政治的には西側自由主義陣営に属する国（韓国，台湾など），東側社会主義陣営に属する国（中国，ベトナムなど），反植民地主義・民族自決を掲げた中立国（インド，ミャンマーなど）に分かれた．こうした政治情勢を反映してアジア諸国の経済体制は，①資本主義経済の中に組み込まれて発展の道を歩みはじめる国，②国家の強力な指導のもとに計画経済を進める社会主義国，③前の 2 つを混合した第 3 の道を歩む国に分かれた．

資本主義国では，市場メカニズムが重視され，民間部門に積極的な役割が期待された．貿易開放度が高く，外国資本への依存度も高かった．工業化においては，市場原理に基づいて労働集約型産業が育成された．一方，社会主義国では，生産手段の国有化が行われ，共産党の指導のもとに国家が策定した計画に基づいた経済運営が行われた．経済開発の重点は，資本財（生産のために使用される財）部門の発展に置かれた．工業化の初期段階から製鉄，機械産業などを中心に重工業化が進められた．同時に運輸などのインフラへの投資も積極的に行われた．

以上のように，社会主義国では政府主導で経済運営が行われるのに対して，資本主義国では政府が果たす役割は相対的に小さい．しかし，近代化が遅れたアジア諸国が先発国を追いかけて経済の近代化を進めるキャッチアップ段階においては，自由主義国であっても政府が重要な役割を果たした．民間部門の企業家が育っていなかったために，国家がその役割を代替して近代化を主導するという役割を担う必要があると考えられたのである．また，市場原理を重視しつつも，民族意識の高揚，途上国間の連帯意識，社会主義への共感などが存在し，社会主義的政策が取り入れられた．

アジア各国は，1940年代の後半から中長期の**国家開発計画**を策定し，それに基づいて国民経済の形成に取り組むようになった．開発計画のプロモーターとなったのは政府であり，公共投資が中心的な役割を果たした．こうした開発計画は，先進国からの援助資金を効果的に配分するために国際援助機関からも策定が求められたものであった．47年にスリランカ，48年にはフィリピン，51年にはインド，パキスタンなどが経済開発計画をスタートさせた．タイでは他のアジア諸国に比べて経済開発計画への着手は遅かったものの，57年の世界銀行調査団の提言を受けて，61年に経済社会開発計画をスタートさせた．

これらの開発計画の基本目標は，経済構造の多角化によるモノカルチャー経済からの脱却と経済の自立化に置かれた．目標達成のために，農業生産の拡大，輸入に依存してきた消費財（家計で購入される財）の輸入代替化，輸出商品の多様化が課題とされた．しかし，工業開発においては，当初，輸入代替工業化に着手したが，国内市場が小さいことから早期に行き詰まり，輸出拡大に重点が移った．その他，諸々の経済制度の近代化も進められたが，その過程で公共サービス，金融，為替，貿易に対する国家のコントロールが強められた．植民地時代に経済の中枢を担っていた外国企業が国有化された国も多い．

（3）1970年代までの開発戦略：輸入代替工業化から輸出志向工業化への転換

第2次大戦後から1960年代にかけて，アジアを含む途上国で経済開発を進める際に中心となった考え方は構造主義であった．構造主義では，途上国は特殊な経済構造にあるため，先進国のようには市場メカニズムが機能しない状態——市場の失敗——にあると考えられた．そして，途上国が，経済的に自立可能な段階へ発展し，公正な所得分配を実現していくためには，政府による積極的な開発戦略が必要であるとされた．その具体的方策として政府主導による**輸入代替工業化**政策が支持された．

構造主義の立場から一次産品の輸出は途上国の成長のエンジンにはなりえないという輸出ペシミズム論が示された．この理由としては，世界的な一次産品の需要低迷と途上国の一次産品輸出の増加による工業製品に対する交易条件の悪化が挙げられる．一次産品に対する需要の低迷は，農産品に対する所得弾力性の低下，一次産品を代替する工業製品の登場，先進国における重工業化・サービス産業化などの要因によるものであった．したがって，途上国は貿易依存

度を低下させることが望ましいと結論づけられた．

　ヌルクセの貧困の悪循環論では，所得水準が低いことから途上国は貧困の悪循環に陥っていると指摘された．供給面では過小貯蓄が過小投資につながり，需要面では低所得ゆえの購買力の小ささから投資需要が生まれない．このため資本蓄積が進まず，生産性も上昇せず，所得水準は低い状態にとどまる．経済を「離陸（テイクオフ）」させ自立的発展の軌道にのせるには，この悪循環の連鎖を断ち切ることが必要である．貯蓄率を引き上げ，投資を活発化させ，資本蓄積を進めることによって経済を離陸させるには工業化が不可欠であった．また，農村部には過剰労働力が存在するため労働力は無制限に供給可能であり，農業の生産水準を下げることなく工業生産の拡大が可能であると考えられた．

　構造主義による具体的な発展戦略としては，資源を全産業に同時に投下する**均整成長アプローチ**（ヌルクセ）と，限りある資源を連関効果の大きな部門に集中し，成長の成果が経済全体に浸透する**トリックル・ダウン効果**に期待する**不均整成長アプローチ**（ハーシュマン）という対立した考え方が主張された．ただし，両者とも輸入代替工業化を支持するという点は共通していた．

　しかし，実際には1960年代のアジアの輸入代替工業化政策は，さまざまな問題を抱えた．輸入代替化の対象となった産業は，高関税で輸入品との競争から保護されたため，非効率的で競争力に欠けるケースが多かった．市場競争が不完全であるため品質の低い製品が市場に溢れることにもなった．国内市場が小さいため規模の経済が働かず，生産コストの低減が困難であった．これは資本集約的な技術を導入する重工業の場合に特に問題となった．また，国内に産業が育っておらず機械設備，部品・原材料などの資本財，中間財は輸入に依存せざるをえなかった．一般に為替レートは過大評価され，これが輸出の停滞を招いた．また，外貨節約のために採用された輸入割当制は利権の温床となり，**クローニズム**（権力者が取り巻き企業家に便宜を図る縁故主義）を発生させた．

　このような状況のなか，1970年代になると市場メカニズムに基づいた競争を重視する**新古典派**の考え方が主流になった．輸入代替工業化に代わって新古典派が主張したのは**輸出志向工業化**であった．アジア諸国は概して国内市場が小さいため消費財の輸入代替化はいずれ限界に達する．輸入代替化の第2段階として資本財・中間財の輸入代替化に進んだ場合，資本集約度が高いため規模の経済を実現することが困難となる．高度な技術や熟練労働力も必要となるが，

これらは国内にまったく存在しないか，存在したとしても不足していた．このため輸出を目的に労働集約型製品を生産するという輸出志向工業化が提唱されたのである．輸出志向工業化の利点としては，途上国が比較優位をもつ労働集約型産業が中心となること，輸出産業は国際市場での競争にさらされるため競争力向上へのインセンティブが強く働くこと，国際市場に輸出することによって規模の経済が追求できること，輸入代替工業化で必要となった保護主義政策が廃止されること，などが挙げられる．

2．発展段階に入ったアジア経済：東アジアの高度成長期

(1) アジア経済の雁行型発展

　アジアの経済発展で特筆すべきことは，1960年代から90年代にかけて東アジア諸国がめざましい成長を遂げた点である（図表1-1）．韓国，台湾，香港，シンガポールの新興工業経済地域（NIEs: Newly Industrializing Economies），そしてマレーシア，タイなど東南アジア諸国連合（ASEAN: Association of Southeast Asian Nations）の国々が達成した高度成長は，世界銀行レポートのタイトルから一般に「**東アジアの奇跡**（The East Asian Miracle）」と呼ばれる．一方，南アジア諸国では経済の停滞が続いた．その結果，アジアにおける所得格差が拡大した．50年代においてはアジアにおける所得水準の格差はそれほど大きなものではなかったが，90年代には東アジアと南アジアの所得格差はきわめて大きくなっている．また，工業生産規模をみても，アジアNIEs，ASEANとその他の国・地域では大きな格差が存在する（図表1-2）．

　東アジア経済の高度成長は，日本を追いかけるかたちでまず韓国，台湾などのNIEsが発展段階に入り，それにASEAN諸国の中でマレーシア，タイが続くという順番で進展してきた．1990年代に入ると新たにインドネシア，フィリピン，ベトナム，中国などの国々が発展段階に入った．こうした東アジア諸国の発展は雁の群れが飛ぶ姿にたとえて**雁行型発展**と呼ばれる．

　途上国における工業化は，一般的に，①工業製品を先進国からの輸入に依存する状態から，まず，②輸入代替工業化によって工業製品（消費財）の国内生産がスタートする段階，次に，③生産拡大に伴って生産コスト上の優位性を獲得して工業製品（消費財）の輸出が拡大する段階，さらに，④経済発展に伴っ

図表1-1 アジアの1人当たりGDP（米国=100）の推移

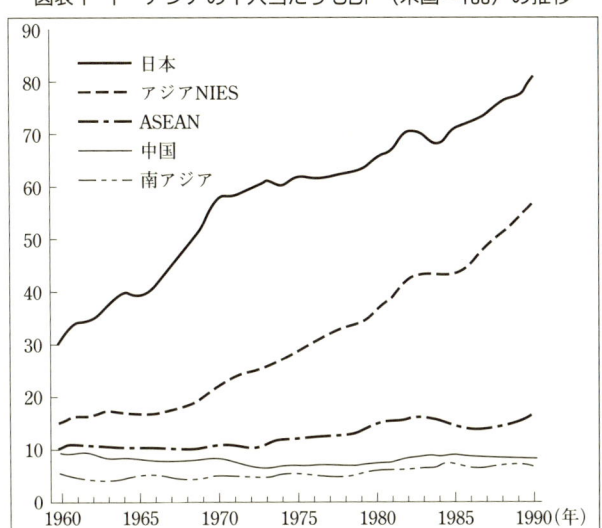

(注) 米国の1人当たりGDPを100とする.
アジアNIEs：韓国，台湾，香港，シンガポールの平均，ASEAN：タイ，マレーシア，インドネシア，フィリピンの平均，南アジア：インド，パキスタン，スリランカの平均.

(資料) Center for International Comparisons, University of Pennsylvania, *Penn World Table*.

図表1-2 アジアの工業生産（1998年）

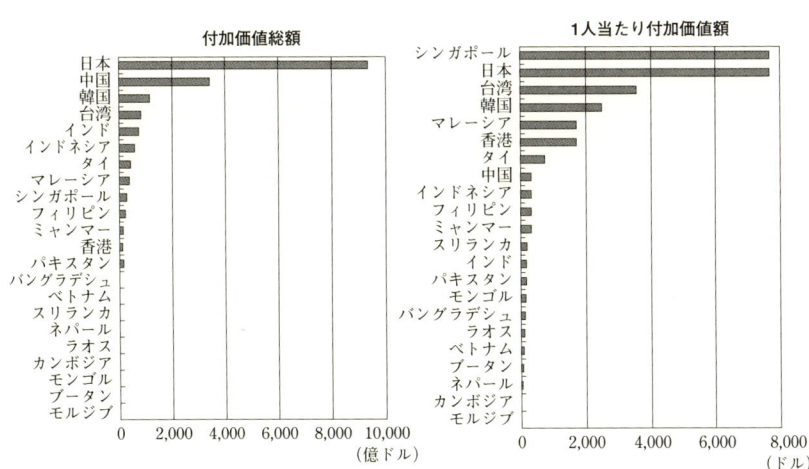

(資料) ADB, *Key Indicators*.

て生産コストが上昇し，より生産コストが安い途上国に生産が移管される段階，というプロセスをたどる．

（2）東アジアにおける外向きの成長戦略

東アジアにおいて上記の雁行型の工業化が進展した要因としては，各国政府が採った**外向きの成長戦略**——輸出志向工業化と外国直接投資誘致——がある．

東アジアのいずれの国においても政府は，労働集約型産業を輸出産業として育成することにより輸出拡大を実現した．東アジア各国は，早い時期に輸入代替から輸出志向に工業化政策を転換した．1970年代に入ると，国によって時期にずれはあるものの，東アジア各国は外資主導による輸出志向工業化を進める政策を導入した．輸出産業の育成においては，先進国企業による直接投資の誘致，先進国企業との技術提携の促進が重点戦略とされた．各国は，輸出志向工業化の原動力となる外国投資を誘致するために，①外国投資の自由化，②投資優遇措置の供与，③輸出加工区・保税工業団地の整備の3つがセットとなった投資誘致策を採った．この政策は，輸出拠点の設立を目的とした外国企業の誘致に大きな効果をもった．輸出加工区を中心に進出した欧米や日本の企業が生産・輸出を行い，主要輸出産業としての地位を築いていった．

外向きの成長戦略は，東アジアがアレクザンダー・ガーシェンクロンの指摘した経験則である**後発性の利益**を享受することを可能にした．後進国は先発国が開発した技術を導入することにより工業化プロセスを圧縮でき，急速なキャッチアップが可能となる，というのが後発性の利益である．日本に続いて高度成長段階に入ったNIEs，さらにASEANは，外国企業による投資を受け入れることで進んだ技術，資本，経営ノウハウをパッケージとして導入することができた．

外向きの成長戦略によって実現された工業化の進展とそれによる工業製品の輸出の拡大が，東アジアの高度成長を牽引するエンジンとなった．輸出の拡大が新たな投資を呼び，これにより生産性がさらに向上し，輸出競争力が向上するという好循環が生じた．また，輸出を通じた生産の増加は，雇用の拡大，所得の増加につながり，国内需要も拡大させた．東アジア諸国をみると，経済発展に伴って工業部門の比率が高くなっているのがわかる（図表1-3）．東アジアの工業化の過程において過剰労働力を抱える第1次産業が工業部門への低廉

図表1-3　1人当たりGDPと製造業シェア

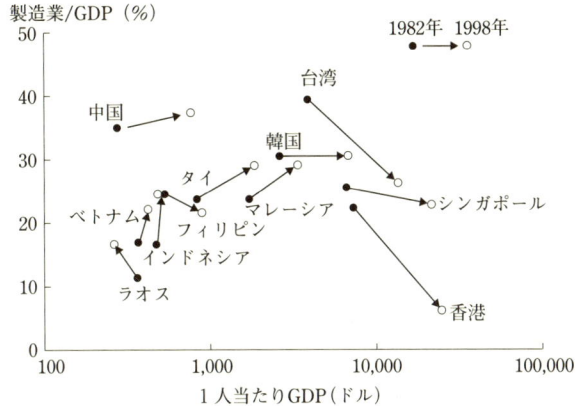

(資料) ADB, *Key Indicators*.

な労働力の供給源となり，就業構成のウエイトが第1次産業から第2次産業へ移動するという**ペティ＝クラークの法則**もみることができる．

また，外国企業の直接投資は，労働集約型産業からより高度な産業に移行する際の技術のキャッチアップを容易にした．外向きの開発戦略が東アジア諸国における産業高度化を可能にしたのである．東アジア各国は，工業化の進展に対応して，重点産業を繊維，雑貨などの軽工業から機械産業，特にエレクトロニクス産業や自動車産業に移してきた．これらの産業は，①量産品目であり産業規模が大きい，②技術の蓄積を伴う，③素材，部品産業など幅広い産業連関が存在する，④雇用吸収力が大きい，⑤外貨獲得・節約の面での大きな効果が期待できるという特徴をもち，国の基幹産業として育成していくことに大きな魅力をもっているからである．

一方で，外資主導による外向きの成長戦略は，①技術の外国企業への依存，②関連産業の発達の遅れという問題を生じさせた．この結果，ASEAN諸国では1980年代後半から外向きの開発戦略を本格化させた段階で，輸出拡大とペースを合わせて生産財・中間財の輸入が大幅に増加するという貿易構造ができあがった．

(3) 世界銀行の『東アジアの奇跡』

世界銀行は，急速で持続的な経済成長と所得格差の縮小を達成した東アジア

8カ国（日本，香港，韓国，シンガポール，台湾，インドネシア，マレーシア，タイ）を取り上げて，これらの国々の経済発展に政府がどのような役割を果たしたかを分析し，1993年にその結果を報告書 "The East Asian Miracle: Economic Growth and Public Policy"（邦訳『東アジアの奇跡－経済成長と政府の役割』）として発表した．

この報告書の特色は，それまでの対立する2つの見方——政府の過度の介入に対して否定的な新古典派の見方と，経済発展に果たした政府の役割を積極的に評価する修正主義の見方——を超える新しい経済成長のパラダイムを示そうとした点にある．この報告書では，新古典派の立場に立たず，政府の役割を評価する考え方を「修正主義の見方（revisionist view）」と呼んだ．以下では，この世界銀行の報告書に即して，その内容をみていきたい．

新古典派の見方は，「市場が経済活動の中心であり，政府は小さな役割しか果たさない」（World Bank [1993], p.82）というものである．東アジアの成功の要因としては，①資源配分に関する決定を政府ではなく市場に任せたこと，②インフレを抑制し，為替相場を安定させるなど安定したマクロ経済環境を維持したこと，③企業家が活動できる環境を整備したこと，④国際貿易や国内要素市場における政策的歪みが限定されていたこと，などを挙げている．

新古典派の見方は，1980年代に国際通貨基金（IMF: International Monetary Fund）・世界銀行において主流となった考え方である．IMFが南米や市場経済移行国に対して融資を行う際には，相手国政府にマクロ経済の安定と経済構造改革に関する条件（コンディショナリティ）を課しているが，この条件となる経済政策は新古典派の考え方に立ったものであった．その内容は，①政府の役割は，市場の失敗への対応にとどめる，②政府の透明性・効率性を重視する，③貿易・為替を自由化する，④市場メカニズムを歪める産業政策を廃止する，⑤これらの経済構造改革を一挙に実施する，などである．こうした経済政策は，**ワシントン・コンセンサス**と称されることもある．

一方，修正主義の見方は，「市場の失敗は広くみられ，これは政府が市場を主導することを正当化する」（World Bank [1993], p.83）というものである．東アジアの成長過程において各国政府は，マクロ経済環境の安定といった一般的に妥当と考えられる経済政策だけでなく産業政策にも深く関与しており，政府の積極的な市場への介入が東アジアの奇跡を可能にしたと考えるのである．

日本や韓国などの東アジア諸国では，政府が目標とする産業構造を想定したうえで，個々の産業にさまざま政策手段を講じ，ときには意図的に市場価格を操作することによってその目標を達成することができたとして，政府の産業政策を評価した．ウェード［1990］は，政府がリーダシップをとって市場での資源配分プロセスを誘導する政策が東アジアの産業発展につながったと考え，産業発展に有効な政策として，①重要産業への投資促進策，②国際競争力のある産業を育成するための保護貿易政策，③輸出振興策の優先，④輸出産業への外国直接投資の受け入れ，⑤政府の強い管理下での銀行中心の金融システムの構築，⑥段階を踏んだ，ゆっくりとした貿易・金融自由化，⑦産業・貿易の発展に責任をもつパイロット官庁の設立，⑧民主化に進む前段階に強い政府を作る，⑨民主化に進む前段階に特定の経済的利益集団の利益を優先する制度を作る，⑩節度ある産業政策を実施する体制作りのための改革を行う，を提言している．

　こうした2つの考え方に対して，世界銀行は**市場友好的見解**を提唱している．市場友好的見解は，①市場が適切に機能する分野には政府は介入すべきではない，②教育，保健，貧困撲滅，環境など市場に依存できない分野には政府の介入を認める，という考え方で，これは『世界開発報告1991―開発の課題』の中で示された．『東アジアの奇跡』はこの考え方をさらに発展させて，経済発展のために果たすべき政府の役割は，成長のための機能的アプローチであるとされた（図表1-4）．

　機能的アプローチでは政府の政策は，①基礎的条件整備に関する政策，②選択的介入，③政策実施のための組織作りに分けられている．これらに基づいて市場ではマーケット・ベースとコンテスト・ベースで競争が行われ，その結果，資本の蓄積，効率的な資源配分，生産性の向上が実現され，最終的に急速で持続的な成長と所得の平準化が達成されると考えられたのである．

　基礎的条件整備に関する政策は，①マクロ経済の安定，②人的資源の拡充，③金融制度の整備，④価格の歪みの是正，⑤技術導入，⑥農業開発，が挙げられる．これらの政策は，市場原理を有効に機能させるためのものであり，経済成長のために不可欠なものとされた．

　政府が選択的に介入を行う選択的介入政策は，一定の条件のもとでのみ有効であったり，効果のない政策もあり，採用にあたっては注意を要すると考えられた．選択的介入には，①輸出振興，②金融抑圧，③政策金融，④選択的産業

図表1-4 成長のための機能的アプローチ

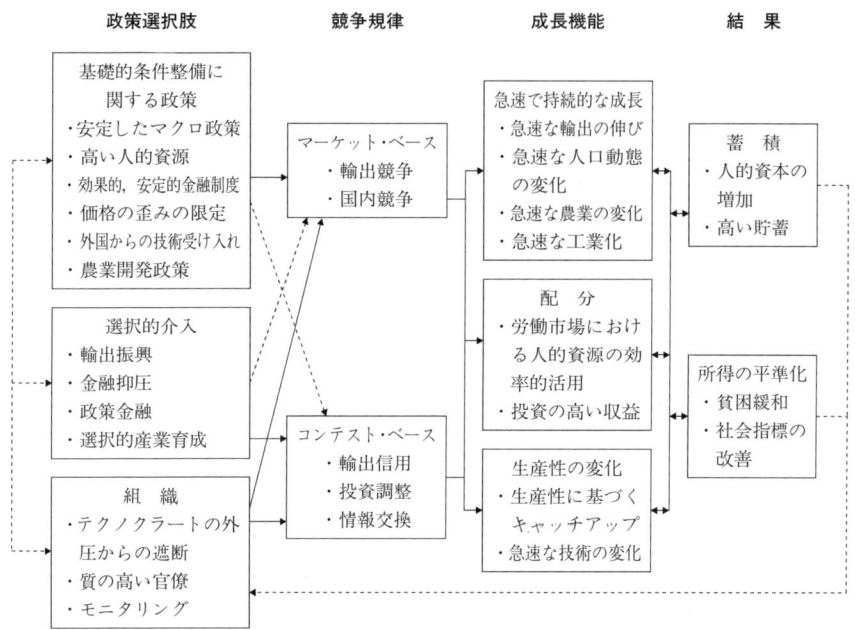

(資料) 世界銀行［1993］『東アジアの奇跡—経済成長と政府の役割』東洋経済新報社, p.86.

政策, がある.

　輸出振興策としては, 輸出金融, 海外市場へのアクセス確保, 育成補助金, 税制面での優遇, 輸出関連インフラの整備, 外国直接投資へのインセンティブなどが挙げられる. これらの輸出振興策は, 工業製品の輸出拡大と輸出製品の高度化に効果があったとされた. ただし, 輸出振興策は, 世界貿易機関（WTO: World Trade Organization）の国際的ルールに従う必要があるし, 期間も限定されねばならない.

　金融抑圧（政府による低金利政策）と政策金融（政府が特定の目標を達成するために政策的に行う金融）は成功したケースもあったと評価された. 政策金融が優先プロジェクトに配分され, 輸出実績に応じて融資が行われた場合には, 低金利融資により投資が増加し, 輸出部門に向けられた融資が高い社会的便益を生むなどの成果をあげた. しかし, 金利補助が大きい場合や輸出実績という基準が課せられなかった場合には, 政策金融が非効率な事業や社会的便益の低

い事業に流れるという問題が発生した．現在では金融市場のグローバル化が進んでおり，有効なプロジェクトを選定する能力をもった官僚や銀行を有する国も限られる．したがって，金融抑圧や制度金融を採用可能な国は限られ，またその効果も限定的である．

世界銀行は，産業政策を「生産性に基づく成長を促進するために産業構造を変えるための政府の努力」（世界銀行［1993］, p.285）と定義し，実証分析の結果，東アジアにおいて産業政策が対象部門の生産性を系統的に高めたという根拠は薄弱であり，産業政策は一般的には成功しなかったと結論づけている．

競争規律に関しては，市場メカニズムに基づく（マーケット・ベースの）競争に加えて，コンテスト・ベースの競争というコンセプトが導入された．これは，例えば輸出信用の許認可を与える場合などに政府がルールを定め，審判となって，市場参加者を競わせるというものである．一定の基準を満たした者のみがコンテストという競争に参加でき，輸出信用や許認可を得ることができる．東アジアでみられたコンテスト・ベースの競争は，より良い資源配分を実現する可能性をもつと評価された．しかし，コンテストが有効に実施されるためには行政組織の質の高さと，汚職を抑制するメカニズムが必要となる．

以上みてきた世界銀行の機能的アプローチは，東アジアの奇跡から得られる教訓——政府の役割に関するインプリケーション——を他の地域に適応できないか，という観点から考えられたものである．東アジアと他の途上国の間には大きな経済格差が存在する．アジアだけをみても東アジアと南アジアの経済格差は大きい．東アジアの経済的成功をアジアの他の国々に波及させていく際に，東アジアの国々が採用した政策の経験が活かせるのではないかと期待されたのである．東アジアの奇跡から他の途上国が学べる教訓として世界銀行が結論づけているのは，基礎的条件整備に関する政策の重要性と輸出振興策の有効性である．その意味では，市場友好的見解，新古典派の考え方を色濃く残しているといえる．また，世界銀行の報告書は産業政策の効果を疑問視したが，こうした政策の効果に関する分析において実証的研究が不十分な面もあった．

（4）東アジアにおける政府の役割の特殊性

新古典派が主張するように，東アジアの成功要因は，①外向きの経済成長戦略——輸出志向工業化戦略の採用と外国資本の積極的導入——と，②経済の基

礎的条件が整備されたことにあったことは間違いない．しかし，東アジア各国がこうした政策を採用し，効果的に運営できた背景には，アジア的価値観と呼ばれる社会・文化的要因があったこと，そして1970年代，80年代における国際的な政治・経済情勢の中で社会・文化的要因が政府の経済政策運営に与えた影響は無視できない．

東アジアの多くの国においては，**開発独裁**と呼ばれる政治体制が採られた．開発独裁は，少数の政治的エリートや軍部が強権による政治安定を図りながら経済開発を最優先目標として国家建設を進めるという政治体制——権威主義的開発体制——である．経済成長が本格化した時期の東アジアの国々は程度の違いはあるものの，基本的には開発独裁の性格を有していた．代表的な開発独裁政権としては，韓国の朴政権，シンガポールのリー・クアンユー政権，インドネシアのスハルト政権，フィリピンのマルコス政権が挙げられる．

開発独裁は，東西冷戦下で政治的緊張が続くなかで，独立後間もない東アジアの国々が国家としての統一を維持していくためには，やむをえない選択であった．開発独裁体制では，社会的公正よりも経済開発を優先する開発至上主義が志向された．強権をもった政治的リーダーに率いられた政府が，経済開発を重視し，経済発展を実現することで，政治・社会的安定を生むことができたのである．開発独裁のもとでの経済開発を支えたのは，①高い能力のある官僚と，②政府と緊密な関係にある民族資本の存在であった．両者が揃っていたからこそ，世界銀行のいうコンテスト・ベースの競争も可能となったのである．そして，開発独裁という条件付きであったものの政治・社会的安定は，良好な投資環境などのかたちでさらなる経済発展を支える要因になった．その意味では，マレーシアにおけるブミプトラ（マレー人優遇）政策は経済的効率よりも政治・社会的安定が優先された政策であったが，政治・社会的安定がマレーシアの経済開発に及ぼした効果は無視できないといえよう．

しかしながら，1990年代に入ると，従来の開発政策は機能不全を起こすことになった．1つは，外向きの発展戦略が，①質・量両面での労働資源の制約，②独自技術の蓄積の遅れ，③産業間リンケージの未発達，④輸出市場における競争激化，などの要因で限界に達したことである．2つ目は，所得水準の向上によってそれまでの開発至上主義が国民に支持されなくなったことである．公害・環境破壊，急激な都市化，所得格差の拡大などの問題が顕在化し，開発プ

ライオリティの見直しを迫られている．また，民主化への要求も強まり，従来の開発独裁は維持が困難になった．3つ目は，政府と企業との癒着が**レント・シーキング**を生んだことである．生産規制，輸入規制，独占権など政府の許認可において独占的なレント（生産要素から得られる超過利潤）を得ようとして企業は政府あるいは政治家に対して積極的に政治的働きかけを行った．癒着や腐敗が深刻化した国では，経済面での非効率性が無視できないほど大きくなった．これらの要因によって，東アジア諸国は，政府の役割を見直す必要に迫られている．

もう1つ東アジアにおける政府の役割をめぐる大きな変動は，計画経済体制にあった社会主義国が，市場経済に移行したことである．中国の改革開放政策，ベトナムのドイモイ政策に続いて，1990年代に入るとベトナム，ラオス，カンボジアのインドシナ3国やモンゴルも市場経済への移行を開始した．これらの国は，法制度の整備，国有企業の解体と企業家の育成，金融制度の整備など市場メカニズムを機能させるための体制作りが必要となっているだけでなく，経済発展が遅れた段階にあることからNIEsや先発ASEAN諸国が経験してきた工業化を核とした経済の近代化も課題となっている．

3．21世紀のアジアの経済成長と政府の役割

(1) グローバル化——世界規模での市場の統合化——への対応

1990年代以降，世界的に経済の**グローバル化**が急速に進展している．経済面でのグローバル化とは，経済取引に対する国家間の障壁が低くなり，貿易取引や金融取引だけでなく，各種サービス，情報，労働力などの移動も自由に行われるようになることをいう．この背景としては，①旧社会主義国の市場経済への移行，②IT技術の発達と普及，③先進国における規制緩和の進展，が挙げられる．

グローバル化の進展でアジア各国は，貿易自由化，資本自由化，金融の国際化，労働力移動の活発化などの問題に直面している．また，ビジネスの分野では，国際競争に生き残っていくためには**グローバル・スタンダード**（世界中どこでも通用する基準やルール）の採用が避けられなくなっている．

こうしたグローバル化の進展は，政府の裁量的政策の余地を明らかに狭めて

いる．例えば，貿易自由化，資本自由化については，WTOを中心に共通のルール作りが進められている．WTOのルールによってアジア各国は，市場開放を迫られると同時に，従来行ってきた国内産業の保護政策も実施が難しくなっている．WTOは，「無差別原則」と「貿易障壁の軽減」という考え方に立脚して，関税その他の貿易障害を軽減することによる自由貿易を目指している．輸入規制に関しては，数量制限など関税以外の国内産業保護策は禁止される．そして，関税交渉を通じて品目ごとに漸進的に関税引き下げを行うことを目指している．外国直接投資に関しては，ローカル・コンテント（国内調達）要求，輸入均衡要求（輸出実績に応じた原材料輸入の制限），輸出制限などの外国投資企業に対して課せられる非関税障壁を原則的に禁止している．貿易歪曲効果が高い輸出補助金や国内産品使用への補助金の交付も原則として禁止している．

一方で，グローバル化に対抗するかたちで，リージョナリゼーション（地域化）の動きも顕著になっている．リージョナリゼーションが目的とするのは，特定地域内での経済的関係を強化し，その枠内で相互利益を図ることである．アジアにおいては，ASEAN自由貿易地域（AFTA：ASEAN Free Trade Area），あるいは南アジア特恵貿易協定（SAPTA：SAARC Preferential Trading Agreement）などが代表例である．

グローバル化とリージョナリゼーションは二者択一の選択肢ではなく，両者のバランスをとった政策が必要となる．東アジアの高度成長は，先進国市場への輸出拡大で達成された部分が大きい．このため，経済政策の基本はグローバリズムに置いたうえで，自国市場を開放していくことを優先していくことは避けられないであろう．

（2）政府の制度能力の向上

これまでみてきた「政府の役割」は，アジアの国が経済発展のためにどのような政策をとるべきかという観点で議論してきた．政策目標は，①マクロ経済の安定（国際収支，為替，財政，物価，雇用などの経済指標の改善），②経済成長（人的資本・物的資本の蓄積，技術進歩による効率改善），③経済格差の是正（所得分配の改善，社会的ニーズの充足，地域振興）に大別できる．具体的政策手段としては，財政政策，金融政策，貿易政策，産業政策が組み合わされることとなる．そして議論の中心は，これらの政策目標を達成するために，ど

のようなときに，どこまで政府が市場に介入すべきであるかということであった．

しかし，市場と政府は対立するものではなく，相互に補完するものである．世界銀行は，1997年に発行した『世界開発報告1997―開発における国家の役割』でも，政府の役割は市場を補完するものと位置づけている．政府がこの市場補完的な役割を果たしていくためには政府の制度能力自身の向上が必要となる．2002年の『世界開発報告2002―市場のための制度作り』は，市場を機能させる諸制度のうち，政治制度・統治機構，法制度，競争制度，インフラは政府によって供給される性格のものであり，政府は市場を機能させるためこれらの制度整備を進める必要があるとしている．こうした見方は，**市場拡張的見解**と呼ばれる．市場メカニズムが完全に機能するためには，政府が信認を得ており，意思決定が透明であり，政策が予測可能であり，政策実施において整合性がみられることが前提となる．政府の制度能力が高く，適切な政策が採られたことが東アジアの高度成長を支えたことは間違いない．政府の選択的介入が効果をもった場合にも，有能な官僚組織が存在し，十分な審査・モニタリング能力をもっていることが不可欠であった．

現在，グローバル化の進展によって政府が恣意的な政策をとる余地が狭まっている．同時に，経済政策が世界経済の変化に対して速やかかつ適切に対応していく必要性も高まっている．この点でもアジア各国において政府の制度能力の向上は重要な課題であるといえる．

具体的に，アジア各国政府が政府の制度能力向上のために取り組むべき課題としては，①政治的安定の維持，②分権化，政府機関の独立採算化，腐敗の撤廃などを通じた統治能力の向上，③司法の独立性・公平性の確立，④規制緩和と市場開放による市場競争の促進，⑤公共サービスへの競争原理導入による効率性向上，などが挙げられる．

4．おわりに

東アジアの成功要因をどう考えるか，そして市場・政府・制度が果たすべき役割に関しては，現在でも議論が続けられており，統一した見解はない．しかし，これまで高度成長を持続してきた東アジア諸国も従来の開発体制をそのま

ま続けていたのでは成長を維持することが困難になっていることは明らかである．アジアの中で先頭に立って成長してきた NIEs，ASEAN は新しい発展段階に入っており，新たな成長メカニズムが求められている．

また，ASEAN などでは輸出産業を中心に経済の一部分は近代化を遂げたものの依然として近代化が遅れた部門が残されている．中国や後発 ASEAN などの国は市場経済への移行途上にあり，市場メカニズムを根付かせるにはまだまだ時間を要する状況にある．いかにしてこうした課題を克服し，バランスのとれた成長と分配の公正を実現していくかが重要な課題になっている．

その意味で，今後のアジアの経済発展の鍵を握るのは，域内協力の拡大とそれを通じた相互補完性の強化といえる．直接投資，貿易，経済協力を通じた経済的交流を深めることによって，経済発展の成果を他の国に波及させ，それをまた自国の繁栄に活かしていく．アジア各国はそうしたメカニズム作りに取り組んでいく必要があろう．さらに社会のより幅広い層が経済開発に参加し，自助努力によって経済発展の恩恵を受けられるような開発体制を作っていくことも重要である．それには，まず，分権化や規制緩和が必要とされる．

◆スタディ・ガイド

アジアの経済発展に関する基本的な情報や統計データは，アジア開発銀行 (http://www.adb.org/)，世界銀行 (http://www.worldbank.org/)，国際通貨基金 (http://www.imf.org/) などのホームページで入手可能である．
　世界銀行発行の政府の役割に関する主要文献には，以下のものがある．
・The World Bank, *The East Asian Miracle: Economic Growth and Public Policy*, Oxford University Press, 1993（白鳥正喜監訳『東アジアの奇跡―経済成長と政府の役割』東洋経済新報社，1993年）．
・The World Bank, *World Development Report 1997: The State in a Changing*, World Oxford University Press, 1997（海外経済協力基金開発問題研究会訳『世界開発報告1997―開発における国家の役割』東洋経済新報社，1997年）．
・The World Bank, *World Development Report 2002: Building Institutions for Markets*, World Oxford University Press, 2002.
　貿易・投資のグローバル化に関しては，国連貿易開発会議（UNCTAD）(http://www.unctad.org/)，世界貿易機関（WTO）(http://www.wto.org/) のホームページ，あるいは，経済産業省通商政策局『不公正貿易報告書―WTO協定から見た主要国の貿易政策』経済産業調査会，各年版，が参考になる．

◆主要参考文献

青木昌彦・奥野正寛・岡崎哲二編著『市場の役割国家の役割』」東洋経済新報社，1999年．
青木昌彦ほか編『東アジアの経済発展と政府の役割—比較制度分析アプローチ』日本経済新聞社，1999年．
大野健一『市場移行戦略—新経済体制の創造と日本の知的支援』有斐閣，1997年．
大野健一・桜井宏二郎著『東アジアの開発経済学』有斐閣，1997年．
長谷川啓之『アジアの経済発展と政府の役割』文眞堂，1995年．
渡辺利夫『開発経済学—経済学と現代アジア（第2版）』日本評論社，1996年．
渡辺利夫『成長のアジア　停滞のアジア』東洋経済新報社，1985年．
Wade, Robert, *Governing the Market: economic theory and the role of government in East Asian industrialization*, Princeton University Press, 1990（ロバート・ウェード，長尾伸一ほか訳『東アジア資本主義の政治経済学—輸出立国と市場誘導策』同文舘出版，2000年）．
Williamson, John, "What Should the World Bank Think about the Washington Conseus?" *Research Observer,* Vol. 15, No.2, the World Bank, 2000.
Williamson, John, "What Washington Means by Policy Reform" in J. Williamson (ed.), *Latin America Adjustment: How Much Has Happened?* Washington, DC. Institute for International Economics, 1990.

【コラム１】 開発独裁の光と影

　開発独裁では，開発至上主義のもと，人権，議会，選挙など民主化が抑圧されるか形骸化される．また，指導者を取り巻く特権層に利権が集中して政権の腐敗をもたらすクローニー・キャピタリズムが生じる．これは民主化を求める欧米諸国から非難をあびることになる．東アジア各国は，「アジア的価値観」の名のもとに開発独裁を正当化しようとしたが，アジア通貨危機後は，開発独裁の維持は困難になっている．

　開発独裁の実際をインドネシアのスハルト政権を例にみてみる．国軍出身のスハルト大将は，1968年3月，2代目大統領に就任した．スハルト大統領は，サリム，ボブ・ハサンなど華人資本家に利権を与える見返りで蓄財を行ってきた．これは，政権を維持するための政治資金となった．人口の6％を占めるにすぎない華人が経済の9割を握るとされるインドネシアで，大統領，主要閣僚，国軍，華人資本家などの間にクローニー・キャピタリズムが形成された．その結果，インドネシアでは賄賂が横行し，アジアでも最も腐敗した国の1つといわれた．一方で，経済開発面ではスハルト政権時代に，①1人当たり国民所得が69年の70ドルから93年は600ドル強まで増加し，②国民の60％を占めた貧困層が90年には15％まで低下する，③世界最大の穀物輸入国であったものが84年には米の自給を達成する，などの成果をみた．また，強権的な政治体制は，内にはアチェ，パプアなど各地で独立運動が勃発し，外には共産主義の脅威に直面する多民族国家インドネシアが統一を維持するためにやむをえない面もあった．

　こうした開発独裁体制に動きが生じたのは80年代後半であった．大統領の息子，娘による大統領ファミリー・ビジネスが活発化し，特権を利用してあらゆる分野のビジネスに参入した．代表的なのは，96年2月に三男トミーの経営する自動車会社に国民車生産の優遇措置を与えた事例である．これは米国，欧州連合（EU: European Union），日本がWTOへ提訴するという事態を招いた．こうした大統領ファミリー企業の台頭は，国民の間に反スハルト感情を高めた．また，内外の政治情勢の変化は学生運動などの反政府活動を従来のように力で抑えこむことを難しくした．こうした状況のもとアジア通貨危機の際の経済政策の対応の拙さが命取りとなり，国内各地で暴動が発生するなか，98年5月，スハルト大統領は退陣を余儀なくされた．

【コラム2】 東アジアの産業政策：日本と韓国の重工業化

　日本の高度成長の過程では，政府と産業界が一体となった産業育成が図られた．日本政府は，1960年，貿易・為替自由化計画を発表した．この経済自由化のスケジュールに間に合わせて国際競争力を高めることが産業界の課題となった．政府も，産業界の近代化投資を促進するためのさまざまな助成制度を導入した．その結果，鉄鋼，石油化学，自動車，コンピュータ等，急速に産業の高度化と国際競争力の強化が実現された．日本の産業発展は民間部門の積極的な投資活動によって達成されたと考えられるが，政府も優先産業の目標を定め，目標達成のために産業界を指導・助成するという産業政策で産業界を支援した．

　韓国は，日本の重工業化の経験を参考に産業育成を行った．資源に恵まれず，国内市場にも限りがある韓国では輸出主導型の成長戦略が採られた．輸出奨励制度を導入するとともに，政府保証により導入した外国借款を活用し，豊富な良質な労働力を用いた労働集約型製品の輸出拡大が図られた．企業が外貨割当などの輸出奨励制度を利用できるかどうかは，輸出実績をベースに決定された．これは，政府がルールを決めて外貨割当という報酬を求めて企業を競争させるという点で，世界銀行『東アジアの奇跡』が指摘したコンテスト・ベースの競争であった．

　韓国では，1970年代に入ると重工業化が積極的に進められ，鉄鋼，石油化学，造船，自動車などが戦略産業に指定された．これらの産業には銀行を通じて大量の政府資金が投入された．対象となったのは特定の大企業や財閥であり，財閥は政府資金を利用して事業多角化を進めていった．財閥の肥大化とともに財閥による経済の寡占化も顕著となった．急速に重工業化が進展し，60年代末には30％であった重工業化率は80年代末には60％間で上昇した．その結果，60年代には繊維製品など軽工業製品が中心であった輸出品目も，80年代には，鉄鋼，化学製品，さらに自動車，半導体，家電製品などへ多角化した．

　しかし，このような韓国の産業政策は，①政治・経済の癒着，②財閥の過剰投資と過剰借入，③過剰生産設備の存在，④脆弱な銀行部門，という構造的問題を発生させることとなった．1997年には大手財閥の経営破綻が相次ぎ，アジア通貨危機の中で韓国経済は危機的状態に陥った．その結果，従来の産業政策の見直しが行われ，財閥の整理・統合が経済再建の最重要課題となった．

第2章 経済発展をもたらした直接投資と貿易

◆**本章のポイント**

本章では，アジアにおける直接投資と貿易の拡大が各国の経済発展に果たした役割を振り返るとともに，近年の中国の台頭が周辺アジア諸国の貿易・投資に与える影響について考える．

1. アジアでは1970年代以降，直接投資の受け入れを梃子に輸出主導による工業化が進展した．輸出拡大による経済成長がさらなる直接投資を誘引し，投資と貿易の好循環が生まれ，各国経済は高い成長を続けた．
2. アジア域内での直接投資と貿易も拡大している．域内投資拡大の要因としては，①NIEsが投資の出し手として，またASEANと中国が受け手として成長してきたこと，②エレクトロニクス産業において国際分業体制が急速に進んだこと，などが挙げられる．
3. 域内貿易拡大の背景としては，①ASEAN諸国間の貿易が急増していること，②NIEsが原材料・中間財や資本財の供給国・地域として発展してきたこと，③中国が域内貿易の牽引役としての役割を高めていること，などが挙げられる．国際分業体制の進展に伴って域内経済関係が緊密さを増している．
4. 直接投資の急増とそれに伴った輸出の拡大によって，アジアの工業化は急速に進んだ．工業化の進展に伴って産業構造が高度化し，各国でGDPに占める農林水産業の比率が低下し，代わって製造業やサービス業の比率が上昇してきた．
5. 通貨危機を境にアジアへの直接投資に変化がみられる．ASEAN諸国への投資が低迷する一方，中国へは高水準の投資が続いている．従来からの労働力確保を目的とした生産シフトに加えて，国内市場を狙った投資が急増している．ASEAN諸国にとって，輸出と投資が低迷を続けるようであれば，中長期的な経済成長に影響を及ぼすことが懸念される．

1. 直接投資とは

(1) 直接投資の定義

直接投資（FDI: Foreign direct investment）とは，国境を越える投資（＝資本移動）の一形態であり，企業が海外企業の経営を支配したり関与することを目的とする，①海外子会社の設立，②海外企業への出資，などの行為を指す．国際通貨基金（IMF: International Monetary Fund）は，「居住者による，非居住者企業（子会社，関連企業，支店）に対する，永続的権益の取得を目的とする国際投資」と定義している．また株式の取得を通じた出資については，出資比率10％以上が直接投資に分類される．10％未満の出資は，株の配当や値上がりなど資産運用を目的とした投資とみなされ，直接投資に対して間接投資と呼ばれる．

一国の一定期間における対外経済取引をとりまとめた**国際収支統計**（International balance of payments statistics）では，直接投資は，資本収支（Balance of capital account）の中の直接投資（Foreign direct investment）に分類される．10％未満の出資は，対外ポートフォリオ投資（Foreign portfolio investment）の中の対外ポートフォリオ株式投資（Foreign portfolio equity investment）に分類されている．

直接投資の分類に関して注意を要するのが，近年増加している**クロスボーダーM&A**（Merger & Acquisition）と呼ばれる国際間の企業合併・買収の取り扱いである．M&Aは，一般的に企業の資産や株式の取得を通じて経営への参加や支配を行うことを狙った合併・買収を指す．出資比率の定義は統計によって異なるが，10％未満の出資比率であっても経営への関与が明確な場合は直接投資とみなされることがある．その場合でも国際収支統計の基準を作成しているIMFの定義ではポートフォリオ株式投資に分類される．

一方，直接投資の受け入れ国側が発表する統計にも留意すべき点がある．多くの国で国際収支統計の数字が発表されなかったり，発表までに時間がかかっている．アジアでは，国際収支統計とは別に直接投資額として，①外国企業が受け入れ国に対して申請した申請額，②受け入れ国側が認可した認可額，③実際に実行される実行額，などが発表されている．実行額が投資の実体を最も正

確に表しているが，発表している国は少ない．認可額を発表している国が多いが，景気が低迷したり政情が流動化した場合，投資の実行が先延ばしにされたり見直されることが多く，実行額との間に乖離が生じやすい．また香港，シンガポール，マレーシアなどの統計にはサービス業が含まれていない．製造業の投資額だけが発表され，他の国と比較する場合に注意を要する．

(2) 直接投資の目的

　直接投資を行う目的は多岐にわたるが，これまでのアジアへの投資は概ね以下の4つに類型化できる．これら以外に，サービス業への投資に関わる販売拠点やアフターサービス網などへの投資や，銀行や商社における世界的ネットワークの構築などもあるが，アジアへの直接投資に占める割合は小さい．

①資源確保型投資

　資源確保型投資は，天然資源の安定的な供給を狙って，途上国の資源開発プロジェクトなどに参加する形態の投資であり，アジアでも古くからみられる進出形態である．戦後の日本の対アジア直接投資も資源確保型からスタートした．天然ガス，木材，鉄鉱石，スズ，アルミ，天然ゴムなどの確保を目的に，マレーシア，インドネシア，タイなどのASEAN諸国に投資が行われてきた．

②労働力確保型投資

　労働力確保型投資は，低賃金志向型投資とも言い換えることができ，途上国の豊富で低廉な労働力の確保を目的とする投資である．自国内の労働コストが経済成長や通貨高によって上昇し，国際競争力を喪失した企業を中心に行われる投資である．したがって，基本的に労働集約型産業が対象となる．1960年代から70年代にかけて，日本の繊維産業や電気機械産業などがNIEsへ生産移管したのは，このタイプである．その後NIEsでも70年代の高度経済成長期に労働コストが上昇した結果，日本からの投資はASEAN諸国や中国へと対象国を変えていった．

③市場確保型投資

　市場確保型投資とは，対象国の国内市場での販売を狙った投資である．輸入規制が厳しく先進諸国からの輸出が困難であったり，市場のニーズを速やかに最終製品に反映させる必要のある製品が対象となる．アジアでは，1960年代か

ら70年代にかけて各国で輸入代替工業化政策が採られたが，この時期に実行された軽工業品，家電製品への投資や，自動車のように国内産業保護のために輸入が制限されてきた産業への投資が含まれる．

④貿易摩擦回避型投資

貿易摩擦回避型投資は，文字通り貿易摩擦を回避する目的で行われる投資である．主として日米間の摩擦回避の手段として日本企業が米国へ投資するケースを指すことが多かった．日本から米国へは，1960年代後半の繊維，鉄鋼に始まり，70年代から80年代前半にかけてカラーテレビ，自動車，VTR，半導体，工作機械などが，大量に輸出された．その結果，競争力に劣った米国国内産業が大きな影響を被り，両国間の通商問題へと発展した．自動車などで現地生産を余儀なくされたが，カラーテレビやVTRなどのエレクトロニクス製品では日本から米国への直接輸出による摩擦を回避するために，アジアへの生産シフトを通じた迂回輸出が活発に行われた．もっとも，海外生産による迂回輸出で貿易摩擦を回避することには限界があり，日本のエレクトロニクス・メーカーは80年代に入ってから，米国などでの現地生産を増強することになった．

以上の4つに類型化された投資とこれまでの日本からアジアへの投資との関連をみてみよう．図表2-1は，日本の主要な投資先である中国とASEAN諸国について，過去50年間にわたる直接投資を分野別にまとめたものである．

まず輸送機器への投資は，市場確保型であり，国によってシェアに大きな差がある．ちなみに自動車は1980年代半ば以降の世界貿易において貿易額が最も増加した品目の1つであるが，アジアの多くの国で輸入を制限していたことから，先進諸国からは直接投資すなわち現地に工場を建設することが主流であった．マレーシアとシンガポールでシェアが特に小さいのは，マレーシアでは国民車メーカーであるプロトン社やプロドア社が，政府の手厚い保護のもと，国内生産・販売の圧倒的シェアを占めており，外国企業にとって投資の余地が少なかったことによる．一方，シンガポールの場合は，国内市場が小さく労働コストも高いことから，もともと自動車など輸送機器の生産拠点に向いていなかったことが理由である．

電機への投資はいずれの国でも大きなシェアを占めている．労働力確保型と貿易摩擦回避型の2つの性格をもっており，ASEAN諸国や中国への投資の

中心となっている．また電機産業は，生産工程を分割して複数の企業による国境をまたいだ分業が比較的容易であったことから，1980年代から90年代にかけ，多国籍企業によるアジアへの生産移転が急速に進んだ．なかでもマレーシアは，周辺アジア諸国より早く70年代後半から電機関連の外資誘致を進め，このことが電機分野の産業集積の差に繋がっている．

化学分野への投資がインドネシアとシンガポールで大きいのは，インドネシアでは石油・天然ガスなどの開発プロジェクトへの投資が多かったこと，シンガポールでは周辺諸国で産出される石油を利用した石油化学プラントなどを政策的に誘致してきたこと，が背景にあると考えられる．両国の化学分野への投資は，資源確保型投資とみなすことができる．

一方，機械と繊維への投資は，いずれも労働力確保型であり，比較的早い時期からアジアへの生産シフトが進んだ．

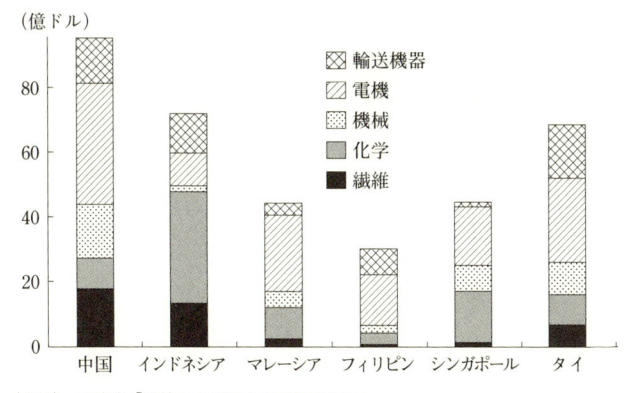

図表2-1 日本のアジアへの分野別直接投資（1951～2000年度累計）

(資料) 財務省「対外および対内直接投資状況」．

（3）投資受け入れ国側の要因

これまで直接投資の目的を投資する側からみてきたが，投資そのものや投資によってもたらされた輸出の拡大などを通じて，受け入れ国側もさまざまな利益を享受してきた．主要なものとして，①雇用の創出，②技術の移転，③外貨の獲得，などが挙げられる．

① 雇用の創出

　直接投資によって現地での生産が始まることに伴って，雇用が創出される．特にアジアへの直接投資に占める比率が高い労働集約型産業は雇用創出効果が大きい．アジアの中でも一次産品に恵まれなかった NIEs は，独立時，大量の過剰労働力を抱えていた．しかし，低廉で良質な労働力と政治的な安定が直接投資を誘引し，1960年代には労働力過剰状態が解消へと向かった．

② 技術の移転

　マニュアル化されていない生産技術やノウハウなども，従業員への日常の業務や教育・訓練を通じて，途上国へ移転される．また製造装置への投資などを通じて，機械設備の中に化体された技術も移転される．さらに技術移転は，投資の対象となった工場にとどまらず，現地での取引関係や従業員の独立・転職などを通じて地場企業にも伝播される．これは技術の**スピルオーバー効果**と呼ばれ一国の技術力向上にも貢献する．

③ 外貨の獲得

　投資を受け入れることは2つの意味で外貨の獲得に繋がる．1つは，直接投資が長期資本の導入であることである．短期の借り入れなどに比べて安定した資金の流入形態である．もう1つは，直接投資によって生産された製品が輸出され，外貨が得られることである．特に ASEAN 諸国は，原材料，中間財，資本財の多くを輸入に頼っていることから構造的に貿易収支が悪化しやすく，収支を均衡させるために，輸出振興による外貨獲得が図られてきた．

2．アジアにおける直接投資の拡大

　アジアでは1970年代以降，直接投資の受け入れを梃子に輸出主導による工業化が進展した．輸出拡大による経済成長がさらなる直接投資を誘引し，投資と貿易の好循環が生まれ，各国経済は高い成長を続けた．

　以下では，アジアにおける直接投資の拡大と工業化の進展の経緯を振り返ったうえで，域内投資の拡大，中国の台頭，通貨危機以降の M&A の増加などについてみてみたい．

（1）直接投資と工業化の進展
①直接投資拡大の経緯

　まずアジアへの直接投資を，工業化の進展との関連でみてみよう．国内に第1次産業しかなく，ほとんどすべての工業品を輸入に頼っていた1950年代から60年代のアジア諸国が採った政策が，**輸入代替工業化**による経済発展である（第4章，第5章参照）．さまざまな規制によって輸入を制限し，国内生産に代替させようとする工業化政策である．もっとも，国内資源に制約があるなかで工業化を進めなければならなく，アジア諸国は，そのための資本や技術を海外の企業からの投資に頼った．アジア諸国の国内市場への販売を狙って在外華人系企業や日本企業などが現地企業と合弁企業を設立したり，あるいは技術提携によって工業製品の国内生産を始めた．製造技術が現地企業へ移転され，アジア各国で工業化が徐々に進展し，軽工業品についての技術蓄積はある程度進んだ．しかしながら，60年代後半から80年代前半にかけて，まずNIEsで，次いでASEAN諸国で輸入代替工業化政策が行き詰まった．

　NIEsは，1960年代半ばに**輸出志向工業化**へと政策を転換し，繊維，衣料，雑貨，家具など労働集約的な製品の輸出を急速に推し進めた．一次産品に恵まれたASEAN諸国と異なり，NIEsは，労働力以外の資源に制約があったことから，外貨を獲得するためにはより積極的な輸出振興策を採らざるをえなかったことが背景にある．一方，ASEAN諸国においても，70年代から80年代初期にかけて，国内市場が飽和状態になったことや一次産品の輸出が低迷したことなどを背景に，貿易収支や経常収支が急速に悪化し，輸入代替工業化が限界を迎えた．このような状況にあって，経済成長を持続するには外貨を稼ぐことが必要であるとの認識のもと，ASEAN諸国は，付加価値が高く価格的に有利な工業製品の輸出振興へと政策転換していった．

　一方，累積額でアジアへの最大投資国である日本が直接投資を本格化させた背景としては，1960年代から70年代にかけて，高度成長のなかで国内の賃金コストが急激に上昇し，付加価値の低い製品で国際競争力が低下してきたことが大きい．60年代には繊維産業などが相対的に安価な労働力を求めてNIEsなどへ進出した．70年代には家電メーカーによるNIEsやマレーシアなどへの進出が増加した．

　日本を中心とする外国からの直接投資の受け入れを進めてきたNIEsやマレ

ーシアでは、投資受け入れに伴って技術水準も向上した。台湾やシンガポールでは、繊維産業などに加えてより付加価値の高い電気・電子分野を中心とした輸出主導の工業化が進展した。ASEAN諸国も、1980年代に入り海外からの投資誘致を積極的に推し進めた。この時期に各国で相次いで外資政策が策定され、法人税の減免、資本財・原材料への輸入関税の減免、資本財の加速度償却などを中心とする投資インセンティブが設けられた。外国企業が投資をする際の受け入れ窓口となる政府機関も設立された。また電力、通信、道路などのインフラ整備が進むとともに、輸出入に関する規制や関税を極力なくした自由貿易地域が設置され、外国企業が投資を行うための環境が整えられた。

② **プラザ合意以降急増したアジアへの投資**

以上のようなアジアへの直接投資の動きに拍車をかけたのが、1985年の**プラザ合意**を契機とした急激な円高である。円の対ドル為替レートがどのように動いてきたかを70年代からみてみたい。まず71年8月のいわゆるニクソン・ショックを契機に固定相場制から変動相場制に転換した。円は49年以降の360円＝1ドルの固定相場から円高（＝ドル安）へと向かい、以後85年までの14年間で360円から240円へ50％（IMF方式：下落幅を下落後の数字で除す）の切り上げとなった。もっとも、この間の円の切り上げペースは緩やかで、日本の国内産業の多くは、産業構造の高度化や生産性の向上を進めることによって国際競争力を維持することができた。

しかし、1985年の先進5カ国蔵相会議（G5）におけるプラザ合意によるドル高是正の影響はきわめて大きかった。合意前に1ドル＝240円前後であった通貨は急激な円高へと転じ、その後2年間で約65％、3年間で約85％の切り上げとなった。あまりに急激な円高によって日本は低コストの生産地ではなくなった。このような状況にあって、円高による国際競争力の低下を防ぎ、また欧米諸国との間で顕在化していた貿易摩擦を回避するために、日本企業は、競争力の低下した産業のASEAN諸国への生産シフトを積極的に推し進めた。

現在、ASEAN諸国の中で最もエレクトロニクス産業の集積が進んでいるのはマレーシアである。同国には日系製造業が約1,500社進出しており、そのうち約3分の1が電気関連メーカーである。これら企業の大半は、1980年代半ばから90年代前半にかけて、急激な円高に追われるように日本から生産を移管させた。

第2章 経済発展をもたらした直接投資と貿易　41

図表2-2　アジア主要国の直接投資受け入れ額の推移

(単位：億ドル)

		中国	韓国	台湾	シンガポール	インドネシア	タイ	マレーシア	フィリピン
平均	80年代	20.5	6.0	7.7	6.2	20.1	36.0	13.8	3.3
	90年代	291.1	42.0	26.0	27.5	187.9	83.1	47.6	26.1
80年代	1980	—	1.4	2.4	5.6	10.7	—	—	—
	1981	—	1.5	3.6	5.8	7.1	—	—	—
	1982	—	1.9	3.2	5.4	24.2	—	—	—
	1983	6.4	2.7	3.8	6.0	24.7	—	—	—
	1984	12.6	4.2	5.2	6.3	11.0	—	—	—
	1985	16.6	5.3	6.6	4.0	8.5	8.7	3.9	1.3
	1986	18.7	3.6	7.1	5.5	8.5	9.5	6.5	0.8
	1987	23.1	16.0	12.2	6.9	15.2	19.5	8.2	1.7
	1988	31.9	12.8	10.6	8.3	44.1	62.5	18.6	4.7
	1989	33.9	10.9	22.4	8.3	47.1	80.0	31.9	8.0
90年代	1990	34.9	8.0	23.0	12.2	87.5	80.3	65.2	9.6
	1991	43.7	14.0	17.8	14.3	87.8	49.9	62.0	7.8
	1992	110.1	9.0	14.6	16.8	103.2	100.2	69.8	2.8
	1993	275.2	10.4	12.1	19.7	81.4	42.9	24.4	5.2
	1994	337.7	13.2	16.3	28.3	237.2	58.8	43.2	23.7
	1995	375.2	19.4	29.3	34.2	399.2	164.2	36.5	36.2
	1996	423.5	32.0	24.6	41.1	299.3	140.4	68.1	17.5
	1997	452.6	69.7	42.7	40.2	338.3	96.2	40.8	88.9
	1998	454.6	88.5	37.4	31.2	135.6	61.6	33.2	42.0
	1999	403.2	155.4	42.3	36.9	108.9	36.0	32.3	27.3
	2000	407.1	157.0	76.1	42.0	154.1	53.0	52.2	18.2
	2001	468.8	118.7	51.3	40.0	90.3	47.2	48.3	9.2

(注1)　中国は実行ベース，他の国・地域は認可ベース．
(注2)　シンガポール，マレーシアは，製造業部門の投資受け入れ額．
(資料)　経済企画庁『アジア経済2000』，各国統計．

(2) 活発化する域内投資

　アジア域内における直接投資も拡大している．図表2-3に1990年代前半と90年代後半の日本を含めた域内投資の動きを示した．いずれの国・地域間でも投資額が拡大している．

　域内投資が拡大した要因としては，第1にNIEsが投資の出し手として，またASEAN諸国と中国が受け手として成長してきたことが挙げられる．NIEsでは，1970年代に技術蓄積が進み，軽工業品の国際競争力が急速に高まってい

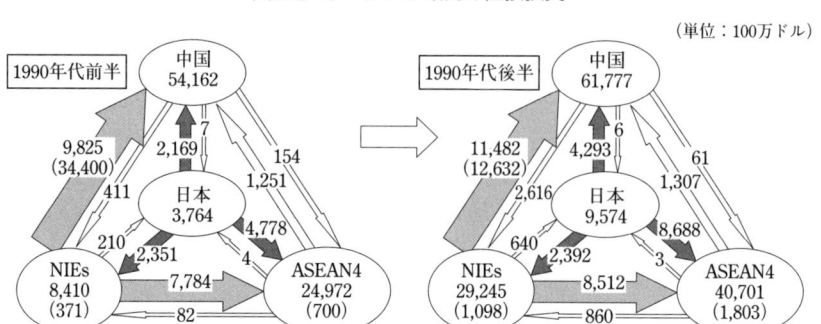

図表2-3　アジア域内の直接投資

(単位：100万ドル)

【1990年代前半】
- 中国 54,162
- 日本 3,764
- NIEs 8,410 (371)
- ASEAN4 24,972 (700)
- NIEs→中国 9,825 (34,400)
- 日本→中国 2,169
- 中国→日本 7
- 中国→ASEAN4 154
- 日本→ASEAN4 4,778
- ASEAN4→日本 1,251
- 日本→NIEs 411
- NIEs→日本 2,351
- NIEs→ASEAN4 7,784
- ASEAN4→NIEs 82
- ASEAN4→中国 4
- 中国→NIEs 210

【1990年代後半】
- 中国 61,777
- 日本 9,574
- NIEs 29,245 (1,098)
- ASEAN4 40,701 (1,803)
- NIEs→中国 11,482 (12,632)
- 日本→中国 4,293
- 中国→日本 6
- 中国→ASEAN4 61
- 日本→ASEAN4 8,688
- ASEAN4→日本 1,307
- 日本→NIEs 2,616
- NIEs→日本 2,392
- NIEs→ASEAN4 8,512
- ASEAN4→NIEs 860
- ASEAN4→中国 3
- 中国→NIEs 640

(注1)　1990年代前半は90～94年の，1990年代後半は95～99年の投資額の年平均額．
(注2)　円の中の数字は各国の世界からの対内直接投資の総計．
(注3)　NIEs・ASEAN4の括弧内の数字は，各々NIEs内・ASEAN4内からの投資受け入れの数字．
(注4)　日本の数字は届出ベース（1億円以上），香港は実行ベース，シンガポールは約束ベース，他は認可ベース．
(注5)　香港から中国への投資額はNIEsには含めず，NIEsから中国への矢印の下に括弧書きで示した．
(資料)　経済産業省『通商白書』2001年版．

た．80年代初期には付加価値の高いエレクトロニクス製品などで外国からの投資を受け入れる一方で，付加価値の低い繊維，衣料品などについては投資の出し手となっていた．また台湾やシンガポールでは，経常収支が黒字を維持していたことなどを背景に，80年代後半には通貨への切り上げ圧力が高まり，日本を追いかけるかたちで，労働集約型産業のASEAN諸国への投資を活発化させていった．

　これら国・地域間の投資の流れをみると，まず金額面で最大の流れはNIEsから中国への投資であり，1990年代前半（1990～94年平均）の98.3億ドルから90年代後半（1995～99年平均）に114.8億ドルに増加した．一方，日本から中国への投資は，90年代前半の21.7億ドルから90年代後半に42.9億ドルへとほぼ倍増し最も高い伸びを示した．またNIEsや日本からASEAN諸国への投資をみると，いずれも順調に増加している．特に日本の対ASEAN投資は90年代前半の47.8億ドルから90年代後半には86.9億ドルへ急増した．

　第2は，エレクトロニクス産業において，先進諸国，NIEsと，ASEAN諸国，中国との分業体制が急速に進んだことが挙げられる．エレクトロニクス製品が汎用部品を多用していることから，立地場所にかかわらず部品の調達が容

易であることや，生産工程においてモジュール化やユニット化が進み，生産工程の中の労働集約的な部分だけの生産移管が可能となったことが理由と考えられる．エレクトロニクス分野におけるアジア域内の直接投資の深化が域内貿易を緊密にさせ，アジア諸国の相互依存関係を強めることになった．その結果，1990年代を通じて，アジアは世界のエレクトロニクス製品の生産基地として発展することになった．

（3）急増する中国への投資

　図表2-2に戻ってアジア各国の直接投資受け入れ状況をみると，順調に増加していたASEAN諸国の受け入れが，通貨危機を境に低迷していることが，特徴として挙げられる．これに対して，中国の受け入れ額は，ほぼ横ばいで推移した後2001年に急増している．

　中国の直接投資受け入れの経緯を振り返ってみると，外国企業の進出に門戸を開いたのは1979年であるが，先進諸国が対中投資を本格化したのは90年代に入ってからである．インフラや投資関連法制度の整備を進めるとともに外国からの直接投資に対する優遇策を充実させてきたことに加えて，89年6月の天安門事件による影響が薄らぎ，政治経済が安定化してきたことや，92年の鄧小平による「南巡講話」によって経済の対外開放が一段と進んだことが大きく寄与した．また先進諸国側の要因としては，NIEsやASEAN諸国で経済成長に伴い労働コストが上昇したことなどを背景に，アジア向け投資をこれら諸国から，一段と安価な労働力を抱える中国へ徐々にシフトしていったことが挙げられる．

　アジアが世界から受け入れた直接投資のうち，中国とASEAN諸国のシェアは，1990年ではそれぞれ10.9％，75.6％であった．しかし90年代初期，中国はASEAN諸国を大幅に上回る勢いで投資を受け入れ，93年にはASEAN諸国を追い越した．その後，省政府出資の投資銀行の相次ぐ経営破綻，法制度の頻繁かつ突然の変更，97年のアジア通貨危機の影響などを背景に，対中投資は一時減少したものの，99年を底に再び増加へと転じた．従来からの労働力確保を目的とした生産シフトに加えて，WTO加盟によって対外開放される巨大な国内市場を狙った投資が急増したことによる．アジア全体に占める中国の割合は，2001年には53.7％と過半を占めるまで上昇した．

　一方，ASEAN諸国向けの投資は2001年にアジア全体の22.3％にまで低下

した．1990年代初期と比べるまでもなく，97年の48.2％と比べても，その落ち込みは急激である．中国との比較において，ASEAN諸国の投資先としての魅力が減少している．

（4）増加するM&A型投資

　アジア通貨危機の影響でアジアへの直接投資が低迷するなかにあって，1999年から2000年にかけて，通貨危機に見舞われた国に対する欧米企業による直接投資が急増した．とりわけ増加幅の大きかったのは韓国で，投資の主役の役割を果たしたのが，国境を越えた企業買収であるクロスボーダーM&Aであった．アジア通貨危機によって外貨が枯渇した同国は，IMFから融資を受ける条件として外資規制を大幅に緩和した．規制緩和によって外国企業による韓国企業の買収が可能となったこと，財閥グループのリストラに伴ってグループ企業が売りに出されたこと，通貨安によって買収価格が大幅に低下したこと，などを要因に，多国籍企業による韓国企業の買収が活発化した．代表的な例は自動車産業にみられ，この時期に仏ルノーによるサムスン自動車の買収や米GMによる大宇自動車の買収などが行われた．

　一方，日系企業によるアジアでのM&A型投資は，日本の対アジア投資全体の5％前後と少ない．また日本企業が通貨危機以降にタイやインドネシアで行ったM&Aは，そのほとんどが現地合弁企業を対象とし，経営不振に陥った現地パートナーから現地側株式持ち分を買い取る，いわゆる経営支援型であった．事業拡大を目的とした欧米企業によるM&Aとは内容が大きく異なることが特徴である．

　しかしながら，M&A型投資は，1999年から2000年にかけて急増した後，2001年に入り急減した．合併・買収の対象となる企業が少なくなったことや，企業リストラが一服したことが背景にあると考えられる．また韓国やインドネシアでは，国内企業が安値で外資企業に売却されることに対して国民の反発が高まったことから，外資企業の間で買収意欲が低下したことも指摘できる．もっとも，アジア各国で国内企業への外資出資比率規制などが緩和されるなかにあって，今後，アジアへの投資もM&A型が増加していくものと考えられる．

3. アジアにおける貿易の拡大

アジア諸国は，外国からの直接投資受け入れや技術導入を通じて，輸出志向工業化政策を推し進め，輸出に牽引された高度経済成長を成し遂げた．本節では，アジア諸国の輸出とその内容がどのように変化してきたかを振り返ったうえで，今日の各国産業構造の高度化に及ぼした影響について探ってみたい．

(1) 輸出拡大を通じてのアジアの経済発展
①輸出拡大の経緯

アジア各国では，輸入代替工業化から輸出志向工業化へ移行したことが契機になって，輸出が急増した．NIEsやマレーシアで1970年代に，その他のASEAN諸国では80年代半ば以降，輸出の勢いが加速した（図表2-4）．世界の輸出総額に占めるアジア（NIEs3，ASEAN諸国，中国の合計）の割合も年を追って増加した．70年には4.4％にすぎなかったが，80年に7.3％，90年に12.1％へと上昇した後，2001年には20.3％と世界の輸出全体の5分の1を占めるまでになった．同年の世界のGDPに占めるアジアのシェアが8％前後であることに比べると輸出シェアはきわめて大きい．

各国の輸出比率（輸出総額／名目GDP）も急速に高まった．2000年の実績をみると，シンガポールで149％，マレーシアで124％となっている．輸出依存

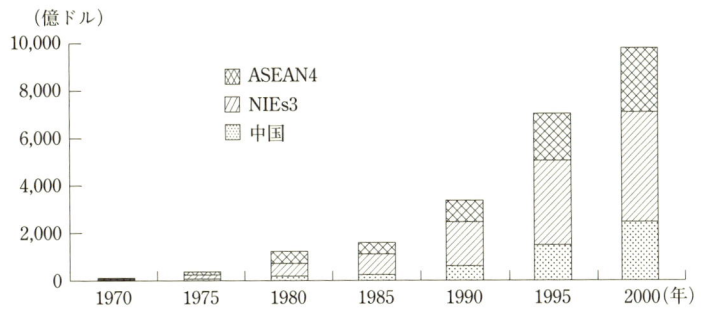

図表2-4 アジアの輸出額の推移

(注) NIEs3は韓国，台湾，シンガポール．
(資料) 各国統計．

度の比較的小さな中国でも23%である。貿易立国を標榜してきた日本の同年の輸出比率が10%前後にとどまっていることに比べるまでもなく、アジア諸国の輸出への依存度はきわめて高いといえる。

②高度化する輸出構造

アジア各国では、製造業の急速な成長によって輸出額が急増したことに加えて、輸出品目の構成が大きく変化してきた（図表2-5）。NIEsでは1960年代に工業製品の製品輸出比率（工業製品の輸出額／輸出総額）が急速に上昇し、70年には80%弱にまで達した。70年代から80年代にかけては、輸出に占める工業製品の比率が安定して推移するなかで、主要品目が軽工業品などからより付加価値の高い電気・電子や機械にシフトし、輸出の高度化が進んだ。

ASEAN諸国では、独立後しばらくの間、輸出振興の力点が一次産品の多角化などに置かれていたことから、1960年代と70年代を通じて輸出に占める一次産品の割合はきわめて大きかった。各国の70年の製品輸出比率をみると、工業化が始まっていたマレーシアで26.0%と比較的高かったが、他のASEAN諸国は総じて低かった。特に石油・天然ガス資源が豊富であったインドネシアでは1.9%と非常に低かった。同国では80年になっても一次産品輸出への依存体質はほとんど変わっておらず、製品輸出比率は3.9%にとどまっている。

このような輸出品目の構成が顕著に変化した時期は、外国企業による直接投資が急増し現地工場からの輸出が活発化した1980年代半ば以降である。マレーシアでは、製品輸出比率が80年の27.8%から90年に55.2%、2000年には81.3%にまで上昇した。石油・天然ガスの輸出の割合が依然として高いインドネシアで2000年の比率が58.3%であるのを除き、現在、アジア諸国はいずれも輸出の80〜90%程度が工業製品となっている。

一方、中国では、1990年代に入り、先進諸国から製造業の生産拠点の移転が急増してきたことを背景に輸出が急増した。90年代以降の中国の輸出品目をみると、一次産品や雑貨を主体としたものから衣料品へ中心が移り、さらに機械製品、輸送機器、家電製品、電気・電子部品など付加価値が高い製品が加わることによって高度化している。労働集約的な繊維や衣料品の生産はもとより、音響・映像機器やさらには一部の半導体製品の生産にまで及んでいる。幅広い分野にわたって中国への生産シフトが進んだことから、中国の輸出に占める一次産品の比率も急速に低下し、90年代半ばには輸出の8割以上が工業製品とな

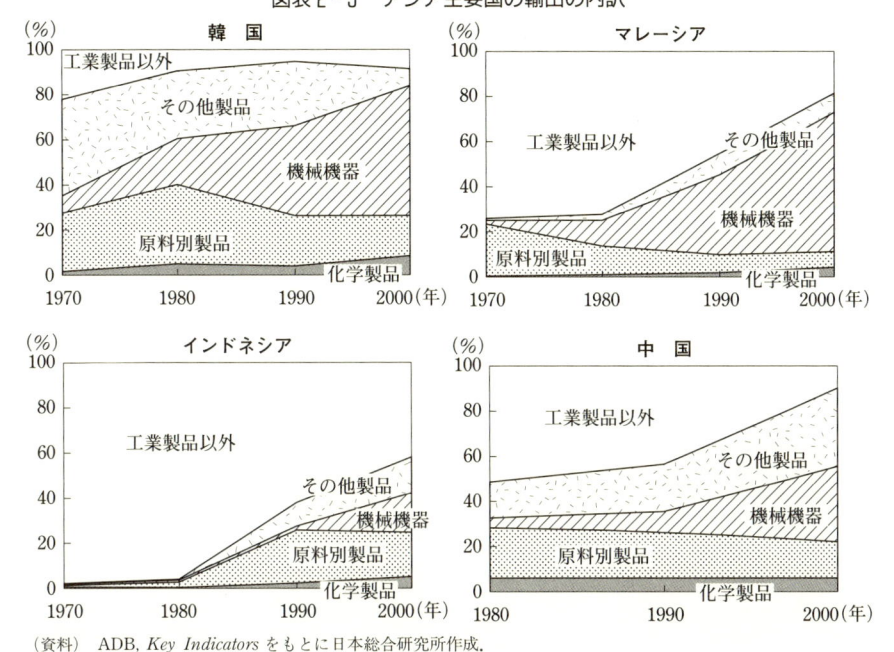

図表2-5 アジア主要国の輸出の内訳

（資料） ADB, *Key Indicators* をもとに日本総合研究所作成．

った．

③輸出拡大と産業構造の変化

　次にアジアの産業構造の変化を概観する．海外直接投資の急増とそれに伴った輸出の拡大によって，アジア各国の工業化は急速に進んだ．工業化の進展に伴って産業構造が高度化し，各国でGDPに占める農林水産業の比率が低下し，代わって製造業やサービス業の比率が上昇してきた．

　1980年から2000年にかけて，各国の産業構造の変化をみると，ASEAN諸国で農林水産業の比率が顕著に低下していることが特徴として挙げられる（図表2-6）．直接投資の堅調な流入を背景に工業化が進展し，製造業の比率が上昇したのである．80年に各国で20％を上回っていた農林水産業の比率は，90年にはフィリピンを除いて20％を割り込んだ．特に工業化のペースが速かったマレーシアとタイでは，2000年に10％以下にまで低下した．それに対して，フィリピンは異なった動きを示している．年を追って製造業の比率が低下し，代わ

図表2-6 アジア主要国の産業構造の変化

① GDP (単位:%)

		農林水産業	製造業	サービス業
マレーシア	1980	22.9	19.6	41.3
	1990	15.2	24.2	44.2
	2000	8.6	34.3	44.6
タイ	1980	23.2	21.5	48.1
	1990	12.5	27.2	50.3
	2000	9.1	33.4	49.2
フィリピン	1980	25.1	25.7	36.1
	1990	21.9	24.8	43.6
	2000	15.9	22.6	52.9
インドネシア	1980	24.8	11.6	31.8
	1990	19.4	20.7	41.5
	2000	16.9	26.0	35.8
韓国	1980	14.9	29.7	43.7
	1990	8.5	28.8	48.4
	2000	4.6	31.5	52.7
台湾	1980	7.7	36.0	46.6
	1990	4.2	33.3	54.6
	2000	2.1	26.3	65.6

(資料) ADB, *Asian Development Outlook*, 各年版

② 雇用 (単位:%)

		農林水産業	製造業	サービス業
マレーシア	1980	37.2	15.5	46.0
	1990	26.0	19.9	53.5
	2000	18.4	22.8	58.5
タイ	1980	70.8	7.9	21.1
	1990	64.0	10.2	25.7
	2000	48.8	14.5	36.6
フィリピン	1980	51.4	11.0	37.0
	1990	45.2	9.7	44.5
	2000	37.4	10.1	52.1
インドネシア	1980	55.9	9.1	34.2
	1990	55.9	10.1	33.3
	2000	45.3	13.0	41.2
韓国	1980	34.0	21.6	43.5
	1990	17.9	27.2	54.5
	2000	10.9	20.1	68.9
台湾	1980	19.5	32.9	46.8
	1990	12.8	32.0	54.9
	2000	7.8	28.0	64.1

(資料) ADB, *Asian Development Outlook*, 各年版

ってサービス業が上昇している．マルコス政権（1965～86年）末期からアキノ政権（1986～92年）にかけて，政情不安などを背景に製造業への内外の投資が落ち込み，サービス業の比率が相対的に上昇したことが背景にあると考えられる．

一方，NIEsでは，韓国や台湾で1980年前後を境に製造業の比率が減少傾向となり，代わってサービス業の比率が上昇してきた．工業化が進展するにつれて，製造業を支える運輸，情報・通信，金融などの**フォーマル・サービス部門**が発達し，サービス業を中心とした産業構造へ移行しているものと考えられる．これに対して，フィリピンで比率が高まっているサービス業は，生業的サービスを主体とする**インフォーマル・サービス部門**であると考えられる．

次に雇用面から産業構造の変化をみると，生産面と比べて変化のスピードは遅い．例えば，タイでは，1980年から90年にかけてGDPに占める農林水産業の比率が23.2%から12.5%へほぼ半減し，一方，製造業の比率が21.5%から

27.2％へ増加した．これに対して同時期の雇用全体に占める農林水産業の比率は70.8％から64.0％へわずかな減少にとどまった．製造業の雇用も7.9％から10.2％へ微増したにすぎない．農林水産業と製造業で生産性の上昇に大きな違いがあり，製造業において，少ない雇用の増加で生産が大きく拡大していることがうかがわれる．

以上のように，アジア諸国では，経済成長の進展に伴って一国の総生産額に占める農林水産業の比率が低下し，代わって製造業の比率が上昇するという，産業構造の変化が観察される．このことは，アジアにおいても**ペティ＝クラークの法則**が成り立つことを示している．

(2) 拡大を続ける域内の貿易

1990年代以降のアジアの貿易の特徴として，域内貿易が急速に拡大していることが挙げられる．これまで述べてきたように，外国企業の直接投資の増加に伴って**国際分業体制**が急速に構築された結果，アジア諸国間の経済関係が一段と緊密さを増し，互いに貿易相手国として不可欠な存在となってきた．

まず1990年代のアジアの域内貿易がどのように拡大してきたかを振り返ってみたい．図表2－7は，NIEs，ASEAN諸国，中国の相手先別貿易について，91年と2001年を比べたものである．アジア域内貿易（輸出＋輸入）は，91年の3,134億ドルから2001年に8,252億ドルへ2.6倍の規模に拡大した．同期間にアジア諸国の貿易総額が2.2倍になったことに比べて，増加ペースは速い．この結果，アジアの貿易総額に占める域内貿易のシェアは，91年の32.4％から2001年には38.0％にまで上昇した．

このようなアジア域内貿易拡大の背景として，次の3点が挙げられる．

第1は，ASEAN諸国内の貿易が急増していることである．1991年から2001年にかけて4.4倍に拡大した．ASEAN自由貿易地域（AFTA：第12章参照）の2003年発効に向けて，ASEAN域内の輸入関税が98年から段階的に引き下げられてきたことや，電気・電子分野や輸送機器分野でASEAN域内の自社工場間での効率的な生産体制の構築を狙った**AICOスキーム**（ASEAN工業協力協定）が実施されたことなどを背景に，ASEAN諸国の間での相互補完関係が高まっていることが理由として考えられる．

第2は，NIEsが，半導体，電子部品，化学品などの原材料・中間財や資本

図表 2-7 アジアの相手先別貿易額

①貿易額（輸出＋輸入） (単位：億ドル)

		アジア				日本	米国	欧州 4	世界全体
		NIEs4	ASEAN4	中国	(小計)				
NIEs4	1991	749	543	594	1,886	1,025	1,260	617	6,167
	2001	1,501	1,297	1,747	4,545	1,404	1,879	917	11,390
ASEAN4	1991	471	85	49	605	526	340	238	2,145
	2001	1,062	372	263	1,697	850	794	357	4,648
中国	1991	594	49	—	643	203	142	118	1,359
	2001	1,747	263	—	2,010	869	991	489	5,693
アジア(小計)	1991	1,814	677	643	3,134	1,754	1,742	973	9,671
	2001	4,310	1,932	2,010	8,252	3,123	3,664	1,763	21,731

②相手国・地域別シェア (単位：％)

		アジア				日本	米国	欧州 4	世界全体
		NIEs4	ASEAN4	中国	(小計)				
NIEs4	1991	12.1	8.8	9.6	30.6	16.6	20.4	10.0	100.0
	2001	13.2	11.4	15.3	39.9	12.3	16.5	8.1	100.0
ASEAN4	1991	22.0	4.0	2.3	28.2	24.5	15.9	11.1	100.0
	2001	22.8	8.0	5.7	36.5	18.3	17.1	7.7	100.0
中国	1991	43.7	3.6	—	47.3	14.9	10.4	8.7	100.0
	2001	30.7	4.6	—	35.3	15.3	17.4	8.6	100.0
アジア(小計)	1991	18.8	7.0	6.6	32.4	18.1	18.0	10.1	100.0
	2001	19.8	8.9	9.2	38.0	14.4	16.9	8.1	100.0

(注1) 欧州4は英国，ドイツ，フランス，イタリアを指す．
(注2) 網掛け部分は1991年から2001年にかけてシェアを上昇させた地域．
(資料) IMF, *Direcion of Trade Statistics* などを基に，日本総合研究所が作成．

　財の域内での一大供給国として発展してきたことである．2001年の域内貿易を国・地域別にみると，全体の55.0％がNIEsによる．NIEsの貿易に占める域内の貿易比率をみても，1991年の30.6％から2001年には39.9％にまで上昇した．また同期間の域内貿易の増加額5,118億ドルの半分強がNIEsの増加分である．

　第3は，中国が域内貿易の牽引役としての役割を高めていることである．国・地域間の貿易の変化をより詳しくみてみよう．図表2-7の中の網掛けで示した部分は，1991年から2001年にかけて，貿易関係がより緊密になった国・地域である．NIEsとASEAN諸国の貿易に占める中国の比率は91年にそれぞれ

9.6%, 2.3%であったが, 2001年には15.3%と5.7%へ大きく上昇した. NIEs, ASEAN諸国は, 域内のいずれの国・地域とも貿易の緊密度を強めているが, なかでも中国との貿易が大きく拡大している. ①中国への生産シフトに伴って, 部品や中間財の対中輸出が増加したこと, ②中国製品が競争力を高め, 各国の輸入に占める中国製品のシェアが増加したこと, などが背景にあると考えられる. 一方, 中国からみると, 同時期にASEAN諸国との貿易シェアが微増したが, NIEsとの貿易シェアは低下した. その一方で日本および米国との緊密度が高まっている. 特に中国の貿易に占める米国のシェアは, 91年の10.4%から2001年には17.4%へと急激に上昇した. これらのことから, NIEs, ASEAN諸国と中国との間で分業体制が進展する一方, 中国が欧米先進諸国への製品輸出を増加させていることがうかがえる.

一方, 輸出競争力の視点から域内貿易をみるとその特徴として, ①NIEsと中国との間で相互補完関係が強いこと, ②ASEAN諸国と中国との間で競合関係が強まっていること, が指摘できる. 具体的には, 韓国の対中輸出は, 半導体や情報機器など付加価値が高く中国製品との競合が小さい品目が主力である. 一方, 中国からの輸入品目は, 電子機器, 繊維・履物が中心であるが, 輸入額は小さく国内生産への影響は軽微である. また製品構成の違いから, 輸出市場での韓国製品と中国製品との競合は少ない. NIEsの中で特に中国との相互依存関係を強めているのは台湾である. パソコンを中心とした情報機器産業の中国への急速な移転によって, 香港を経由した部品や中間財の中国への輸出が急増している. また生産分業の進展を反映して, 台湾から輸出された部品・中間財が中国で半製品にされ, 再び台湾に輸入され完成品に仕上げられるケースも多い. 台湾で生産されてきたパソコンやパソコン関連製品の中でも付加価値が低い品目は, 大半が海外に生産移管されている. 海外生産のうち70%前後が中国の珠江デルタ地帯などで行われているといわれ, 中国国内の電気・電子関連産業の発展に貢献している. 台湾のIT関連企業にとって中国での生産が競争力の源泉となっているといえよう.

これに対して, ASEAN諸国は, 主力となる輸出品目が電子製品・部品の中でも付加価値の低いものが多く, 輸出市場において中国製品と競合状況にある. 一方, ASEAN諸国の国内市場へは, 中国からの雑貨などが大量に流入しており, 国内地場企業が中国製品との厳しい競合に晒されている.

4. おわりに

通貨危機以降，NIEs や ASEAN 諸国の直接投資受け入れが低迷する一方，中国の受け入れは堅調に推移している．この中には先進諸国や NIEs からの新規投資だけではなく，多国籍企業が生産拠点を NIEs や ASEAN 諸国から中国へ移転させている例も多くみられる．2001年12月の WTO 加盟によって規制緩和や市場開放が進展するなかにあって，今後，巨大な国内市場と低廉で良質な労働力を擁する中国の投資先としての吸引力がさらに高まることは確実とみられる．中国が，繊維・衣料品のような労働集約的な産業における従来からの強い競争力を一層強化し，さらに電機，輸送機器，精密機械などの分野においても輸出競争力を高めてくることが見込まれる．

このような中国の台頭に対して，近隣アジア諸国はどのように対応すればよいのであろうか．とりわけ，輸出市場で中国との競合関係が強く，またこれまで直接投資の導入を梃子にして発展してきた ASEAN 諸国にとって，投資と輸出が低迷を続けるようであれば，中長期的な経済成長に影響を与えることが懸念される．アジアが産業構造の高度化や国際競争力の強化を推し進めるには，中国を脅威とみるのではなく，その活力を積極的に取り入れることが条件となろう．そのためには，双方の市場開放を一層進めることが不可欠であり，2003年の AFTA 発効に続いて，中国との自由貿易協定を積極的に推し進め，ASEAN と中国との市場統合を一日も早く実現させることが望まれる．

◆スタディ・ガイド
　アジアの貿易・投資に関する情報については，以下が参考になる．
・日本貿易振興会（ジェトロ）『ジェトロ貿易投資白書』
　2002年度版から，それまで別々に発行されていた『ジェトロ貿易白書』と『ジェトロ投資白書』が『ジェトロ貿易投資白書』に合体され，モノ，サービス，カネの動きを一体的にみることができるようになった．
・経済産業省『通商白書』
　日本の通商に関わる現状と課題をまとめた白書である．2001年版では，中国の台頭による東アジアにおける競争激化が分析されている．経済産業省のホームページでも公表されている．

・経済産業省『我が国企業の海外事業活動』
日本企業が海外で行っている事業活動を把握するのに適当である．経済産業省のホームページでも公表されている．
アジアの貿易・投資に関するデータは以下のホームページで入手できる．
・国連貿易開発会議（United Nations Conference on Trade and Development : http://www.unctad.org/）
・アジア開発銀行（Asian Development Bank : http://www.adb.org/）
日本の対外直接投資に関する統計類は，財務省ホームページの中の「対外及び対内直接投資状況」にまとめられている．
・財務省（http:// www.mof.go.jp/）

◆主要参考文献

・木村福成ほか編著『東アジア国際分業と中国』ジェトロ，2002年．
・伊藤元重著『ゼミナール国際経済入門』日本経済新聞社，1996年．
・渡辺利夫『開発経済学入門』東洋経済新報社，2001年．
・渡辺利夫編『中国の躍進アジアの応戦』東洋経済新報社，2002年．
・中川信義編『イントラ・アジア貿易と新工業化』東京大学出版会，1997年．
・UNCTAD（国連貿易開発会議），*World Investment Report*（貿易開発報告書）各年．
・Asian Development Bank（アジア開発銀行），*Key Indicators*，各年．

【コラム3】 日中貿易摩擦と国内産業保護

　日中間の貿易，投資にかかる摩擦は1990年代後半から高まっていたが，日本が長期的な景気低迷から抜け出せない状況下で両国間の政治・経済問題として取り上げられることが増えてきた．その一例として2001年の農産物に対する**緊急輸入制限措置（セーフガード）**の発動を取り上げてみたい．
　2001年4月，日本政府は，ネギ，生シイタケ，畳表（イ草）について，これら3品が安価で日本に輸入され，国内生産者に打撃を与えたとの調査結果をもとに，セーフガードを暫定発動し輸入を抑制した．セーフガードとは，特定品目の輸入が急増し，国内産業に重大な損害を与えたり，与える恐れがある場合に発動し，一定の期間，輸入を制限する措置である．発動は，特定の国を対象にするのでなく無差別が原則であるが，これら3品は数量ベースで約9割が中国からの輸入であり，実質的に中国からの輸入を制限しようとしたものである．日本のセーフガード発動に対する中国の態度はきわめて厳しく，2001年6月，中国は報復措置として日本からの自動車，携帯電話，エアコンの輸入に対して100％の特別関税を課し，日本からの輸入を実質的に禁止した．結局，農産物3品については，200日の暫定期間の後，セーフガードの正式発動は見送られた．
　このケースをみると，対象品はもともと日本の商社などにより日本の消費者の嗜好に合わせて特別に生産委託されたいわゆる開発輸入品であり，中国側からの輸出増だけを一方的に非難することには無理があると考えられる．さらに，より基本的な問題として，輸入制限によってこれら農産物の競争力が中国並みに引き上げられる可能性は小さい．セーフガードは，被害を受けた国内産業の救済ではなく，時間的猶予を与えるのと引き替えに，業界に価格競争力の向上などの構造調整を促すことが本来の目的である．確かに中国製品が集中豪雨的に日本市場へ流れ込んでくれば，日中間の貿易摩擦が高まり，労働集約型産業に依存してきた地方などで産業空洞化が進むことも懸念される．しかしながら，輸入制限によって競争力を喪失した産業を保護し延命させても，中長期的に日本の競争力が回復する可能性は小さい．安易な輸入規制に頼るのではなく，産業構造調整を推し進めることによって，日本製品の付加価値を高めることで対処すべきであろう．

第3章　アジア通貨危機と経済再建への取り組み

◆本章のポイント

　本章では，1997年に発生したアジア通貨危機について，その背景と，その後のアジア各国への影響，および危機再発防止に向けての各国政府の取り組みをみてみたい．

1．東アジア諸国は，海外資金の円滑な流入を目的に，自国通貨をドルに実質的に固定する為替制度を採っていた．しかし，それが金利差を狙ったヘッジファンドなどの海外投機資金の標的となった．
2．アジア通貨危機は，①1990年代以降の金融グローバル化の進展，②柔軟性に欠けた為替制度や金融・企業部門の脆弱性という東アジア各国に共通した複合的要因によって引き起こされた．
3．アジア通貨危機は，2つの意味で連鎖的な危機であった．1つは，タイで発生した危機がASEAN諸国や韓国など周辺国へ伝染したことである．もう1つは，通貨危機が金融危機，経済危機へと深刻化したことである．
4．タイ，インドネシア，韓国はIMFに金融支援を要請した．融資条件として課された，①金融引き締め，②財政緊縮，③構造改革，などはこれら諸国の経済を一層悪化させた．融資条件が東アジアの実情に合致したものでなかったことによる．一方，韓国では規制緩和と構造改革の進展を通じて財閥グループが解体されるなど，これまで手つかずであった構造問題にメスが入れられた．
5．アジア通貨危機で浮き彫りにされた金融・企業部門の脆弱性に対して，韓国を除き，改革のスピードは遅かった．必要とする資金がきわめて大きかったからである．インドネシア，タイでは国際機関からの支援や，公的資金の投入によって不良債権処理がようやく前進した．

1. タイの通貨暴落とアジア通貨危機

　1997年7月にタイで発生した通貨危機は瞬く間に周辺国へ伝染し，また金融危機，経済危機へと拡大し，東アジア経済に深刻な影響を与えた．

　1980年代後半以降，高度経済成長を辿ってきた東アジア諸国の経済は，台湾，シンガポールなど一部の国を除き，97年から98年にかけて危機の影響によって相次いでマイナス成長に転落した（図表3-1）．特に，危機の影響が大きかったタイ，インドネシア，韓国では，急激な資本流出によって外貨準備が急減し，国際流動性の危機に直面した．

　アジア通貨危機は，金融・経済のグローバル化の進展を背景とし，金融危機を伴った，21世紀型危機であるといわれる．90年代に入ってから，東アジア諸国は国際資本移動の循環の中に組み込まれ，民間金融機関や民間企業が世界から資金を取り込み，高成長を成し遂げることができた．しかし，東アジア諸国は，大量の資金流出により金融市場が不安定化する事態に備えるための**セーフティー・ネット**が不十分であったことや，金融監督当局による監視・規制が機能しなかったために，危機を防ぐことができなかった．

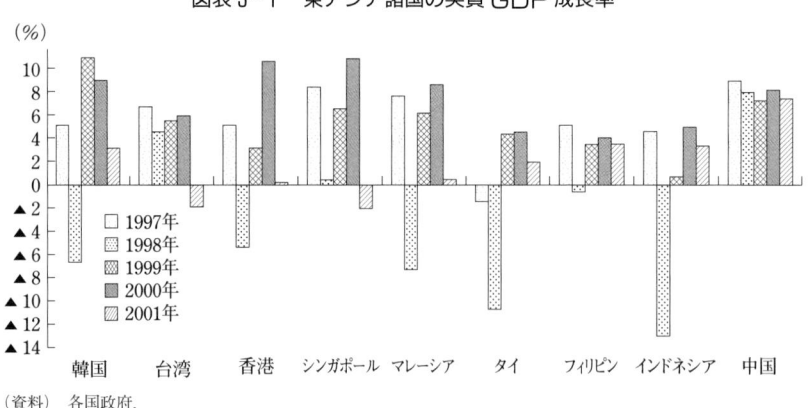

図表3-1　東アジア諸国の実質GDP成長率

（資料）各国政府．

（1）バーツ暴落と周辺国への伝染

①タイで勃発した急激な資本流出

　危機は，1997年5月，シンガポール外国為替市場でタイ・バーツが海外投機筋から売り浴びせを受けたことに始まる．これに対して，タイ中央銀行は，**通貨防衛協定**を結んでいたシンガポール，マレーシア，香港の通貨当局と協調してドル売り・バーツ買いの市場介入を実施し，バーツを支えた．タイ中央銀行は，その後も断続的にバーツ買いの市場介入を行うとともに，非居住者へのバーツ貸し出しの禁止などの措置によって投機的な動きを抑制し，バーツ下落を食い止めようと試みてきた．しかしながら，同年7月2日，タイ中央銀行は，保有する外貨準備が底をついたことからバーツの買い支えを断念し，同国の為替制度を，ドルに連動した実質的な**ドル・ペッグ制**から**変動相場制**へ移行すると発表した．これに伴ってタイで急激な資本流出が起こり，この日1日だけでバーツは1ドル＝25.90バーツから1ドル＝27.75バーツへ約7％（IMF方式：下落幅を下落後の数字で除す）下落した．その後もバーツは下落を続け，98年1月12日には1ドル＝56.7バーツの史上最安値に達した．

②周辺国への伝染

　タイ・バーツの暴落は，タイ1カ国にとどまらず，瞬く間に東アジア域内に伝染した．図表3-2は，1997年7月2日を基準にして東アジア各国通貨の対ドル為替相場の下落幅の推移をみたものであるが，7月末までに，フィリピン，マレーシア，インドネシアの通貨が投機筋の攻撃に晒され大きく下落した．特に，インドネシアの状況は深刻で，インドネシア・ルピアはバーツを上回る下落幅を記録した．さらに東アジア域内の通貨動揺はASEAN諸国にとどまらず，NIEsにまで波及した．10月から11月にかけて，台湾，シンガポール，香港，さらに前年OECDに加盟した韓国で通貨が暴落した．

　特に資本流出が大きかった，タイ，インドネシア，韓国では**外貨準備**が枯渇し，先進諸国や国際金融機関に対する金融支援の要請を余儀なくされた．タイのチャワリット政権（当時）は，7月29日，**国際通貨基金**（IMF）へ金融支援を要請した．先進諸国の対応は早く，8月11日に日本で「タイ経済支援国会議」が開かれ，IMFを中心に総額162億ドル（後に中国の10億ドルが追加され172億ドルとなった）の国際支援パッケージがまとまった．10月末にはインドネシア，11月末には韓国が，急激な外資流出に抗しきれず，IMFなどに国際

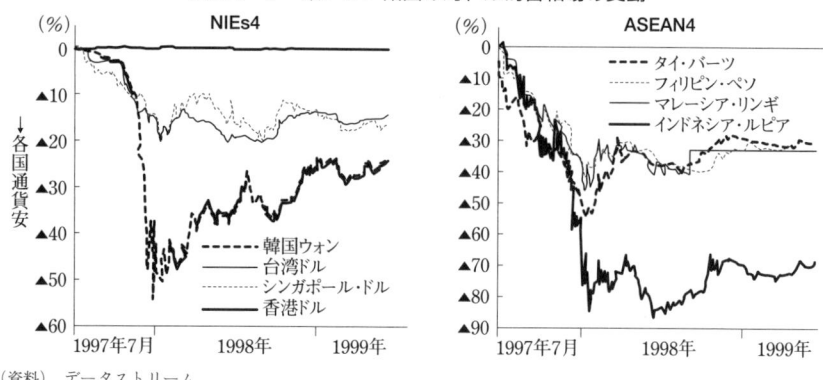

図表 3-2　東アジア諸国の対ドル為替相場の変動

（資料）　データストリーム.

支援を要請した．インドネシアには総額361億ドル，韓国には総額583億ドルの金融支援が行われた．

　もっとも，IMFの金融支援が合意された後も各国の通貨下落は止まらなかった．特に，IMFとの合意事項を遵守する姿勢や，政府の政策遂行能力に対して外国投資家の信認が低下したことを背景に，インドネシア・ルピアは98年1月に急落し，その後も不安定な状態が続いた．

（2）金融危機，経済危機へ拡大

　アジア通貨危機は，①タイで発生した危機が他のASEAN諸国や韓国など周辺国へ伝染していったこと，②各国における通貨下落が通貨危機から金融危機へと拡大し，さらに経済危機へと深刻さを増していったこと，の2つの意味で連鎖的な危機であった．

　本来，通貨下落は，輸出価格の引き下げを通じて輸出競争力を改善する方向に働き，その結果，貿易収支が好転することによって**経常収支**や外貨準備高が回復し，資本流出が終息するというステップをたどると考えられる．これに対して，アジア通貨危機においては，図表3-3のようなメカニズムを通じて，通貨危機から経済危機へと拡大した．

　まず，通貨下落は，多額の外国通貨建ての短期債務を抱えていた民間金融機関や民間企業を直撃した．特に，民間金融機関は，外国金融機関などから取り入れた外貨建短期資金を，自国通貨建長期貸出のかたちで国内企業に融資す

る例が多かった．しかし，通貨下落によって自国通貨に換算した債務が肥大したことから，多くの金融機関が債務超過に陥った．さらに状況を悪化させたのは，金融機関が不動産や株式を担保にした融資を拡大させていたことである．企業業績の悪化や資本流出を背景に担保価値が下落したことから，大量の不良債権を抱え込むことになった．不良債権の増加と貸倒引当金の積み増しは，金融機関に深刻な**信用収縮（クレジット・クランチ）**を引き起こし，資金仲介機能が麻痺した．

一方，外貨を調達し自国通貨で運用していた民間企業においても，現地通貨建て債務が急増した．債務急増は，通貨防衛のために各国で採られた金利引き上げとともに企業の金利負担を急増させた．さらに，緊縮財政によって国内需要が低迷したことに伴って，企業の売り上げは急速に落ち込み業績悪化が加速した．

以上のような企業の破綻や金融システムの機能不全を目の当たりにして，海外の金融機関や投資家が資金の引き揚げを一層加速させ，一段の通貨下落を引き起こすといった，負のスパイラルが生じた．このようなメカニズムを通じての資金流出は，前述したように，タイ，インドネシア，韓国で外貨準備が枯渇

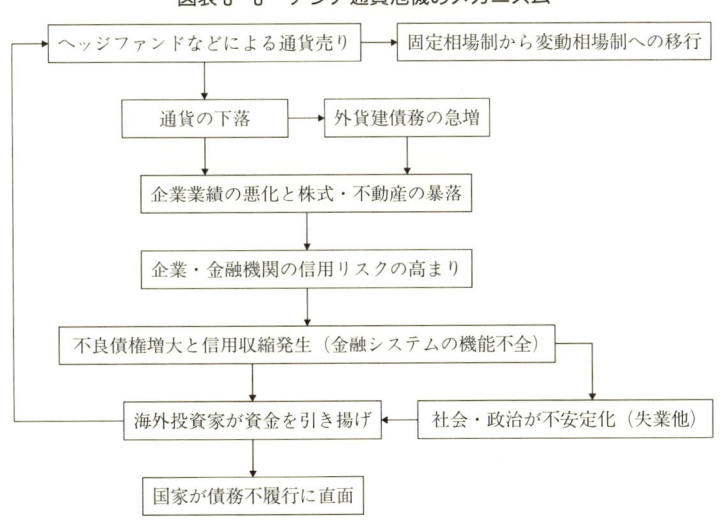

図表3-3 アジア通貨危機のメカニズム

```
┌─→ ヘッジファンドなどによる通貨売り ──→ 固定相場制から変動相場制への移行
│              │
│              ↓
│         通貨の下落 ←── 外貨建債務の急増
│              │
│              ↓
│      企業業績の悪化と株式・不動産の暴落
│              │
│              ↓
│      企業・金融機関の信用リスクの高まり
│              │
│              ↓
│   不良債権増大と信用収縮発生（金融システムの機能不全）
│              │
│              ↓
└──── 海外投資家が資金を引き揚げ ←── 社会・政治が不安定化（失業他）
               │
               ↓
          国家が債務不履行に直面
```

（資料） 日本総合研究所が作成．

するまで止まらなかった．また，インドネシアでは，企業倒産や失業者の急増に伴って，政府の経済政策に対する国民の不平不満が高まり，社会・政治の不安へとつながっていった．

2．アジア通貨危機の背景

アジア通貨危機は，①1990年代に入ってからの**金融グローバル化**の進展，②柔軟性に欠けた為替制度や金融・企業部門の脆弱性，という東アジア各国に共通した複合的要因によって引き起こされた．

(1) 金融グローバル化の進展と東アジアへの資金フロー
①金融グローバル化の進展

1990年代前半，東西冷戦の終結に伴って旧東欧諸国や旧ソ連邦諸国が世界経済に組み込まれ，また，新興工業国においても金融・資本市場の整備や規制緩和が進んだ．一方，先進諸国では，富裕層や企業の投資家のあいだで資金の蓄積が進んだ．これらの資金の一部は，**ヘッジファンド**などの投資機関によって，金融先物やオプションなど取引リスクが大きいが高い利回りが期待できる，**金融派生商品（デリバティブ）**で運用されるようになった．このような状況のなか，わずかな金利差を求めて大規模かつ急激な国際資本移動が起こるようになった．

1990年代前半に東アジアへも金融グローバル化の波が押し寄せた．各国で資本取引の規制緩和などの金融自由化が進み，80年代半ば以降の高度経済成長を背景にユーフォリア（きわめて強い楽観論）が蔓延するなか，新たな投資先として，先進諸国からの資金流入が急速に拡大していった．

通貨危機による打撃が特に大きかったASEAN 4および韓国への先進諸国からの民間資金フロー（流入から流出を差し引いた純流入額）は1990年代前半に急増している（図表3-4）．特に92年からピークに達する95年までの3年間に，これら5カ国への資金流入額は290億ドルから742億ドルへ2.6倍も増えた．同期間のこれら5カ国の名目GDPと貿易額の増加幅がおのおの1.5倍，1.7倍であったことと比べて，資金流入がきわめて大きかったことがわかる．

一方，資金フローの内訳を「直接投資」「証券投資」「銀行貸出その他」の3

第3章　アジア通貨危機と経済再建への取り組み

図表3-4　ASEAN4と韓国への資金フロー

(単位：億ドル)

	1992	1993	1994	1995	1996	1997	1998	1999	2000	2001
民間資金	290	318	361	742	658	▲204	▲256	▲246	▲406	▲181
直接投資	73	76	88	75	84	103	86	102	120	72
証券投資	64	172	99	174	203	129	▲60	63	66	30
銀行貸出その他	153	70	174	492	371	▲436	▲282	▲411	▲592	▲283

(注1)　タイ，インドネシア，マレーシア，フィリピン，韓国．
(注2)　2000，2001年は予測．
(資料)　IMF, *World Economic Outlook*, 2000年5月号．

つの形態別にみてみると，直接投資が緩やかな増加であるのに対して，証券投資が2.7倍，銀行貸出その他が3.2倍と急増している．各国で資本市場の整備や金融市場の対外開放が進展したことが背景にある．

②変調をきたした短期資金フロー

　1980年代後半，東アジアへの資金流入は，約4割を長期的で安定的な直接投資が占めていた．これに対して，90年代前半は，金融グローバル化の進展や世界的な低金利を背景に，証券投資や銀行貸出などを中心に大量の短期資金が東アジアに流入したことが特徴として指摘できる．

　このようななか，タイでは1996年の輸出（ドル換算）が前年比1.3％減となるなど輸出競争力に翳りがみえていた．高度経済成長が長く続いたことから人件費が上昇し，輸出市場における価格競争力が低下してきたことによる．近隣諸国や中国などで投資環境の整備が進み，タイへの直接投資も伸び悩んでいた．さらに，証券市場や不動産市場へ流入した外国からの投機資金も期待した収益を生み出すことができなくなりつつあった．タイの経済成長率は，80年代後半から年率8～12％で推移してきたが，96年には5.9％にまで鈍化した．

　タイ経済の成長鈍化が鮮明になるに伴って，逃げ足の早い短期資金が大量にしかも急激に引き揚げ始めた．1996年以降，断続的なバーツ売りに対してタイ政府は，金利引き上げやドル売り介入によって対応してきた．しかし，97年に入ってからはヘッジファンドによるアジア通貨の売り浴びせが，外国金融機関による短期融資の引き揚げへと連鎖し，徐々に通貨防衛が困難な状況に追い込まれていった．ヘッジファンドにとって，十分な外貨準備を保有しておらず，中央銀行による外国資金の管理が適切に行われていない東アジア諸国で，通貨

を下落させることによって利益を得ることはきわめて容易であった．通貨危機は，タイから他のASEAN諸国や韓国にも伝染した．金融グローバル化の進展に伴って各国の金融市場が一体化するなかにあって，経常赤字，資産バブル，輸出不振など類似した構造問題を抱えていたこれら諸国の金融市場もヘッジファンドの標的となった．

　海外から東アジアへ流入していた資金フローは徐々に流出に転じ，各国で外貨準備が急減した．1997年末，タイ，フィリピン，インドネシア，韓国が保有していた外貨準備の**短期債務カバー率**（＝外貨準備／短期債務）は100％を割り込み，外貨借入の返済ができない状況に陥った．

（2）東アジアの抱える構造問題

　外部要因である金融のグローバル化に対して，東アジア諸国内部にも通貨危機の原因となる構造的な問題があった．

　1990年代初頭から半ばにかけ，東アジア諸国はこぞって**輸出志向工業化**による経済成長を推し進めていた．そのためには先進技術や近代的経営手法の導入に加えて，海外からの資金取り入れの拡大が必要であった．旺盛な国内の資金需要を賄ううえで国内貯蓄は十分ではなかったからである．このような状況にあって，東アジア各国は，外資優遇政策を整備・拡充し直接投資の受け入れを拡大するとともに，海外との資本取引に関わる規制緩和を進めることによって，金融・資本市場への外資取り入れを積極的に推し進めた．その中心がタイである．93年5月，バンコク国際金融市場（BIBF: Bangkok International Banking Facilities）と呼ばれる**オフショア金融市場**が設立された．国際資本市場から国内へ資金を取り入れる「外―内」取引を目的の1つとしたことが特徴であり，BIBF設立を契機に商業銀行の海外からの資金取り入れが急速に拡大していった．東アジアの代表的な金融市場であるシンガポール・オフショア市場が，外から取り入れた資金を外に出す「外―外」取引に限定することにより，国内金融市場を外部から遮断し，自国通貨を防衛しているのと対照的である．

　東アジア諸国は，積極的に外資を取り入れた結果，国内貯蓄を上回る投資を実施することが可能となり，高度経済成長を成し遂げることができた．しかし，外資の安易な導入は大きなリスクを孕むものでもあった．東アジア諸国が逃げ足の早い外国からの短期資金に過度に依存する体質となったこと，また，借り

入れの主体が政府ではなく民間企業であったことから，民間部門の対外債務が増大していった．以下において，東アジアが外資に過度に依存するに至った構造的な問題をみていきたい．

①柔軟性に欠けた為替政策

多くの東アジア諸国は，海外からの円滑な資金流入を狙って，自国通貨をドルに実質的にペッグ（固定）させていたが，通貨危機によってこれに伴うリスクが顕在化した．

為替相場制度は，**固定相場制**と変動相場制の2つに大別でき，その中間に，中央銀行が設定した一定の変動幅（バンド）の中に限って自由な為替取引が許される**管理フロート制**がある．東アジア諸国では，通貨危機が発生した時点で中国と香港がドルにペッグした固定相場制を採っていたのをはじめ，管理フロート制や主要貿易相手国の複数通貨にリンクした**通貨バスケット方式**を採っていた国が多かった．もっとも，為替レートを安定化させるために，実質的には，最大の貿易相手国である米国のドルに自国通貨を固定させていた．また，自国通貨のドルへのペッグと同時に，各国中央銀行は，国内金利をドル金利より高めに設定することによって，内外金利差を維持し外資の流入を促した．

固定相場制のもとでは，通貨価値の安定が図られることから，投資する側にとって為替変動によるリスクが回避でき，投資をスムーズに行うことができる．この実質的なドル・ペッグ制は，貿易・投資の安定化に寄与し，直接投資を促し，1980年代以降の東アジア各国の経済発展に寄与した．

もっとも，固定相場制のもとでは国際収支の不均衡が調整されることがなく，経済ファンダメンタルズによって決定される理論的な為替相場と，現実の固定相場との間に乖離が生じるリスクを孕んでいた．実際，東アジアでは円やドルなどの資金を取り入れて現地通貨で運用することによって金利差の利益を享受できたことから，ヘッジファンドなどの海外投機資金や，国内企業による外貨建て借り入れが増加していった．1990年代半ばには，東アジア経済の高い成長を見越して外国資本が大量に流入し，バブル形成につながる金余りの様相を呈した．しかし，流入した資金の中心は逃げ足の早い短期債務であった．

通貨危機後の東アジア諸国の通貨制度を図表3-5にまとめた．通貨危機を契機に，韓国，インドネシア，タイは，それまでの実質的なドル・ペッグ制を

図表 3-5 東アジア諸国の通貨制度

採 用 国	通 貨 制 度	採 用 年
中国（元）	管理フロート制	1994年
韓国（ウォン）	完全変動相場制	1997年12月
台湾（新台湾元）	完全変動相場制	1982年
香港（香港ドル）	米ドル・ペッグ制（カレンシーボード制）	1983年
シンガポール（シンガポール・ドル）	管理フロート制	―
インドネシア（ルピア）	完全変動相場制	1997年8月
タイ（バーツ）	管理フロート制	1997年7月
マレーシア（リンギ）	米ドル・ペッグ制	1998年9月
フィリピン（フィリピン・ペソ）	完全変動相場制	1984年

(注)・為替ペッグ制：自国通貨をある通貨に連動させる制度（カレンシーボード制：為替ペッグ制を採る一方，国内通貨流通量に見合うだけの外貨準備を通貨委員会（カレンシーボード）に保有させる制度）．
　　・管理フロート制：中央銀行が変動幅を固定し，その幅の中で為替市場において自由に取引されている．変動幅を超えそうな場合，中央銀行が為替介入を行ったり，変動幅を変更する．
　　・完全変動相場制：為替市場の需給のみによって決定される．ただし，中央銀行が裁量的に為替介入を行うことがある．
(資料)　『アジア経済2000』（経済企画庁）などをもとに日本総合研究所が作成．

放棄し，韓国，インドネシアでは完全変動相場制へ移行した．また，タイは管理フロート制に変更したが，為替レートの決定は原則的に市場の需給に委ねている．

②経常収支の悪化

　東アジア各国の1990年代に入ってからの経常収支の推移をみると，通貨危機の打撃が大きかったASEAN諸国と韓国で，いずれも赤字が続いていた（図表3-6）．これら諸国の経常収支は，80年代から赤字であり，直接投資を主体とする資本収支の黒字で補っていた．経常収支の赤字が中間財や資本財の輸入の拡大によるものであり，高い経済成長に伴う必然的なものと認識されていたことから，通貨危機以前は問題視されることが少なかった．将来も高成長が続くことを前提に，資本の流入が続き，経常収支の赤字が補塡されると考えられていた．

　しかしながら，1990年代半ばにタイなどで輸出志向型の経済発展に限界がみえてきた．タイでは80年代半ば以降，輸出が年平均15％もの高い伸びを続けてきた．しかし，90年代半ばに輸出の鈍化傾向が鮮明になり，一方，国民所得の上昇に伴って消費財を中心に輸入が高水準で推移したことから，経常収支の赤字幅が拡大し始めた．94年に中国・人民元が切り下げられたことや，95年春先以降，ドルが円に対して上昇傾向を強めたにもかかわらず，タイ・バーツを含

図表 3-6 東アジア諸国の経常収支（GDP比）

(単位：%)

年	中国	韓国	台湾	シンガポール	インドネシア	タイ	マレーシア	フィリピン
1990	3.1	▲0.8	6.8	8.5	▲2.6	▲8.5	▲2.0	▲6.1
1991	3.3	▲2.8	6.9	11.4	▲3.3	▲7.7	▲8.5	▲2.3
1992	1.4	▲1.3	4.0	12.0	▲2.0	▲5.7	▲3.7	▲1.9
1993	▲1.9	0.3	3.1	7.3	▲1.3	▲5.0	▲4.5	▲5.5
1994	1.3	▲1.0	2.7	16.3	▲1.6	▲5.7	▲6.1	▲4.6
1995	0.2	▲1.7	2.1	17.3	▲3.2	▲8.2	▲9.5	▲2.7
1996	0.9	▲4.4	3.9	15.2	▲3.4	▲8.1	▲4.6	▲4.8
1997	4.1	▲1.7	2.4	17.9	▲2.3	▲2.0	▲4.8	▲5.3
1998	3.3	12.8	1.3	25.4	3.3	11.5	13.2	2.4
1999	1.6	5.8	2.9	25.0	4.1	8.5	15.9	10.3
2000	1.9	2.7	2.9	23.6	5.2	7.5	9.4	12.2
2001	1.7	2.0	6.5	20.9	3.1	5.5	7.8	6.0
2002	1.0	1.9	3.9	19.8	1.5	4.1	5.3	2.0

(注) 2002年は予測．マイナス（プラス）は経常収支赤字（黒字）．
(資料) IMF, *International Financial Statistics Yearbook 1997, 2001*, ADB, *Asian Development Outlook 2002*.

め東アジア各国の通貨がドルへのペッグを維持したことが背景にある．各国通貨の実質実効為替レート（主要貿易相手国の通貨に対する為替レートをインフレ率格差を加味し貿易量などで加重平均）は95年以降上昇しており，各国通貨が過大評価されていたとみられる．さらに，外貨を稼がない不動産分野などへの投資が拡大したことが経常収支を悪化させる一因となった．

1997年春先，タイでは，輸出が一段と鈍化し経常収支の悪化が続いたことから，輸出志向型経済発展に対する懸念を抱いた海外投資家は投資を抑制し始めた．資金フローは急激な資金引き揚げに転じた．しかも，その動きはオーバーシュートし，各国で外貨準備の減少に拍車がかかった．

③未発達な資本市場と脆弱な金融システム

東アジア諸国はドルとの連動性が強い為替制度のもとで金融市場の自由化や資本取引の自由化を進め，大量の外国資金が流入するようになったにもかかわらず，金融システムは脆弱であった．特に，ASEAN諸国と韓国では，高い経済成長を維持するために海外からの資金取り入れが強く要請され，国内金融システムの整備や強化を先送りした状態で資本自由化が進められた．

このような東アジア各国の金融システムの脆弱性がアジア通貨危機によって

露呈した．各国の中央銀行や金融機関は，資本の急激な流出に対して有効な対応がとれなかった．特に，①資金回収が長期にわたる設備投資向けの資金を短期借入に頼る，②外貨で借り入れた資金を国内通貨で運用する，といった期間と通貨の両面で**資産・負債のミスマッチ**が生じ，金融システムを一挙に不安定化させる要因となった．一方，企業や銀行は，為替リスクや信用リスクなどのリスク管理能力を欠いた状態で海外から大量の短期資金を取り入れていった．また，各国とも預金保護システムや中央銀行による金融監督体制が整っておらず，金融機関の外貨借入に対する監督も十分ではなかった．

　一旦，短期資金の急激な引き揚げが発生すると，企業の破綻が相次ぎ，金融システムは機能不全を起こした．これに伴い，急激な信用収縮が起こり，実体経済は急速に悪化した．

④コーポレート・ガバナンスの欠如と企業の過剰投資

　海外から東アジアに資金が大量に流入したことに伴い，各国で過剰流動性が発生した．銀行が積極的に融資をしたこともあり，製造業を中心に過剰投資が起こり，不動産や株式市場はバブルの様相を呈した．このような状況に至った原因の1つに，企業と金融機関が相互に強い結びつきをもった関係の中で融資が急増していったことがある．すなわち，**コーポレート・ガバナンス**（企業統治）に関わる問題である．

　例えば，韓国では，現代，大宇，三星，LG，SKなどの財閥グループに国内の生産と所有が集中しており，政府，銀行，財閥の強い結びつきのなか，国内および海外から取り入れた資金が一部の財閥に過度に配分されていた．韓国企業の負債比率（負債総額／自己資本総額）は，多くの財閥企業が海外からの短期資金を中心に過剰な借り入れを行っていたことを一因に，通貨危機前年の1996年に350％まで上昇していた．また，融資使途も設備投資にとどまらず，株式や不動産購入など，投機性の高いものが増加していった．同じ財閥グループに属する金融機関から，返済能力や収益性に対する十分な審査が行われないままグループ企業に融資されるケースが多く，企業の負債比率の上昇を招くことになった．

　ASEAN諸国においても，1980年代から90年代半ばにかけて，権力者などが身内や縁故のある企業を特別扱いする，**クローニズム（仲間内主義）**や**ネポティズム（縁故主義）**が蔓延していた．インドネシア，タイ，マレーシアにお

いては，政府と企業との不明朗な関係のもと，市場原理を無視したクローニー企業への優先的な融資が行われてきた．

3．IMF の処方箋と通貨危機への各国の対応

アジア通貨危機で特に大きな打撃を受け，流動性危機に直面したタイ，インドネシア，韓国は，IMF を中心とする国際機関や海外諸国に金融支援を要請した．その他の国では，マレーシアが IMF の処方箋と対照的な独自政策を採った．一方，シンガポール，台湾，香港は危機の打撃が比較的軽微なものにとどまった．また，中国はほとんど影響を受けなかった．

以下では，まず，危機の影響が大きかったタイ，韓国，インドネシアを中心に，IMF の金融支援とその影響について説明する．次に，その他の国・地域について，通貨危機の影響とその対応をみてみたい．

(1) IMF による金融支援とその影響
① IMF のコンディショナリティ

危機に見舞われたタイ，韓国，インドネシアの 3 カ国は，1997 年 8 月から 11 月にかけて相次いで IMF に金融支援を要請し，IMF の勧告のもとで為替市場の安定と金融・企業の構造改革に取り組むことになった．

IMF は，国際通貨・金融に関する国際金融機関である．外貨準備が不足したり海外からの資金調達が困難となった国に対して，対外支払いに必要な資金を供給することを主要目的の 1 つとし，途上国が債務危機に対処する際の中心的な役割を担っている．融資を行うにあたっては，対象国に対して政策運営や**構造改革**の実行などを内容とした**コンディショナリティ**と呼ばれる融資条件を課すことが特徴である．

支援を要請した 3 カ国は，①実質的にドルにペッグした通貨制度，②脆弱な金融システム，③経常収支の赤字拡大と過大な短期債務，という共通した経済構造をもっていた．IMF のコンディショナリティは，これらの問題に対応したもので，融資条件として，①金融引き締め，②緊縮財政，③構造改革が盛り込まれた．IMF の基本的な考え方は，危機に陥った 3 カ国の通貨下落を止め，物価の安定と国際収支の均衡を図ることである．金融引き締めはインフレ防止

と為替レートの安定を，緊縮財政は経常収支の改善を狙ったものである．一方，構造改革は，広範囲にわたり，国内の流通構造，輸入規制，政府補助金の見直しなどが含まれた．具体的施策として，①経常収支を均衡させるための消費，投資，輸入の抑制と経済成長率目標の引き下げ，②財政均衡のための政府支出の削減，③財政収支の改善を狙った付加価値税や公共料金の引き上げ，などが付された．

② IMF 支援に対する批判の高まり

　IMF が金融支援と引き替えに課した，金融引き締め，緊縮財政，構造改革などの条件は，当初の見込みに反し，3カ国の経済を一層悪化させた．金融引き締めや財政支出削減政策は，放漫財政や内需過熱による高インフレには効果があり，1980年代に中南米諸国で起こった累積債務危機に際して採られた政策である．しかしながら，東アジア諸国は，もともと財政は黒字基調を維持しており，インフレ率も安定していた．このような東アジア諸国に対して，過度な緊縮政策が採られたことから，国内需要が減退し景気低迷が一段と深刻化する結果となった．また，景気低迷とデフレ圧力の上昇に伴って，金融機関の抱える不良債権が急増し，企業や金融機関に対する信用リスクが上昇した．さらに，頼みの綱の輸出は，①域内経済の低迷，②在庫圧縮の加速，③輸出金融の収縮，などを背景に，各国とも大きく減少した．東アジア経済は困難をきわめ，インドネシアでは社会・政治が不安定になるなど，各国で IMF に対する批判が高まった．

　結局，IMF の支援にもかかわらず，通貨危機は終息に向かわず，逆に金融危機，経済危機へと発展した．各国で金融機関の不良債権は増大し，深刻な貸し渋りを招いた．さらに，韓国やインドネシアなどでは，企業の倒産や失業者が急増し，社会・政治が急速に不安定化した．特にインドネシアでは，融資条件の1つとして，ガソリンや食用油に対する政府補助金の削減などが盛り込まれたが，これは国民生活を窮乏させることになった．これが国民の政府に対する反発を招き，1998年5月のスハルト大統領辞任へとつながっていった．

　IMF による金融支援が有効に機能しなかった理由は，支援条件が各国のマクロ経済状況やこれまでの経済政策などを踏まえたものではなかったことにある．1998年後半，IMF は，支援条件をそれまでのデフレ政策から転換し，支援対象国が金融緩和・財政拡張政策を採ることを認めた．

（2）危機を免れた国

　タイ，インドネシア，韓国に比較して，シンガポール，台湾，中国は通貨危機の影響が軽微であった．1998年の経済成長率をみると，危機の影響を最も受けたタイ，インドネシア，韓国は，それぞれ10.6％，13.0％，6.7％の大幅なマイナスとなったが，シンガポール，台湾，中国の3カ国はプラス成長を維持した．また，香港とマレーシアは，投機筋からの自国通貨への攻撃に対抗するために，独自の通貨制度や資本取引規制を導入した．以下では，これらの国が危機を免れた要因を探ってみたい．

　シンガポールと台湾では，通貨危機以降，自国通貨に対する売り圧力が高まったが，両国は，次の2つの理由から危機を回避することができた．1つは，①経常収支の黒字を維持，②十分な外貨準備高を保有，③対外債務が非常に少ないか，あるいは対外純債権国であるなど，両国の経済ファンダメンタルズが強固であったことである．もう1つは，両国が，強固な経済ファンダメンタルズや潤沢な国内貯蓄を背景に，性急な資本自由化を規制していたことである．両国政府は，企業や金融機関が外資の安易な取り入れを行うことに対して厳しい姿勢をとるとともに，国内資本市場を国際資本市場から遮断してきた．タイのBIBFが積極的に外資を取り入れたのと対照的である．

　またフィリピンでは，1980年代半ばの金融危機以降，IMFの管理下で金融改革を進めてきたことが，過剰な資本流入に対して有効に作用した．そもそも同国経済が80年代後半以降のASEAN諸国における高度成長から取り残され，外国からの投資が低迷していたことも幸いしたといえよう．

　一方，中国は，人民元の為替取引を輸出入などの経常取引だけに限定し，資本取引を自由化していないことから，通貨投機の対象とはならなかった．周辺アジア諸国の通貨が変動相場制に移行し，対ドル・レートが大きく切り下がったときにも人民元の対ドル相場は一定に維持された．その結果，周辺諸国は中国に対する輸出競争力が高まった．

　香港では，1997年10月に香港ドルが投機筋による攻撃を受けたが，**カレンシーボード制**のもとで，金融当局は大規模な市場介入と金利の大幅引き上げによって売り圧力に対抗し，ドル・ペッグ制を堅持した．カレンシーボード制は最も厳格な固定相場制とされる．通貨発行銀行は，国内通貨発行量に見合うだけの外貨準備を通貨委員会（カレンシーボード）に積み立てることが義務づけら

れ，理論的には通貨投機によって外貨準備が枯渇することはありえないことになる．もっとも，香港では，通貨防衛のための金利引き上げが国内経済を圧迫した．通貨危機には陥らなかったものの，域内経済への依存度が高い同国経済は大きな影響を受け，98年の経済成長率は5.0％のマイナスとなった．

ASEAN諸国の中で，唯一IMFの処方箋と対照的な政策を採ったのがマレーシアである．同国は，外貨準備が比較的潤沢であったことや，マレー系国民を優遇する**ブミプトラ政策**など国内に微妙な問題を抱えていたことから，国際機関や諸外国が国内問題に介入することを極度に嫌い，IMFへの金融支援も要請しなかった．通貨危機に見舞われた当初は，大型国家プロジェクトの延期や見直しによる財政支出の削減や，輸入関税の引き上げによる輸入抑制など，基本的にはIMF処方箋と同様の緊縮政策を採った．しかし，国内景気が一段と悪化するなか，1998年9月に資本取引規制と固定相場制を導入し，その後，景気刺激へと政策転換を進めた（コラム4参照）．

4．危機再発防止に向けての取り組み

アジア通貨危機で急落した東アジア諸国の通貨も1998年半ばには，政治・社会の不安定が続くインドネシアのルピアを除いて徐々に安定を取り戻した．しかしながら，アジア通貨危機で明確になった金融・企業部門の脆弱性については，改革のペースは遅く課題として残された．金融システムを健全化するためには，金融機関の不良債権処理と企業部門の債務リストラを並行して進めることが不可欠であるが，東アジア，特にASEAN諸国ではいずれも進展が遅れた．

以下では，通貨危機以降，金融・企業部門の改革に向けてどのような取り組みが行われてきたかについてみてみたい．

（1）不良債権処理

東アジア各国政府は，通貨危機を契機に金融システム改革に取り組み始めた．各国で，①金融機関の抱える不良債権の処理，②破綻した金融機関の処理，③優良銀行を核とする金融機関の再編，④金融機関の健全化を目的とした強化措置，などが進められた．

特に急を要したのは不良債権処理であった．金融機関の不良債権処理や企業の債務リストラが進展しなければ，新規設備投資などに対する資金需要が生じても，金融機関は企業が必要とする資金を十分に供給することができないと考えられたからである．金融機関の融資残高に占める不良債権の比率である**不良債権比率**は，通貨危機の影響が顕在化するに伴って上昇し，各国で1998年後半から99年前半にかけてピークとなった．

1997年から98年にかけて，韓国の韓国資産管理会社（KAMCO：1962年設立，97年11月再組織化），マレーシアのダナハルタ（Danaharta：1998年6月設立），インドネシアのインドネシア銀行再建庁（IBRA：1998年1月設立）など，公的資金の導入によって不良債権や破綻金融機関の資産を買い取る**資産管理会社**が設立された．また，資本注入を通じて金融機関の再編と統合を進める**資本注入機関**も各国で設立された．一方，タイでは，各金融機関が子会社として資産管理会社を設立した．不良債権の買い取りと資本の注入を通じて，金融機関のバランスシートから不良債権を取り除いたうえで，資本を増強することを狙ったものである．しかし，不良債権処理のスピードは国によって大きく異なった．韓国やマレーシアでは，政府の強いリーダーシップのもとでいち早く不良債権の買い取りが進んだものの，タイやインドネシアでは容易に進まず，不良債権比率は高水準で推移した．

資産管理会社が稼働し始めた1998年から99年にかけての不良債権比率をみると，韓国では一貫して低い水準で推移している（図表3-7）．これに対して，タイとインドネシアでは，資産管理会社への不良債権の売却に伴って徐々に低下してきたが，99年末の時点でも30％を超えていた．韓国では，政府主導で大規模な公的資金の投入が行われ，不良債権を一括して買い取ったことが大きい．その結果，同国は，東アジア諸国の中でいち早く不良債権処理に目処をつけ，経済回復へと向かった．

韓国の例にみられるように，金融改革に弾みをつけるには，公的資金を一挙に投入することが有効である．しかしながら，タイやインドネシアでは，金融システムを健全化するために必要となる金額がきわめて大きく，財政で負担できる範囲を超えていた．

タイでは，不良債権が親銀行のバランスシートから子会社のバランスシートへ移されたが，金額的にはわずかで，しかも親子間でのバランスシート上の付

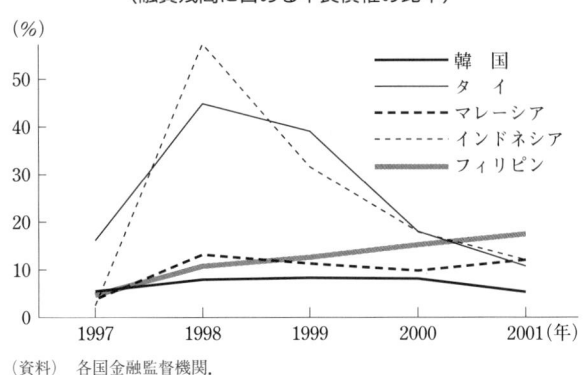

図表3-7　東アジア諸国の不良債権比率
（融資残高に占める不良債権の比率）

（資料）各国金融監督機関．

け替えだけで実質的な処理は進まなかった．2001年になってようやく公的資金により国営資産管理機関であるタイ資産管理会社（TAMC）が設立された結果，不良債権処理が軌道に乗った．インドネシアでは，1998年11月の銀行法改正や99年3月の銀行再編を通じて，不良債権処理が徐々に進展していった．

　一方，各国で不良債権処理と並行して金融機関の強化措置が採られた．金融再編を推し進めるとともに，資本注入による金融機関の自己資本比率と最低資本金の引き上げや，貸倒引当金の積み増しを通じて，金融機関の強化が図られた．資本注入の結果，各国の金融機関の自己資本比率は大きく改善した．

（2）企業債務処理と法整備

　金融機関の不良債権処理と表裏一体の関係にあるのが企業の債務処理である．通貨危機後の企業債務処理の進展状況をみると，ASEAN諸国において処理スピードが緩慢であり，特にタイとインドネシアの遅れが顕著であった．この背景として，これら各国で金融関連法制度の整備が遅れていることがある．以下では，タイとインドネシアの金融関連法制度の問題についてみていきたい．

①タイの場合

　タイでは，破産法や担保回収法などの経済関連法が1999年3月に改正された．これらの経済関連法は，債務負担に苦しむ地場資本家などの既得権益層や，こ

れら既得権益層と利害を1つにする一部国会議員の強力な反対によって，立法化が大幅に遅れた．しかも，破産法改正の中身は，会社更正手続きを新規に創設しただけにとどまった．また債務者に有利な規定となっており，債権者にとって納得のできる内容ではなかった．

② インドネシアの場合

インドネシアでは，IMFや世界銀行の支援によって1998年8月に改正破産法が成立した．しかし，新しい法律は，適用除外項目や不備が多い．また，裁判所自身が破産法の不備を利用して，債権者の破産申し立てを棄却することも多く，新しい法律が適用された例は非常に少ない．

タイやインドネシアにおける新しい法律は，①法律の形だけを作ったものの，不備が多く実体が伴っていない，②法律を改正しても，関連する諸制度の整備が遅れている，③司法当局に法律を執行するための専門家やノウハウが乏しい，④これらの諸国の文化や風土に根ざし従来から存在している社会慣習が最終的な裁判の結果に強い影響を与えている，などの問題を孕んでおり，十分に機能していない．

一方，企業の債務処理を進めるには，①法廷での手続き，②法廷外での手続き，の2つの方法がある．法廷での手続き，すなわち破産法や会社更生法を適用しようとすれば，企業の清算やリストラを法に則った厳格な手続きによって行うことになり，時間と費用がかかる．さらに，ASEAN諸国においては，債務リストラが急がれている企業が非常に多いにもかかわらず，破産裁判所や裁判官の絶対数が少ないといった問題もある．このようなことから，各国政府は，多くの企業の債務リストラを短い期間で行うことを目的に，債権者・債務者間の法廷外での手続きによる解決を進めてきた．しかしながら，ASEAN諸国では，債務リストラを行ううえでの前提である破産法や抵当権執行法などの金融関連法制度が十分に機能しておらず，企業も債務リストラに対するインセンティブに欠けることから，法廷外での任意手続きによる債務リストラは進展していない．例えば，法廷外で債権者と債務者間の話し合いを推進するために，タイでは債務再編委員会（CDRAC），マレーシアでは企業債務処理委員会（CDRC）が設立されたが，債権者と債務者間の合意は，負債と転換社債や長期貸出との交換が主となっており，清算，買収，減資など痛みを伴う抜本的な

手段は基本的に採られていない．

5．おわりに

　通貨危機以降，危機の再発防止に向けてさまざまな取り組みが行われてきた．国際的な取り組みとしては，1999年6月のケルン・サミットにおいて，G7蔵相報告「国際金融システムの強化」が取りまとめられ，具体化へ向けての作業が進められている．また，東アジア域内では，2000年5月にタイのチェンマイで開催されたASEAN＋3（日本，中国，韓国）の蔵相会議で**チェンマイ・イニシアティブ**が合意され，これに基づいてASEAN諸国と日本，中国，韓国の間で通貨協定の締結が進められている．相手国の外貨繰りの急激な悪化に際して，相手国通貨と引き替えにドルや円を融通する取り極めで，2003年1月末現在，日本は中国，韓国，タイ，マレーシア，フィリピンと締結し，インドネシア，シンガポールと交渉中である．

　一方，各国個別の取り組みは道半ばである．不良債権の処理，金融システムの強化，企業債務のリストラなどが進められており，一定の進展がみられるものの，マレーシアやフィリピンでは不良債権比率が下げ渋っている．また，インドネシアでは企業改革に向けた動きが停滞している．さらに，ASEAN諸国では，通貨危機以降，直接投資を中心に海外からの資金フローが急速に細っており，中長期的な経済成長に影響を与えることが懸念されている．

◆スタディ・ガイド
　アジア通貨危機に関する情報については，以下のホームページで入手することができる．なかでも財務省のホームページに掲載されている「外国為替等審議会」の報告書は，アジア通貨危機やアジア経済・金融の問題が幅広く取り上げられており有用である．
・財務省（http://www.mof.go.jp/）
・アジア開発銀行（Asian Development Bank：http://www.adb.org/）

◆主要参考文献
・国宗浩三『アジア通貨危機と金融危機から学ぶ』アジア経済研究所，2001年．
・奥田英信『ASEANの金融システム』東洋経済新報社，2000年．

・法政大学比較経済研究所ほか『アジアの金融危機とシステム改革』法政大学出版局, 2000年.
・経済企画庁『アジア経済2000』2000年.
・日下部元雄・堀本善雄『アジアの金融危機は終わったか』日本評論社, 1999年.
・山内英貴『アジア発金融ドミノ』東洋経済新報社, 1999年.
・島崎久彌『通貨危機と円の国際化』多賀出版, 1999年.
・浜田和幸『ヘッジファンド』文藝春秋, 1999年.
・白井早由里『検証 IMF 経済政策』東洋経済新報社, 1999年.
・山本栄治編著『アジア経済再生』日本貿易振興会, 1999年.

【コラム4】 マレーシアの資本取引規制

アジア通貨危機が深刻化するなか, 各国政府は, 1998年夏以降, 財政出動や金融緩和を相次いで打ち出した. さらに, IMF は, 従来の緊縮政策一辺倒の強硬姿勢から経済対策を容認する柔軟なスタンスへ次第に軌道修正し, 各国の積極路線を支持する姿勢を明らかにした. もっとも, 当時, 経済危機を打開するには, そうした経済対策だけでは不十分であった. どのような対策が打ち出されても, 海外への資金流出傾向に歯止めが掛からない限り, 資金不足やそれに伴う高金利によって, 対策の効果が減殺されてしまうためである.

国際経済学の基本的な定理である**マンデル＝フレミング・モデル**の考え方によれば, ①為替相場の安定, ②自律的な金融政策, ③資本取引の自由化, の3つを同時に満たすことはできない. 国際金融のトリレンマとも呼ばれ, どれか2つを達成するには, 残りの1つを犠牲にしなければならないのである. 例えば, 香港では, 安定した為替相場のもとに自由な資本移動が行われているが, 金融政策の自立性を保つことはできていない. 通貨危機当初, 香港市場において投機筋による香港ドルの売り圧力が高まったときには, 一時, オーバーナイト金利が300％にも達した.

そうした危機意識を背景に, マレーシアは1998年9月1日, ①マレーシア・リンギの海外での取引の禁止, ②株式市場での投機的な取引の抑制, ③固定相場制の導入, を柱とする資本取引規制を導入した. 自由な資本移動を犠牲にすることで, 為替の安定と金融政策の自立性を確保することを狙ったものである.

マレーシアの資本取引規制の主な内容

<u>通貨規制</u>
・マレーシア・リンギの国外での取引禁止．
・株式売却代金については売却後1年間の外貨換金を禁止．
・リンギによる貿易決済を禁止．
・出入国者のリンギの持ち込み・持ち出しを制限．
（注）　直接投資に関する利益送金などは除外．
<u>証券取引規制</u>
・シンガポール国際店頭市場におけるマレーシア株式の取引を認めない．
<u>固定相場制</u>
・1ドル＝3.8リンギの固定相場制の導入．

　それでは，資本取引規制をどのようにみればよいのか．まずメリットについてみると，国際金融市場から自国経済が隔離されたことで，金利の高騰や通貨の下落が回避され，より自由な金融・財政政策の遂行が可能になった点が指摘できる．1998年後半，マレーシア中央銀行は，法定準備率および銀行間市場金利の引き下げを通じて，金利の低め誘導を行った．しかし，デメリットも小さくない．そもそも基本方針を定めるだけで，拙速に資本取引規制の導入に踏み切った結果，海外や貿易取引での資金決済ができない等，さまざまな混乱が発生した．加えて中長期的に大きな問題を引き起こした．資本取引規制は，国内資本市場を海外投資家から遮断するもので，その市場主義経済に対立する措置に対して，海外投資家の信認が損なわれた．その結果，外資導入が細り，証券投資だけでなく直接投資などの資本流入が減少する要因となった．通貨危機以降，マレーシアへの外資流入は低迷が続き，成長の機会が損なわれている．

第2部 経済発展と直面する問題

第4章　新たな成長シナリオを模索するNIEs

◆本章のポイント

　NIEsは，1960年代以降めざましい発展を遂げ，一部の国・地域ではすでに1人当たりの所得水準が先進国よりも高い．本章では，NIEsの経済分野における成功の要因と，今後の発展のために解決すべき課題は何かについて検討する．

1. 1960年代以降，NIEsはめざましい発展を遂げた．特に，60〜70年代の高度成長期には，日本や他の先進国を上回る実質GDP成長率を達成した．しかし，90年代後半以降，経済成長にかげりがみえ始めている．
2. これまでNIEsは，海外からの直接投資や技術の導入を軸に，輸出志向型の工業化を進めるとともに，所得上昇に伴う経済のサービス化から，産業構造の転換や雇用吸収を比較的スムーズに進めてきた．
3. 経済分野におけるNIEsのおかれた初期条件は厳しいものであった．また，輸入代替工業化は国内市場の制約から早期に行き詰まり，かわって輸出志向工業化戦略が採られた．
4. 経済発展において重要な役割を演じたのが，輸出志向工業化であった．輸出の増加が，資本の蓄積，生産性の向上，技術水準の向上などをもたらし，NIEsの経済発展の原動力となった．
5. 直接投資は，資本のみならず技術などの経営資源を受け入れ国に持ち込み，受け入れ国企業が国際水準の技術や経営ノウハウを修得するうえできわめて重要であった．
6. NIEsは，これまでおおむね順調に発展を遂げてきたといえる．しかし，1980年代以降の課題となっている産業の高度化に加え，最近の世界経済の構造変化は，NIEs経済の抱える問題点を浮き彫りにした．

1. これまでの NIEs の経済発展の経緯

　1960年代以降，NIEs はめざましい発展を遂げた．経済発展の速度を実質 GDP 成長率でみると，日本や他の先進国を上回っている．以下では，これまでの NIEs の経済発展の経緯をみていくことにする．

(1) 経済成長率

　1960年代以降，NIEs の経済成長の速度はきわめて速かった．特に，60年代と70年代には，当時の先進国の実質 GDP 成長率の平均を大きく上回った．60年代は，世界経済の同時的拡大の時期にあたり，先進国の年平均成長率は6％に達した．しかし，NIEs の経済成長率はこれを凌駕した（図表4-1）．また，70年代には，先進国の成長率が2回にわたる石油ショックの影響から軒並み低下したにもかかわらず，NIEs は60年代には及ばないものの高水準を維持した．

　1980年代に入ると，79年の第2次石油ショックを契機とする原油価格の高騰やその後の世界同時不況により，NIEs 経済は大きな打撃を受けた．さらに，先進国における保護主義の高まりに加え，為替レートの切り上げ，賃金の上昇，ASEAN 諸国の追い上げなどにより，NIEs 製品の国際競争力が低下した．この結果，経済成長率の伸びも鈍化を余儀なくされた．しかし，80年代後半には，円高による日本企業の国際競争力の低下や原油価格の下落により，再び経済成長率が高まった．

　1990年代には，60～70年代のような高成長は期待できなくなったものの，NIEs 経済はおおむね順調に拡大した．しかし，後半になると，アジア経済危機の発生により韓国および香港経済が大きな痛手を受けた．一方，台湾とシンガポールは，危機の影響は軽微であった．

　その後，世界的な IT 関連需要の伸びに支えられた輸出の増加を牽引役に，NIEs 経済は危機からの V 字型回復を遂げた．しかし，2001年になると，米国経済の減速と世界的な IT 需要の低迷により輸出が減少し，韓国，香港では実質 GDP 成長率が大きく低下し，とりわけ，台湾，シンガポールはマイナス成長となった．

図表4-1　NIEsの実質経済成長率と1人当たりGDPの推移

(単位：％，ドル)

	台湾	韓国	シンガポール	香港
実質GDP成長率				
1960年代	9.2	8.6	8.8	10.0
1970年代	8.0	9.5	8.5	9.3
1980年代	8.0	8.9	6.7	6.9
1990年代	6.4	5.7	7.8	4.0
1人当たりGDP				
1965年	217	107	529	—
1970年	389	249	923	959
1975年	964	592	2,529	—
1980年	2,344	1,598	4,653	5,624
1985年	3,297	2,229	6,666	6,391
1990年	8,111	5,886	12,365	13,110
1995年	12,686	10,823	24,284	22,619
2000年	14,188	9,770	23,233	23,924

(資料)　World Bank, *World Development Report*, *World Development Indicators*, 各年版，ADB, *Asian Development Outlook*, 各年版．

(2) 産業構造

　産業別のGDP構成比をみると，NIEsでは，もともと第1次産業がほとんど存在しなかったり，あるいは，工業化の過程において第1次産業の比率が低下したことから，現在ではその比率はきわめて小さい．一方で，工業化の進展に伴って第2次産業の比率が急激に上昇した．しかし，国民所得水準の向上や経済のサービス化，産業構造の転換などにより，1980年代後半以降，第2次産業の比率が低下し，第3次産業の比率が高まっている（図表4-2）．

　台湾では，第1次産業の比率は1970年代に大きく低下し，その後も漸減傾向にある．また，第2次産業の比率は工業化の進展とともに拡大し，87年には47％とピークに達した．しかし，その後は徐々に低下傾向をたどり，2000年には32％となった．一方，第3次産業は，所得の上昇による経済のサービス化に伴い，89年に50％を超え，2000年には60％となった．

　韓国でも，第1次産業の比率は低下傾向が続いている．また，第2次産業は，重化学工業化が進んだ1980年代後半に30％を超えたが，その後は緩やかに低下した．しかし，2000年には31.5％と再び拡大している．一方，第3次産業のウェートは上昇傾向にある．

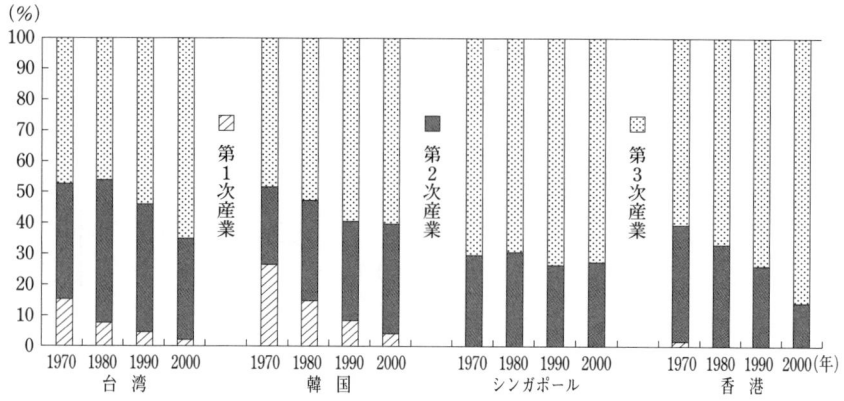

図表4-2　NIEsにおける産業構造の変化

(資料)　各国統計をもとに日本総合研究所作成.

　シンガポールでは，政府主導により育成された，製造業と金融・ビジネスサービス業が，それぞれ4分の1程度のシェアを占め，重点産業となっている．

　香港では，1960年代に工業化の進展に伴い製造業の比率が高まり，60年の25％から70年には31％に上昇した．しかし，80年代後半以降，製造業の中国広東省への移転の動きが強まり，製造業のウエートは急激に低下した．一方，70年代以降，国際金融センターとしての機能の高まりや不動産ブームの到来などから金融・保険・不動産業，建設業などのウエートが大きく上昇した．

(3) 貿　易

　世界の貿易に占めるNIEsのシェアは，経済発展に伴い大きく上昇した．輸出では，1965年に1.9％にすぎなかったが，2000年には10.5％となった．ちなみに同年の日本のシェアは7.7％であった．

　また，NIEsは輸出を牽引役とする経済発展を図ったことから，輸出のGDP比が大きく上昇した（図表4-3）．台湾では，1965年の19.3％から95年には48.8％に，韓国では，65年の8.6％から95年には33.1％に，また，もともと経済規模が小さく対外依存度が高いシンガポールと香港の場合も，それぞれ65年の128.5％，70.1％から，95年の187.2％，149.5％へと上昇している．

　また，輸出の伸びも1960～70年代に大きく上昇した．韓国では，60年代が年

図表 4-3　NIEs 貿易関連指標の推移

(単位：%)

	台湾	韓国	シンガポール	香港
輸出成長率				
1960年代	24.6	38.1	3.2	13.8
1970年代	29.6	35.6	28.7	22.9
1980年代	15.9	12.0	11.2	14.4
1990年代	8.7	16.0	12.5	8.4
輸出構成比 (対名目 GDP)				
1965年	19.3	8.6	128.5	70.1
1970年	30.3	14.1	105.6	94.6
1975年	39.6	27.8	146.0	84.6
1980年	52.5	32.7	215.4	89.9
1985年	54.2	34.1	168.1	109.0
1990年	46.8	29.1	201.8	134.3
1995年	48.8	33.1	187.2	149.5
2000年	54.4	45.0	148.4	149.9

(資料)　World Bank, *World Development Report*, *World Development Indicators*, 各年版, ADB, *Asian Development Outlook*, 各年版.

平均38.1%, 70年代が同35.6%と大きく伸びた. なかでも, 工業製品の輸出増加率は輸出全体の伸びを上回った. これには及ばないものの, 台湾も, 60年代が同24.6%, 70年代が同29.6%の伸びとなった. また, シンガポール, 香港についても, 70年代には20%を超える輸出増加率を記録した. その後, 輸出の伸びは鈍化傾向にある. しかし, 高度成長時代のような伸びは期待できないものの, 輸出伸び率は依然高い. 90年代をみると, 韓国が年平均16.0%, 香港が同8.4%となっている.

輸出構成では, 台湾や韓国の場合, 工業化の進展前の1960年代初期には一次産品が中心であったが, 70年代には90%超が工業製品で占められるという急速な変化が起こった.

台湾は, もともと米と砂糖を中心とする伝統的な一次産品輸出国であり, 1950年代前半では農産物の輸出比率が90%を超えていた. しかし, その後急速に工業製品の比率が高まり, 62年には農産物の輸出比率が50%を切り, 70年代末には工業製品の輸出比率が90%超となった. 輸出構成品目も, 当初は繊維, 衣料品, 合板, 家電, 雑貨などの労働集約型製品が中心であったが, 70年代後半以降は, 化学製品, 金属製品, 機械などの比率が急速に高まった. さらに,

80年代後半以降，電気・電子，機械のウエートが高まってきているのに対し，玩具や家具などの伝統産品のウエートは低下傾向にある．このような輸出構成の変化は，台湾ドル高や賃金上昇などによって，労働集約型製品の国際競争力が低下したことによる．2000年の構成比をみると，電気・機械が52.8％と最大のシェアを占め，以下，紡織品10.3％，金属製品9.1％，プラスチック6.1％などとなっている．

韓国も，1960年代前半には一次産品の輸出が主であったが，60年代後半より繊維・履物などの軽工業品のシェアが増加し，当時の輸出全体の約6割を占めた．70年代後半からは船舶や鉄鋼などの重化学工業製品のシェアが増加し，80年代に入り5割を超えた．その後，半導体など電子部品が順調に増加している．一方，繊維，履物など軽工業製品の全体に占める割合は年々低下している．

最近の韓国の輸出品目構成は，半導体，自動車，石油化学など特定分野への偏りが大きい．このため国際市況の変動など外部要因による影響を受けやすい傾向にある．

シンガポールと香港は，もともと中継港というアジア域内における物流拠点として発展した経緯がある．しかし，1960年代以降，台湾，韓国と同様に，工業製品の輸出拡大をてこに経済発展を実現した．石油資源国に近接し，中継貿易拠点でもあったシンガポールは，その地勢的優位性を生かし，石油化学製品，船舶などの資本集約型産業に重点を置いた工業化が進められた．一方，香港では，繊維製品，衣料品，日用雑貨，家電などの労働集約型製品に優位性をもち，極度に輸出志向的な工業発展が進んだ．

NIEsにおいては，その発展の過程において輸出依存度が高まったが，これは輸出志向工業化の当然の帰結であった．しかし，NIEsの貿易面で特徴的であったのは，輸出依存度の上昇に伴って輸入依存度も上昇したことであった．NIEsの輸出は急拡大したが，いわゆるサポーティング・インダストリーの形成は進まなかった．そこで，輸出のための工業生産を拡大するためには，必要な原材料や部品を輸入に頼ることが必要となった．機械設備や部品の主要な供給元は日本であった．NIEsの工業品の輸入に占める日本のシェアは，一時3分の1以上に達した．NIEsがあらゆる産業を自国・地域内に揃えることなく，工業化と高度化を進められたのは，不足部分を日本からの供給に頼ることが可能であったからにほかならない．

この典型例は台湾と韓国にみることができる．輸入に占める日本のシェアは，例えば1975年にはそれぞれ30.4%，33.5%ときわめて高かった．日本からの輸入比率が高かった品目は，繊維原料・製品，鉄鋼金属原料・製品，化学原料・製品などであった．

一方，日本から輸入した資本財や中間財を利用して生産した製品の輸出先は米国が中心であった．NIEs の工業品の対米輸出シェアは，1965年の26.8%から，70年には40.7%に達した．その後，米国経済の不振と，NIEs の輸出市場の多角化を反映して，80年には23%に低下したが，80年代前半のドル高により，87年には32%と再び拡大した．NIEs の成長戦略は輸出志向工業化であったが，特に，80年台前半の NIEs の高度経済成長は対米輸出が支えたといっても過言ではない．例えば，台湾および韓国の，86～87年の年平均実質経済成長率は10.9%，11.4%であったが，この経済成長に対する対米輸出の寄与度は49.5%，38.6%であった．また，台湾，韓国の輸出に占める米国のシェアは，85年にそれぞれ48.1%，35.6%を占めた．

このように NIEs は，日本から中間財，資本財を輸入し，加工して米国に製品輸出するという，日米との貿易トライアングルの中で発展した．この結果，米国に対して貿易黒字，日本に対して貿易赤字が発生することとなった．しかし，その後，1980年代後半～90年代前半には，米国は貿易と財政という双子の赤字に苦しみ，NIEs の対米輸出にもかげりが生じた．

一方，近年，貿易相手として中国のプレゼンスが高まってきている．台湾の輸出に占める中国のシェアは，2002年5月に米国を抜き第1位となった．また，韓国の輸出についても，中国のシェアは1999年以降急拡大しており，2001年には日本を抜き，米国に次ぐ第2位の輸出先となった．また，香港の場合，もともと中国との結びつきが強く，中国は輸出入ともに大きなシェアを占めている．

（4）直接投資

1980年までの NIEs の直接投資受け入れ額をみると，香港が累計で1,387億ドルと突出している（図表4-4）．これは，49年の中国共産党政権の成立により，上海資本をはじめとして大陸から大量の資本逃避が起こったことや，70年代以降の国際金融センターとしての発展によるところが大きい．また，シンガポールにも順調に直接投資が流入したが，これは特に，シンガポールの立地の

図表4-4　NIEsの直接投資受け入れ額（国際収支ベース，フロー）

(単位：億ドル)

	台湾	韓国	シンガポール	香港
～1980年	24.1	11.4	62.0	1387.7
1981～85年	5.3	10.2	68.1	54.6
1986～90年	68.1	30.3	155.5	184.3
1991～95年	60.0	42.6	310.2	258.8
1996～2000年	121.9	328.9	296.7	2812.3

(資料)　UNCTAD, *World Investment Report*, 各年版より日本総合研究所作成．

特殊性から，石油精製や造船といった投資金額の大きい資本集約型産業への投資が多かったことによる．これに対して，台湾，韓国は相対的に直接投資の受け入れ額が小さかった台湾では，軽工業を中心とする輸出志向工業化の第1段階では，ある程度外資の導入が進んだ．しかし，軽工業は1件当たりの投資額が小さく，労働集約的な部分が大きかったため，台湾の投資受け入れ額は，香港やシンガポールに比べてはるかに小さかった．また，韓国の場合には，外資の受け入れ手段は，当初から直接投資よりも借款が中心であったことから，直接投資受け入れ額はきわめて小さかった．

その後，1980年代から90年代前半にかけても，シンガポール，香港の投資受け入れが好調であったのに対し，台湾，韓国の受け入れは停滞した．

1990年代後半になると，香港が再び大量の直接投資を受け入れるようになった．香港向け直接投資が急増した背景には，香港自体の要因というよりも，それ以上に中国投資のゲートウェイとしての香港の存在が改めてクローズアップされたことがある．また，97年の通貨危機以降は，韓国向け投資も増加傾向にある．この背景には，韓国が通貨危機後の経済再生とそれに伴う構造改革には外資の導入が不可欠であり，このために外資に対する思い切った規制緩和を進めたことがある．

(5) 雇　用

NIEsでは，工業化が進むまでは，失業が大きな問題となっていた．しかし，雇用吸収力の高い労働集約型産業を中心とする工業化の進展に伴い雇用が順調に増えたことから，1980年代以降は，むしろ人口の制約からくる労働力不足の問題や，求人側の希望する能力水準に求職側が達しない，いわゆる雇用のミス

マッチ拡大による失業の増大が問題となってきている．

　台湾は1970年代の初めまでにはすでに労働過剰経済から労働稀少経済への転換が進み，80年代半ばから労働力不足の問題が顕在化した．失業率は，50年代から60年代前半までは4％前後で推移していたが，60年代後半以降，労働集約型産業が労働力を吸収したことにより低下した．しかし，2001年は4.6％と失業率は上昇傾向にある．この背景には，中国など海外への生産部門の移転による国内工場の閉鎖や，労働需給のミスマッチなどがある．

　産業別の就業状況をみると，1970年代後半から，第2次産業の労働力需要が高まり，第1次産業から労働力がシフトした．第2次産業就業者は，70年代末に急上昇し40％を超えた後，80年代には42％前後で推移したが，2000年には37.2％と減少傾向にある．特に，いわゆる3K業種（きつい，汚い，危険）といわれる製造業，建設業におけるブルーカラーの労働者不足が深刻となっており，外国人労働力に依存する傾向が強まっている．

　一方，第3次産業は，商業活動が盛んな中国人社会の特性を反映して，1970年代半ばまでは最大の就業者を抱えていた．その後，いったんは第2次産業へのシフトが進んだものの，80年代後半には第3次産業の比率が過半数を超え，産業のサービス化が加速度的に進んでいる．

　韓国では，1970年代後半以降，第1次産業就業者数は一貫して減少傾向にあり，労働力は第2次産業などの成長部門へシフトしてきたが，近年では第3次産業へのシフトが顕著である．各産業別の就業者比率をみると，第2次産業のうち，製造業のシェアは，60年代前半には8％にすぎなかったが，62年から始まった第1次5カ年計画以降増加した．しかし，その後，90年以降は年々シェアが低下し，98年以降は20％前後となった．一方，サービス業の比率は韓国の産業の高度化が進むにつれて高まっている．2001年9月時点でのサービス業のシェアは69.4％に達し，全体の3分の2以上を占めるに至っている．

　シンガポールでは，1960年代初めには中継貿易への依存度が高い半面，地場産業の雇用吸収力が弱く，失業率が2桁台に達するなど雇用が深刻な社会問題となった．このため，政府は工業化による雇用拡大を目指し，法制度やインフラを整備して積極的な外資導入を図った．こうした経済政策が奏功し，60〜70年代を通して同国経済は外資を軸に高成長を続け，就業者数の伸びが労働力人口の伸びを上回り，70年代前半には失業問題もほぼ解決された．

産業別就業構造をみると，製造業部門は1980年の30.1％をピークに，その後低下し，25％前後となった．90年以降，ハイテク化による自動化や省力化の進展，また，金融・ビジネスサービス部門，商業部門のシェア拡大に伴い，製造業部門のシェアは低下傾向にある．これに対して，金融・ビジネスサービス部門は，国際金融市場の発展に伴い比率が漸次高まっており，2000年にはシェアが15.4％に達した．

一方，香港は，中国において共産党政権が誕生したことから，大陸からの急激な人口流入に直面し，1941年に164万人であった人口は，61年には313万人へと2倍近くまで増加した．しかし，このことが香港に豊富な労働力をもたらし，香港が中継貿易基地から加工貿易基地へ転換するにあたり重要な役割を果たした．

その後，失業率は比較的低水準で推移したが，アジア通貨危機以降の深刻な景気後退や2001年後半以降の景気減速に伴い雇用環境は急速に悪化し，失業率も上昇傾向にある．

2．NIEsの経済発展戦略と成長要因

NIEsの経済発展には，各国経済のおかれた政治・経済環境——なかでも初期条件——と，それを踏まえて政府が採用した経済発展戦略が大きな影響を与えた．特に，輸入代替工業化戦略から輸出志向工業化戦略への早期の移行が，後の高度成長を可能にした最大の要因であった．

(1) NIEsの置かれた環境と経済発展戦略
①初期条件と輸入代替工業化の推進

第2次世界大戦後にNIEsが置かれた環境は，きわめて厳しいものであった．台湾は，日本の植民地から解放され，中国大陸から国民党政権が移住したが，共産党政権が支配する中国との対立にさらされた．韓国は，1948年に南北分断，50年には朝鮮戦争が起こり，冷戦構造下での南北対立が続いた．シンガポールも，59年に英国から独立後，いったんはマレーシア連邦へ参加したものの，65年には政治的対立から分離を余儀なくされた．香港も，49年の中国共産党政権の誕生，51年の中国に対する国連の戦略物資輸出禁輸措置を受け，拠り所とし

ていた中国市場と自身の対中国中継貿易拠点としての存在意義を失った.

このような厳しい環境に対応するために,各国・地域では,経済力の強化が最優先に位置づけられ,工業化の推進が図られた.1950年代初頭においては,資金・技術とも不足していたため,生活必需品のほとんどを輸入に依存していたが,これらの国内生産への転換が図られた.高率の関税や輸入規制などの国内産業保護策が講じられる一方,小規模かつ労働集約型の輸入代替産業の育成が進められた.まず第1段階として,衣類,靴,雑貨などの非耐久消費財や,繊維,皮革,木材製品などの一部の中間財を中心として進められた.これが**輸入代替工業化**である.これらの製品は,労働集約型で,労働者の熟練度が低くても生産可能であり,要求される技術も高度ではなかった.したがって,生産に必要な資本財や中間財を輸入すれば,輸入代替が比較的容易であった.このような輸入代替工業化は,台湾で50年代初めから,韓国では50年代後半以降,またシンガポールでは,マレーシア連邦との共同市場構想が進んだ60年台初頭から始められた.一方,香港では,市場が小さかったことや政府の介入がなかったことから,このような輸入代替工業化は行われなかった.

❷輸入代替工業化の行き詰まりと輸出志向工業化の進展

しかし,このような輸入代替工業化政策は,狭い国内市場が飽和に近づくにつれ,限界がみえ始めた.また,所得上昇に伴う輸入消費財への需要の増加,外貨獲得の必要性,台湾,韓国への米国からの援助停止,シンガポールのマレーシア連邦離脱などの要因も加わり,成長を維持するためには輸出産業の育成が急務となった.また,工業化投資に必要な資金・技術を海外に依存せざるをえない一方で,比較優位が低廉な労働力のみといった状況のなかでは,**輸出志向工業化**は合理的かつ必然的な選択であったといえる.また,国内で生産できない消費財や,生産に必要な機械設備などの資本財や中間財を輸入するためには外貨が必要であり,その獲得のために輸出の増大が不可欠であった.

こうして,軽工業製品を中心とした輸出志向工業化政策が採られた.なかでも重要であったのが,為替制度改革,輸出促進策および投資奨励策の実施であった.為替制度改革では,複数為替レートの一本化が行われた.輸出促進策としては,輸出企業に対する低利の輸出信用制度,原材料・部品に対する輸入関税の減免,輸出戻し税,**輸出加工区**(EPZ: Export Processing Zone)の建設などが行われた.輸出加工区とは,多国籍企業の誘致によって輸出向けの生産が

行われる工業団地のことである．輸出入に便利な国際港の隣接地などに工業団地を造成し，輸入関税や法人税の減免，外資出資比率の規制緩和，利益の本国送金の自由化など，多国籍企業誘致のためのさまざまな優遇措置が付与された．輸出加工区は，通常，保税加工，自由貿易区の機能を有している．台湾では，1966年に高雄，70年楠梓，71年台中に，また韓国では，71年に馬山，75年に裡理で開設された．台湾の高雄に設立された輸出加工区は世界初の試みであったが，この後，他の東アジア諸国で広く採用される先駆けとなった．

また，投資促進策としては，その根拠となる投資奨励に関する法律が制定され，設立後一定期間の法人税免除や低率課税，輸入機械設備に対する関税の減免，輸出取引税の免除などが行われた．さらに，特に海外からの直接投資誘致を目的に「外国人投資条例」や「外国投資法」などが制定され，外国直接投資に対する優遇措置が盛り込まれた．

輸出製品については，台湾では当初は繊維が中心であったが，1960年代後半からはこれに電気機器やプラスチック製品などが加わった．韓国でも，60年代半ばから，繊維や履物の輸出が急増した．

一方，香港では，当初から輸出志向工業化が進展した．香港の工業・輸出基盤は，中国の共産化に伴い，上海の綿紡績企業家が資本，技術，熟練工などの経営資源をシフトしたことにより形成され，1950年代前半から繊維が輸出の主力となった．その後，50年代後半からは玩具，造花などのプラスチック製品，60年代半ばからはテレビ，70年代からは電卓，IC，半導体などの電子製品の輸出が始まった．

③「複線型工業化」の進展：台湾と韓国

台湾，韓国は，1960年代に発展した輸出志向工業化により，日本を中心とする先進国から中間財を輸入し，国内の安い労働力を使って組立・加工し，製品を輸出するという，**加工貿易型**産業の育成に成功した．しかし，中間財の大部分を輸入に頼っていたことから，産業基盤は脆弱であり，貿易収支の改善も進まなかった．経済的自立のためには，輸入誘発的な産業構造を転換し，中間財・資本財産業の育成が必要であった．このため，重化学工業化戦略が採られた．

まず，韓国では1973年に重化学工業化宣言がなされ，「第1次5カ年計画」の中で，鉄鋼，非鉄金属，石油化学，造船，電子，機械の6部門の基幹産業を

ターゲットとした育成施策が採られた．また，このような韓国の重化学工業化に刺激された台湾でも，「十大項目建設計画」（1973～77年）が策定され，本格的な重化学工業化を目指して，鉄鋼，石油化学，造船の3つの産業が選定された．このような重化学工業化は，産業基盤の整備という面のほかに，これまで輸入に頼っていた中間財の輸入代替という側面も併せもっていたことから，第2次輸入代替工業化とも呼ばれる．

また，このような台湾と韓国の工業発展は，輸出志向型の軽工業部門と，それに必要な中間財などを供給する後方支援型の重化学工業部門とが並行して発展した**「複線型工業化」**であった．単に輸出志向工業化を進めたのみならず，中間財部門での輸入代替工業化も同時に進められ，これが工業生産の増大に大きく貢献した．

④労働集約型産業の競争力低下と産業高度化

1970年代後半から80年代前半になると，2回にわたる石油ショックによる原材料価格の高騰，先進国における保護主義の高まりや為替レートの切り上げに加え，賃金の上昇やASEAN諸国の追い上げなどの要因もあり，これまで比較優位をもっていた**労働集約型**製品の国際競争力が大きく低下した．このため，産業の高度化や輸出製品の高付加価値化が必要となり，さまざまな政策対応が図られることとなった（この点については後述）．

以上みてきたように，経済の発展段階とその過程における工業化政策は，国・地域により多少の違いはあるものの，NIEsにおいては大筋では似たよう

図表4-5　台湾における経済発展段階と工業化政策

年代	工業化政策	導入の契機	主要対象業種	主要施策
1950年代	輸入代替工業化（第1次）	輸入依存による外貨不足	軽工業（紡績，繊維，食品など），消費財	国内産業保護策・輸入関税の高率化・輸入規制など
1960年代	輸出志向工業化（第1次）	国内市場の飽和	軽工業	外貨導入策
1970年代	輸入代替工業化（第2次）	原材料の国内需要増加	原材料部門（石油化学・鉄鋼など）	国内産業振興策
1980～90年代	輸出志向工業化（第2次）	労働集約型産業の限界	技術・資本・知識集約型産業およびいわゆるハイテク産業	国内産業振興策 外貨導入策

（資料）　日本総合研究所作成．

なパターンをたどった．図表4-5は，台湾を例に，経済発展段階と工業化政策についてまとめたものである．

（2）NIEsの成長要因とその弊害

NIEsのこれまでの経済発展をみると，以下のような成長要因を指摘することができる．しかし一方で，さまざまな弊害ももたらされた．

①輸出志向工業化戦略への早期のシフト

経済発展戦略として，NIEsでは，初期段階では輸入代替工業化が採用された．しかし，1960年代に入り，国内市場の制約から輸入代替機会が減少し，輸入代替工業化は行き詰まった．そこで，70年代入り，それまでの輸入代替工業化政策を見直し，工業製品の輸出振興政策へと転換した．これが輸出志向工業化戦略である．このような動きが明確に現れたのが，台湾と韓国であった．これに対して，シンガポールでは，マレーシア連邦からの離脱以降，ターゲットとなる市場規模が大きく縮小し，輸入代替工業化政策の期間はきわめて短かくならざるをえなかった．また，香港では，不介入主義と市場規模の制約から，輸入代替工業化政策は当初から採用されることはなかった．

ASEAN諸国と比べると，NIEsでは輸入代替工業化の期間は総じて短く，早めに輸出志向工業化に転換した（コラム5参照）．この背景には，NIEsが一次産品に恵まれず，外貨獲得のためには工業品の輸出が不可欠であったことがある．しかし，このような早期の輸出志向工業化への転換が，結果的にはその後の高度成長の起爆剤になったといえる．

輸出志向工業化政策のもとではさまざまな輸出支援策が採られた．台湾，韓国が導入した輸出加工区などの輸出促進策は，その後工業化を進めたASEAN諸国のモデルとなった．また，輸出の増加は，資本の蓄積，生産性の向上，技術水準の向上などをもたらし，NIEsの経済発展の原動力となった．

このように，NIEsの工業発展パターンには輸出主導という大きな共通点があった．しかし，台湾・韓国とシンガポール・香港の工業発展パターンには明らかな違いがみられ，また，さらにそれぞれの中でも異なる特徴がある．

台湾と韓国の工業発展は，輸出志向型の軽工業部門と，それに必要な中間財などを供給する後方支援型の重化学工業部門とが並行して発展した「複線型工

業化」であった．したがって，単に輸出志向工業化を進めたばかりでなく，中間財部門での輸入代替工業化も同時に進められ，これが工業生産の増大に大きく貢献した．この結果，台湾と韓国では，工業品の輸出重視という開発戦略のもとで，高付加価値工業製品への輸出構造の転換が進み，成長の維持と国際収支の改善を同時に進めるための下地が作られた．しかしながら，韓国の場合は，海外からの資金を直接投資ではなく借款に大きく依存していたために，国際収支は大きく変動せざるをえなかった．

　一方，シンガポールと香港の工業化は，輸出志向特化型であったといえる．だが，これをさらに細かくみると，シンガポールでは機械輸出の比率が高かったのに対し，香港では繊維，電子など軽工業部門への特化が顕著であった．

❷積極的な直接投資の受け入れ

　直接投資は，資本のみならず技術などの経営資源を受け入れ国にもち込み，受け入れ国企業が国際水準の技術や経営ノウハウを修得するうえできわめて重要である．台湾，シンガポール，香港では，海外からの直接投資の受け入れが積極的に行われた．一方，韓国では，直接投資ではなく海外からの借款に重点が置かれ，これを利用した技術導入が進められた．

　台湾は，1960年に外資奨励条例を実施し，韓国よりも10年早く積極的な外資受け入れをスタートした．この結果，外資企業は輸出拡大の牽引力として経済発展に大きく貢献した．特に，化学や電気・電子機器の分野では，70年代以降，先進国企業が生産工程を台湾に移転し，迂回輸出の基地としたため，台湾からの輸出に占める外資のウエートが高まった．台湾の場合，直接投資額そのものは，52～86年の間で各年の民間投資の1～11％にすぎず，それほど大きくなかったともいえる．しかし，外資企業からの技術や経営ノウハウの移転，また外国市場への輸出販売ルートを提供した点で，台湾経済の発展に多大な貢献をしてきたといえる．

　台湾を例に外資導入政策の推移をみると，輸出振興策への転換が行われた1960年代以降，関連法規の制定，インフラ建設など，外資の受け入れ体制が強化された．これによって，輸出加工区への外国人投資が急増した．70年代以降は，技術・資本集約型産業育成政策のもと，ハイテク産業専用の工業団地である**新竹科学工業園区**が設立され，外国からハイテク技術の導入が図られた．

　これに対して，韓国は直接投資よりも海外からの借款や借り入れに依存して

いた．韓国経済が高成長を持続した背景には，高水準の投資が絶え間なく続いたことがある．韓国の貯蓄率は低水準にあるわけではないが，輸出産業を中心にした多額の投資が継続されたため，国内投資率が国内貯蓄率を上回る状況が恒常的に続いた．このような投資超過に関わる不足分の多くは，海外からの資金調達で賄われたが，そのほとんどが政府による借款の形態で調達され，韓国は次第に世界の主要債務国の一角を占めるようになった．そして，1990年代に入ると，民間企業による海外からの借り入れが増大した．このような対外債務への依存度が拡大した結果，アジア経済危機の際には，急速な資金逃避に対応できず，外貨繰りが行き詰まる一因となった．

③権威主義開発体制および介入主義的な政府の存在

　NIEsにおいては，経済開発に対する強い意志をもち，これを積極的に遂行しようとする**権威主義開発体制**が存在した．この背景には，第2次世界大戦後に各国が置かれた厳しい政治・経済環境があった．具体的には，韓国では北朝鮮の脅威，台湾では中国との対立，シンガポールではマレーシア連邦からの離脱であった．このような厳しい環境に対応するために，各国・地域では，経済力の強化が最優先課題と位置づけられた．このため，政府による積極的な政策介入が行われ，優秀な官僚組織が形成された．

　しかし，介入の程度は，各国によって濃淡があった．韓国では政府によるリーダーシップのもとに，1970年代の重化学工業化政策のような強力な政策介入が行われた．政府主導の産業育成は，特に朴正煕政権時代に顕著であり，同政権下の62～79年には，韓国の総投資に占める公共部門投資の比率は平均で35％に達した．同時期の政府予算の3分の1以上は投資目的に配分され，62～80年の国内総固定資本形成の27％以上を占めた．

　韓国の産業政策は，政府が策定した国家経済計画に基づいて実施された．具体的には，戦略業種の育成，政策金融による重点産業への資金の重点配分などの方法を用いることにより，政府が経済に深く関わった．1980年代以降は，国営企業設立などによる直接的な産業への関与は減少した．しかし，金融面やその他の各種規制による間接的な関与は基本的には継続された．経済政策の遂行は，戦略業種への政策融資など，都市銀行や政策金融機関（韓国産業銀行など）を通じた貸出政策に過度に依存した．

　また，シンガポールでは，長期にわたり独裁的な政権が継続し，経済開発に

対する政府のコミットメントもきわめて強かった．民間企業が未発達であったこともあり，産業政策遂行の担い手として，外資系企業に加え，政府直営企業や公企業がその役割を果たした．また，土地が大部分国有であったことから，政府主導で効率的なインフラ整備を行うことが可能であった．さらに，政府の介入は労働市場や年金制度に及び，労働者の賃金水準の強制的なコントロールや年金制度導入による実質的な強制貯金の創設などが実施された．

これに対して，台湾における政策介入は強いものではなかった．ただし，第1次石油ショック後の1974年には，韓国の重化学工業化政策に刺激され，鉄鋼，造船，石油化学の3つの産業部門振興を図る十大建設計画を発足させた．これらの産業分野には当初民間企業の参画を予定していたが，民間部門が消極的であったため，例外的に公企業による投資を進めた．もっとも，これ以降は，政府の直接介入はインフラ部門に限定されている．

一方，香港では不介入主義が採られた．香港では，貿易や資本取引などの経済取引に対しては，政庁（政府）が干渉せず，市場メカニズムに委ねることを原則としている．しかし，これは，政庁が何もしないということではない．たしかに，他の国・地域のような特定産業の保護や育成を図るというような産業政策は採られなかった．しかし，産業発展の基盤となる通信，運輸などインフラ部門の整備などで政庁の果たした役割はきわめて大きい．

一般的には，政府の政策介入に対しては，特に経済成長への寄与の面から肯定的な評価がある．しかし一方で，権威主義開発体制，あるいは介入主義的な政府の存在にはマイナス面も少なくない．

まず，政治面においては独裁体制が長期にわたり，民主化が遅れることとなった．例えば台湾では，大陸出身の総統（大統領に相当）が続き，これが直接選挙制となるのは1995年のことであった．また，韓国でも，「民主化宣言」が出され，大統領の直接選挙が実施されたのは，87年のことであった．一方，シンガポールでは，独立以来，与党人民行動党の事実上の独裁が続いている．

また，経済面でのマイナス要因も大きい．特に，韓国においては，開発独裁のさまざまな弊害が蓄積されることとなった．

まず，経済発展のツールとして政府が多用した政策金融は，輸出産業育成などの面で効果をあげたことは事実であるが，韓国経済における構造問題を発生させたという側面も否定できない．長年にわたる政策金融の実施により金融機

関の審査能力は向上せず，企業の過剰投資ともいえる借り入れ依頼に対しても資金供給を続けた．また，政策金融などの企業優遇政策の恩恵をめぐり，政治家と企業，金融機関などの間に癒着体質が根付いた．

　また，輸出主導型の経済政策を採るにあたり，政策遂行の効率性を高めるという観点から，特定財閥グループや大企業を中心にした優遇政策が実施された．この結果，財閥グループは肥大化し，産業の寡占化をもたらした．これらの財閥グループや大企業は，豊富な資金に任せて既存企業の合併吸収を繰り返し，さまざまな分野に系列企業を拡大した．グループ内での事業多角化が進んだ反面，本来の事業における専門化，高度化はおろそかになった．また，専門分野外に進出した財閥グループや大企業は，部品や中間財，資本財などを安易に海外から輸入する傾向が強まった．大企業がシェアを拡大していった反面，中小企業の市場への参入の機会は大きく制限されることになり，韓国経済に中小企業が育ちにくい土壌が培われていった．この大企業による支配構造が韓国の資本財産業の未発達，貿易赤字構造に結びついたともいわれている．

3．NIEs の抱える課題と政府の対応

（1）NIEs の抱える課題

　NIEs は，アジア経済危機の前まで，多少の波はあったものの，おおむね順調に経済発展を遂げてきたといえる．しかし，1980年代以来の課題となっている産業の高度化に加え，アジア経済危機以降の世界経済の激変は，あらためて NIEs 経済の抱える問題点を明確にしたといえる．今後，NIEs が引き続き安定的な経済成長を続けるためには，いくつかの課題を解決していかなければならない．

　第1は，国際競争力を維持・向上していくことと産業空洞化への対応である．これは，多くの課題の中で最も重要である．輸出依存度の高い NIEs にとって，輸出は経済発展の命綱であり，今後も輸出拡大を図っていくためには，さらなる産業の高度化，製品の高付加価値化が不可欠である．

　これまでも，1980年代には，自国通貨の切り上げや賃金の上昇に伴い，それまでの輸出の主力であった労働集約型産業が行き詰まり，資本集約型産業への転換を余儀なくされた．また，近年においても，中国の急速な追い上げにより，

相対的に付加価値の低い製品分野のみならず,一部のハイテク製品分野においても,NIEs の優位性が失われつつある.一方で,ハイテク製品分野においては,先進国をも含めた競合がいっそう熾烈化してきており,産業の高度化,製品の高付加価値化を進めることは,永遠の課題であるといっても過言ではない.

一方,産業の高度化を追求していく結果,国際競争力を失った産業は必然的に淘汰されるか,あるいはより生産コストの低い海外へのシフトが必要となる.香港では,前述のように,早い段階から広東省への製造業のシフトが進み,製造業のウエートは大きく低下している.また,シンガポールでも,製造業のウエートは低下傾向にある.さらに,台湾でも産業の空洞化が懸念されている.中国への投資が大きく増加しているが,特にここ数年では,従来の労働集約型産業に加え,一部のハイテク産業の中国シフトも進みつつある.この結果,企業の倒産・解散件数が増え,失業率も悪化傾向にある.さらに,海外直接投資の増加に伴い,投資率(国内投資/名目 GDP)の低下も目立っている.政府の見通しでは,2002年の投資率は17.3％と,16年ぶりの低水準に落ち込むとしている.

第2は,継続的かつコンスタントな外資の受け入れおよび技術の導入である.外国直接投資は,これまで NIEs が高水準の投資率を維持することを資金面で支えてきたといえる.しかし,このような資金面での貢献に加え,今後は NIEs の課題となっている産業の高度化に不可欠な技術の修得の面においてむしろ重要性を増しているといえる.

第3は,労働力の制約への対応である.特に,香港とシンガポールは,都市国家ともいうべき特殊な存在であり,人口も限られていることから労働力の絶対数にそもそも限りがある.また,産業の高度化を図っていくうえで,労働者の質の向上も大きな課題である.例えば,製造業では,技術者や理工系大卒者の不足が深刻化している.経済のサービス化に伴い,専門知識をもった労働者に対する需要が今後も一層高まることが予想される.

(2) NIEs の対応

これまでみてきた NIEs の抱える課題は,実は新しいものではない.産業の高度化にしても,すでに1980年代から指摘されてきたことである.しかし,日本を例に挙げるまでもなく,このような課題は一朝一夕に解決できるものでは

なく，政府の息の長い政策対応が求められる．

まず，国際競争力の維持・向上と産業空洞化に対しては，産業の高度化を不断に進めるとともに，投資面や雇用面で衰退産業から先端産業へのスムーズな転換が図られる必要がある．各国・地域においては，これまで以下のような対応が図られてきている．

台湾では，1980年代より，労働集約型産業から技術・資本集約型産業への転換が図られてきている．政府は，電気機械，情報，バイオテクノロジーなどのハイテク産業を指定し，研究開発に対する奨励策や金融・税制面での支援策を打ち出した．この結果，80年代後半になると，電気機械，特に電子機器，コンピューターなどが主力輸出産業としての地位を築くことに成功した．また，円高による日本企業の競争力低下や，90年代後半に，日本をはじめとする先進国から，ハイテク産業を中心とする直接投資の流入があったこともプラスの要因として見逃せない．

最近では，陳水扁政権の誕生に伴い，知識経済の発展を図るため，①研究開発費を名目GDPの3％まで高め，うち70％を民間，30％を政府が担うこと，②経済成長に対する技術進歩の貢献度を75％以上に高めること，③教育への投資金額を名目GDPの7％以上とすること，④知識集約型産業の生産額を名目GDPの60％以上とすること，⑤広帯域ネットワークのカバー率および利用料金を米国並みにすること，などが目標として掲げられた．さらに，具体的な産業として，インターネット・マルチメディア，精密機械，モバイルなどの無線通信機器，バイオテクノロジー・医薬品，半導体やその他ハイテク製品の設計技術の5分野を重点的に発展させることが決定された．

韓国でも，1980年代には，戦略産業として機械，電子，自動車などの基幹産業が選定され，その高付加価値化，高度化が図られた．また，この時期にその後の主力産業となる半導体産業の育成も始まった．

最近では，産業の高度化を進めるため，次世代に成長が期待される5分野（情報技術，生命技術〈バイオテクノロジー〉，ナノ技術，環境技術，文化芸術）を選定し，これらの技術開発と研究を進めるために予算を重点的に配分することが決まっている．

シンガポールでも，1980年代以降，電気機械など技術・資本集約型産業への転換や，金融・サービス業などの第3次産業の育成が図られた．また，98年に

「Industry 21 計画」を発表し，①主要産業分野の多様化，②世界市場で活躍可能な世界水準の産業の構築，③研究開発などイノベーションの奨励，④人的資源の充実，⑤知識集約型の経済を支える世界水準のインフラの整備の5つの基本指針を打ち出した．

香港では，1980年代になると，それまでの高度成長の結果として，労働力や工業用地が不足し，またそれに伴う賃金や地価の上昇が顕著となった．同じ頃中国では，改革・開放政策により積極的な外資の導入が始まった．香港の製造業は，労働力や土地の制約を解決するため，隣接する広東省への進出を積極的に進めた．広東省で加工・生産した後，完成品を香港から輸出するという委託加工方式が主流となり，繊維，玩具，ローテク電気製品などの香港の主要輸出製品のほとんどが広東省で生産されるようになった．一方，委託加工方式による生産は，中国を生産基地としたため，香港自体の製造業は縮小し，その後，香港経済は金融・不動産を中心としたサービス業にシフトすることになった．

この結果，GDP 構成比（2000年）では，金融，不動産，小売，貿易，観光などのサービス産業が約86％を占め，製造業の比率は約14％に低下した．最近では，香港は産業のさらなる高度化と次世代のリーディング・インダストリーの育成を図るため，コンピューターソフト開発，メディアコンテンツ製作などのための複合基地であるサイバーポート，ファッションデザイン基地であるファッションポート，漢方研究センターである漢方ポートなどの大型公共施設の建設に力を入れようとしている．また，観光業の振興のためのディズニーランドの誘致に加え，空洞化した製造業を再興するための優遇策の導入も検討している．

次に，外資の受け入れ促進についてみると，近年，東アジアでは，中国向けの直接投資が増加する一方で，その他の東アジア諸国・地域向けは伸び悩んでいる．今後も，中国への一極化が進み，その他の国・地域向けが先細る懸念がある．

そのなかで韓国は，不良債権問題の解決，財閥の解体や企業のリストラを促進するために，経済危機以降，外資規制や政府介入を事実上ほとんど撤廃するという思い切った手段を採り，日本企業や欧米多国籍企業の信認を勝ち取ることに成功した．外資の誘致において中国に対抗するためには，一層の外資規制の緩和や撤廃が最低限の条件となる．

また，中国との差別化を図る意味で，地域の拠点としての機能強化が鍵を握っている．特に，香港とシンガポールは，これまでもアジアの金融・ビジネスセンターとしての発展を目指してきている．さらに，シンガポールは，ASEAN域内における経済的結合の強まりを背景に，地理的優位性を活かして金融に加え，域内の物流，情報などの中心としての発展を図ることを目的とした「トータル・ビジネスセンター構想」を打ち出した．また，これを補完する目的から，シンガポールに地域本部を置いた外資系企業に優遇策を付与するOHQ（地域統括本部）制度が導入された．一方，香港は直接投資受け入れが2000年に急増し，中国を抜いて東アジアで最大の直接投資受け入れ国・地域となった．香港向け直接投資が急増した背景には，香港自体の要因というよりも，それ以上に中国投資のゲートウェイとしての香港の存在が改めてクローズアップされたことがあるとみられる．加えて，台湾や韓国など，産業の高度化を進めようとしている国・地域でも，地域ハブとしての発展を志向してきており，東アジア域内の拠点としての競合がますます熾烈になることが予想される．

　これまで，規制緩和や投資優遇策，あるいはインフラの整備状況といった面で，シンガポールと香港は地域ハブとしての基盤を固めてきた．しかし，香港は隣接する中国広東省や上海市などが港湾インフラや金融面で，また，シンガポールもマレーシアが港湾インフラの面で急速に力をつけてきており，安閑としていられる状況にはない．また，ビジネスコストの上昇は立地企業にとっての大きな負担となりつつあり，高コストを補って余りあるような，外資にとって魅力的な投資環境などソフト面での差別化が必要となってきている．

　最後に，労働力の制約への対応についてみると，持続的な成長を遂げるためには，良質な労働力を安定的に供給する教育制度や労働者の再教育システムの充実が不可欠となっている．

　学校教育の現状についてみると，台湾では，高校進学率が95％，大学・短大進学率が69％，韓国でも，高校進学率が84％，短大以上への進学率が55％と，世界的にみて高水準にある．韓国の場合，大学は国公立24校を含め172校（2000年末現在），学生数は169万人（2000年現在）となっており，理工系大学への進学者は大学進学者全体の34％（1996年）であった．高等教育への進学率は高いが，今後，産業の高度化に対応していくためには，理工系の大学や専門学校を増やして，卒業生の数を拡大していくとともに，そのカリキュラムを実社

会に出て役立つものに切り替えていく必要があろう．

　また，労働者の再教育の面では，現状においては失業者や衰退産業に所属する労働者は，知識や技能面からみて，そのままでは先端技術産業にシフトすることが難しい．一方で，公共の失業者向け教育や企業勤務者向け教育も基礎的な内容に偏っている．今後は，失業者や衰退産業に所属する労働者を，知識や技能面で先端産業で受け入れることが可能な水準まで引き上げるための努力が必要である．

　一方，労働者の供給面についてみると，人口の制約や若年層の3K産業忌避の傾向が強まり，製造業離れが進んでいる．このため，すでに台湾や韓国では，一部の業種を対象に外国人労働者の受け入れを始めている．また，シンガポールや香港では，もともと人口が少ないことから，単純労働者に加え，高技術者や専門技能者についても受け入れが進みつつある．外国人労働者の数をみると，台湾が25.1万人（1998年，以下同じ），韓国が25.3万人，シンガポールが45.0万人，香港が17.9万人となっている．このように，各国・地域において，外国人への依存が高まりつつあり，今後，受け入れに関わる制度面での整備を早急に進めていくことが必要である．

4．おわりに

　人口やGDPの規模でみれば，NIEsは必ずしも大きな存在とはいえない．2001年の世界の人口総数に占めるNIEsの比率は1.3％，名目GDP総額に占める比率は3.0％にすぎない．しかし，このような狭隘な国内市場に依拠するのではなく，広い国際市場をターゲットとした対外依存的な発展戦略を早くから採用することにより，これまでNIEsは経済成長を実現してきた．

　しかし，輸出主導型の発展戦略は，外部環境の変化に大きく影響を受けざるをえない．しかし一方で，日本の例をみてもわかるように，産業の高度化や輸出主導型から内需主導型への転換は決して容易ではない．日本など先進国へのキャッチアップを目指して発展してきたNIEsは，これまでとは異なり，独自の発展シナリオを模索せざるをえない状況に立たされているといえる．

◆スタディ・ガイド
　韓国，台湾の経済発展について詳しく知るには，以下が参考になる．
・服部民夫・佐藤幸人編『韓国・台湾の発展メカニズム』アジア経済研究所，1996年．
　NIEsを含む東アジア全体の経済発展については，以下が参考になる．
・渡辺利夫編『アジア経済読本』東洋経済新報社，1994年．
　輸入代替工業化，輸出志向工業化などの工業化戦略については，以下が参考になる．
・渡辺利夫著『開発経済学入門』東洋経済新報社，2001年．
　各国・地域の主要経済統計の入手は下記ホームページにおいて可能である．
・台湾，行政院主計処（http://www.stat.gov.tw/main.htm）
・韓国，国家統計局（http://www.nso.go.kr/eng/）
・シンガポール，統計局 Statistics Singapore（http://www.singstat.gov.sg/）
・香港，政府統計處（http://www.singstat.gov.sg/）

◆主要参考文献
・梶原弘和『アジア発展の構図』東洋経済新報社，1999年．
・アジア経済研究所・朽木昭文・野上裕生・山形辰史『テキストブック開発経済学』有斐閣，1997年．
・青木昌彦・金瀅基・奥野正寛編，白鳥正喜監訳『東アジアの経済発展と政府の役割』日本経済新聞社，1997年．
・大野健一・桜井宏二郎『東アジアの開発経済学』有斐閣，1997年．
・北村かよ子『東アジアの産業構造高度化と日本産業』アジア経済研究所，1997年．
・浦田秀次郎編『直接投資と経済成長に関する研究―東アジアの今後の課題』総合研究開発機構，1996年．
・速水佑次郎『開発経済学』創文社，1995年．
・梶原弘和『アジアの発展戦略』東洋経済新報社，1995年．
・井上隆一郎・浦田秀次郎・小浜裕久編『東アジアの産業政策――新たな開発戦略を求めて――』日本貿易振興会，1990年．

第4章 新たな成長シナリオを模索するNIEs

【コラム5】 初期条件の違いがその後の発展パターンにどう影響したか：NIEsとASEAN4との比較

　NIEsとASEAN4とは、第2次世界大戦後に経済発展の第1歩を踏み出したという点では、共通の土俵上にあった．しかし、初期条件については大きく異なっていた．
　第1は、資源の賦存状況である．ASEAN4は天然資源に恵まれ、一次産品の輸出により外貨の獲得が可能で、工業品の輸出を急いで進める必要はなかった．これに対して、NIEsは天然資源に恵まれず、工業化や輸出振興の初期段階で利用可能であった資源は労働力のみであった．また、外貨獲得のためにも工業品の輸出が不可欠であった．

NIEsとASEAN4の初期条件と工業化開始時期の違い

		初期条件		工業化開始時期	
		資源	人口にみる市場規模	輸入代替工業化	輸出志向工業化
NIEs	台湾	農業基盤	1100万人	1950年代	1960年代後半
	韓国	農業基盤	3600万人	1960年代前半	1960年代後半
	シンガポール	中継貿易港	260万人	1960年代後半	1960年代後半
	香港	中国からの企業家など	300万人	—	1950年代
ASEAN4	タイ	米など	2600万人	1960年代前半	1980年代
	マレーシア	ゴム、スズなど	800万人	1960年代前半	1970年代
	インドネシア	ゴム、石油、コーヒーなど	9600万人	1960年代後半	1980年代
	フィリピン	砂糖、ココナッツなど	2800万人	1950年代	1980年代

（資料）　国連経済社会局『世界人口予測データ』1990年をもとに日本総合研究所作成．

　第2は、市場規模の違いである．ASEAN4は人口が相対的に多く、輸入代替工業化を進める際にも国内により多くの需要が望めたが、NIEsは市場規模が小さく、輸入代替工業化が需要面から限界に達するのが早かった．
　第3は、工業発展基盤の有無である．ASEAN諸国は植民地時代に、旧宗主国のニーズに合わせ、特定の一次産品に依存したモノカルチャー経済化を強いられた．このため、工業基盤は存在せず、その後の工業化のネックとなった．
　第4は、地政上の位置の違いである．戦後、NIEsは対外的脅威への緊張を強いられ、権威主義開発体制のもとで工業主導の経済開発を積極的に進めざるをえなかった．一方、ASEANは、外的脅威は相対的に小さかった．
　これらの初期条件の違いにより、その後、NIEsとASEAN4の工業化は大きな違いをみせる．香港を除き、当初輸入代替工業化に着手したのに大きな違いはないが、NIEsが早い時点で輸出志向工業化に転換したのに対し、ASEAN4が輸出志向工業化に乗り出すのは、マレーシアを除き1980年代にまでずれ込んだ．その後、NIEsに続きASEAN4も高度成長を果たすが、裾野産業の未発達や産業集積の薄さなどの遅れがハンディキャップとなっている．

第5章　成長の踊り場を迎えた ASEAN 経済

◆本章のポイント

　本章では，①日本，NIEs に続いて先発 ASEAN 諸国は経済の高度成長段階に入ったが，その成長を可能にした要因は何であったのか，②社会主義体制から市場経済化への移行途上にある後発 ASEAN 諸国の経済の現状はどうなっているのか，③1997年の通貨危機は ASEAN 諸国の経済発展メカニズムに変化を生じさせたが，今後，ASEAN 諸国が取り組むべき課題は何か，について学ぶ．

1．先発 ASEAN 諸国は，1980年代半ば以降の外国直接投資の急激な流入を契機に，直接投資と輸出の好循環，所得水準の上昇による国内市場の拡大などの要因から高度成長を実現した．しかし，97年の通貨危機によって企業部門の債務が膨張し，金融機関は不良債権を抱え込んだ．現在，先発 ASEAN 諸国は成長メカニズムの見直しを迫られている．
2．社会主義経済から市場経済への移行途上にある後発 ASEAN 諸国は，経済開放政策を進めており，先発 ASEAN 諸国が経験したように外資導入による経済開発を目指している．しかしながら，市場メカニズム導入の遅れ，非効率な国営企業，インフラの未整備など経済発展のための課題は多い．
3．ASEAN 諸国は，産業構造の偏り，中国の台頭，資源面での制約，輸出市場面での制約，国内産業リンケージの未発達，産業空洞化などの問題に直面している．こうしたなか，ASEAN 諸国は技術蓄積と競争環境の整備による国際競争力の強化を必要としている．
4．ASEAN 諸国は，中国との相互依存関係の確立，AFTA を通じた経済関係の緊密化，産業高度化，中小企業の活性化といった課題に直面している．ASEAN 諸国はこうした課題を解決することにより，新たな成長のメカニズムをみつけ出そうとしている．

1. ASEAN 諸国の概要

(1) ASEAN の全体像

　東南アジアは，北東アジアと南アジアに挟まれた地域であり，インドシナ半島に位置する大陸部とマレー諸島の海洋部に分けられる．国としては，ブルネイ，カンボジア，東チモール，インドネシア，ラオス，マレーシア，ミャンマー，フィリピン，シンガポール，タイ，ベトナムの11カ国からなる．現在，東チモールを除く東南アジアの国々は，東南アジア諸国連合（ASEAN: Association of South East Asian Nations）を形成しており，本章では ASEAN 加盟国である10カ国を取り扱う．なお，2002年5月に独立を達成した東チモールは ASEAN への参加準備中である．

　ASEAN 諸国は，大きく，資本主義体制のもとで発展を遂げてきた先発 ASEAN 諸国（ブルネイ，インドネシア，マレーシア，フィリピン，シンガポール，タイ）と，社会主義体制での国家建設を進めてきた後発 ASEAN 諸国（カンボジア，ラオス，ミャンマー，ベトナム）とに分けられる．ASEAN は，地域の安定と発展を目的として，1967年8月のインドネシア，マレーシア，フィリピン，シンガポール，タイの5カ国の外相会議で採択された「バンコク宣言」によって発足した．ASEAN 成立の背景には，インドシナ半島における共産化の脅威があった．しかし，冷戦の終結とインドシナ地域情勢の安定化を受けて，1995年7月にベトナムが，97年7月にラオス，ミャンマーが，99年4月にカンボジアが ASEAN に加盟した．

　ASEAN 諸国は，天然資源に恵まれている．高温多湿の熱帯性気候，あるいは亜熱帯性気候であるため森林資源や農業資源が豊富である．タイを除いた ASEAN 各国は，16世紀以降，欧米の植民地としての歴史をもっている．植民地時代には，こうした気候に適したゴム，砂糖，コーヒー，茶，バナナなどのプランテーション農業が発展した．また，錫，ボーキサイト，石油などの鉱物資源にも恵まれている．天然資源の賦存は，外貨収入の面で ASEAN 諸国の大きな経済的利点になったが，一方でモノカルチャー経済の形成という問題も招いた．

　植民地としての歴史は，各国が多様な民族で構成されるという問題を生じさ

せた．インドシナ半島におけるラオ系部族，クメール系部族，タイ系部族，島嶼部におけるマレー系部族などの主要部族に加えて，ASEAN 各国には数多くの少数部族が存在する．また，植民地化の過程で，中国人，インド人が労働力として東南アジアに進出した．現在では，中国系住民（華人）が経済面で大きな力を有するようになった国も多い．第2次世界大戦後に ASEAN 諸国は独立を果たし，国家建設に取り組むこととなった．しかし，独立時には政治システム，行政システム，経済システムのいずれも未発達な状態にあったため，ASEAN 諸国の国家建設は大きな困難に直面した．

図表5-1　ASEAN 諸国の経済指標

	人口 （百万人） 1999年	面積 （千m²） 1999年	名目 GDP （億ドル） 1999年	1人当たり 名目 GDP （ドル） 1999年	GDP 成長率（%）	
					1980～90年	1990～99年
シンガポール	4	1	838.5	23,806	6.4	8.0
マレーシア	23	330	790.4	3,621	5.1	7.3
タイ	60	513	1,220.7	2,006	7.3	4.7
インドネシア	207	1,905	1,413.1	675	5.8	4.7
フィリピン	74	300	766.5	1,030	1.0	3.2
ブルネイ	0.3	6	44.7	13,870	―	―
ベトナム	78	332	286.8	364	4.2	8.1
カンボジア	12	181	30.1	275	―	4.8
ラオス	5	237	14.5	274	3.4	6.6
ミャンマー	45	677	64.2	143	0.6	6.3
ASEAN 合計	508	4,482	5,469.5	1,072		
日本	127	378	43,469.2	34,228	3.8	1.3
中国	1,254	9,598	9,894.7	789	9.7	10.7

（資料）　ASEAN Secretariat, World Bank, *World Development Indicators 2001*.

（2）先発 ASEAN 諸国

　ASEAN 諸国の中で最初に成長軌道に乗ったのは韓国，台湾，香港とともに「アジアの四小龍」の1つにあげられるシンガポールであった．1970年代に工業化の基礎を確立したシンガポールは，工業製品の輸出拡大によっていち早く経済発展を実現した．一方，インドネシア，マレーシア，フィリピン，タイの4カ国（ASEAN4）は新興工業経済地域（NIEs: Newly Industrializing Economies）に遅れて工業化段階に入った．ASEAN4 は，70年代に至るまでGDPに占める農業部門のシェアが工業部門を上回り，輸出品目も農産品，木材，鉱産物といった一次産品が大きなシェアを占めていた．このため，工業化や輸出品目の多様化によるモノカルチャー経済からの脱却が課題となった．

　タイは，伝統的に米を中心とした農業に依存する経済であった．1950年代半ばにそれまでの国営企業による輸入代替政策から民間部門および外資による工業化へと政策を転換し，その結果，アグロ・インダストリー，繊維・衣類，ゴム製品，家電などの資源加工・労働集約型の産業が成長した．輸出面では，米，天然ゴムからメイズ，タピオカなどへ農産品輸出の多角化を行い，さらに食品，繊維などの軽工業品の輸出を拡大させた．プラザ合意を契機に80年代後半には日本，NIEsからの企業進出が急増し，これら外国直接投資が経済発展を牽引した．特にASEAN諸国の中では自動車産業の集積が顕著であったが，電気・電子産業も着実に成長した．国家プロジェクトとして東部臨海地域の大規模開発が進められ，同地域で石油化学産業も発展した．金融自由化の一環として94年にはオフショア市場であるバンコク国際金融市場（BIBF）が開設され，BIBF を通じて多額の海外資金が国内に流入することとなった．その結果，所得向上による消費拡大とも相まって投資ブームが起きた．この時期にはタイを核として隣接する後発 ASEAN 諸国との間で金融・貿易関係を緊密化させるバーツ経済圏構想も浮上した．しかし，97年にタイ・バーツが市場で大量に売り込まれた結果，通貨危機が発生し，タイ経済は大きな打撃を受けた．タイ政府は，国際通貨基金（IMF: International Monetary Fund）からの支援を受け入れ，銀行再建，不良債権処理など経済再建に着手した．輸出・消費の回復からタイ経済は回復基調を辿っているが，90年代前半のような勢いはない．

　マレーシアは，木材，錫，石油・天然ガスなどの資源に恵まれている．主要農作物としては天然ゴム，パーム椰子が栽培されており，ゴム，パーム油の主要輸出国となっている．1969年のマレー系住民と華人間の対立による暴動（5・13事件）をきっかけに民族融和と格差是正を目的とした新経済計画（1971～90年）に着手した．この**ブミプトラ**（マレー人優遇）**政策**の結果，マレー系住民の経済的地位は向上したものの，マレー系住民と華人の間の所得格差は依然として大きい．81年に第3代首相に就任したマハティール首相が進めた重工業化政策と自由化政策により外国直接投資が急増した結果，80年代以降，

重工業化が進んだ．とりわけ製造業および輸出に占める電気・電子産業のウェートが高くなっている．その結果，先進国の景気変動の影響を受けやすい体質になっている．97年の通貨危機の際には，IMFの支援を受け入れず，資本取引規制，為替管理規制など独自の経済政策により経済回復を達成した．

インドネシアの初代スカルノ大統領は，経済自立のため国有化政策を進めたが，財政赤字の拡大とインフレの高進から経済は破綻状態に陥った．1968年に第2代大統領に就任したスハルトは，西側諸国からの援助のもと，経済の再建に取り組んだ．原油・天然ガス産出国であるインドネシアは，石油ショック後は多額の石油収入に支えられて経済は順調に成長した．80年代に入ると一次産品価格の低迷から経済が停滞したことから，為替切り下げ，外資規制の緩和，金融自由化など抜本的な規制緩和を進めた．その結果，繊維，木材加工，電気・電子などの工業生産が拡大し，輸出も石油・ガスに依存した体質からの脱却が進んでいる．通貨危機によってインドネシア経済は，銀行の経営破たん，政府債務の急増などの問題を抱え込んだ．地方独立運動，テロ事件の発生などによる治安悪化，法制度整備の遅れなどから外国投資も落ち込んだ．98年5月に失脚したスハルト大統領後の歴代政権（2001年8月からはメガワティ大統領）は，IMFの支援のもと経済構造改革に取り組んでいる．

フィリピンでは，1965年に登場したマルコス政権が輸出志向工業化政策を打ち出した．しかし，積極的な政府開発支出，石油ショックによる原油価格高騰，アキノ氏暗殺をめぐる政治的混乱などの要因から経常収支の悪化，対外債務の拡大という問題が発生し，83年には債務危機が発生した．86年にアキノ政権が登場したことから政情は徐々に安定を取り戻し，経済も回復に向かった．フィリピンは，経済自由化と規制緩和を目的に経済構造改革に着手し，国有企業の民営化，貿易自由化，投資環境の整備，税制改革などの政策を進めている．投資環境の改善から90年代中頃からは電気・電子産業を中心に外国直接投資が増加し，輸出も拡大に向かった．フィリピンには財閥や地方地主による経済寡占と深刻な所得格差の問題が残されており，政府は農村開発に重点を置いて格差是正に取り組んでいる．

ブルネイは，1984年に英国から完全独立し，ASEANに加盟した．人口34.5万人の小国であるが，石油・天然ガスに恵まれ，国民1人当たりのGDPは12,500ドル（2001年）とASEANの中ではシンガポールに次いで高い．

(3) 後発 ASEAN 諸国

　後発 ASEAN 諸国は，先発 ASEAN 諸国と比べて経済発展が大きく遅れている．1人当たり GDP，工業化率，教育水準などの指標をみると先発 ASEAN 諸国と後発 ASEAN 諸国との間には大きな格差が存在する．

　後発 ASEAN 諸国の中ではベトナムで工業化が進んでおり，同国の GDP に占める工業のシェアは3割と農業を上回っている．これは，社会主義体制時代に国営企業を中心に重工業化が進められたことによる．しかしながら，農業は就業人口の7割を占め，コメ，石炭，コーヒー，ゴム，茶，水産物が主要輸出品となっており，農業は依然としてベトナムの重要産業である．ラオスは，農業部門が GDP の5割を占めており，工業部門のシェアは2割に満たない．ラオスの主要輸出品は，合板，コーヒー，電力などで，水資源に恵まれたラオスは水力発電による電力をタイへ輸出している．カンボジアも農業が主要産業であり，GDP の約4割を占める．主要輸出品は木材，ゴムである．内戦による国土の荒廃によりインフラ復旧が重要課題になっている．また，人材の不足も深刻である．ミャンマーは，農業資源，林業資源，鉱物資源に恵まれている．しかし，ネウィン政権下でのビルマ式社会主義による経済国有化の失敗や長引く少数民族の独立運動などによって経済は停滞した．その結果，経済は第1次産業が GDP の5割近くを占め，製造業は1割にすぎない．米が伝統的な主要輸出品目であったが輸出余力が低下し，現在の主要輸出品目は，チーク材などの木材，豆類・ゴマなどの農産品，冷凍えびなどの水産品，天然ガス，衣料などになっている．

　後発 ASEAN 諸国は，①インフラの未整備，②輸入代替，輸出のいずれの面でも未成熟な段階にある工業化，③国内資本の不足，④市場メカニズムを機能させるためのシステムの不在，というボトルネックを抱えている．こうしたなか，市場原理の導入と規制緩和を進めることにより経済の近代化，外資導入，輸出拡大を図っている．ベトナムは，1986年の第6回国会でドイモイ政策を承認し，本格的な経済改革に着手した．ドイモイは，共産党の一党独裁を堅持しながら，資本主義的な生産活動や流通システムを活用して経済開発を目指すものである．①食糧，生活必需品，輸出品の3部門への集中を基本戦略とする傾斜生産方式の採用，②市場経済原理に基づく経済システムの導入，③対外開放による外国直接投資の積極的導入をその柱とした．ラオスもまた86年以降，経

済の改革開放政策を進めてきた.ラオスの経済改革は,チンタナカン・マイ（新思考）,ラボップ・マイ（新経済機構）と呼ばれている.ラオスは,現在,国営企業の民営化,流通の自由化,民間銀行制度の導入,外国貿易の規制緩和を進めることにより,従来の社会主義体制からの脱皮を図っている.カンボジアは,86年から市場経済化に着手し,経済政策の改革,法制度の整備を開始した.外国投資法が制定され,外国直接投資の導入を図っている.88年9月,クーデターにより全権を掌握したミャンマーの国家法秩序回復評議会（SLORC）政権は,閉鎖的なビルマ式社会主義体制から経済開放政策に政策を大きく転換し,外国直接投資受け入れ,金融制度改革,民間部門強化などの経済政策を打ち出している.しかし,アウン・サン・スーチー女史の軟禁などSLORC政権の人権抑圧問題から先進国がミャンマーへの経済制裁を続けており,ミャンマーの経済開発は進んでいない.

後発ASEAN諸国の政府は,開発資金の不足を克服し,技術のキャッチアップを図るために政府開発援助（ODA）と外国直接投資を活用する戦略を採っている.ODAによって電力,交通,通信などのインフラ建設を進める一方,輸入代替・輸出振興両面の工業化を推進する役割を外国投資企業に期待している.後発ASEAN諸国は,ASEAN加盟によりASEAN各国からの投資拡大をテコとした経済成長の加速が期待された.しかし,金融,流通,運輸などの未整備,国営企業改革など経済改革の遅れ,通貨危機を契機とした先発ASEAN諸国の経済停滞などの要因から経済成長は加速しておらず,直接投資も低迷している.

2. ASEAN4の経済発展の経緯

(1) 輸入代替工業化による工業化のスタート

ASEAN4は,1960年代に入って**輸入代替工業化**政策を採用した.輸入代替工業化は,軽工業品など技術水準が比較的低い産業からスタートし,鉄鋼,石油化学など素材産業に及んだ.資本集約的な産業では国営企業が輸入代替工業化を担うケースも多かった.この段階で,食品,家電などの分野で国内市場を目的として生産を行う投資も散見されたが,投資規模は後の輸出拠点としての進出と比べると小さかった.

輸入代替工業化政策は，ASEAN 諸国が工業化の基盤を形成するうえでは効果があった．しかし，1970年代には輸入代替化工業化は限界に直面した．その最大の要因は国内市場の狭隘性である．ASEAN4 は所得水準が低かったため人口に比して市場が小さかった．このため国内需要を満たしてしまうと規模的に生産拡大が困難になった．また，輸入関税などで保護された輸入代替産業は，品質・技術水準も低く，非効率であった．

ASEAN 諸国において輸入代替工業化を担ってきたのは国有企業であり，華僑系を中心とする地場財閥グループであった．大規模な輸入代替プロジェクトに対しては採算性を度外視して大量の政府資金が投入された．こうした国策プロジェクトが実施されるプロセスで，政治家，財閥，銀行の間に**クローニー・キャピタリズム**と呼ばれる癒着関係が生まれた．

（2）輸出志向工業化への転換

輸入代替型工業化の限界から，タイ，マレーシアは**輸出志向工業化**政策に転じ，これを進めるため積極的な外資受け入れ政策を採った．1970年代には輸出志向型産業を重視する方向へ政策は転換されていたが，80年代に入って，それが本格化した．技術・資本の蓄積の遅れていたASEAN4 では，輸出志向工業化を進めるためには，外国直接投資を積極的に導入せざるをえない状況であったため，外資規制緩和，外資優遇策の導入，工業団地の整備などが行われた．輸出産業として成長したのは，まず繊維・衣料，食品加工，木材加工，雑貨などの労働集約的な軽工業品であった．80年代後半に入ると，電気・電子などの機械産業が輸出産業として急成長することとなる．ただし，輸出志向工業化政策が導入された後も，鉄鋼，自動車などの内需重視の基幹産業については輸入代替工業化政策が維持された．

一方，石油収入をもとに政府が積極的な投資を行うことにより経済開発を進めてきたインドネシアは，輸出志向型産業育成のための規制緩和への取り組みが遅れた．それが開始されたのは80年代後半である．フィリピンも，70年代には輸出志向工業化政策が打ち出されたものの，実態的には輸入代替工業化政策が維持され，国内の政情不安もあって外資の進出は遅れた．

(3) 高度成長と通貨危機

　1985年のプラザ合意を契機に，円や NIEs 諸国の通貨高が進んだ．その結果，日本や台湾・韓国など NIEs の企業は ASEAN 4 へ投資を活発化させた．その多くは，欧米向けの輸出拠点としての工場移転であった．ASEAN 経済の活況から域内需要を見込んだ投資も増加した．当初は，マレーシア，タイに集中したが，90年代に入るとインドネシア，フィリピンへの外国投資も拡大した．

　ASEAN4 の高度成長には投資と輸出の間の好循環メカニズムが働いた．シンガポールを含めた先発 ASEAN 諸国の経済成長は，域内貿易も活発化させた．ASEAN 諸国に進出した電気・電子，自動車などの分野の日系企業は，ASEAN 域内において生産分業を活発化させた．これは域内における素材や部品の貿易の拡大につながった．また，国民所得の増加に伴う内需拡大も域内貿易を活発化させた．直接投資の増加に伴ってインフラ建設や不動産投資も過熱した．都市部では中間所得層が形成され，家電製品など耐久消費財の普及率は上昇し，モータリゼーションも急速に進展した．90年代前半には先発 ASEAN 諸国（ASEAN4＋シンガポール）は年平均7.7％という高い実質 GDP 成長率を記録した．

　しかし，1997年の**アジア通貨危機**（第3章参照）によって経済の後退を余儀なくされる一方で，中国の追い上げにあって，ASEAN 4 は従来の雁行型発展パターンに則った成長戦略の見直しを迫られている．通貨危機は，海外から流入していた短期資金の急激な流出と為替相場の急落を招いた．これによって外貨借り入れに依存していた企業の債務は膨れ上がった．これらの企業が手がけていた大型プロジェクトは頓挫し，銀行部門は多額の不良債権を抱え込んだ．各国政府は，銀行部門への公的資金投入や不良債権処理の促進を通じて企業部門の再建を進めているが，通貨危機から5年を経た2002年時点においてもインドネシア，タイなどの経済規模は通貨危機以前の水準を下回っている．

　アジア通貨危機において銀行部門は多額の不良債権を抱え込み，金融メカニズムが機能不全に陥った．大手企業グループでは債務返済負担が膨らんだ．クローニー・キャピタリズムが経済効率を低下させ，ASEAN 4 の競争力低下の主因になっているとの認識も強まった．ASEAN 4 各国は，クローニー・キャピタリズムからの脱却を重要政策に掲げると同時に，非効率に陥った国有企業や企業グループの再建に取り組んでいる．

3. 見直しを迫られる ASEAN 諸国の成長メカニズム

1980年代から90年代にかけて高い伸びを実現した ASEAN 諸国の工業化も，これまでの発展メカニズムの見直しを迫る制約に直面している．

(1) 中国の追い上げと外国直接投資の減少

東アジアにおける生産・輸出拠点としての中国の追い上げは，ASEAN 諸国の地位を脅かす大きな問題としてクローズアップされる．ASEAN 諸国，特に先発 ASEAN 諸国は，1980年代に日本，NIEs の後を追って高度成長段階に入った．東アジアの**雁行型発展**の中での ASEAN 諸国が経済発展を実現できた要因は，日本や NIEs に対してコスト面で競争力をもっていたことである．しかし，90年代に入ると低廉で豊富な労働力を抱える中国が ASEAN 諸国の強力な競合国として台頭したのである．

1980年代には，ASEAN 諸国は中国に対して非コスト要因，例えばインフラ，国際ビジネスの経験，企業家精神などの面で優位性をもっていると考えられた．また，90年代に入って中国の経済成長が本格化した後も，先発 ASEAN 諸国自身が高度成長を享受していたこともあり，産業高度化によって中国に対して競争力を維持できる，あるいは中国と補完関係を維持できると考えられた．しかしながら，97年のアジア通貨危機によって ASEAN 経済が停滞するなかで，中国は世界の生産拠点としての地位を高めている．繊維などの労働集約財の分野で ASEAN 諸国の製品は国際市場において中国製品に対して苦戦を強いられている．同時に，パソコン関連，AV 機器などエレクトロニクス産業でも中国の産業集積は ASEAN 諸国を凌駕している．

国際市場への輸出拠点の設立を目的とした外国企業の直接投資は，現在では ASEAN 諸国から中国へとシフトしている．こうした現状から，ASEAN 諸国の中国に対する危機感は高まっている．今後は域外から ASEAN 諸国への新規投資が減少するだけでなく，ASEAN 諸国から中国への直接投資も増加することが予想される．その結果，ASEAN 諸国においても NIEs にみられた製造業の空洞化が問題となっている．特に ASEAN 諸国の中でも生産コストが上昇したシンガポールやマレーシアなどは，先進国とは技術水準にいまだ大

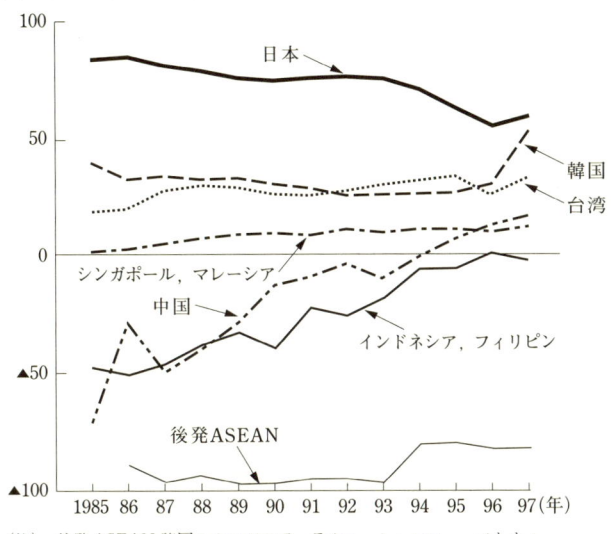

図表 5-2 東アジア諸国の貿易特化係数の推移（電気・電子製品）

(注) 後発 ASEAN 諸国：カンボジア，ラオス，ミャンマー，ベトナム
貿易特化係数：（輸出－輸入）／（輸出＋輸入）
電気・電子製品：SITC 番号75～77
(資料) 各国統計．

きなギャップがある段階でありながら，中国に対抗して産業の高度化，ハイテク化を実現する必要性に迫られている．

しかし，ASEAN 諸国と中国の経済関係は，このような競合関係だけではない．貿易や直接投資を通じて ASEAN 諸国と中国間の経済関係は年々深まっている．ASEAN 諸国は，相互にメリットが得られる貿易や投資などを通じた中国との経済関係を築き上げるべく，その方策を模索している．

(2) 特定の産業に偏る ASEAN 諸国の産業構造

ASEAN 諸国が内部に抱える問題としては，産業構造の偏りが挙げられる．ASEAN 諸国の産業構造をみると，①工業化の発展段階に応じて特定産業に偏りがあること，②内需向け産業と輸出産業との二極分化，③資本財産業の発展の遅れ，という特徴がみられる．

東アジア各国の製造業をみると，韓国は輸送機械のウエートが大きく，台湾は電気・電子機器のウエートが大きいという違いはあるものの，両国ともに重

工業化が進んでおり，日本や米国に類似した産業構成になっている．中国は繊維の比率は高いものの重工業化率が高く，フルセット型の産業構造になっている．

　一方，ASEAN は，特定の産業への偏りが顕著である．これは各国の工業化の発展段階を反映したものである．シンガポール，マレーシアは，電気・電子産業，化学産業への集中度が高く，軽工業の比率はきわめて小さい．両国では電気・電子機器を中心とした多国籍企業の輸出拠点として工業化が進展し，半導体，ハードディスク，AV 機器などのエレクトロニクス製品の輸出が増加した．化学産業では，シンガポールの石油関連，マレーシアの石油関連や食用油（パーム油），ゴムも重要産業になっている．またシンガポールは機械のウエートも高い．タイ，インドネシア，フィリピンは食品，繊維が主要産業になっており，軽工業の比率が高い．タイでは，食品，繊維・履物，電気・電子機器が輸出産業として成長している．インドネシアは，従来，食品，合板，繊維・履物が主要産業であったが，1990年代中頃から電気・電子産業の生産も拡大している．その結果，合板，繊維・履物に加えて電気・電子機器も主要輸出品目の1つに成長した．フィリピンでは食品が最大の産業であるが，インドネシア同様，90年代中頃から電気・電子部門への外国直接投資が拡大し，電気・電子産業の比率が高まっている．ベトナム，ラオスなど新規加盟国は，工業化の初期段階にあることから食品，繊維が中心であり，重工業部門の発展が遅れている．

　ASEAN 諸国において特定産業への偏りを生んだ要因としては，第1にASEAN 諸国は1カ国ではいずれも経済規模が小さかったことがある．このため，資本集約型産業では規模の経済を実現できなかった．技術力蓄積の遅れから海外に市場を求めることも難しく，特に鉄鋼，石油化学などの分野では資本効率が低く，競争力を確保できなかった．第2は，ASEAN 諸国には豊富な農業資源，森林資源，鉱物資源が賦存しており，その賦存状況の違いにより各国独自の資源加工型産業が発展したことである．例えば，農産品加工，ゴム，製紙・パルプなどである．第3は，シンガポール，マレーシアは電気・電子産業を中心に多額の外国直接投資を受け入れたことによって，経済規模と比べて大規模な輸出産業が形成されたことである．両国は，生産額，付加価値額だけでなく輸出における電気・電子機器への依存度も高い．

（3）国際市場における成長の制約

ASEAN 諸国のもう 1 つの問題点は，先進国市場への依存度が高いことである．これは，市場拡大面で成長の制約につながっている．

輸出市場という観点からみるとアジア域内での需要拡大に伴い，域内貿易は今後増加していくことが期待できる．しかし，ASEAN 諸国の最大の輸出市場は米国など先進国である．世界市場の伸びは，東アジア諸国の輸出の伸びと比べると緩やかである．限られた世界市場において各国のシェア獲得競争はより厳しいものになっている．

ASEAN 諸国の輸出の中で大きなウエートを占める電気・電子製品は，日本や NIEs の先進国向け輸出を代替するかたちで拡大してきた．ASEAN 諸国の輸出の約 5 割は，米国，日本，EU 向けである．域内貿易の比率は 2 割強にとどまっている．1999年から2001年にかけての ASEAN 諸国の景気変動は，先進国の IT 需要の多寡に軌を一にしていた．したがって，ASEAN 諸国の輸出は先進国市場の景気動向に左右されると同時に，限られた世界市場における厳しいシェア獲得競争に直面したのである．

（4）技術蓄積の遅れ

輸出志向型産業の発展において，ASEAN 諸国，特にシンガポール，マレーシア，タイといった ASEAN の中の先行国は，外国資本の流入によって技術のキャッチアップを実現した．ASEAN 諸国は，先進国から先進技術を導入し，外国直接投資を受け入れることにより高い技術を体化した資本ストックの蓄積を進めてきたのである．したがって，ASEAN 諸国は独自に R&D を行うことにより自前の技術を蓄積したのではなかった．後発国は先進国で開発された新しい技術を利用できるため短期間で工業化を実現できるというガーシェンクロンのいう**後発性の利益**を享受するかたちで，ASEAN 諸国は技術を蓄積し，急速な工業化を実現した．

しかし，外資主導による輸出志向工業化は，部品等の輸入の増加と外国技術への依存度の拡大という問題を伴った．ASEAN 諸国の製造業は，技術集約的製品の最終組立工程は発展しているものの，生産に必要な機械・部品などの資本財・中間財は多くを輸入に依存せざるをえない状況である．したがって，工業製品の輸出が拡大すると，それに合わせて生産財・中間財の輸入が増加す

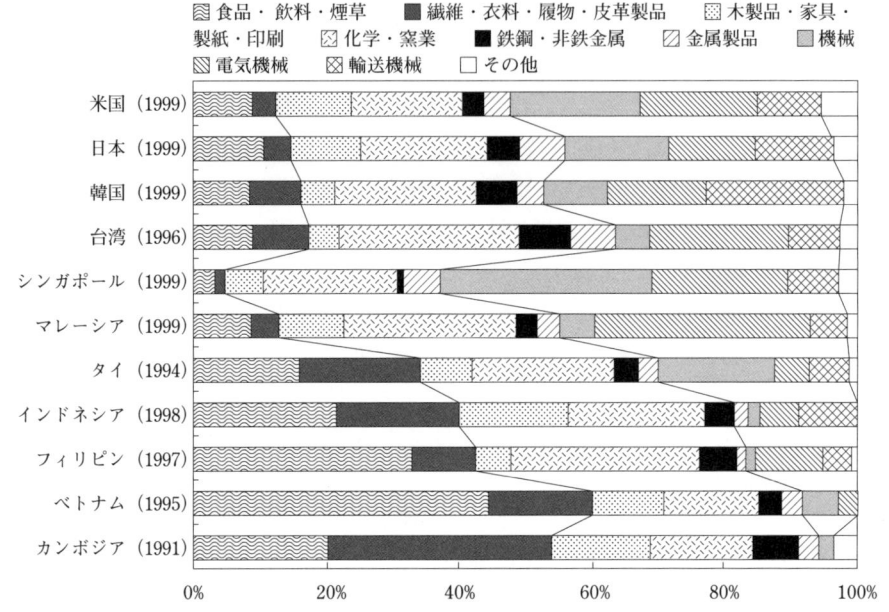

図表5-3　東アジア主要国の製造業の産業構成（付加価値額ベース）

凡例：食品・飲料・煙草／繊維・衣料・履物・皮革製品／木製品・家具・製紙・印刷／化学・窯業／鉄鋼・非鉄金属／金属製品／機械／電気機械／輸送機械／その他

対象国：米国（1999）、日本（1999）、韓国（1999）、台湾（1996）、シンガポール（1999）、マレーシア（1999）、タイ（1994）、インドネシア（1998）、フィリピン（1997）、ベトナム（1995）、カンボジア（1991）

（注）ベトナムは建材の生産を除いた実績．カンボジアは雇用者数ベース．
（資料）各国工業統計およびUNIDOデータベースより作成．

るという貿易構造になっている．

　中間財輸入を減らすためには，国内に素材，部品や関連サービスを供給する**サポーティング・インダストリー**が発展することが不可欠である．サポーティング・インダストリーは自国内で操業する外国企業へ部品を供給することにより，外国企業からの技術スピルオーバー（漏出）の受け皿にもなる．1990年代に入ってASEAN諸国はサポーティング・インダストリーの育成を重視するようになったものの，その発展は遅々としたものであった．エレクトロニクス産業を中心とする輸出志向型の直接投資の受け入れは，輸出加工区内で**飛び地経済**（外資が進出する輸出加工区が地場経済から経済的に切り離された状態）を形成し，地場企業とのリンケージを伴わなかった．地場企業からの部品，原材料調達は増加してはいるものの，国内部門とのリンケージは未成熟である．

　ASEAN諸国は技術の拠り所を海外に大きく依存してきたため，地場企業のR&D能力の蓄積は不十分であり，独力で国際的に競争力のある製品を開発

することは困難な状況である．韓国や台湾では電気・電子や自動車の分野で自国ブランドをもった企業が生まれ，国際市場での地位を確立している．しかし，ASEAN 諸国の場合，技術集約的分野で独自技術あるいはブランドをもった自国企業の成長は遅れている．

(5) 内部資源面の制約

先発 ASEAN 諸国が直面する内部資源面の問題は，労働資源の制約，インフラ整備の遅れ，開発資金のファイナンスなどである．特に ASEAN の中でも相対的に経済発展が進んだ国では労働供給面での制約が顕在化している．例えば，シンガポール，マレーシアなどでは，労働力不足から単なる労働投入量の増加による生産の増加は望めなくなっている．一方で，高いレベルの技術者の供給は不足している．これは，外国企業の導入技術を吸収する能力の不足につながった．エンジニアや熟練技能者の絶対数の不足は，これらの高技術労働力の賃金の上昇を招いた．インフラについてみると工業団地内における整備は進んできたが，電力，通信，運輸面など産業の基盤となるインフラは全国的にはいまだ不十分である．資金面では，外国直接投資が落ち込むなかで，通貨危機の後遺症から工業開発やインフラ開発に必要となる資金確保にも制約が生じている．

4．ASEAN 諸国の今後の課題

ASEAN 諸国が経済成長を持続していくためには，従来の雁行型発展パターンをベースにしながらも，その潜在力を活かしてよりバランスのとれた成長戦略を模索していくことが必要となろう．そのためには，先発 ASEAN 諸国が技術のキャッチアップのための努力を継続していくと同時に，経済発展の成果を後発 ASEAN 諸国へ波及させることによって，ASEAN 諸国全体でダイナミックな成長メカニズムを生み出すことが望まれる．その方策として考えられることは，まず第1に，国際分業体制の中で ASEAN 諸国が強みを発揮できる分野を再確認することである．そのうえで中国との相互補完関係を築き上げる努力が必要となる．第2は，**ASEAN 自由貿易地域**（AFTA: ASEAN Free Trade Area）を通じて域内市場統合を進めることにより，域内の貿易・投資を

活発化させていくことである．第3は，ASEAN 諸国全体で産業構造の高度化を進めることによって国際競争力を高め，新たな成長産業を生み出していくことである．第4は，経済格差の是正，国内需要の拡大，国際競争力の強化に対する貢献が期待される中小企業の活性化を進めていくことである．

(1) ASEAN 諸国・中国間の相互補完関係の確立

一般に，中国は NIEs とは相互補完関係にあるが，ASEAN 諸国に対しては競合関係にあるといわれる．韓国，台湾はハイテク製品の技術力で中国に対して優位性をもつのに対して，技術力の低い ASEAN 諸国は労働集約財の分野で中国と直接に競合するとみられるからである．しかし，ASEAN は均質の国の集まりではなく，加盟国の発展段階は大きく異なっており，その結果，産業構造も異なる．このため，ASEAN 諸国には中国との間での相互補完の構築に大きな可能性が残されている．中国との補完関係を構築するうえでASEAN 諸国がもつ優位性としては，次の点が指摘できる．

第1は，ASEAN 加盟国の市場としての大きさである．ASEAN 加盟国の経済規模を中国と比較すると，GDP は中国の約1兆ドルに対して ASEAN 加盟国は全体で約6,000億ドル，製造業生産（付加価値ベース）は中国の3,800億ドルに対して ASEAN 加盟国は1,800億ドル，人口は中国の12.7億人に対してASEAN 加盟国は5.5億人である．それぞれ中国のほぼ半分の規模に相当しており，ASEAN 全体としての市場規模は巨大である．中国を含めた域外からの投資誘致の可能性をもっているだけでなく，ASEAN 域内企業にとっても潜在的な市場の魅力は大きい．

第2は，ASEAN 諸国においてすでに形成されている産業集積である．ASEAN 諸国の電気・電子産業や自動車産業に対して，多国籍企業がこれまでに多額の投資を行っている．ASEAN 諸国で活動する多国籍企業の内部では技術移転が進んでおり，R&D 資源も蓄積されている．これらの産業では，中国との経済関係を強化することによって自らの競争力を高め，ASEAN 域内，そして東アジア域内での競争に生き残りを図ろうとする動きが活発化することになる．こうしたプロセスを経て中国との相互補完を通じた分業体制が確立されていくと考えられる．

第3は，低コストの労働力の存在である．ASEAN 諸国の中でシンガポー

ルやマレーシアなどでは,産業構成の重点が労働集約型産業から知識集約型産業に移行している.一方で,ベトナム,カンボジアなどの新規加盟国は,労働集約型産業に比較優位をもっており,軽工業に特化している.労働コストの面では,シンガポール,マレーシアは中国に対する競争力を失っているものの,インドネシアやベトナム,ミャンマーなどでは中国と競合できる水準にある.ASEAN加盟国全体でみれば,中国と競争できるコスト競争力を実現することが可能であろう.

第4は,ASEAN諸国における豊富な天然資源の賦存である.ASEAN諸国は,農産品,石油,パーム油,ゴム,セメント,パルプ・紙といった天然資源および資源加工型産業において中国に対して優位性をもっている.これらの品目の中国への輸出は拡大していくものと考えられる.

(2) AFTAを通じたASEAN加盟国間のリンケージ強化

AFTAは,域内関税の引き下げ,非関税障壁の撤廃,投資の自由化を進めることによりASEAN域内の貿易と投資を促進することを目的としている.共通実効特恵関税協定(CEPT: Common Effective Preferential Tariff)制度のもと,先発ASEAN 6カ国(シンガポール,マレーシア,タイ,インドネシア,フィリピン,ブルネイ)は2002年末までに,ベトナムは2003年までに,ラオス,ミャンマー,カンボジアは2005年までに域内関税を0〜5%に引き下げることになっている.また,先発ASEAN 6カ国は2015年,その他の国は2018年までに輸入関税を完全に撤廃することになっている.ASEAN投資地域(AIA: ASEAN Investment Area)枠組み協定では,2010年までに加盟国の投資家に,さらに2020年までにはすべての国の投資家にすべての分野への投資を開放することになっている.ASEAN市場という1つの巨大市場ができあがり,ASEAN域内では無関税で貿易を行えるため,生産拠点としてのASEAN諸国の競争力が高まると同時に,市場開拓を目的とした投資も活発化すると期待されている.域内分業が進展することでASEAN加盟国全体の生産の効率性が向上すると考えられる.

域内での投資・貿易を拡大させることによって,AFTAがASEAN経済の活性化に重要な役割を果たしていくことは間違いない.しかし,AFTAを通じてのASEAN経済の活性化についてはいくつかの課題が残されている.

第1の課題は，域外市場への依存度の高さである．米国を中心とする北米自由貿易協定（NAFTA: North Amerian Free Trade Agreement），英独仏を中心とする欧州連合（EU: European Union）と比べて，ASEANは小国の集まりである．ASEANは域内に巨大市場をもつ国がないために域内取引のウェートが小さく，日本や米国などの外部経済への依存度が高い．ASEANは人口規模ではNAFTAやEUを上回るものの，GDP規模ではNAFTAの19分の1，EUの15分の1，南米南部共同市場（MERCOSUR: Mercado Común del Sur）の65％にすぎない．

　また，NAFTAやEUでは貿易に占める域内取引の割合がおのおの5割，6割であるのに対して，ASEANは2割強にすぎない．したがって，ASEANとしては，①域外経済に対して開かれた体制を維持する，②域内取引のウェートを拡大する，③巨大市場となりうる国との経済協力を強化する，という戦略が必要となる．こうした背景から，中国，韓国，日本などとの間での自由貿易協定（FTA: Free Trade Agreement）もASEANにとって大きな意味をもつ．2001年10月，中国はASEANに対して「中国・ASEAN自由貿易圏構想」を提案した．中国が東アジアにおける成長のダイナミズムの中心になっている現在，ASEAN諸国も中国を無視できなくなっているのである．

　第2は，ASEAN域内で強力なリーダーシップがみられなくなっている状況の中で，加盟国間の足並みをいかに揃えていくかという問題である．

　ASEAN加盟国は，1人当たりGDPが2万ドルを超えるシンガポールから，200ドル台のカンボジア，ラオスまでその経済発展段階は大きく異なっている．経済格差とそれに基づく産業構造や競争優位の相違が，ASEANの足並みを乱す要因になっている．AFTA実現のためには，加盟国間の経済的対立を解決することが必要となる．

　すでにASEAN域内貿易の96％は輸入関税が5％以下になっている．しかし，AFTAによって競争力を失う産業については，各国とも引き下げ実施の猶予を要求している．マレーシアは自動車の輸入関税の引き下げを2005年まで延長している．インドネシアは石油化学製品の関税引き下げが猶予されている．つまり，競争力のない産業に対する保護関税は残されたままである．また，新規加盟国に対しては輸入関税引き下げが猶予されているが，これら後発ASEAN諸国が果たして期限内に競争力をもった国内産業基盤を築き上げる

ことができるのか，という懸念もある．後発 ASEAN 諸国は，労働集約型産業や資源加工型産業に優位性をもっているが，これらの分野への投資はベトナムを除いて活発化していない．

　ASEAN 加盟国の中には，AFTA に協力する一方で独自に域外との経済関係の強化を図ろうとする動きがでている．具体的な例が，加盟国による2国間 FTA の締結である．シンガポールは，日本との間で FTA を締結した．貿易・金融のハブ機能を目指しているシンガポールでは平均輸入関税率が0％まで下がっており，FTA によるメリットが大きい．タイは，南アジアの国やミャンマーとの間で自由貿易圏構想を進めているほか，韓国，オーストラリアなどと2国間 FTA の交渉を進めている．フィリピンは，日本，米国との2国間 FTA に関心をもっている．一方，中国，日本，米国などはアジアでの影響力を確保するために ASEAN 加盟国との FTA の締結に意欲を示している．2国間 FTA が活発化することによって AFTA が形骸化される懸念がある．

　第3は，中国と ASEAN 間の市場統一の動きである．ASEAN は2001年11月の ASEAN 首脳会議において，10年以内を目標に中国との間で FTA を締結することで合意し，準備作業に入った．中国が ASEAN との FTA 締結に動いた狙いは，AFTA 成立による中国の ASEAN 向け輸出への影響を回避することにある．中国の ASEAN 向け輸出で大きなウエートを占める電気・電子部品は，多国籍企業を中心とする域内分業体制のもとで取引されており，ASEAN 向け輸出も輸出加工区へのものが中心であるため大きな影響はないと考えられる．しかし，中国製の繊維製品，家電製品などの ASEAN 向け輸出は，AFTA のもとでの域内貿易の拡大によって影響を受けることになる．また，ASEAN・中国間で FTA が結ばれた場合，外国直接投資の中国シフトが一層加速される懸念がある．ASEAN 向け輸出拠点としての中国の役割が高まるからである．現在，中国から ASEAN 加盟国への投資が増加しているが，FTA によって中国からの対 ASEAN 投資にブレーキがかかる可能性もある．

　第4は，中小企業への影響である．域内貿易の拡大で一番大きな影響をこうむるのは主に国内市場向けに生産を行っている地場企業，特に中小企業である．域内からの競合品の輸入増加によってこれらの企業は厳しい競争に直面する．中小企業は，価格・品質面で競争力のない場合が多く，その影響は大きい．

(3) 産業高度化への取り組み

　先発 ASEAN 諸国は，1990年代，労働集約型産業において中国製品に対してコスト競争力が喪失したことから，産業高度化を推し進めることによる新たな競争優位の獲得を目指した．雁行型発展を目指すには，労働集約型産業から技術集約型産業への転換が必要となるからである．ASEAN 諸国の中でも経済発展が進んだ国では，労働力の不足と労働コストの上昇から労働投入量の増加による成長は望めなくなっており，産業構造の高度化が最重要課題になっている．

　ASEAN 諸国が産業高度化を実現するには，①技術集約型産業，知識集約型産業への転換，②競争環境・産業インフラの整備による競争力強化，③ASEAN 全体でみた内需依存度の引き上げが必要となる．

　第1の技術集約型・知識集約型産業への転換に関しては，各国とも1990年代に入って本格的な取り組みを始めた．科学振興政策においてはR&D予算の拡大が図られ，産業政策においては高付加価値産業へのシフトに重点が置かれた．具体的には，バイオ，新素材，エレクトロニクスなどの分野でのR&D奨励，サイエンス・パークの建設を通じたハイテク分野への投資促進，情報通信（IT）インフラの整備とIT産業の振興，研究開発型産業集積の促進などの政策が各国で導入された．

　R&D活動に対しては，各国とも税額控除，助成金，人材育成スキームなどの助成措置を導入している．外国企業のR&D拠点設立に対しても奨励措置が採られた．例えば，シンガポールは分子細胞生物学研究所（IMCB: Institute of Molecular and Cell Biology）などを核としてバイオの分野でのR&D促進を行い，マレーシアは自国をIT産業の域内ハブとすべくマルチメディア・スーパー・コリドー（MSC: Multimedia Super Corridor）の建設を進めた．しかし，全般的にみるとこのような取り組みは，アジア通貨危機の影響もあって，新たなリーディング・インダストリーを生むまでの成果に結びついていない．R&D人材に関しては量の面では中国には太刀打ちできない．したがって，既存の産業基盤と技術蓄積を活かすことができる分野を中心に，対象を絞ったうえでR&D強化と新規産業の育成を図る必要がある．

　第2の事業環境と産業インフラの整備は，すなわちアジア通貨危機で鮮明になった非効率な経済運営の是正である．政官民の癒着構造，企業の不十分なデ

ィスクロージャー，不透明な銀行融資などのクローニー・キャピタリズムの是正が優先課題となる．産業政策では，輸入関税以外に残された国内産業保護政策の見直し，自由競争環境の確立などが必要である．また，政治・社会面での安定の維持も重要である．これまでASEAN諸国に外国直接投資が流入してきた最大の理由は，政治的安定である．しかしアジア通貨危機やイスラム原理主義グループによるテロなどを契機にASEAN諸国における政治的安定に不安が生じている．政治的安定のためにもASEAN域内の協力が必要である．

第3の内需主導型経済化の狙いは，先進国への輸出に依存した経済発展からの脱却である．このためには国内の所得格差の是正により消費力を高め，内需の比率を高めていく必要がある．この意味でも，新規加盟国に対する経済協力を活発化させ，新規加盟国の経済発展を促すことによって，域内市場の拡大を図ることが重要となる．また，情報通信をはじめ，金融，流通などサービス産業の高度化を進める必要がある．特に産業向けサービスの高度化は事業機会拡大の可能性を有しており，また，国の競争力強化にも不可欠となる．

(4) 格差是正の鍵となる中小企業の活性化

急速な経済発展を実現したものの，ASEAN諸国には大きな経済格差が存在する．企業部門をみてもごく一部の大企業を除けば大半が中小零細企業である．ASEAN諸国の中小企業の多くは，経営が近代化されていない，技術・資金へのアクセスをもたないなどの問題点を抱えており，全体的には経済的な弱者層を形成している．AFTAを通じて経済のグローバル化が進むなか中小企業をめぐる経営環境はますます厳しくなっていくと考えられる．

こうした点からASEAN各国は中小企業の振興を積極的に進めていく必要がある．その対象となる中小企業は，大きく，①農産品加工や手工芸品などに従事する生業的零細企業あるいは伝統的家内工業，②食品，繊維，家具などの資源加工型・労働集約型産業で，輸出の可能性も有する産業，③金属加工・機械部品製造など大企業向けサポーティング・インダストリー，④高い技術力をもつベンチャー企業，に分けられる．これは，経済開発と工業化の進展に伴って中小企業政策の対象も次第に拡大されてきたためである．

生業的零細企業の育成は，経済発展プロセスのなかで都市・地方間の所得格差が拡大したこと，インフォーマル部門における失業の存在などから重要性が

認識されている．ASEAN 各国では，社会福祉制度の整備が遅れているため，経済的弱者層の所得向上や雇用確保は社会政策上重要な意味をもつ．中小企業の育成は，農村部における現金収入機会の提供，収入機会の限られている女性のための独立した所得機会の提供，弱者の経済地位向上のための事業機会の提供，などの効果が期待できる．

輸出型中小企業は，ASEAN 諸国の輸出志向工業化を支える重要な役割を担っている．輸出型中小企業が比較優位をもつのは，食品，繊維，木製品などの労働集約型産業や国内資源加工型産業である．これらの分野での輸出型中小企業の競争力をいかに維持していくかが課題となる．

サポーティング・インダストリーの発展の遅れは，中間財の輸入増加のかたちで ASEAN 諸国の貿易収支を圧迫している．一方，ASEAN 諸国に進出した外国企業は，国際競争が厳しくなるなかコスト引き下げを迫られており，部品を国内で調達する必要性に迫られている．電気・電子，自動車などの主要産業の付加価値を高め，産業空洞化につながるこれら産業の海外流出を避けるためにもサポーティング・インダストリー育成が求められる．

ベンチャー企業育成は ASEAN 諸国の産業高度化を支えるものと期待され，近年，特に重要性が高まっている．ASEAN 諸国は，ハイテク分野，特に，研究開発型産業，IT 産業，高度精密加工産業などの優先分野での起業家育成に努めていく必要がある．

5．おわりに

今後，ASEAN 諸国が1990年代前半のような高度成長を再現することは難しい．しかし，天然資源，人的資源，産業蓄積を考えると ASEAN 諸国はいまだ大きな潜在力を有している．AFTA が実現することによって域内の最適産業配置が進み，生産効率の向上が新たな外国直接投資を呼び込み，先発 ASEAN 諸国から後発 ASEAN 諸国への新たな雁行型発展が生まれることも期待される．ただし，先発 ASEAN 諸国において産業構造の高度化が進んでいかなければ，域内市場統合のメリットは画餅に帰することとなり，ASEAN 諸国の東アジアにおける経済的地位は低下していくことになる．また，中国との関係においては相互補完関係を活かした競争優位分野の確立を急ぐことが緊

急の課題である．

◆スタディ・ガイド

ASEANに関する基本的な情報は，ASEAN事務局（http://www.aseansec.org/），国際機関日本アセアン・センター（http://www.aseansec.org/）のホームページで入手可能である．国別の情報に関しては，各国の中央銀行，統計局のホームページ（巻末資料参照）から入手可能である．

ASEAN経済に関する主要文献としては，次のようなものがある．
・アジア経済研究所発行『アジア動向年報』（毎年発行）．
・鈴木峻著『東南アジアの経済と歴史』日本経済評論社，2002年．
・鈴木峻著『東南アジアの経済―ASEAN 4カ国を中心に見た 第3版』御茶の水書房，1999年．

◆主要参考文献
・青木健『AFTA―ASEAN経済統合の実状と展望』日本貿易振興会，2001年．
・青木健・大西健夫『ASEAN躍動の経済』早稲田大学出版部，1995年．
・今川瑛一『東南アジア経済Q&A100―激動を読み解く』亜紀書房，1997年．
・大野健一・桜井宏二郎『東アジアの開発経済学』有斐閣，1997年．
・北原淳『東南アジアの経済』世界思想社，2000年．
・清水一史『ASEAN域内経済協力の政治経済学』，1999年ミネルヴァ書房．
・渡辺利夫・日本総合研究所『中国の躍進アジアの応戦―中国脅威論を超えて』東洋経済新報社，2002年．

【コラム6】 マレーシアの国民車プロジェクト：プロトン社

マレーシアの国民車プロジェクトの事例をもとに国家主導による輸入代替工業化の問題をみてみる．

（1）国民車プロジェクトの背景

マレーシアの自動車需要は1980年において11万台と非常に小さかった．小さな市場で多くの自動車ブランドが組立を行っていたため，1モデル当たりの生産台数は小規模なものであり，部品国産化のペースも遅かった．こうしたなか，マレーシアが進めていた重工業化政策の一環として，83年に国民車を生産する国策会社としてプロトン社が設立された．プロトン社には，政府の投資会社マレーシア重工業公社（HICOM）が70%，三菱自動車が15%，三菱商事が15%出

資した．プロトン社設立の目的は，①国民車プロジェクトを核とする自動車産業の再編，②地場部品メーカーの育成，③技術水準の向上にあった．プロトン社に対しては税制上の優遇措置が与えられた．これにより外国ブランド車より低価格での販売が可能となり，プロトン社の乗用車市場でのシェアは94年には74％に達した．プロトン社は，ASEANでは唯一の自国ブランドの乗用車メーカーとなり，生産台数も乗用車ではASEANの中で最大となった．英国や近隣諸国への輸出も開始された．

（2）プロトン社の民営化とプロトン社の将来

　プロトン社は，優遇措置に守られて圧倒的シェアを占めたものの，価格面・技術面で国際競争力をもっていないことは明らかであった．こうしたなか，95年11月，プロトン社の持株会社であるHICOMの株式の32％がDRB社に売却され，プロトン社はDRB社の傘下に入った．マレー系事業家ヤハヤ・アーマッド氏が率いるDRB社は，自動車事業で頭角を表した企業グループである．ヤハヤ氏は，94年のプロトン社との合弁事業で主導権を取り，短期間に新モデルの市場化に成功したことからマハティール首相の厚い信頼を得た．プロトン社の発展のためにはヤハヤ氏の手腕が必要とのマハティール首相の判断からHICOM株の売却が決まったとみられている．

　「マレーシアの自動車王」と呼ばれる存在になったヤハヤ氏は，97年3月，ヘリコプター事故により急死した．その直後のアジア通貨危機によりプロトン社の売り上げも落ち込んだ．政府はプロトン社支援のため政府系投資基金，国営石油公社を通じてDRB-HICOM社が保有するプロトン社株を購入し，結局，DRB社は国民車プロジェクトから撤退することとなった．

　国内自動車需要の回復に伴ってプロトン社の業績も現在は順調に推移しているものの，プロトン社の将来には大きな不安がある．マレーシア政府は，AFTA問題で，自動車については関税引き下げの猶予を要請している．しかし，いつまでもプロトン社を優遇税制で保護することはできない．プロトン社の将来は，いかに高コスト体質から脱却し，魅力的な独自ブランドを打ち出していけるかにかかっている．しかし，世界的に自動車メーカーの合従連衡が進むなか，外資への売却しかプロトン社の生き残る道はないとの見方も強い．

第6章　真の経済大国への道を歩む中国

◆**本章のポイント**

　1979年の改革・開放政策の導入以降，中国はめざましい経済発展を遂げた．アジアのみならず世界における中国経済のプレゼンスが高まり，これまでの政治大国としての存在に加え，経済大国への道を歩み始めている．しかし一方で，持続的な経済成長のためには解決すべき課題も多い．

1. 東アジアあるいは世界の中で，中国の経済面でのプレゼンスが高まってきている．この理由として，①低廉で良質な労働力，②12億人を超える人口を擁する潜在市場の大きさ，③2001年のWTO加盟による市場開放への期待，の3つを挙げることができる．
2. 1949年の建国以降，中国経済の歩みは大きく2つの時期に分けられる．イデオロギー色が強く，経済発展がしばしば停滞した毛沢東体制時代と，経済自由化により高成長が可能となった78年以降の改革・開放の時代である．
3. 改革・開放政策は，鄧小平によって採用された．その特徴は，急激な変化を避け，少しずつ物事を進めていく漸進主義と徹底した実験主義による試行錯誤の繰り返し，および外資導入の奨励であった．
4. 発展の原動力は，海外からの直接投資と，農村部における郷鎮企業の躍進であった．特に外資は，資金，技術，経営ノウハウの提供，貿易の拡大，雇用の増加，沿岸部を中心とする地域経済発展などの面で大きく貢献した．
5. 一方，今後の経済成長を展望するにあたっての問題点として，WTO加盟により産業調整や産業高度化を余儀なくされることに加え，三大改革（国有企業改革，金融改革，行政改革）の進展の遅れがある．また，沿海部と内陸部間，都市部と農村部間で所得格差が拡大していることも社会不安を招く恐れがある．また，より長期的には，巨大な人口と少子高齢化問題，食糧・エネルギー問題，環境問題などのさまざまな課題を克服していかねばならない．

1. 高まる中国経済のプレゼンス

　中国経済についてはさまざまな角度からとらえることができるが本章ではまず，東アジア，あるいは世界の中で，中国経済のプレゼンスが高まってきていることについてみていく．

　中国の名目GDPは，2001年には1兆1,591億ドルに達し，世界第6位の規模（暫定値）に拡大した．これは，東アジア主要9カ国・地域（NIEs 4カ国・地域，ASEAN 4カ国，中国）の46％を占める（図表6-1）．中国の次に経済規模が大きい韓国のシェアは18％であり，このことからも中国の経済規模はきわめて大きいといえる．

　また，実質GDP成長率をみると，アジア経済危機や最近の世界的なIT不況の影響で他の東アジア諸国の伸びが鈍化したりマイナスになるなかで，中国だけが高い水準を維持している．

　次に，中国の人口は，2001年には12億7,630万人となり，世界一の規模を誇る．また，東アジアの中でも73.6％と圧倒的なシェアを占めている．中国の次に人口の多いインドネシアですら，そのシェアは12.3％にすぎない．人口は，もちろん単に多ければいいというものではない．しかし，一人一人が消費活動を行い，また，労働力として生産に貢献することを考えれば，基本的には多いに越したことはない．特に沿海部では，所得の上昇に伴い高所得者層や中産階級が増加しており，一部では先進国並みの消費活動もみられ始めている．ちなみに，省・直轄市の中で最も1人当たりGDPが大きい上海市は，2001年に37,382元（4,516ドル）に達している．

　2001年の中国の輸出額は2,662億ドルに達した．また，世界貿易機関（WTO）の発表によれば，2001年の世界貿易における中国の順位は，輸出入ともに第6位であった．仮に欧州連合（EU）15カ国を1地域として合算した場合，中国は輸出入ともに第4位となる．

　東アジア諸国はもともと輸出依存度が高く，各国・地域の輸出額も大きいため，東アジアにおける輸出総額に占める中国のシェア（24％）は必ずしも高いとはいえない．しかし，近年における中国の輸出の伸びは，製造業生産の伸びと同様に他の東アジア諸国の伸びを大きく上回っており，シェアが急拡大して

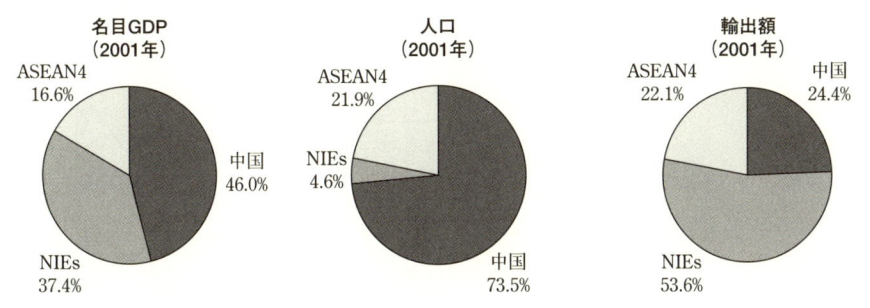

第6章 真の経済大国への道を歩む中国

図表6-1 東アジアにおける中国のシェアおよび最近のマクロ経済指標の比較

名目GDP（2001年）
ASEAN4 16.6%
中国 46.0%
NIEs 37.4%

人口（2001年）
ASEAN4 21.9%
NIEs 4.6%
中国 73.5%

輸出額（2001年）
ASEAN4 22.1%
中国 24.4%
NIEs 53.6%

		中国	韓国	台湾	タイ	マレーシア	インドネシア
実質GDP成長率（前年比）	1999年	7.1	10.9	5.4	4.4	6.1	0.8
	2000年	8.0	9.3	5.9	4.6	8.3	4.8
	2001年	7.3	3.0	▲1.9	1.8	0.4	3.3
製造業生産指数（前年比）	1999年	8.9	25.0	8.1	12.5	12.9	1.4
	2000年	11.4	17.1	8.0	3.3	24.9	2.6
	2001年	8.9	1.5	▲8.0	1.2	▲6.6	2.7
輸出額（前年比）	1999年	6.1	8.6	10.0	7.4	15.5	▲0.4
	2000年	27.8	19.9	22.0	19.3	16.1	27.3
	2001年	6.8	▲12.7	▲17.1	▲6.3	▲10.4	▲9.1

（資料） 各国統計をもとに日本総合研究所作成．

いる．

　一方，東アジア向け直接投資は中国に集中しつつある（図表6-2）．1995年から99年，および2001年において，中国は東アジアで第1位の投資受け入れ国であった．また，世界全体でみても中国は投資受け入れ額におけるベスト10の常連となっている．2000年には，香港に抜かれて東アジアで2位になったものの，香港は中国の特別行政府であり，中国の一部といってもいい存在であること，また，香港向け投資の大半は実質的には中国向け投資といえる．したがって，東アジア向け投資は，中国への一極化が進みつつあるといっても過言ではない．

　このように，経済指標からみていくと，中国のプレゼンスが高まっていることは否定しえない事実である．しかし，中国の抱える歴史的，構造的問題に目を向けると，今後も持続的な発展を遂げるために解決すべき課題が多い．

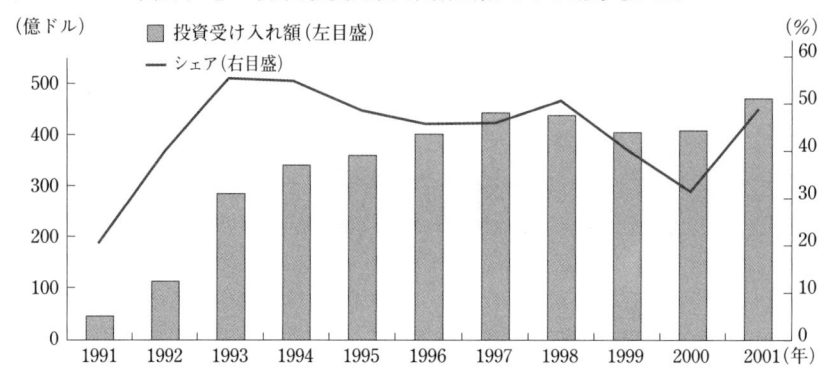

図表6-2　中国の投資受け入れ額と東アジアにおけるシェア

(資料)　UNCTAD, *World Investment Report*, 各年版より日本総合研究所作成.

2．経済発展の経緯

　ここでは，建国以来の中国経済の発展についてみていく．1949年，内戦を制した共産党政権により，中華人民共和国が誕生した．これ以後の中国経済の歩みは，大きく2つの時期に分けられる．イデオロギー色が強く，経済発展がしばしば停滞した毛沢東体制時代と，経済自由化により高成長が可能となった78年以降の改革・開放の時代である．

(1) 経済成長率

　毛沢東体制時代にあたる1953～78年の間の，年平均実質GDP成長率は6.1％であった．これは，改革・開放以降の1979～2000年の年平均成長率9.6％には及ばないものの，それほど低い数字ではないようにみえる．しかし，後述するように，毛沢東体制時代には，大躍進や文化大革命などの一時期に高い成長率を示現した反面，その後に大幅なマイナス成長に陥る時期もあった（図表6-3）．また，重化学工業への過度の傾斜や農業生産の伸び悩みなど，産業発展の面でも成功したとはいいがたい時期であった．

　これに対して，改革・開放以降の中国経済は，一時的に成長が鈍化する時期があったものの，飛躍的な発展を遂げたといえる．また，毛沢東時代のような

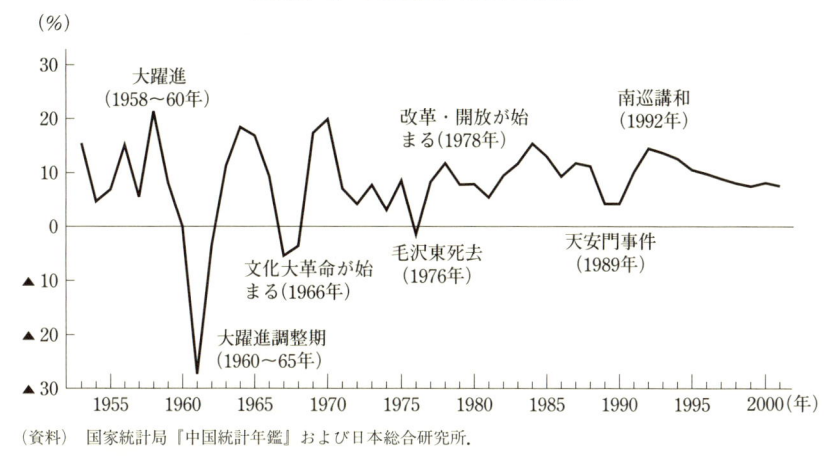

図表6-3　実質GDP成長率の推移

(資料) 国家統計局『中国統計年鑑』および日本総合研究所.

大幅な経済の落ち込みもなかった．

また，1人当たり名目GDPは，1979年の417元から2000年には7,078元に増加した．世界の中でみると，2000年現在，中国の1人当たりGNI（国民総所得）は840ドルで，世界206カ国中141番目と依然低い水準にとどまっている．しかし，経済発展が急速に進む沿海部においては，増加が顕著となっている．

(2) 産業動向と構成比

1960年代の中国は典型的な農業国であったが，70年代以降，工業部門の発展に伴い，産業別GDP構成比にも変化が生じた．第1次産業の実質伸び率は，改革・開放政策の導入直後の79～84年の間，年平均8％に達し，経済発展の原動力となった．しかし，80年代半ば以降，生産性の改善が鈍るにつれて伸びが減速し，85～88年の年平均伸び率は3.1％，89～91年は同4.3％，92～2000年は同4.0％となった．

第2次産業の伸び率は，1979～84年の年平均11.5％から，85～88年には同14.2％に上昇した．2桁のGDP成長率を達成した87，88年には物価が高騰し，88年後半には総需要を抑制する目的で経済引き締め政策が打ち出された．また，天安門事件後の89～91年には，それまで高成長を維持してきた第2次産業の年平均伸び率が7.0％までに落ち込んだ．しかし，その後第2次産業は91年前後

に回復し，92～2000年には年平均13.6％の高い伸びを記録した．

一方，製造業の発展につれて，サービスに対する需要も次第に拡大している．第3次産業の年平均伸び率は，1979～84年の10.1％から，85～88年には13.5％へと上昇した．89～91年の経済調整期には5.5％へと低下したが，92～2000年には再び9.1％へ上昇した．

改革・開放後，第2次産業，第3次産業の高成長と比べ，第1次産業の伸びが鈍化しているため，GDP全体に占める第1次産業のシェアは，1980年の30.1％から95年には20.5％に低下し，さらに，2000年には15.9％に低下した．これと対照的に，GDPに占める第3次産業のシェアは80年の21.4％から，95年に30.7％，2000年には33.2％へ拡大した．

1979年からの経済発展のプロセスは，主に4段階に分けられる．79年から84年までの第1段階は，農業部門の成長が経済発展の原動力となった．第1次産業の対GDP比率は78年の28.1％から84年には32.0％に拡大したのに対して，第2次産業の比率は4.9ポイント低下した．一方，全就業人口に占める第1次産業の比率は78年の70.5％から84年には64.0％に減少し，農業部門の労働生産性の上昇につながった．85年から88年の第2段階は，第2次産業と第3次産業が経済成長の原動力となった．第2次産業および第3次産業のGDPに占める比率が上昇する反面，農業部門の就業人口に占める比率は60％を下回った．第3段階の89年から91年では，経済成長は引き締め政策の影響により大幅に減速し，第2次産業と第3次産業の伸び率も著しく低下した．一方，GDPに占める第1次産業の割合は90年に27.0％へ若干増加した．92年以降の第4段階では，製造業の高い伸びによって上昇傾向にあり，97年以降第2次産業がGDPの約5割を占めるようになった．一方，就業人口に占める第2次産業および第3次産業の割合は，第1次産業の労働力を吸収して次第に増加し，2001年にはそれぞれ22.3％，27.7％となった．

(3) 貿　易

1990～99年における中国の輸出伸び率は年平均13.5％と，世界平均の同5.3％を大幅に上回った．中国の貿易依存度（輸出額＋輸入額のGDP比）は，79年に対外開放政策をとって以来年々高まり，80年の12.5％から94年には43.3％に上昇した．その後，95年以降一時低下したものの，2001年には44.0％となっ

た.

　一方,中国への直接投資急増を反映して,中国の輸出入に占める外資系企業の比率が高まっている.外資系企業による輸出が中国の輸出全体に占める比率は,1991年の16.7%から2001年には50.1%に拡大し,金額では9倍を超えた.輸入についても,96年以降,中国の全輸入額の5割強が外資系企業の輸入で占められている.

　他方,輸出全体に占める一般輸出の比率は1997〜99年では43〜45%,加工貿易輸出は55〜57%を占めている.加工貿易の増加が,輸出の拡大に大きく貢献している.また,2000年では,加工貿易輸出のうち70.6%が外資系企業による輸出であった.一方,輸入全体に占める一般輸入は,97年の51%から99年には55%へと上昇したのに対して,加工貿易輸入の比率は97年の49%から99年には45%に若干ながら低下した.

　輸出については,1985年までは一次産品の比率が工業製品のそれを上回るという発展途上国型の構造であった.しかし,その後,93年に一次産品の比率は2割を下回り,それ以降も低下傾向を辿っている.これに対して,工業製品は80年の5割から92年に8割台に乗り,99〜2000年には9割に達した.このうち,輸出全体に占める機械・輸送機器の比率は,90年の9%から,95年に21%,2001年には35.7%へ大きく上昇した.工業製品の輸出の堅調な伸びは,外資系企業の生産,輸出拡大による部分が大きい.

　輸出品目をみると,2001年には機械・輸送機器(輸出全体に占めるシェア35.7%),雑製品(同32.7%),および軽工業紡績品等(同16.5%)の3大品目が中国の輸出総額の85%を占めている.このうち,中国最大の輸出商品であるアパレルの輸出が361.1億ドル(輸出シェア13.6%),繊維製品が137.2億ドル(同5.2%)で,繊維・アパレル関連は,合わせて全体の約19%を占める.

　2000年との比較では,一次産品はほとんど変わらなかったが,繊維,アパレル,玩具などの労働集約型製品のシェアが2.2%低下し,事務用機器,通信音響機器などITやハイテク関連製品のシェアが2.5%増えた.特に,半導体などの電子部品の輸出額が249.8億ドル,科学光学機器が124.6億ドル,事務用機器が92.8億ドルなどとなっている.さらに2002年には,機械・電機製品の輸出が好調な伸びを示し,総輸出に占めるシェアも一層拡大しており,これまでの付加価値の低い製品から,いわゆるハイテク製品へと,輸出の主力商品が代わ

りつつあることがみてとれる．

　輸出地域別では，1990年代後半から，米国，香港，日本，EUの4地域・国向け輸出の合計が全体の7割に達している．

　香港向けは，1981年には輸出全体の25％にすぎなかったが，92年には44％に拡大した．80年代以降，香港は中国の対外貿易の中継港としての役割を強め，広東省での委託加工品などが香港を通じて輸出されている．しかし，近年では，香港経由の再輸出の減少により，香港向け輸出のシェアは20％台前後と急激に低下した．

　一方，米国向け輸出の比率は1981年の7％から99年の22％へ上昇した．この結果，99年に，米国はこれまでの香港を抜き，中国の最大の輸出先となった．一方，米国の対中貿易の赤字拡大が大きな問題となりつつある．中国は，現在日本を上回り，米国の最大の貿易赤字相手国となっている．

3．経済発展の特徴

（1）改革・開放以前の経済発展

　抗日戦争，国共内戦を勝ち抜き，革命の父となった毛沢東は，挫折を経験しながらも，その死の1976年まで指導者として中国を導いた．しかし，毛沢東時代は，イデオロギー色がきわめて強い政治経済体制のもとで，急進政策が次々に打ち出された時期といえる．毛沢東はイデオロギー闘争を重視し，政敵に対して容赦のない攻撃を加えた．経済運営の基本方針は，精神論の重視と初期条件や効率性などの無視，農民の重視，急速な重工業化志向などであった．そして，自身の採った政策が失敗すると，方針を転換することなしに批判者を追放し，さらにその政策を無理に進めた．その結果，傷口がさらに広がった．批判者の排除も，共産党内での議論などによるのではなく，大衆を動員して全国的な政治運動を巻き起こすという過激な方法が採られた．このような暴走の典型的な例が，「大躍進」と「文化大革命」である．

　中国では，1953年以降，旧ソ連にならった経済計画制度が実施された．これは，5年を一区切りとしていわゆる**5カ年計画**を立て，各種の目標数字を設定したうえで，その目標実現に向けて経済発展を図っていくものである．第1次5カ年計画は，53～57年に実施された．なお，途中調整期間を挟みながらも，

現在に至るまで，5カ年計画は国家発展の基本計画として継続されてきている．

1950年代には，農業の集団化を進め，それにより生じた余剰労働力や資金を投入して重工業化を急速に推進しようとした．このような動きが一挙に加速したのが，58~62年の第2次5カ年計画においてである．それまでの農業合作社という小規模組織をまとめて，各地に大規模な人民公社が作られた．さらに，鉄鋼生産の大幅な拡大が計画され，集団化された農民に加え，労働者や兵士なども大量に動員された．これは，**「大躍進」**と呼ばれた．しかし，旧式の設備と技術に頼った工業生産は品質の向上に結びつかない一方で，労働力を大量に提供した農村部の農業従事者は減少し，農業生産が激減した．また，折り悪く発生した自然災害も加わり，食料不足が深刻化した．それにもかかわらず，毛沢東は反対の声を封殺し，61年まで3年間も大躍進を継続した．この結果，農村部を中心に千数百万人が餓死するという大惨事を招いた．

また，1966年から始まった**「文化大革命」**は，大躍進の失敗後の経済調整期を現実的な政策の導入で乗り切った劉少奇や鄧小平を，毛沢東が「資本主義の道を歩む修正主義者」として批判したことに端を発した．階級闘争の呼びかけに呼応した大衆運動により，中国ではその後10年にわたって政治経済両面で大混乱が続くことになった．この結果，急進的な社会主義化が進められ，農業部門における人民公社や生産隊の規模拡大や，重工業化の一層の進展が図られた．しかし，経済は，67~68年に大きく落ち込み，69~70年にはいったん回復したものの，70年代前半には停滞期間に陥ってしまった．

（2）改革・開放政策導入以降の経済発展
①改革・開放政策導入の背景と狙い

1976年の毛沢東の死後，数年を経て実権を握った**鄧小平**は，社会秩序と経済の麻痺を招き，結果的に中国の経済発展を停滞させた文化大革命に代表されるそれまでの毛沢東時代の経済発展政策を否定し，**改革・開放政策**を採用した．

この背景には，中国が近代化を進め，近い将来，先進国と肩を並べる社会主義強国となるためには，政治的な安定と政策の一貫性のもとで，経済発展政策を強力に推し進めることが不可欠との認識があった．

具体的には，1978年12月の中国共産党11期3中全会において，経済自由化の基本方針が示され，近代国家建設のために経済発展を最優先することが決定さ

れ，これがその後の経済発展を誘発する起爆剤となり，経済成長を加速させることになった．

②改革・開放政策の進展

　改革・開放は，まず農村部で具体化した．改革・開放以前には，農村部では人民公社による集団農業が行われていた．しかし，中国の農民は集団制を好まないことに加え，集団主義の悪弊ともいうべき非効率化と分配の悪平等化が進んでいた．そこで，人民公社を解体し，家族単位の農業を復活させるとともに，**農業生産請負制**を導入した．これは，農家や農業生産グループが，土地と農作物の生産量を請け負って耕作し，一定量の農産物か税金を納めさえすれば，それ以外の農産物を自由に売りさばくことができるという制度である．この結果，労働意欲が高まり，1980年代前半より農産物の生産が急増した．例えば，78年から84年までの6年間で，全国の穀物生産量は2億8,273万トンから4億730万トンに増加した．

　また，農業生産請負制の導入の結果，これまで人民公社という枠の中に縛られていた余剰労働力が，自由に活動することが可能となった．この結果，郷鎮企業と呼ばれる中小企業が農村部に数多く作られ，農産物加工，農機具の製造・修理などの農業関連産業に加え，農村部における商業，輸送，サービスなどの広範な分野での事業化が進んだ．その後，郷鎮企業は1億人以上の農村部の余剰労働力を吸収するとともに，工業生産や輸出面でも大きなウエートを占めることになった．

　一方，都市部の国有企業においても，経営の活性化と効率性の向上などを目的として，1980年代初頭より経営自主権の拡大が進められた．国家や地方政府などの上部機関からの行政指導を縮小する政企分離や工場長責任制が採用され，市場メカニズムや競争原理の導入が図られた．しかし，国有企業改革は，農業改革ほど順調には進まなかった．後で述べるように，一部の有力企業を除き，国有企業改革は，今日においても中国の経済発展の課題となっている．

　また，対外開放の面では，1980年代以降，沿海部の諸都市，地域が外資に対して徐々に開放された（図表6-4）．進出が許可された経済特区や経済技術開発区では，外資に対してさまざまな優遇制度が付与された．しかし，この時期，外資の側には，中国の開放政策がどの程度まで行われるのか，また，政策に一貫性があるのかなどについて不透明感が強く，慎重な姿勢がみられた．

図表6-4 対外開放政策の推移

	時期	開放区	開放区域
第1期	1979年4月 1980年 1984年5月	 4経済特区 14沿海開放都市	広東・福建省 深圳,珠海,仙頭,廈門 大連,秦皇島,天津,煙台,青島,連雲港,南通,寧波,福州,広州,湛江,上海,温州,北海
第2期	1985年2月 1988年3月 1988～91年 1988年4月 1990年6月 1990年	3デルタ経済開発区 2半島,288の沿海市・県 14経済技術開発区 海南経済特区 上海浦東新区 福建4台湾投資区	長江,珠江,江南デルタ地域 遼東・膠東半島,沿海288市・県 温州,連雲港を除く12沿海開放都市と上海の閔行,虹橋,漕河徑開発区 海南省全省 上海浦東地区 廈門経済特区,廈門市杏林・海槍地区,福州馬尾経済技術開発区
第3期	1990年4月 1992年6月 1992年6月 1988～92年 1990～93年 1992年 1993年	辺境対外開放13都市 沿江開放5都市 内陸開放11都市 27ハイテク・新技術産業開発区 13保税区 海南洋浦経済開発区 全方位対外開放	黒河など 重慶,岳陽,武漢,九江,蕪湖 内陸省・自治区政府所在地 北京開発実験区など 上海外高橋,天津港など 海南省洋浦港

(資料) 各種資料をもとに日本総合研究所作成.

1989年の天安門事件と,経済引き締め政策の結果,中国経済はその後数年間スローダウンを余儀なくされた.しかし,92年初めに鄧小平が上海や華南を訪れて行った**「南巡講話」**は,改革・開放政策への疑問や先行きに対する不安を払拭し,国家と国民が一丸となって経済発展に向けてまい進しようという雰囲気醸成に大いに効果を発揮した.また,同年,**社会主義市場経済**の確立を目指すことが共産党により正式に決定された.その結果,高度成長が始まり,実質GDP成長率は,92年が12.8%,93年が13.4%,94年が11.8%,95年が10.2%と,4年連続で2桁成長という驚異的な伸びを示した.また,海外からの直接投資も92年を境に急増した.

③改革・開放政策の特徴

漸進主義と試行錯誤

中国政府は,毛沢東時代の急進的な政策導入とその結果としての政治・経済上の大混乱の轍を踏まないために,改革・開放政策を進めるにあたっては**漸進**

主義と試行錯誤を基本とした．私有化などによる急激な変革を避け，社会主義経済の根幹となる公有制を主体としたままで，市場経済化を促す改革を進めた．また，特定の地域や企業を選んで，そこで実験を行い，その結果をふまえたうえで徐々に対象地域や企業を拡大していくという試行錯誤の方法がとられた．いきなり開放すれば，近代化の遅れた国内産業が崩壊し，また民主化運動が進むことも懸念されたからである．

このため，対外開放にあたっては，全国一斉ではなく，当初は少数の実験場を設け，その成果を踏まえたうえで少しずつ開放拠点を増やしていくという戦略が採られた．まず，1980年5月に，広東省深圳市，珠海市，汕頭市，福建省厦門市の4市に経済特区を設けるとともに，財政面，外貨管理面，外資系企業への優遇策の提供などの面で幅広い自主権が与えられた．これらの地区では限定的に外国からの直接投資の受け入れが認められ，資金，先進的技術や設備，経営管理ノウハウの導入を図る実験が行われた．これら4市の共通点は，中国の南部沿海地域に点在していること，経済特区への指定当初はそれほど経済発展が進んだ地域ではなかったことなどである．

当初，これらの地域での海外からの直接投資の受け入れはあまり進まなかった．しかし，1980年代後半から，香港，台湾を中心とする華人資本の投資流入が始まり，90年代に入り世界中の国から投資が急増した．この結果，これらの地域は急速に発展し，対外開放拠点の実験台として予想以上の成果をあげた．この成功を受けて，実験の場は点から線へと拡大された．経済特区について，84年には，経済技術開発区として，大連，天津，上海などを含む東南沿海部の14沿海開放都市が指定された．これにより，中国の沿海部の海岸線に沿った形で南北に縦断する広範な開放地域が形成された．その後も，長江，珠江，江南の各デルタ地帯などが対外開放されたが，90～91年にかけて，上海浦東地区に加え，武漢，重慶，成都などの長江流域の重化学工業都市が対外開放地域に指定され，それまでの沿海部中心から内陸部にも開放政策が進んだ．そして，93年以降は，中国全土において外資の受け入れが可能となった．

このような対外開放の過程において，現在中国を代表する2つの大きな地域経済圏が形成された．これは，経済特区や対外技術開放区などが地域の中心となって発展するにつれ，周辺地域にも波及効果が生じ，地域の経済成長センターと周辺地域が一体となって，より大きな地域経済圏を形成したものである．

第 6 章　真の経済大国への道を歩む中国

まず最初に，このような経済圏が形成されたのは，深圳などの経済特区と広東省を中心とする**珠江デルタ地域**であった．これらの地域は，香港や台湾に近いという地の利を活かし，当初は海外から華人資本を取り込んで経済開発に成功した．一方，上海，江蘇省，浙江省を中心とする**長江デルタ地域**でも，同様の経済圏が形成された．

外資導入の奨励

対外開放政策の重要な特徴の1つは，海外からの直接投資などの外資導入を奨励したことである．それ以前にも，海外からの先進技術や設備の導入が唱えられたことはあったが，それは直接投資というかたちではなく，輸入や援助という限定的・例外的なものであった．

中国の経済特区は，外資誘致が目的であるという点では他の東アジア諸国の輸出加工区と同じであった．しかし，経済改革の実験場としての役割をもっていたこと，香港返還後の経済統合の可能性をにらんでいたという点で，性格を異にしていた．

また，対外開放の進め方として，前述のように，経済特区や開発区を地域的に限定したこと，開放地域を徐々に拡大していったことの2点に大きな特徴がある．

先富論

鄧小平は，それまでの社会主義体制にありがちな悪平等主義を否定し，まず一部の人が先に豊かになることを認める**「先富論」**を提唱した．条件の整った地域が先に発展して富む一方で，一部の地域では発展が遅く，先に発展した地域が後から発展する地域を引っ張ることによって，最終的にはともに豊かになる，という考え方である．

具体的には，開発が先行する沿海部の成長が突出することや，農村における貧富の格差の拡大を一時的には容認し，発展の遅れた内陸部などの地域や人が，先に発展した地域や人を追いかけることによって，最終的には社会全体が豊かになることが可能であるとした．

④改革・開放以降の経済発展の原動力

改革・開放政策の導入以降，一時的な落ち込みはあったものの，中国経済は高い成長を続け，飛躍的な発展を成し遂げた．その原動力となったのが，海外からの直接投資の流入であり，農村部における郷鎮企業の躍進であった．

海外からの直接投資の流入

外国からの直接投資の流入は，資本流入の最も重要な要素である．中国が**三資企業**（外国資本または海外華僑・華人資本との合弁，合作および外資系企業）の進出に門戸を開いたのは1979年からである．まず，中国南部では，地理的な近さもあり，香港を核に中国の珠江デルタ地域を合わせたいわゆる**華南経済圏**が形成された．香港のもつ資本，技術，経営ノウハウや，生産に必要な機械，原材料などをすべて中国に持ち込み，中国の安価な労働力や土地を利用して生産，加工を行う，いわゆる**委託加工方式**が広く行われた．特に，繊維などの労働集約型産業ではこの方式が主流を占めた．

1989年の天安門事件の後，海外からの直接投資はいったん冷え込んだ．しかし，90年代に入るとおおむね順調に増加した．最近の動向をみると，2001年の対中直接投資は実行ベースで468億ドル，前年比14.9％増となり，初めて前年実績を割り込んだ99年，微増にとどまった2000年と比べ，再び拡大傾向に転じたといえる．さらに，投資の先行指標である契約ベースでは692億ドル，同10.4％増となった．

海外からの直接投資は，低廉な人件費を狙った輸出加工型の企業だけでなく，現地で生産・販売を行う企業や，小売業に拡大しつつある．2001年の契約ベースでは，約72％が鉱工業部門に集中しており，また不動産，社会サービス分野への直接投資額のシェアも，それぞれ7.3％，6.2％であった．一方，近年中国に進出する企業の出資形態をみると，実行ベースでは，独資（外資100％）企業の比率が1994年の24％から上昇し，2000年には50.9％となったのに対して，合弁企業の比率は94年の53％から2001年には33.6％に低下した．

2001年末現在，登録済みの外資系企業は20.2万社，投資総額は8,750億ドルとなっている．また，資本金の合計は5,058億ドルで，そのうち外資側の出資分は3,597億ドルであった．2001年には，外資系企業の工業生産額は2兆7,221億元と全体の28.5％を占めた．また，直接投資の実行金額は469億ドルで，社会固定資産投資の10.4％に達した．このように，今や外資系企業は中国経済において欠くことのできない重要な存在となっている．日系企業についてみると，2001年の中国の直接投資受け入れ額（実行ベース）468.8億ドルのうち9.3％の43.5億ドルを占めた．

農村部における郷鎮企業の発展

　郷鎮とは中国の「町村」のことであり、**郷鎮企業**とは改革・開放以降に農村部で誕生した中小企業のことである。当初は、改革・開放以前に人民公社に付属していた社隊企業と呼ばれる企業が町村営化されたものが多かった。人民公社解体の過程で政社分離（郷・鎮政府と生産組織の分離）が行われ、郷・鎮が営む共同経営企業、農民による共同経営企業、および農民個人が私営企業を作るなどの事例が増えた。その後、新興の個人企業やグループ企業なども数多く創設された。これらを総称して郷鎮企業と呼ぶ。

　郷鎮企業は、農業生産請負制の進展に伴い、自然発生的に生まれたものであり、国有企業のように国策的に作られたものではなかった。1980年代初めの人民公社の拡大と農業生産請負制の導入により、農業生産性が上昇し、農村では資金に余裕が生まれるようになった。この余裕資金により、郷鎮企業の設立や郷鎮企業の生産する製品を購入することが可能となった。もともとは、農機の生産、組立、メンテナンスや、農業関連の建設、運輸、サービスなどに従事していたが、その後は広範な分野に進出するようになった。また、雇用面でも、郷鎮企業はそれまで農村部に存在していた潜在失業者を吸収し、より生産性の高い仕事に従事させることを可能にした。

　1978年からの農業改革によって発生した余剰労働力を吸収して、郷鎮企業は急速に拡大した。78年には、郷鎮企業の就業者数は2,827万人で、同年の農村就業人口の9.2%であった。しかし、98年になると、郷鎮企業の就業者は1.25億人となり、農村部の就業人口の25%を占めるようになった（図表6-5）。20年間の郷鎮企業の発展により、農村部の余剰労働力に多くの雇用機会が提供された。なお、2000年には農民が郷鎮企業から得た賃金収入は農民1人当たり純収入の34%を占めており、農民の収入向上にも大きく貢献している。

　生産面をみると、1998年の郷鎮企業の生産高（付加価値ベース）は2兆219億元であった。産業別では工業の生産高が1兆5,530億元で比率が70.0%と最も高く、次いで商業・飲食・サービスとその他が3,168億元（14.3%）、建築業が1,781億元（8.0%）、交通運輸業が1,361億元（6.1%）、農業が346億元（同1.6%）となっている。農業部の発表によると、99年の生産高は約2兆5,000億元（前年比14%増）、2000年には同10%増の2兆7,300億元に達し、GDPの30.5%を占めた。また、郷鎮企業約13万社による99年の輸出額は8,783億元で、

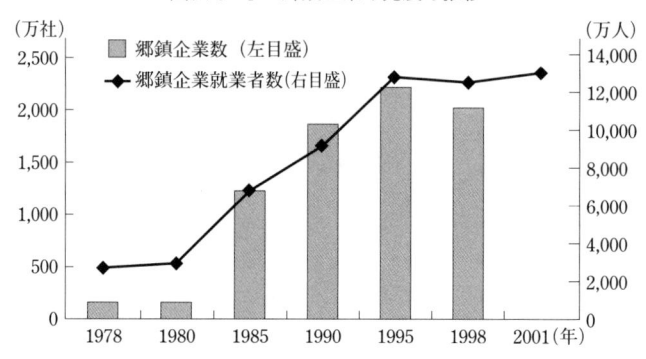

図表6-5　郷鎮企業の発展の推移

(注)　企業数は1999年以降発表なし.
(資料)　国家統計局『中国統計年鑑』.

輸出全体の約40％を占めた.

　一方,雇用をみると,郷鎮企業の就業者数は1981～85年に年平均552万人増加し,86～90年が年平均596万人増加,91～95年には年平均688万人増加と,高水準で推移した.

　しかし,これまで農村経済の発展を支えてきた郷鎮企業の成長にかげりがみえ始めている.改革・開放以降の郷鎮企業の高成長と比べ,1995年以降,郷鎮企業の成長は頭打ちになりつつあり,一部の郷鎮企業の業績が悪化している.また,企業数も94年の2,500万社をピークに,その後は減少傾向にある.この原因としては,金融引き締め政策により郷鎮企業に対する資金供給が細ったこと,国内市場において95％以上の製品が供給均衡ないし供給過剰にあり,郷鎮企業の抱える在庫が増加していること,また一般の郷鎮企業の小規模,低技術,家族的な経営管理方式が市場の変化に対して充分に対応できなくなってきていることなどが挙げられる.

　また,1995年以降,郷鎮企業の雇用の伸びも大きく鈍化し,非農業セクターによる雇用吸収にかげりがみえ始めた.97年と98年には前年比でそれぞれ458万人,513万人の減少となった.

4．中国経済の現状と今後の課題

これまでみてきたように，改革・開放以降，中国経済はきわめて高い成長を続けてきた．その牽引役となったのは，外資系企業や郷鎮企業，さらには私営企業，個人経営企業などの非国有セクターである．しかし，一方では，産業構造調整や三大改革などの計画経済時代からの課題が依然手付かずのまま先送りされてきていることに加え，所得格差の拡大など，改革・開放政策によって生じた歪みも顕在化してきている．

このような状況のなか，2001年3月に，2001～05年を対象とする「第10次5カ年計画」が発表された．同計画は，21世紀半ばに中国が世界の中位程度の発展水準に到達することを目標とした「3段階発展戦略」の第3段階の基礎を固める時期と位置付けられている．具体的な目標としては，同期間の年平均の実質GDP成長率目標を7％，2005年の1人当たりGDPを9,400元，直接投資受け入れ額を年平均400億ドル，都市部失業率を5％以内などとしている．また，重点課題として，①経済構造の調整，②国有企業改革の継続，③社会保障制度の充実，④対外開放の一層の推進，⑤雇用機会の増大，⑥所得の向上，などが挙げられている．地域開発では，沿海部に比べて発展が遅れている地区の開発に力点を置き，**西部開発**が重点戦略となっている．

以下では，中国の抱える問題のうち，今後の持続的な経済発展の実現のために解決していかなければならない，産業構造調整，三大改革，所得格差の拡大という3点についてみていくことにしたい．

(1) WTO加盟で待ったなしとなる産業構造調整・産業高度化

中国は2001年12月11日にWTOの正式メンバーとなった．WTO加盟と同時に直ちに市場が全面的に開放されるわけではないが，加盟交渉で約束した一連の合意を実行に移す段階に入っている．中国はWTO加盟の交渉過程で，一次産品の平均輸入関税率を加盟後5年間で17％に引き下げ，また，工業製品の平均輸入関税率を加盟後5年間で9.4％に，2010年には8.9％に引き下げるほか，輸入数量制限などの非関税貿易障壁の撤廃，サービスなどこれまで外資参入を厳しく制限した分野においての外資への開放を約束している（図表6-6）．

図表6-6　WTO加盟後主要産業の市場開放のスケジュール

小売流通	全般：2万m²以上の百貨店，30店舗以上のチェーンストアには100％外資の設立は不可．
	問屋・卸売業：加盟時に上海，深圳に一定の条件を満たす合弁企業（49％）の設置可．2年以内に100％外資企業の設置可（製品の規制は2005年までに，段階的に撤廃）．
	小売業：加盟2年以内に，すべての省都および重慶，武漢を開放．3年以内に，地理的制限，数の制限，外資比率の制限撤廃．
銀行証券保険	銀行：外貨業務は，加盟時に地理的制限，数量制限を撤廃．人民元業務は，加盟後5年以内に地理的制限および顧客制限撤廃．
	証券：事務所の設置可．加盟時に外資が3分の1まで出資する合弁資産運用会社（3年以内に49％まで可能）と証券会社の設置可．
	保険：加盟時に生命保険は50％までの出資可．損害保険は51％可（加盟後2年以内に，100％外資可）．3年以内に，地理的制限の撤廃．

（資料）　各種資料より日本総合研究所作成．

　WTOへ加盟したことのデメリットとして，市場開放に伴い外資系企業の参入が拡大し，競争力の弱い国内産業・企業が存亡の危機にさらされることがある．このため，産業構造の調整と高度化が急務の課題となっている．市場開放の領域は，製造業にとどまらず，金融業やサービス業など，多岐にわたる．それゆえに競争力の強化を主眼とした国有企業および金融機関の改革が急がれる．また，国有企業などの既存企業の技術革新も大きな課題となっている．

　さらに，中国の産業構造上，一貫してボトルネックとなっているのが，農業，インフラおよびエネルギー関連産業，原材料・素材産業などである．これらの多くの分野は，多額の投資資金が必要なうえに，利益をあげることが難しく，投資回収期間も長いなどの点で，外国企業がこれまで投資を行わなかった分野であり，外資頼りの発展戦略にも限界がある．

（2）三大改革の停滞

　三大改革とは，国有企業改革，金融改革，行政改革のことを指す．3つの分野の改革には，それぞれ具体的な課題がある．しかし，3つの分野はそれぞれ複雑に絡み合っており，一分野の改革の遅れが他の分野の改革の進展にも大きな影響を与えている．このため，三大改革を同時に進めることが必要となっている．

　三大改革の中で，中央政府レベルでの人員整理を終え，ある程度進展をみせ

ているのが**行政改革**である．これに対して，最も重要度が高いにもかかわらず，解決が困難とされているのが**国有企業改革**である．

　国有企業の抱える問題は数多くあるが，なかでも以下に挙げる4点が改革のネックとなっている．

①消極的な企業姿勢

　政府の企業への干渉が依然として多い半面，赤字補填などの財政支援もある．このため，国有企業経営者は既得権益の保持には積極的なものの，企業経営の活性化や効率の向上には消極的である．

②遅れた経営体制

　老朽化した設備の刷新や高コスト・低品質体制の改善が進まず，競争力の向上を図ることができない．また，設備の更新や新技術・新製品開発に必要な人材も不足している．

③資金不足

　後述するように社会負担が大きく，運転・投資資金が不足している．

④過重な社会負担

　計画経済時代に余剰人員を多く抱えたことや，国家に代わり従業員や退職者，さらにはその家族に対する社会保障を負担しており，その支出が莫大なものとなり，経営を圧迫している．

　国有企業改革は，1984年以降，さまざまな形で試みられてきている．しかし，現在に至るまで，改革が順調に進んでいるとはいえない状況である．このように改革が進まない背景には，長年の統制的計画経済の課程において，政府主管部門，経営者，職員，労働者のすべての階層にわたり，さまざまな既得権が蓄積されてきたことがある．改革とは，このような既得権を突き崩すことであるが，それに対する抵抗はきわめて強い．

　国有企業改革の当面の目標は，近代的企業制度を確立することである．このため，政企分離（国有企業を管掌する政府部門の経営への干渉をなくす）の徹底，企業運営主体の明確化，市場経済化に適した財務会計制度の導入が図られている．また，「抓大放小」戦略が採られ，大をつかむ，すなわち，国有大型基幹企業の改革の徹底と企業グループ化による再編，および小を放つ，すなわち，国有小企業の段階的民営化や経営不振企業の吸収合併や倒産などによる整理が行われている．

中国の工業部門において高成長を遂げる原動力となったのは，1980年代の郷鎮企業，90年代の外資系企業，個人・私営企業などの非公有セクターである．これに対して，国有企業を代表とする公有セクターは，依然低迷が続いている．工業生産額をみると，84年に80％近くを占めていた国有企業は，近年ではわずか4分の1を占めるにすぎない存在となった．

　しかし，一方で，政府の指定する重要産業や大企業の多くは国有企業が大多数を占めていること，全資本設備に占める国有企業のシェアが5割を超えていることや，国有企業が都市部就業者の40％以上を雇用していることなどからみて，国有企業の存在は現時点でも大きい．国有企業改革を進め，国有企業の競争力を高めていくことは，中国が今後も持続的な経済成長を進めていくうえで，最も重要な課題の1つであるといえる．

　次に国有企業改革の他の改革への影響をみると，国有企業の業績悪化は，国家財政に2つの悪影響をもたらした．1つは，企業に対する損失補塡であり，もう1つは，財政基盤の弱体化である．

　企業に対する損失補塡は，1985年より開始された．89年の599億元をピークに補塡額は減少し，国家歳入（補塡は支出ではなく，マイナスの収入として計上）に占める比率も低下した．とはいえ，99年時点でも歳入の3％弱に相当する290億元が国有企業の損失補塡に使われている．86年以降，国家財政の赤字が慢性化しており，国有企業に対する損失補塡の継続は財政負担となっている．

　財政基盤の弱体化は国有企業の業績不振によってもたらされた．1985年に企業所得税が創設されたが，その時点では税収入の29.2％が国有企業からの所得税によるものであった．ところが，国有企業の業績悪化に伴い，所得税収入は伸び悩み，税収全体に占める比率は低下していった．また，総額でも96年からは減少の一途をたどっている．経済が高成長を遂げていたにもかかわらず，歳入の対GDP比率は80年代の20％近い水準から90年代には10％を少し上回る程度まで低下した．この大きな原因の1つは，国有企業関連税収の低迷であった．このように，国有企業の業績悪化に伴い，国家財政も赤字の慢性化や硬直化が起こり，財政の抜本的な改革が求められるようになった．

　一方で，財政に国有企業を救済する余力がなくなったことから，国有企業支援は，金融機関からの融資にシフトせざるをえなくなっている．この背景には，金融機関もまた国有銀行であり，中央政府や地方政府の圧力を無視することが

できないことがある．

しかし，赤字国有企業への融資は，銀行に不良債権を蓄積させている．中国では，4大国有商業銀行（中国銀行，中国工商銀行，中国建設銀行，中国農業銀行）の不良債権比率は30％を超えるといわれている．それにもかかわらず，金融機関の融資先は国有企業に集中している．国有企業は，工業生産に占めるシェアを大きく落としてきているにもかかわらず，投資総額に占めるシェアは依然7割を占めている．資金が経営不振部門に偏り，しかも，その資金が非効率な投資に使われ，結局は回収不能になってしまうという悪循環が生じている．**金融改革**を進めるにあたり，金融部門に蓄積する不良債権の処理は，最終的に金融機関の所有者である政府が担わざるをえない．金融部門が健全かつ効率的な金融仲介機能をもたないと，企業部門に必要な資金が回らず，結果的に中国の経済成長にもマイナスの影響を及ぼしかねない．

三大改革は，中国経済の将来を左右する最も重要な改革と位置付けられている．これに成功すれば，中国経済は計画経済から市場経済へ移行し，今後長期間にわたる持続的成長の基本条件を満たすことが可能となる．しかし，三大改革に成功するためには，多くの課題を乗り越えねばならない．とりわけ，既得権益層の抵抗，改革に伴う企業の淘汰や失業者の急増といった痛みへの対応が，改革の成否を左右する．一連の課題を適切に処理できなければ，中国経済の停滞と混乱は避けられず，政治と社会の安定を根本から損ねかねない．

(3) 所得格差の拡大

中国では，社会主義の影響を残した伝統部門と，改革・開放後に急激に伸びた近代化部門という二重構造が存在している．この結果，①地域間の所得格差の拡大，②都市部と農村部の所得格差の拡大，③都市部の個人間での所得格差の拡大がますます進みつつあり，国民全体の所得分配が一段と不平等になっている．

まず，地域間の所得格差の拡大についてみると，2001年の省・直轄市・自治区別の1人当たりGDPは，上海市の37,382元を筆頭に，北京市の25,523元，天津市20,154元など豊かな地域がある一方，貴州省の2,895元，甘粛省4,163元，陝西省5,024元，チベット自治区5,307元と，地域間の所得格差はきわめて大きい．また，上海市と貴州省との所得格差は1986年の約8.5倍から，2001年には

12.9倍となり，格差は年々拡大している．

　また，都市部と農村部の所得格差も拡大傾向にある．2000年には都市部住民の可処分所得は6,280元であったのに対して，農村部ではその約3分の1の1,640元であった．都市部と農村部の所得格差は1990年の2.2倍から2000年の3.8倍に拡大している．

　さらに，都市部においても，ビジネスチャンスをつかんで裕福になる人と，国有企業から解雇されて社会保障に頼ることを余儀なくされている人など，個人の間で大きな所得較差が広がりつつある．

　政府が2001年10月に発表した「農村の貧困援助と開発白書」によれば，1994年から2000年までの7年間で，衣食住に問題のある8,000万人の生活水準の向上を図ることが計画された．しかし，2000年末時点で，農村貧困人口（1人当たりの年収653元以下）は，依然3,000万人にのぼっている．

　所得分布の不平等の程度を表すジニ係数は，1980年代の0.28から，95年には0.415，そして2000年には0.458に上昇しており，所得配分の格差が拡大している．同係数は1に近づくほど不平等が大きいことを表すが，貧富の差が大きいといわれる米国でジニ係数は0.46（1999年）であり，中国の現状がいかに深刻かがわかる．さらに，貧富の差の拡大速度をみても，わずか20年足らずの間に，これほど貧富の差が拡大した例はないといわれる．

　また，国家統計局による家計収入調査によれば，人口の20％を占める上位高収入グループの所得は，全体の42.5％を占めており，貧富の差が大きいことを示している．

　政府は少し前までは先富論によりいずれ格差は是正されるとしてきたが，最近ではこの目標の早期実現のために，沿海部のみならずすべての地域に市場経済化を推し進めるとともに，貧困層の救済を最優先課題の1つに挙げている．

　中国では農村部人口が全体の69.1％を占めており，その所得の伸び悩みは，市場全体の拡大にとって大きなマイナス要因となりかねない．今後も一部の富裕層の所得が増加する一方で，国民の大部分が依然低い所得水準にとどまる可能性も否定できない．また，市場経済化が進展したからといって，必ずしも貧富の格差がなくなるわけではない．それどころか，むしろ一層の格差の拡大と不平等感の広まりにより，社会の不安定要因の増大が懸念されてきている．

5．おわりに

　改革・開放から20年余りが過ぎ，中国は国際社会において，政治大国としてのみならず経済大国としての地位を築きつつある．21世紀には，経済力のなお一層の強化によって，国際舞台におけるプレゼンスを一層高め，アジアの経済大国から世界の経済大国となることは疑いないように思われている．しかし，一方で，真の経済大国を目指すためには，現在抱えているさまざまな問題を解決していかなければならない．

　現在の中国は，改革・開放という新しいエンジンのうえに，長年の社会主義経済体制によってもたらされた旧体質と，改革・解放後の新体質の両方を乗せたまま走っている状況にある．これまで述べてきた産業構造の調整や三大改革といった課題に加え，より長期的な課題として，人口と少子高齢化問題，食糧・エネルギー問題，環境問題などのさまざまな課題を抱えている．人口問題については，1978年以降実施されている計画出産政策（いわゆる一人っ子政策．具体的な政策は各地方政府に委ねられているが，一般に「一人っ子」に対する養育費の支給，進学・就職・医療等の面での優遇措置および第二子を出産することへのペナルティからなる）が普及した結果，人口の増加率自体は低下傾向にある．しかし，人口増加数自体は依然として多い．例えば95年から2000年の間に，人口は5,462万人増加した．年平均で約1,100万人が増加したことになる．この結果，79年以降人口増加率は安定しているが，一方で「一人っ子政策」により高齢者の割合が将来高くなることが予想される．2000年では，65歳以上の人口が中国の全人口に占める割合は6.9%であり，90年より1.3%増えた．今後，年金などの社会保障面の充実が早急になされなければ，新たな社会問題に発展すると懸念する向きもある．さらに，失業問題や政治腐敗の問題などは，国民の不満の爆発や社会不安の増大などを通じ，大きな政治リスクにもつながりかねない危険をはらんでいる．経済大国への道は必ずしも平坦ではなく，中国政府は綱渡りの対応を進めていかざるをえないであろう．

◆スタディ・ガイド

　中国の経済改革について知るには，以下が参考になる．

・石原亨一編『中国経済と外資』アジア経済研究所，1998年．
・石原亨一編『中国経済の国際化と東アジア』アジア経済研究所，1997年．
・渡辺利夫『社会主義市場経済の中国』講談社現代新書，1994年．
　近年の中国経済の動向や中国の将来について考えるには，以下が参考になる．
・渡辺利夫編『中国の躍進アジアの応戦』東洋経済新報社，2002年．
・鮫島敬治・日本経済研究センター編『2020年の中国』日本経済新聞社，2000年．
・日経ビジネス編『気がつけば中国が世界の工場』日経BP社，2002年．
　中国の主要経済統計の入手は下記ホームページにおいて可能である．
・国家統計局（http://www.stats.gov.cn/tjlj/index.htm）
　中国に関する調査研究については下記ホームページが参考になる．
・中国社会科学研究院（http://www.cass.net.cn/）
　中国に関する新聞記事の入手は下記ホームページにおいて可能である．
・人民日報日本語版（http://j.people.ne.jp/home.html）

◆主要参考文献
・藍正人『チャイナ・リスク』NTT出版，2002年．
・日本経済新聞社編『中国―世界の「工場」から「市場」へ』日本経済新聞社，2002年．
・鮫島敬治・日本経済研究センター編『中国WTO加盟の衝撃』日本経済新聞社，2001年．
・渡辺利夫・向山英彦編『中国に向かうアジア　アジアに向かう中国』東洋経済新報社，2001年．
・黒田篤郎『メイド・イン・チャイナ』東洋経済新報社，2001年．
・加藤弘之『中国の経済発展と市場化』名古屋大学出版会，1997年．

【コラム7】 中国の失業問題とそのインパクト

公式統計では，中国の失業率は2001年末時点で3.6%とされている．しかし，政府の発表する統計は対象が都市部失業者に限られており，人口の約7割を占める農村部が含まれていない．また，都市部においても，実際にはこれをはるかに上回る事実上の失業者や潜在失業者が存在している

下崗労働者（一時帰休者），企業内の余剰労働力，農村部の潜在失業者などは，本来失業者とみなされるべき存在といえる．下崗労働者は，企業との雇用関係を維持しているという意味では失業者とは異なるが，実際には休職状態や実質的に離職した者がほとんどで，元の仕事へ復帰できる可能性もきわめて低く，失業者に限りなく近い存在である．また，計画経済時代に都市部で完全就業が目指されたことから，国有企業に大量の企業内余剰労働力が存在している．また，農村部でも，多くの余剰労働力が存在している．

2000年のデータにより試算すると，このような実質的に失業状態にある者を含めた広義の失業者は2億700万人となり，広義の失業率は29.1%に達する．また，都市部の事実上の失業者は3,540万人，失業率が16.6%であるのに対し，農村部の余剰労働者数は約1億7,100万人と，農村部就業人口の34.4%に達する．雇用情勢は今後ますます厳しくなることが予想される．まず，今後も毎年1,000万人を超える新規労働力の供給が見込まれている（2000～05年の第10次5カ年計画では年平均1,139万人の増加を予想）．この新規労働力の吸収だけでも容易なことではない．

さらに，WTO加盟を受け，国内市場における競合が強まることから，競争力の乏しい国内産業，特に国有セクターは，競争力を高めるために一層の内部改革や合理化を余儀なくされる．そして，その過程で余剰労働者の存在が顕在化し，人員の削減を進めざるをえない状況となる．この結果，失業者や下崗の急増が懸念されている．

これまでは，下崗制度による生活保障や，企業内あるいは農村における不完全就労による最低限の収入の確保などによって，事実上の失業者の不満をかろうじて抑えてきたといえる．このため，潜在失業者が大量に存在していても，大きな社会不安も起こらずどうにか乗り切ってくることができた．

しかし，今後は，再就職が困難なことから下崗労働者が失業者に移行することに加え，企業も潜在失業者を社内に抱えきれずに大量に解雇せざるをえなくなる．また，農村部でも競争力のない農家の廃業は避けられないうえに，農業以外の雇用の受け皿不足が一段と深刻化する．失業者の急増に加え，社会保障など失業に関わるセーフティー・ネットの整備も急速な失業者の増加に対応できるかどうか疑問であり，失業問題は今後一挙に深刻化する可能性が高まっている．

第3部　アジアと日本企業

第7章　日本企業の事業展開

◆本章のポイント

　日本の国内産業の国際競争力低下が懸念されるなかで，日本企業にとって，海外事業の一層の強化が不可欠となっている．なかでも，アジア事業は現地法人数も多く，売上高，経常利益が大きいなど重要性が高い．しかし一方で，日本企業を取り巻く投資環境は大きく変化しており，投資先の選別が強まるものとみられる．

1. 1990年代以降，日本経済が低迷し，国内産業の国際競争力も低下している．日本企業が今後も成長を続けるためには，海外事業の一層の強化が不可欠となっている．
2. 日本企業を取り巻く環境の変化のうち重要なものとして，アジアにおける産業集積地の発達とそれに伴う域内分業の進展，アジア域内における地域・2国間自由貿易協定締結の動きの高まりなどが挙げられる．
3. 日本企業の海外事業の大きな特徴として，アジアのウエートが高いことがある．とりわけ製造業の海外事業に占めるアジアの比率は高い．2000年度では，アジアの現地法人数は全体の48.3％，雇用は59.0％を占め，主要地域の中で最大であった．また，製造業の売上高の35.4％，経常利益の45.0％をアジアが占めた．
4. 日本とアジア諸国との経済緊密化や分業体制の進展を反映して，日本と他の東アジア諸国間，あるいは東アジア域内における販売・調達が拡大している．しかし，増加は域内で一様ではない．
5. 日本企業は今後も積極的にアジア事業の強化・拡大を図っている．しかし一方で，市場の大きさや生産拠点としての優位性，投資環境の充実度など，さまざまな点を勘案しながら，投資先の選別色を強めていくものとみられる．

1. 日本企業を取り巻く環境の変化

　1990年代以降，日本経済は低迷している．国内においては消費が伸びず，民間設備投資も不振が続いている．また，世界市場においては価格競争をはじめとする競合が強まっており，国内産業の国際競争力低下が懸念されている．グローバリゼーションが進展するなかで，日本企業が今後も成長を続けていくためには，海外事業の一層の強化が不可欠となっている．

　日本は，戦後2度にわたる産業構造および地域経済構造の転換を経験した．1度目は1970年代前半であり，2度目は80年代後半である．現在はその3度目のサイクルに入りつつある．円高や貿易摩擦などを契機とする2度目のサイクルにおいては，日本企業は経済活動の海外移転を余儀なくされ，欧米や東アジアへの直接投資が増加した．特に，東アジアにおいては，韓国や台湾の産業高度化の進展や，日本企業やNIEs企業による域内投資が進む過程で，後の産業集積の基盤が形成された．今回の3度目のサイクルでは，それ以前のように国内生産拠点を温存したままで海外投資を進めるというような余裕はなく，生産の海外シフトによる国内産業の空洞化や雇用の減少などが懸念されている．

　一方，東アジアに目を転じると，経済成長が続く中国では，沿海部に産業の集積が進んでいる．先行した珠江デルタでは，深圳や珠海などの経済特区を中心に，輸出を原動力としたコンピューター関連の電気・電子産業の集積が進んだ．また，長江デルタにおいても，上海を中心とする開放都市において，輸出・内需双方を対象とした産業集積が進んでいる．さらに，タイの東部臨海地域への自動車産業，マレーシアのペナン島への電機・電子産業の集積も進みつつある．

　このような産業集積のそもそもの原動力となったのは，日系企業をはじめとする外資系企業である．また，産業集積が進むにつれて，中国などでは国内企業の発展も助長された．日系企業の進出により，日本とこれらの集積地との相互補完関係が強まっている．このような連携により各集積地間の分業が促進されている．日本は地理的に東アジアに隣接しており，欧米諸国と比較して東アジアにおける産業集積地との連携を進めやすい位置にある．さらに，域内において最も先進的な経済構造をもち，経済発展段階においても他の東アジア諸国

と差異があることも,連携を図りやすくしている.しかし一方で,各産業集積地が力をつけてくるにつれ,地域間はもとより日本やNIEsも巻き込んだ域内における競合も強まりつつある.

しかし,東アジアにおける経済の緊密化が加速するなかで,日本企業が東アジアとの連携をさらに進めていくためには,対外経済政策面での支援が重要となっている.日本政府は現在,WTOにおける多国間取り組みを対外経済政策の中心に置いている.しかし,世界の趨勢としては,参加国が多く,その利害調整が困難なWTOに代わり,より合意を得やすい地域や2国間で**自由貿易協定**を締結する動きが主流となっている.東アジアにおいても,中国とASEANが自由貿易協定の締結に向けた交渉の開始に合意するなど,活発な動きがみえ始めている.しかし,日本はシンガポールとは2002年1月に経済連携協定(同年11月末発効)を結んだものの,農業問題という微妙な国内問題を抱えているため,他の国々との交渉に積極的とはいえない.このままでは,東アジアで相互に経済連携が進むなかで,日本だけが取り残されることにもなりかねず,日本企業の海外活動にとって大きな障害となりかねない.

2.日本企業のアジア事業の概要

ここでは,経済産業省の「第31回2001年海外事業活動基本調査」(2002年5月17日発表,以下「基本調査」)と,国際協力銀行の「2002年度海外直接投資アンケート調査」(2002年10月25日発表,以下「アンケート調査」)により,日本企業の最近のアジア事業の概略とその特徴についてみていくことにしたい.

(1)アジア事業のウエートおよび重要性
①現地法人数

日本企業の海外事業の大きな特徴として,アジアのウエートが高いことが挙げられる.「基本調査」によれば,地域別では,2000年度末時点で,アジアが7,244社と全体の48.3%を占め,最多となった(図表7-1).アジア現地法人では,製造業が4,487社,非製造業が2,757社と,製造業の比率が61.9%と高い.また,全地域でみても,製造業の現地法人7,464社のうち60.1%の4,487社がアジアに立地している.

図表7-1 アジアにおける海外現地法人（2000年度末）

(単位：社，％)

	製造業		非製造業		全企業	
	企業数	地域別シェア	企業数	地域別シェア	企業数	地域別シェア
アジア	4,487	60.1	2,757	36.6	7,244	48.3
中国	1,263	16.9	449	6.0	1,712	11.4
香港	277	3.7	541	7.2	818	5.5
ASEAN4	1,682	22.5	796	10.6	2,478	16.5
NIEs3	1,041	13.9	870	11.6	1,911	12.7
全地域	7,464	100.0	7,527	100.0	14,991	100.0

(資料) 経済産業省「2001年海外事業活動基本調査」．

　アジアの中での立地についてみると，国別では中国が1,712社（シェア23.6％）で最多となっている．一方，ASEAN4が2,478社（同34.2％），NIEs3（台湾，韓国，シンガポール）が1,911社（同26.3％）となっており，地域的に分散傾向がみられる．さらに，製造業に限った場合，中国は1,263社（同28.1％）と，ASEAN4の1,682社（同37.4％）につぎ，中国の重要性が高まってきている様子がうかがえる．

　また，2000年度の新規設立法人数をみると，アジアは世界全体の43.3％を占めた．製造業ではこの割合はさらに高まり，55.8％に達した．新しく設立された製造業現地法人の半数以上がアジアで設立されたことになる．しかし，アジアを含め，全地域向けの現地法人の新規設立数自体は減少傾向にある．この背景には，リストラ推進による海外事業向け余力の低下や主要産業における海外投資の一巡などの要因がある．アジアでは，1995年に832社とピークに達した後，一貫して減少傾向にある．2000年度には，新規設立法人は159社にとどまった（図表7-2）．アジアのなかでは，中国が52社と最多で，NIEs3が44社，ASEAN4が42社であった．新規設立法人数は，95年度をピークに製造業，非製造業とも前年度比で減少が続いている．しかし，化学や商業などで減少が続く一方，サービス業は3年連続で増加，また，製造業の中でも，電気機械や輸送機械などでは2000年度に増加に転ずるといったように，業種別にばらつきがみられる．

　一方で，アジアでの現地法人の撤退が増加している．1995年度には29社にすぎなかった撤退数は，2000年度には285社に達し，新規設立法人の数を上回っ

図表7-2　アジアにおける新規設立および撤退現地法人数（2000年度）

(単位：社)

	新規設立法人			撤退現地法人		
	製造業	非製造業	全産業	製造業	非製造業	全産業
アジア	91	68	159	138	147	285
中国	31	21	52	49	61	110
ASEAN4	27	15	42	28	41	69
NIEs3	24	20	44	40	47	87
全地域	163	204	367	279	417	696

(資料)　経済産業省「2001年海外事業活動基本調査」.

た．国・地域別にみると，新規設立，撤退ともに中国が最多となっている．撤退の理由をみると，中国の場合，需要の見誤りを挙げている企業が最も多いが，競争激化も高い比率となっており，WTO加盟後の国内市場における競合の高まりにより中国からの撤退を余儀なくされるケースが増えているとみられる．また，企業規模別では，大企業において海外拠点の整理・再編の動きが加速している．

❷売 上 高

　売上高においても，アジアのウエートは高い．2000年度のアジア現地法人の売上高は，製造業が19兆8,979億円（全世界の製造業現地法人売上高に占めるシェア35.4％），非製造業が16兆4,782億円（全世界の非製造業現地法人に占めるシェア22.6％）であった（図表7-3）．特に，製造業現地法人の売上高は，北米の23兆3,893億円には及ばないものの，欧州を上回っている．また，伸び率でも，アジアの製造業現地法人の売上高は前年比19.3％の大幅増となった．

　製造業の主要3業種である電気機械，輸送機械，化学について，国・地域別にみると，アジアの特徴として，電気機械のシェアが48.1％と高いことが指摘できる．電気機械におけるアジアのシェアは，北米（シェア30.0％），欧州（同19.9％）を上回り，最大となっている．また，化学の場合も，アジアのシェアは33.0％と，北米の38.8％に次ぐ高さとなっている．一方，輸送機械の場合は，北米のシェアが55.8％と高く，アジアは21.0％にとどまっている．

　アジアの製造業の売上高を国・地域別にみると，ASEAN4が7兆7,476億円（アジアにおけるシェア38.9％）と最大で，以下，NIEs3（同31.5％），中国（同25.5％）となっている．しかし，伸び率でみると，中国が前年比23.8％増

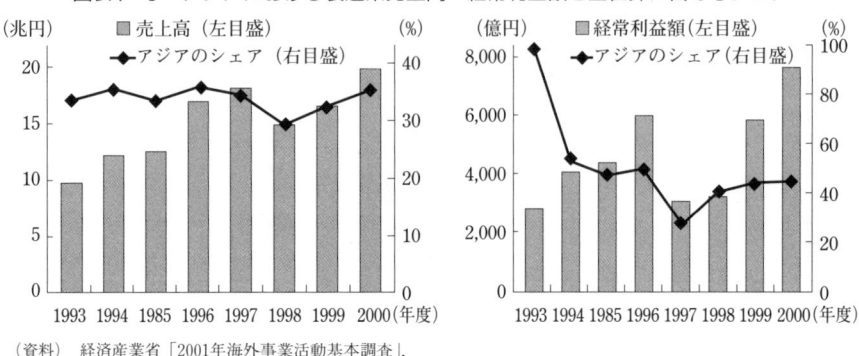

図表7-3　アジアにおける製造業売上高・経常利益額と全世界に占めるシェア

(資料)　経済産業省「2001年海外事業活動基本調査」．

と最も高い．

③経常利益

　日本企業にとって，経常利益額においてもアジアの重要性は高い．2000年度のアジア製造業現地法人の経常利益額は7,663億円と，北米（6,759億円），欧州（794億円）を上回った．また，前年比伸び率も31.1％増と，北米の19.0％増よりも高かった．

　アジアの製造業では，中国の経常利益額が2,341億円となり，台湾（1,147億円），韓国（989億円），マレーシア（936億円），シンガポール（902億円）などを大きく上回った（図表7-4）．また，前年比伸び率でも，中国は45.8％の大幅増となった．

　一方，非製造業では，経常利益額は北米が7,201億円と最大で，アジアは4,674億円であった．

④設備投資

　設備投資額についても，絶対額，伸び率ともにアジアの重要性が高まっている．2000年度の製造業現地法人によるアジアでの設備投資額は9,534億円で，北米の9,627億円にわずかに及ばなかった．しかし，前年比伸び率では，アジアが26.9％増と北米の15.0％増を上回った．アジアの中では，ASEAN4が4,457億円（前年比20.5％増），中国が2,471億円（同90.7％増），NIEs3が2,050億円（同25.1％増）であった．特に中国での設備投資額の伸びが際立っている．

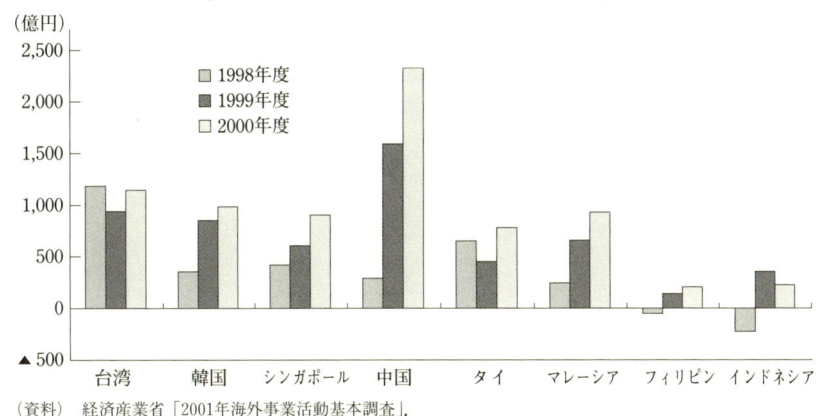

第7章 日本企業の事業展開　　　163

図表7-4　アジアの国別経常利益（製造業）

（資料）　経済産業省「2001年海外事業活動基本調査」．

　また，2001年度の予測では，アジアは北米を上回り，設備投資額が1兆円を超え，主要地域の中で最大となる公算が大きいとされている．

　全世界の業種別では，電気機械が全体の31.4％，輸送機械が27.4％を占めており，この2業種の設備投資額が大きい．また，海外設備投資比率（現地法人設備投資額／日本国内設備投資額）の製造業平均である17.8％を上回っているのは，輸送機械（43.3％），鉄鋼（38.2％），繊維（29.1％），電気機械（18.9％）の4業種である．このように，日本国内での設備投資が伸び悩んでいるのに対して，海外法人における設備投資は回復傾向にある．

⑤雇　　用

　雇用面でも，アジアの比率は高い．2000年度のアジア現地法人従業者数は204万人（世界全体の59.0％）を占めた．このうち89.5％の183万人が製造業の従業者である．アジアでは製造業従業者の比率が高く，非製造業の従業者の比率は低い．アジアの中では，ASEAN4が100万人，中国が66万人，NIEs3が26万人であった．中国も増えているが，これまでの日本企業の累積投資額の大きさを反映して，ASEAN4の従業者数が依然最大となっている．

　また，製造業従事者の中でも，アジアは世界の製造業従事者の65.0％を占めている．

(2) 日本企業のアジア現地法人の域内との関わり

近年の，日本とアジア諸国との経済の緊密化や分業体制の進展を反映して，日本と他の東アジア諸国との間，あるいは東アジア域内における販売・調達が拡大している．しかし，域内で一様に増加しているわけではなく，減少しているところもあり，日本企業がより多くの販売先とより安価で効率的な調達先を求めて積極的に活動していることがうかがわれる．

①販　　売

アジア全体では，現地法人の総販売高に占める現地販売比率は2000年度に48.8％となり，90年度の61.6％から大きく低下した（図表7-5）．また，北米向けや欧州向けが低下しているのに対し，日本向け（11.2％→24.7％），アジア域内向け（11.9％→17.7％）の比率が高まっている．

国・地域別では，現地販売比率および販売額をアジア通貨危機前の1996年度と比較すると，ASEAN4は58.9％から38.8％へ大きく低下し，現地販売額も大幅に減少した．一方，NIEs3も現地販売比率が55.3％から53.4％へ減少したものの，販売額は増加している．これに対して，中国では現地販売比率では53.7％から54.8％への微増であったが，販売額は6,800億円から1兆5,630億

図表7-5　アジア現地法人の販売および調達先

(単位：億円，％)

		2000年度		1990年度	
		金額	比率	金額	比率
販売先	現地販売＋域内販売	131,810	66.2	52,890	73.6
	現地販売	97,100	48.8	44,310	61.6
	域内販売	34,710	17.7	8,580	11.9
	日本向け	49,240	24.7	8,070	11.2
	北米向け	11,110	5.6	7,080	9.8
	欧州向け	6,820	3.4	4,110	5.7
調達先	現地＋域内	82,320	57.7	20,680	55.3
	現地での調達	59,380	41.6	17,940	47.9
	域内から	22,940	16.1	2,740	7.3
	日本から	52,230	36.6	15,080	40.3
	北米から	1,590	1.1	650	1.7
	欧州から	2,150	1.5	300	0.8

(資料)　経済産業省「2001年海外事業活動基本調査」．

へと大きく増加した．特に ASEAN4 で現地販売比率が低下し，販売額も減少しているのは，アジア経済危機の影響で国内ないし域内需要が大きく減少したことが大きいとみられる．

2000年度の日本向け販売額（製造業現地法人からの逆輸入額＝製造業現地法人からの日本向け輸出額）は5.7兆円となり，1998年度にいったん前年比マイナスとなった後，再び増加傾向にある．**逆輸入**額が日本の総輸入額に占める比率は14.8％と，10年前と比べて3.5倍に上昇した．これは，日本企業の生産拠点の海外シフトに伴い，日本への逆輸入額が増加したことを反映している．また，業種別では，電気機械の逆輸入額が大きく増加している．アジアからの逆輸入額は，98年度に大きく減少したものの，99年度から再び増加に転じ，2000年度には4.7兆円と過去最高となった．日本の逆輸入額の80％超がアジアからのものであった．また，アジアの中では，NIEs4，ASEAN4，中国ともに逆輸入額が増加している．また，逆輸入比率（全売上高に占める日本向け輸出比率）をみても，アジアは24.7％ときわめて高い水準になっている．

NIEsからの逆輸入額は1兆9,740億円であった（図表7-6）．また，

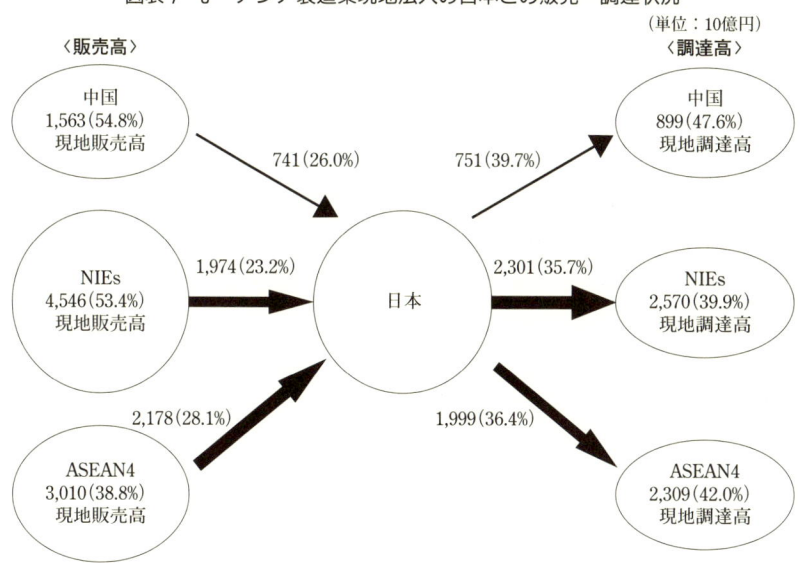

図表7-6 アジア製造業現地法人の日本との販売・調達状況

（単位：10億円）

〈販売高〉

- 中国 1,563（54.8％）現地販売高 → 日本 741（26.0％）
- NIEs 4,546（53.4％）現地販売高 → 日本 1,974（23.2％）
- ASEAN4 3,010（38.8％）現地販売高 → 日本 2,178（28.1％）

〈調達高〉

- 日本 → 中国 899（47.6％）現地調達高 751（39.7％）
- 日本 → NIEs 2,570（39.9％）現地調達高 2,301（35.7％）
- 日本 → ASEAN4 2,309（42.0％）現地調達高 1,999（36.4％）

（資料）経済産業省「2001年海外事業活動基本調査」．

ASEAN4からは2兆1,780億円，中国からが7,407億円であった．一方，4年前との比較でみると，中国からの逆輸入額が159.6％増と大きく伸びている．これに対して，NIEs3からは33.6％増，ASEAN4からは26.6％増であった．

②調　達

　日本企業の2000年度の現地調達比率は，アジア全体では41.6％であった．これは10年前の47.9％と比べ低下している．また，日本からの調達比率も低下したのに対して，域内からの調達比率が上昇した．このことより，**域内分業体制**の進展や調達先の多様化が進んでいることがうかがえる．しかし，中国では，現地調達比率が逆に39.9％から47.6％へと7.7ポイント増加しており，現地調達が着実に進んでいる模様である．

　日本との関係をみると，2000年度の日本からの調達額は5.2兆円となった．伸び率は，前年比23.6％増であった．業種別では，電気機械が全体の46％，輸送機械が29％を占める．NIEsの日本からの調達額は2兆3,010億円であった．また，ASEAN4は1兆9,990億円，中国は7,510億円であった．一方，1996年度との比較でみると，中国の調達額は95.1％増と大きく伸びた．これに対して，NIEs3は2.6％増，ASEAN4は9.3％減であった．このように，日本からの調達は総じて頭打ちないし減少傾向にある．

3．日本企業のアジア事業の展望

　近年，日本企業は従来にもまして競争力強化や事業の再構築を求められている．「アンケート調査」によれば，日本企業の事業活動における最優先課題として，「海外生産の強化・拡大」が挙げられている．また，「トータル・コストから見た国内生産体制の見直し」も上位の回答順位となっている．高コストの国内生産体制を見直し，海外生産にシフトすることによりコスト競争力を高めることが必須となっている．

　実際，海外事業に対する中期的（今後3年程度，以下同じ）な姿勢として，「強化・拡大する」との回答が8割を占め，大多数の企業が海外事業を拡大する姿勢を強めている．また，「基本調査」では，2000年度の**海外生産比率**（現地法人売上高／国内全法人売上高×100）が13.4％まで高まったとしている．業種別では，輸送機械（31.1％），電気機械（21.9％）の比率が高い（図表7-7）．

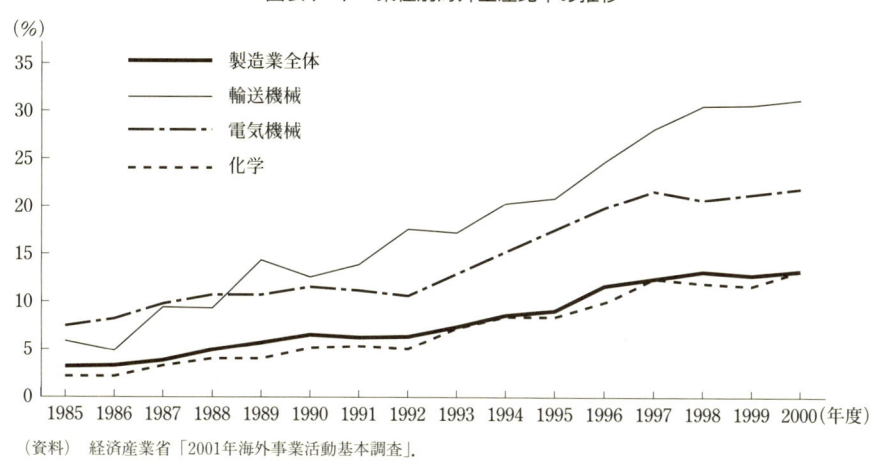

図表7-7　業種別海外生産比率の推移

(資料)　経済産業省「2001年海外事業活動基本調査」.

　しかし一方で，海外事業の強化・拡大にあたって，投入可能な経営資源には限界があり，一律にすべての拠点に力を入れることは不可能である．このため，市場として有望である，あるいは，低廉で優秀な労働力を供給できるなどの，何らかの特徴をもった投資先を選別し，そこに集中的に資源を投入することが必要である．逆に，不必要な現地法人は整理・統合される．このような動きを反映して，全体としてみると，日本企業の現地法人数は減少傾向をたどることになろう．また，新規設立法人数が減少する一方で，撤退法人数が増加するかたちで，企業はアジアにおける最適な分業体制を構築していると考えることができる．

　海外事業展開が国内生産に与える中期的な影響としては，「国内生産は海外に移管し，国内では他の製品・分野に取り組む」企業が増えている．また，国内での取り組み方針として，「より付加価値の高い製品への特化」が回答の約8割を占め，国内事業の高度化を図る姿勢が続いている．

　中期的な事業展開が有望な国としては，中国，タイ，米国，インドネシアの順となっており，アジアの重要性は引き続き高い．事業展開には依然多くの問題があるとしながらも，中国は有望な国として最も多くの回答を集めた．中国の課題としては，法制の未整備，頻繁かつ突然の制度変更など現地の行政機構や法制度とその運用方法などに対する不満が多い．中国を有望視している企業

であっても，このような点に強い懸念を示している．

　海外事業に対する中期的な姿勢としては，海外事業を強化・拡大するという回答が最も多かった地域は中国（70.1％）で，北米（50.3％）がこれに続いている．また，ASEAN4（44.2％）も回答率が高かった．中国の中では，華東・華南地域が圧倒的に高く，また，ASEAN4の中では，タイが高い．このように，アジア域内や中国国内でも格差があり，強化すべき地域の選別や絞り込みが進みつつある．

　一方で，日本企業のアジアでの事業展開における中国とASEANの位置付けをみると，両地域でリスク分散をしながらバランスよく対応するとの回答が過半数を占め，中国への一極集中には慎重な姿勢も目立つ．

　ASEAN自由貿易地域（AFTA）が機能することによる，域内での自由貿易活動の進展については，過半数の企業が期待できるとしている．その理由として，関税引き下げによる域内貿易の拡大を挙げる企業が最も多かったが，関税の手続き簡素化，市場拡大，域内分業の進展などを期待する声も高い．また，業種別では，自動車に加えて，化学や鉄鋼などの素材メーカーの期待も高い．

　中国のWTO加盟による影響としては，現地の競争激化を挙げる企業が多い．市場開放は日本企業にとってはチャンスである一方で，競合がさらに強まることも予想される．また，WTO規定の遵守や非関税障壁の撤廃などについて，中国の取り組みへの懸念が依然強い．今後期待される効果については，関税の引き下げはこれまでに一定の効果が認められるとしているものの，知的財産権の保護やローカル・コンテント義務などの廃止については今後の課題としている．

　海外事業の再構築の必要性については，その必要があるとした企業が最も多かったのが中国であった．一方，ASEAN4については，必要ありとする回答率は前年度に比べて低下しており，すでに域内での拠点再構築への対応が進みつつあることがうかがわれる．

　このように，日本企業は今後もアジアにおける事業活動の強化・拡大に積極的な姿勢をみせている．しかし一方で，市場の大きさや生産拠点としての優位性，投資環境の充実度など，さまざまな点を勘案しながら，投資先の選別色を強めていくものとみられる．

第7章　日本企業の事業展開

◆スタディ・ガイド

　日本の海外直接投資関連統計や貿易投資動向は下記ホームページにおいて入手可能である．
・財務省「対外及び対内直接投資状況」(http://www.mof.go.jp/)
・ジェトロ『貿易投資白書』(http://www.jetro.go.jp/)
・経済産業省『通商白書』(http://www.meti.go.jp/report/whitepaper/index.html)

　日本企業の海外事業にかかわるアンケート調査については下記ホームページで入手可能である．
・経済産業省「海外事業活動基本（動向）調査」
　(http://www.meti.go.jp/statistics/index.html)
・国際協力銀行「海外直接投資アンケート調査」
　(http://www.jbic.go.jp/japanese/release/others/index.php)

◆主要参考文献

・ヨヘン・レゲヴィー，ヘンドリック・マイヤーオーレ，平澤克彦編著『日欧多国籍企業のアジア戦略――アジア経済危機後の展開』白桃書房，2002年．
・小林英夫『日本企業のアジア展開――アジア通貨危機の歴史的背景』日本経済評論社，2000年．
・丸山恵也・成田幸範編著『日本企業のアジア戦略――国際分業と共生の課題』中央経済社，1995年．
・石井昌司『日本企業の海外事業展開――グローバル・ローカリゼーションの実態』中央経済社，1992年．
・中島潤『日系多国籍企業――ミレニアムへの挑戦』中央経済社，2000年．
・関口末夫・田中宏・日本輸出入銀行海外投資研究所編著『海外直接投資と日本経済』東洋経済新報社，1996年．
・吉原英樹・林吉郎・安室憲一『日本企業のグローバル経営』東洋経済新報社，1989年．

第8章　エレクトロニクス産業と日本企業の事業展開

◆本章のポイント

　本章では，まず日本のエレクトロニクス産業のアジアへの進出の歴史を振り返る．そして，近年の中国の台頭が日本企業に与える影響や今後の課題について考えてみたい．

1．日本のエレクトロニクス・メーカーによるアジアへの進出は1960年代前半に始まった．85年のプラザ合意以降の円高の進展に伴ってASEAN諸国を中心に進出が加速した．90年代に入ってからは，低廉で良質な労働力を背景に，中国への進出が急増している．

2．中国は，2001年12月にWTOに加盟し，従来の生産基地に加えて巨大な市場としての魅力を高めている．日本のエレクトロニクス・メーカーのアジア向け投資も中国への傾斜を強めている．対中投資の拡大に伴って，日中間のエレクトロニクス関連貿易も拡大している．

3．90年代後半以降の日系エレクトロニクス・メーカーのアジアでの事業活動の特徴として，日本への輸出を増やしていること，現地調達率を高めていることなどが指摘できる．日本国内からの生産シフトが増えていることや，エレクトロニクス分野での産業集積が進んでいることが背景にある．

4．海外生産が拡大した結果，1991年に10％以下であった日本の民生用電子機器の輸入浸透度は2000年に40％を上回った．特に中国からの輸入の伸びが著しい．産業空洞化を防ぐため産業構造の高度化を推し進める必要がある．

5．エレクトロニクス・メーカーは，アジア市場が一体化に向かっていることや，国内で売上低迷が長引いていることなどから，日本を含むアジアでの事業再編に取り組んでいる．再編の核として最も重視されているのが中国であるが，一極集中によるリスクを回避する目的からASEAN諸国での生産を強化している企業もある．

1. アジアへの進出

アジアは，日本企業を中心とした外国エレクトロニクス・メーカーの進出によって，世界のエレクトロニクス製品の工場と呼ばれるまでに成長した．本節では，日本のエレクトロニクス産業がアジアへの進出をスタートさせた1960年代までさかのぼり，進出の経緯をたどってみたい．

(1) アジアに集中する生産拠点

日本のエレクトロニクス製品・部品メーカーの業界団体である電子情報技術産業協会（JEITA）が会員企業を対象に行っている調査によると，日本のエレクトロニクス産業の海外生産拠点は，2000年末時点で1,263法人にのぼる（図表8-1）．このうち871法人（全体の69％）がアジア，218法人（17％）が北米，143法人（11％）が欧州に立地しており，アジアが最大となっている．アジアの中では，ASEAN諸国が40％，中国が31％，NIEsが25％となっている．90年の時点ではASEAN諸国が47％，NIEsが45％，中国が6％であり，10年間にNIEsのシェアが大きく減少し，代わって中国が急増している．

日本のエレクトロニクス産業の海外拠点としては，生産法人以外に，研究・開発法人が173拠点，資金の調達・運用や割賦販売のための消費者金融などを行う金融法人が66拠点，域内の複数の現地法人や事業などを統括する地域統括法

図表8-1　日本のエレクトロニクス産業の世界での展開（2000年6月調査）

	生産法人	研究・開発法人	金融法人	地域統括法人
アジア	871	52	18	94
NIEs	217	23	11	63
ASEAN	345	11	5	8
中国	273	18	2	23
その他	36	0	0	0
北　米	218	79	20	67
欧　州	143	37	25	59
その他	31	5	3	4
合　計	1,263	173	66	224

（注）電子情報技術産業協会会員企業の海外生産拠点数．
（資料）日本電子機械工業会『2000年海外法人リスト』．

人が224拠点ある．これらのうち，研究・開発法人の大半は，最終消費地である北米や欧州を中心に設置されている．また金融法人と地域統括法人は，欧米諸国に加えて，アジア域内では香港，シンガポールなどの国際金融市場・地域に立地する例が多い．開発と販売は欧米，生産はアジアという構図になっている．もっとも，近年，生産拠点のアジアへの移管が増えていることや，アジア域内の消費市場が成長してきたことなどを背景に，開発，生産，販売の連携を深め，速やかに商品化を図ることを目的に，研究・開発機能をアジアへ移管する例が増えてきている．

(2) 対アジア進出の経緯

日本のエレクトロニクス産業のアジアへの進出が始まったのは1960年代前半である．アジア各国政府は，独立以降60年代にかけて，一次産品に依存した経済からの脱却と工業化を通じての経済成長を目指し，**輸入代替工業化**を推進した．乾電池，電球，家電製品などに対して高率の関税を課し輸入を制限する一方で，先進諸国からの投資を受け入れることによって国内産業を育成しようとした．この時期に日本のエレクトロニクス・メーカーのアジアへの進出が始まったが，散発的で進出企業数もわずかであった．アジア各国の国内市場が小さかったことや，一部の大手家電メーカーを除いて日本のエレクトロニクス・メーカーに海外進出するために必要な資金，人材，ノウハウなどが蓄積されていなかったことが背景にある．

一方，日本国内では1960年代後半から70年代前半にかけて賃金が上昇を続け，付加価値の低い製品の国際競争力が低下してきた．まず60年代に繊維産業などが相対的に安価な労働力を求めてNIEsなどへ進出した．70年代には，エレクトロニクス製品の中でも労働集約的な品目において，安価な労働力を目的としたアジアへの投資が徐々に増えてきた．

エレクトロニクス産業の主要な投資対象国としては，NIEsの中でもある程度技術蓄積が進んでいた台湾，シンガポールが，またASEAN諸国の中ではマレーシア，タイが中心となり，欧米諸国への輸出を目的とした再輸出型の生産拠点が設けられた．アジア側にとってエレクトロニクス製品の生産拠点を誘致することによって，①雇用の創出，②従業員の教育や資本財の購入を通じての技術の移転，③組立メーカーの下請けとなる地場企業の振興，④製品を輸出

することによる外貨の獲得，などのメリットが期待された．

特に1970年代前半は，日本のエレクトロニクス産業の第1次海外投資ブームとなり，最終製品が米国を中心に世界各国へ輸出された．この時期には，米国半導体メーカーのアジア投資も集中的に行われた．米国内での労働コストが上昇したことが背景にあり，アジアで生産した製品を米国へ再輸入した．米国企業に追随して日本の半導体メーカーのアジア進出も活発化した．もっとも，日本企業のアジアでの生産は，基本的に米国など第三国への輸出を目的としており，日本への再輸入を目的としたものではなかった．すなわち当時の日本のエレクトロニクス産業にとって，国内生産と海外生産は代替関係にあるのではなく，両者がともに増加していった．

ちなみに1970年代は，日本国内においてエレクトロニクス産業が急速に発展した時期である．エレクトロニクス産業は，国民所得の上昇や輸出の拡大に牽引されて，60年代半ば以降，生産額が高い伸びを続けた．その後，73年と78年の2度にわたる石油ショックによって，日本の産業の中心は，それまでの鉄鋼，造船，石油化学などの重化学工業から，省エネルギーの担い手としての半導体やコンピューターなどの先端エレクトロニクス産業へと転換していった．また国民所得の上昇に伴って，カラーテレビ，エアコンなどの家電製品ブームが起こったことを追い風に，エレクトロニクス産業の拡大が加速した．その後，半導体，VTRなどの生産が加わり，エレクトロニクス産業は順調に発展していった．国内生産額は，66年の約1兆円から76年には約5兆円となり，80年代以降，日本のリーディング・インダストリーとして，自動車産業とともに日本経

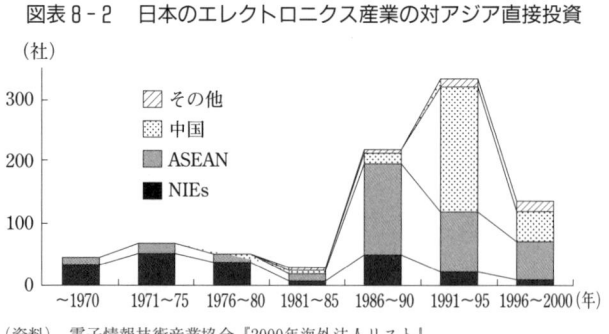

図表8-2　日本のエレクトロニクス産業の対アジア直接投資

(資料)　電子情報技術産業協会『2000年海外法人リスト』．

済を牽引している．

（3）NIEs から ASEAN 諸国へ向かう日本の投資

1970年代後半に日本のエレクトロニクス産業の NIEs への投資が急減した．これは次の2つの理由による．

第1は，NIEs が安価な労働力の供給国ではなくなったことである．NIEs は，1970年代を通じて高成長を続けた結果，労働力不足が深刻化し，賃金が大きく上昇した．第2は，NIEs において，地場企業が育ち技術力の蓄積が進んだことから，出資を伴わない，すなわち経営への関与を伴わない，ライセンス契約を通じての技術供与が主流となってきたことである．とりわけこの傾向が強かったのが韓国である．日本のエレクトロニクス・メーカーによる韓国への直接投資は70年代後半に急減し，代わって80年代以降，日韓企業間では技術提携が急増した．80年代前半には，電子レンジなどの家電製品をはじめ，AV 機器，パソコン，半導体，複写機などに関わる技術が日本企業から韓国企業に供与され，韓国のエレクトロニクス産業発展の礎が築かれた．

一方，1970年代から80年代にかけて，日本と欧米諸国との間でカラーテレビ，VTR，半導体などの輸出をめぐる貿易摩擦が強まり，これを回避するために日本企業はアジアからの迂回輸出を進めた．しかしながら，貿易摩擦の抜本的な解決には，最終消費地である米国や欧州での現地生産の拡大が必要であった．このような状況のなか，80年代前半，日本のエレクトロニクス産業の直接投資は，米国や欧州が全体の約8割を占めることになり，アジアへの投資が抑制された．この結果，80年代前半は，NIEs だけではなくアジア全体への日本のエレクトロニクス関連投資が低迷した．

1980年代に入ってからは，日本のエレクトロニクス・メーカーの国内生産が徐々に成熟期を迎えてきた．韓国や台湾企業の急速な追い上げを受けて，国際競争力が低下する品目が増えてきた．このような状況にあって，85年のプラザ合意を契機とした急激な円高によって，日本のエレクトロニクス製品は幅広い品目で国際競争力が低下した．円高の波に押し流されるように，80年代後半以降，日本のエレクトロニクス・メーカーはアジアへの進出を加速することになった．

プラザ合意以降，日本のエレクトロニクス産業の進出先は，NIEs に代わっ

て，より労働コストの低い ASEAN 諸国が中心となった．なかでも大手エレクトロニクス・メーカーがすでに進出し，相対的に産業インフラが整っていたマレーシアやタイへの投資が多かった．以下では日本の直接投資との関連で両国のエレクトロニクス産業の発展を振り返ってみたい．

①マレーシアのエレクトロニクス産業

1968年の投資奨励法の制定により，外資系企業の進出が始まり，国内市場向けにエレクトロニクス製品の生産がスタートした．この時期に日本から松下電器，三洋電機，東芝，シャープが進出した．71年に投資奨励法が改正されたことや，72年に自由貿易地域（FTZ：Free Trade Zone）と呼ばれる保税地域が設置されたことを契機に，70年代前半に米国半導体メーカーの進出ブームが起こった．半導体生産の中でも労働集約的な組立部分（後工程）が移管された．日系半導体メーカーでは日立製作所，東芝，NEC が進出した．日米の半導体メーカーの進出によって，マレーシアは半導体生産基地としての地位を確立し，その後のエレクトロニクス産業の発展へとつながっていった．70年代後半には，エレクトロニクス産業を中心に日本企業に対する誘致活動が活発化した．これを受けて AV 機器メーカーなどを中心に日系エレクトロニクス・メーカーの進出が本格化した．

1985年には輸出志向型ハイテク産業の育成を目的に投資優遇措置が整備され，輸出企業については100％の外資出資が認められるようになった．80年代後半には，急激な円高のなか，日本のエレクトロニクス・メーカーがこぞって生産拠点の移転を進めた．この結果，80年代後半から90年代前半にかけて，エレクトロニクス製品・部品の生産額は年平均30％前後の高い伸びを続け，同国の輸出の半分以上をエレクトロニクス製品が占めるようになった．

②タイのエレクトロニクス産業

1960年の産業投資奨励法の公布に伴い，外資企業の誘致が始まり，国内市場向けに乾電池などが生産された．その後，電機製品に対する高率の輸入関税によって保護されていた国内市場を狙って外資企業が進出し，扇風機，冷蔵庫，蛍光灯などの生産が開始された．59年から72年にかけて，日本からは三洋電機，松下電器，三菱電機，東芝，日立製作所などの大手家電メーカーが相次いで進出している．72年にそれまでの輸入代替工業化から輸出志向工業化へ政策が転

換し，投資誘致策が整備された．73年以降，米国半導体メーカーの進出が増加し，米国への輸出を目的とした半導体の生産（後工程）が開始された．タイのエレクトロニクス産業の基盤はこの時期に成立したといえる．83年に外資100％出資による進出が認められたことや，円高が急速に進んだことから，80年代半ば以降，日本をはじめとして韓国や台湾からの投資も大幅に増加した．90年代初めにはアジア域内における扇風機，エアコン，カラーテレビなど家電製品の一大生産地に発展した．さらにVTR，電話機などの生産も始まり，エレクトロニクス産業の輸出基地としての地位が確立した．90年以降，エレクトロニクス産業の付加価値額の年平均伸び率は26％に達し，GDPに占めるエレクトロニクス産業の割合は89年の1.3％から95年に3.0％に上昇した．

一方，1990年前後には，他のASEAN諸国でもインフラや法制度などの投資環境が整備されてきたことに伴って，日本のエレクトロニクス産業の投資は，より賃金水準の低い国へ向かっていった．図表8－3は日本の大手家電メーカーの主要生産拠点について，進出時期，進出国，事業内容をまとめたものである．70年から84年の15年間に42拠点が設立されたのに対して，85年から92年の8年間に84拠点が設立されている．日本のエレクトロニクス製品は，付加価値が低く国内で競争力を失ったものから順にアジアへ生産が移転されていった．進出先もNIEsからASEANへ，またASEANの中でもマレーシア，タイからインドネシア，フィリピンへ広がっていった．各国の経済成長の段階に応じて生産が移行し，アジアにおいて**雁行型発展**が進展した．

（4）急増する中国への進出

1990年代に入り，日本のエレクトロニクス産業のアジアへの進出に大きな変化がみられた．この背景として，市場経済化を進めていた中国が，豊富で低廉な労働力を武器に，直接投資の受け入れを積極化させたことが挙げられる．

中国が外国企業の進出に門戸を開いたのは1979年であるが，日本のエレクトロニクス産業が対中投資を本格化させたのは90年代に入ってからである．特に90年代前半の勢いは顕著であり，財務省届出ベースで90年度の33億円から95年度に904億円へ急増した（図表8－4）．この結果，エレクトロニクス分野における日本のアジアへの直接投資総額に占める中国の比率も大きく上昇した．90

図表 8-3　大手家電メーカーの主要生産拠点のアジア展開

	輸入代替期 1960～69年	輸出志向工業化			合計 (拠点数)
		(転換期) 1970～84年	(全面的展開期)		
			1985～92年	1993～97年	
韓国		ソニー(家電) 三洋(VTR)			7
台湾	三洋(カラーTV, エアコン) 日立(カラーTV, エアコン, CRT) 松下(家電)	ソニー(VTR)	東芝(コンプレッサー)		17
香港		松下(家電)			5
シンガポール	三洋(家電, 洗濯機)	三洋(カラーTV) 東芝(家電) 日立(TV, 家電, CRT) 松下(コンプレッサー) 三菱(TV)	三洋(エアコン, カラーTV, コンプレッサー) ソニー(カラーTV) 東芝(カラーTV, VTR)	三洋(カラーTV) ソニー(CRT) 日立(カラーTV)	29
マレーシア	松下(家電)	シャープ(カラーTV) 日立(TV) 松下(エアコン)	シャープ(家電, 洗濯機, 冷蔵庫, VTR) ソニー(カラーTV, VTR) 日立(コンプレッサー, VTR, TV, エアコン, CRT) 松下(カラーTV, コンプレッサー, エアコン, CRT) 三菱(VTR)		31
タイ	三洋(家電) 東芝(家電) 松下(家電) 三菱(家電, 冷蔵庫, TV, 洗濯機)	日立(家電, 冷蔵庫, TV, エアコン) 松下(家電)	シャープ(家電, 冷蔵庫, エアコン) ソニー(カラーTV) 東芝(CRT, 冷蔵庫, エアコン) 日立(VTR) 松下(エアコン) 三菱(CRT, コンプレッサー, エアコン)	三洋(コンプレッサー, 冷蔵庫) 東芝(冷蔵庫) 日立(コンプレッサー, 冷蔵庫, 洗濯機)	35
インドネシア		三洋(家電) 松下(家電)	三洋(VTR) シャープ(カラーTV) 松下(VTR) 三菱(家電)	三洋(コンプレッサー, 冷蔵庫, カラーTV) シャープ(冷蔵庫, カラーTV) ソニー(カラーTV) 東芝(カラーTV) 日立(カラーTV)	25
フィリピン	松下(家電)	シャープ(カラーTV, 洗濯機)		三洋(洗濯機) 日立(冷蔵庫, コンプレッサー) 松下(カラーTV)	12
中国		三洋(カラーTV, エアコン) 日立(カラーTV)	日立(CRT) 松下(CRT, 家電, 洗濯機)	三洋(冷蔵庫, 家電, コンプレッサー, エアコン, カラーTV) シャープ(冷蔵庫, 家電, 洗濯機, カラーTV) ソニー(CRT, カラーTV) 東芝(コンプレッサー, カラーTV) 日立(コンプレッサー, エアコン, 洗濯機) 松下(家電, コンプレッサー, エアコン, VTR) 三菱(家電, コンプレッサー, エアコン)	54
合計 (拠点数)	16	42	84	73	215

(資料)　中小企業金融金庫『進展するエレクトロニクス産業における設計, 開発機能のグローバル化』(1998年5月).

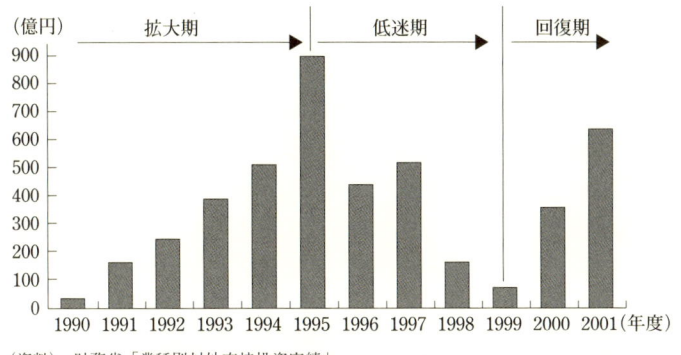

第 **8** 章　エレクトロニクス産業と日本企業の事業展開

図表 8 - 4　日本のエレクトロニクス産業の対中投資（届出ベース）

（資料）　財務省「業種別対外直接投資実績」．

年度には ASEAN 諸国が71.8％と圧倒的に大きく，次いで NIEs が25.4％，中国は2.7％にすぎなかった．これが95年度には，ASEAN 諸国が39.9％，NIEs が21.2％といずれもシェアが低下したのに対して，中国は39.0％に急上昇した．さらに香港への投資のかなりの部分が中国へ再投資されていることを考慮すれば，対中投資の比率はさらに上昇する．JEITA の調査結果をみても，91年から95年にアジアに設立された新規生産拠点数329のうち 6 割強の201拠点が中国に設立され，ASEAN 諸国の94拠点や NIEs の24拠点を圧倒している．

このように対中投資の比率が大きく高まった要因を NIEs や ASEAN 側からみると，これら諸国への大手企業による投資が一巡したことや，経済成長に伴い各国で労働コストが上昇したことなどが挙げられる．特に NIEs では，技術水準の向上や経済発展に伴って人件費が上昇した．一方，中国側の要因としては，農村部から豊富な労働力が供給されることによって，労働コストの上昇が抑制されてきたことや，92年に鄧小平が行った「南巡講話」を契機に，経済の対外開放が一段と進み，インフラ，投資関連法制度，投資優遇策などが整備されてきたことが挙げられる．

もっとも，急拡大してきた日本のエレクトロニクス産業の対中投資は，1995年度の904億円をピークに減少へと転じ，99年度には74億円にまで減少した．これは90年度以来の低い水準であり，エレクトロニクス分野における日本のアジアへの投資全体に占める中国の比率も99年度には7.2％に低下した．法制度の整備の遅れ，インフラ整備の遅れ，税制の突然の変更，コピー商品の横行な

ど，中国投資に関わるリスクが顕在化してきたことが要因である．また97年の通貨危機の影響を大きく受けた韓国，タイ，インドネシアへの経営支援型の投資（増資の引き受け）が増え，その分，対中投資が減少したともいえよう．実際，99年度の日本からのASEAN諸国向けエレクトロニクス関連投資は430億円と中国向けの6倍弱の規模であったが，この中には，経営困難に陥った現地合弁パートナーの出資分を引き受けたケースが多くみられる．加えて，EU統合後の市場拡大を狙った欧州への投資が増えたことや，対ドル円相場が90年代半ば以降円安に振れたことなどを受けて，日本からアジアへの投資全体が減少傾向を強めた．

2．投資拡大に伴って緊密化する日中間の貿易関係

これまでみてきたように，1990年代の日本のエレクトロニクス産業の対中進出は，前半の拡大基調から後半は一転して低迷が続いた．以下では，近年の対中投資の動向を踏まえて，日中間の貿易関係について考えてみたい．

(1) WTO加盟によって魅力を高める対中投資

近年，日本のエレクトロニクス産業のアジアへの進出が低迷するなかにあって，中国向けは拡大に転じている．対中直接投資は，1999年度に底を打ち，2000年度には前年度比約5倍の357億円に達した．この勢いは，2001年度に一段と加速し，日本のエレクトロニクス産業のアジアへの投資が全体で15.0％減少するなかにあって，対中投資は前年比2倍弱の639億円に増加した．エレクトロニクス分野の対アジア投資全体に占める中国の比率も2001年度に49.0％とこれまでで最大となった．JEITA会員企業が2001年に設立したアジアでの海外生産法人（43法人）のうち37法人が中国となっている．

このように2000年度以降，対中投資が急増した要因として，第1に中国のWTO加盟が挙げられる．中国では，2001年12月のWTO加盟によって，市場開放や規制緩和が段階的に実施されることになった．透明性に欠けていた法制度についても整備が進められている．特に日系エレクトロニクス企業にとって大きな問題となっていた中国地場企業による日本製品の違法コピーや，特許の侵害についても，知的所有権の保護が強化されることになった．第2に，90年

代の高成長によって中国の1人当たり国民所得は大きく上昇し,都市部では中産階級層が育ち,日本企業にとって市場としての魅力が高まっていることがある.日本のエレクトロニクス産業の投資分野も,家電製品や半導体からデジタルカメラ,携帯電話などのハイテク消費財にまで及び,生産だけではなく中国国内での販売も狙ったものに拡大している.

　国際協力銀行が民間企業を対象に実施したアンケート調査(2002年10月発表)をみても,日本企業の中期的(今後3年程度)有望事業展開先国として中国が2位以下を大きく引き離して第1位となった.しかも2002年度調査では,中国を投資候補先に挙げた企業が全体の89%と2000年度の65%,2001年度の82%から増加した.同調査で中国を投資有望先に選んだ理由としては,マーケットの今後の成長性(86.3%)が1位であり,以下,安価な労働力(68.9%),安価な部材・原材料(30.0%),組立メーカーへの供給拠点(28.7%),対日輸出拠点(26.8%),第三国輸出拠点(25.2%)となっている.安価な部材・原材料とは,珠江デルタ地域や長江デルタ地域において,エレクトロニクス関連産業の集積が進み,部品・原材料の調達先としての役割が増していることを指している.この調査結果は,WTO加盟によって日本企業の中国に対する見方が,これまでの生産基地としてだけではなく,国内市場を意識したものへと変わってきていることを裏付けている.

　以上のように中国の魅力が一層高まっていることを考慮すれば,日本の投資が今後も中国を中心に展開されていくものと考えられる.

(2) 中国を軸に拡大するエレクトロニクス関連輸出

　先進国企業の進出によって,アジア各国でエレクトロニクス産業が発展し,完成品や部品の輸出が増加している.なかでも,近年,中国の輸出競争力が高まり,アジアのエレクトロニクス貿易に占める比率が高まっている.

①アジアと中国との貿易関係の変化

　1990年代のアジアにおけるエレクトロニクス関連貿易の特徴として,NIEsおよびASEAN域内,あるいはNIEs,ASEANと中国との貿易が急増していることが挙げられる(第2章参照).①NIEsやASEAN諸国が部品・中間財の域内での一大供給国として発展してきたこと,②域内関税が段階的に引き下

げられてきたこと,③中国が域内貿易の牽引役としての役割を高めてきたこと,などが要因である.

一方,中国のエレクトロニクス関連の輸出に占める米国向けのシェアが1990年代に顕著に上昇している.NIEs,ASEAN諸国と中国との間で国際分業体制が構築され,部品・中間財が中国で最終製品に組み立てられ,米国などの最終消費地へ輸出されていることがうかがわれる.

もっとも,2001年のアジア各国のエレクトロニクス製品の輸出額をみると,それまでの拡大傾向から一転し,NIEsおよびASEAN諸国でいずれも前年を下回った(図表8-5).これは,1999年から2000年にかけての世界的なITブームの反動で,2001年に入ってから半導体や電子部品を中心にエレクトロニクス製品・部品の世界貿易が縮小し,エレクトロニクス関連への輸出依存度が高いNIEs,ASEAN諸国がその影響を大きく受けたことによる.

このようななかにあって,中国だけは前年比2桁増となり,アジアのエレクトロニクス関連の輸出に占める比率も2000年の11.7%から15.5%へと拡大した.中国のエレクトロニクス関連品目の輸出額は,2001年に台湾,韓国,マレーシアを上回り,再輸出など仲介貿易の割合が大きい香港とシンガポールを除けば,アジアでの最大となった.中国と香港の輸出額を合計すれば,同年の日本のエレクトロニクス製品の輸出額にほぼ並ぶ規模となる.

図表8-5 アジア主要国・地域のエレクトロニクス関連輸出額

(単位:100万ドル,%)

	2000年	2001年	伸び	シェア
NIEs	271,301	229,129	▲15.5	59.9
韓国	61,719	46,869	▲24.1	12.2
台湾	68,029	54,005	▲20.6	14.1
香港	60,461	60,298	▲0.3	15.8
シンガポール	81,092	67,957	▲16.2	17.8
ASEAN諸国	110,686	94,189	▲14.9	24.6
タイ	21,455	18,568	▲13.5	4.9
マレーシア	54,588	47,380	▲13.2	12.4
フィリピン	27,000	22,057	▲18.3	5.8
インドネシア	7,643	6,184	▲19.1	1.6
中国	50,515	59,515	17.8	15.5
合計	432,502	382,833	11.5	100.0

(資料) ジェトロ『ジェトロ貿易投資白書2002』.

第8章　エレクトロニクス産業と日本企業の事業展開　　　183

②拡大する日中間の貿易

　財務省の通関統計によると，日中間の輸出入総額は2001年に初めて10兆円を超えた．日本の貿易総額に占める中国の比率も初めて10％を上回り，中国は，輸出入いずれにおいても米国に次ぐ第2位となった．中国にとっても日本は，2001年に輸出で米国に次ぐ第2位，輸入では第1位であり，相互に貿易相手国として不可欠な存在となっている．このような日中間の貿易拡大を牽引しているのがエレクトロニクス関連である．2001年の日本からの対中輸出の26.2％はエレクトロニクス関連製品（電気機器）であり，最大品目である．エレクトロニクス関連の輸出が全体で前年比3割弱の大幅な減少となるなかにあって，中国向けはほぼ横ばいで推移した．一方，同年の中国からの輸入の23.8％がエレクトロニクス関連製品（電気・機械）であり，品目別では繊維・衣料に次ぎ第2位となっている．労働集約的な製品からハイテク部品までほぼすべての品目で2桁増となった．

　エレクトロニクス製品について1996年から2001年の日中貿易の変化をみると，日本の中国からの輸入は年平均20.7％の高い伸びとなったが，同時に日本から中国への輸出も同7.7％増と比較的堅調なペースで拡大している．アジア通貨・経済危機の影響を受けた98年と99年を除いて，日中間の貿易は拡大を続けた．このように日中間の貿易が双方向で拡大していることは，エレクトロニクス分野で産業内での分業体制や相互補完関係が進展していることによるものと考えられる．90年代を通じて活発に行われた日本の対中投資による生産が本格的に立ち上がり，日本から中国への部品や原材料の輸出が増えるとともに，中国から日本への製品輸出が伸びていることによる．

　日本のエレクトロニクス企業の世界的な生産体制の中に中国が組み込まれた結果，景気や為替レートの変動に関わりなく，日本の中国からの輸入が減少しない構造になりつつある．さらに三洋電機と海爾の提携，松下電器とTCL集団の提携，商社や大手スーパーなどによる開発輸入の急増などの結果，中国製家電製品の日本への輸出も急増している．

3．日系エレクトロニクス企業のアジアにおける事業活動

(1) アジアでの事業活動

　経済産業省が実施している「海外事業活動基本調査」によると，2000年度末にアジアに進出している日本の電気機械分野の現地法人は総数で1,126社である．地域別では，ASEAN諸国が420社で最も多く，香港を含む中国が382社，香港を除くNIEs 3カ国が282社である．前述のJEITAの調査と比べて法人数が多いのは，JEITAが電子関連の製造業を対象としているのに対して，「海外事業活動基本調査」は，対象業種がより広範囲で，例えば重電機器製造業などが含まれていることによる．

　「海外事業活動基本調査」で，地域別に日系電気機械メーカーの2000年度の売上高を比較すると，ASEAN諸国が3兆6,321億円，NIEsが3兆427億円，中国が2兆6,281億円である．中国は，売上総額ではまだASEAN諸国やNIEsより少ないが，前年比での伸び率は最も高い．また，産業分野別の売上高をみると，いずれの地域においても電気機械が最大であるが，特に中国では売上総額の過半を占め，日本企業の対中投資の中心的分野となっている．

(2) 高まる海外生産比率

　中国における日系電気機械メーカーの売上の推移を，内訳が公表されている1997年度から99年度までの3年間についてみると，販売先に大きな変化がみられる．97年度の販売先では，中国現地販売が39.2％，日本向けが19.4％，第三国向けが41.3％であったが，99年度には中国現地販売が41.3％，日本向けが31.1％，第三国向けが27.7％となり，日本向けが大幅に拡大した．一方，「海外事業活動動向調査」（経済産業省）によれば，日本の電気機械産業の海外生産比率は，90年度の11.4％から95年度に16.8％，2000年度（見込み）には25.2％まで上昇しており，なかでもアジアの比率が顕著に高まっている．

　特にAV機器において日本から海外への生産移管が顕著で，成熟商品となったAV製品や一部の家電製品などにおいてコスト競争力を維持するために中国への生産シフトが進み，その結果，エレクトロニクス製品の日本への逆輸入が急増している．

図表8-6は，主要なエレクトロニクス製品について，日本企業の世界における生産状況をまとめたものである．品目によって多少の違いがあるものの，総じてアジアへの集中が進んでいる．その中でも特に中国への集中が加速している．2001年から2002年にかけて，デジタルテレビ，大画面フラットテレビ，プロジェクション（投射型）テレビなどの高付加価値製品が次々と中国へ生産移管された．日本市場に本格投入されて間がないPDP（プラズマ・ディスプレー・パネル）についても，2002年12月に松下電器が中国での一貫生産を始めた．VTRについても一部が欧州で現地生産されているものの，アジアでの生産が急増している．2000年時点で，日本国内でのVTRの生産は1割を下回り，約3分の2はアジアで行われている．

　その他，2001年以降に新聞などで報道されたものだけでも，NECがパソコン・マザーボードの生産を国内から中国に集約，オリンパスがデジタルカメラの生産を国内から中国に集約，富士通ゼネラルが国内と台湾で生産していたエアコンを中国とタイに集約，ミノルタが国内とマレーシアで行っていた一眼レフとデジタルカメラの生産を中国に集約など，エレクトロニクス・メーカー各社がこぞって中国への生産シフトを進めている．

　一方，携帯電話やノートパソコンなどのように設計・製造に高度な技術が要求され，また高精度の電子部品の安定的な供給が不可欠な製品については，日本国内での生産が中心となっている．しかしながら，タイ，マレーシア，中国などに部品，原材料，金型などを生産・供給する産業集積が発達してきたことに伴って，これら諸国への生産移管が徐々に増えてきている．例えば，かつて高付加価値製品とみなされ，主として日本国内で生産されていたデスクトップ・パソコンやハードディスク・ドライブ（HDD）は，すでに生産拠点の大半がアジアへ移管されている．

（3）現地調達率の上昇

　アジアに進出した日系エレクトロニクス企業の間で，生産コスト削減を目的に，日本から輸入していた部品や原材料を国内調達に切り替える動きが広がっている．「海外事業活動基本調査」（1999年度）によれば，中国に進出している日系電気機械メーカーの中間財の現地調達率は39.4％，日本からの輸入比率は31.1％となっている．1995年度にそれぞれ18.7％，53.3％であったことに比べ

図表 8-6 日本のエレクトロニクス産業のアジアでの生産

(単位:1000台,%)

	カラーテレビ			ノートパソコン			DVDプレーヤー		
	1995年	2002年	(シェア)	1995年	2002年	(シェア)	2000年	2002年	(シェア)
日本	7,060	1,650	2.1	2,490	5,600	21.1	3,660	3,040	8.9
中国	19,800	32,830	42.2	130	3,390	12.8	5,950	21,470	63.1
韓国	13,340	11,350	14.6	230	1,728	6.5	700	1,040	3.1
台湾	1,810	645	0.8	1,800	13,656	51.4	260	800	2.4
シンガポール	2,970	760	1.0	1,592	—	—	100	1,400	4.1
マレーシア	10,950	14,360	18.4	—	200	0.8	3,630	5,700	16.7
タイ	7,800	11,390	14.6	—	—	—	140	590	1.7
インドネシア	3,384	4,500	5.8	—	—	—	—	—	—
フィリピン	750	370	0.5	—	2,000	7.5	—	—	—
合 計	67,864	77,855	100.0	6,242	26,574	100.0	14,440	34,040	100.0

	VTR			デスクトップ・パソコン			デジタルカメラ		
	1995年	2002年	(シェア)	1995年	2002年	(シェア)	2000年	2002年	(シェア)
日本	10,020	460	1.2	3,560	2,020	3.1	11,170	15,640	59.8
中国	6,370	14,150	37.4	1,100	33,754	52.4	450	1,600	6.1
韓国	9,125	3,580	9.5	1,370	6,250	9.7	790	1,530	5.8
台湾	700	100	0.3	5,357	18,048	28.0	1,900	4,580	17.5
シンガポール	3,400	—	—	4,208	2,260	3.5	—	—	—
マレーシア	9,720	7,780	20.5	318	2,100	3.3	500	1,290	4.9
タイ	5,000	3,500	9.2	—	—	—	—	—	—
インドネシア	4,920	8,240	21.8	—	—	—	470	1,200	4.6
フィリピン	—	60	0.2	—	—	—	—	330	1.3
合 計	49,255	37,870	100.0	15,913	64,432	100.0	15,280	26,170	100.0

	携帯電話			HDD			DVD-ROMドライブ		
	1995年	2002年	(シェア)	1995年	2002年	(シェア)	2000年	2002年	(シェア)
日本	10,340	50,300	19.2	15,240	5,900	2.9	13,062	8,506	16.8
中国	3,200	114,600	43.8	1,700	26,244	12.7	3,457	14,740	29.1
韓国	5,420	78,100	29.8	2,200	12,000	5.8	6,500	9,370	18.5
台湾	—	8,500	3.2	—	—	—	4,224	980	1.9
シンガポール	—	1,000	0.4	45,120	86,996	42.1	—	—	—
マレーシア	240	7,200	2.8	11,800	30,000	14.5	2,590	4,480	8.9
タイ	—	—	—	7,980	26,920	13.0	—	—	—
インドネシア	—	—	—	—	—	—	—	2,000	4.0
フィリピン	—	2,000	0.8	500	18,564	9.0	2,200	10,500	20.8
合 計	19,200	261,700	100.0	84,540	206,624	100.0	32,033	50,576	100.0

(注1) 中国は香港を含む.
(注2) 網掛け部分はシェアが1位の国・地域.
(注3) 2002年は予測.
(資料) 電子情報技術産業協会『主要電子機器の世界生産状況』2002年3月.

ると，現地調達率の上昇が顕著である．NIEs3（韓国，台湾，シンガポール）やASEAN諸国に進出した日系企業の現地調達率がそれぞれ32.1%，35.7%であることから，中国での現地調達率が最も高いことになる．

　これは，エレクトロニクス分野での産業集積が進むにつれて，安価で良質の部品や原材料が現地で容易に入手できるようになってきたことによる．日本の部品メーカーの対中進出が活発化していることや，進出した日本企業から生産管理や品質管理の技術を移転された地場企業が，日本製品と比べて品質において遜色のない部品の生産を開始していることが背景にある．電卓，テレビ，ビデオなど中国国内において産業集積が発達してきた分野では，部品や中間財の現地調達率が高まり，中国での完成品の生産増加がそのまま直接に日本からの部品の輸出増加につながらなくなっている．さらに，これらの中国で生産された部品が組立のために日本へ輸出されている．

　エレクトロニクス製品の原材料コストに占める割合が大きい半導体についても，中国国内での生産が急ピッチで進んでいる．中国政府が半導体産業を積極的に育成していることや，日本からも主要な半導体メーカーの進出が相次いでいることが背景にある．2000年時点で，三菱電機，日立，富士通，松下が合弁企業を設立し，半導体生産の後工程を行っている．また後工程に比べて高度の生産技術と巨額の資本を必要とする前工程についても，NECが出資した上海華虹NECが1999年から生産を始めており，富士通なども新規投資を計画している．中国国内での半導体生産は，これまでのところ国内需要を満たすまでの生産量に達していないが，一部で輸出が始まっている．

4．日本のエレクトロニクス産業の課題

(1) 減少する国内生産

　1990年代を通じて，世界的にエレクトロニクス製品の競争が激化するなかにあって，日本のエレクトロニクス・メーカーは海外生産を拡大することによって競争力を維持してきた．しかし，当然のことながら海外生産の拡大は国内生産に大きな影響を与え，多くの品目で国内生産が減少している．2000年の国内生産量をこれまでのピーク時と比べると，カラーテレビは約8分の1，VTRは約7分の1，ハードディスク・ドライブ（HDD）と電子レンジはいずれも約

3分の1の規模にまで縮小している（図表8-7）．

一方，日本市場への輸入浸透度［輸入／（生産−輸出＋輸入）］をみると，1990年代に海外生産が急速に進んだ結果，91年の10％以下から2000年には40％を上回るまで上昇した．特に中国からの製品輸入の伸びが著しい．AV機器では，日本の輸入に占める中国製品の比率が95年の18.8％から2001年に37.0％，家電製品では同期間に22.6％から37.4％へ上昇した．

エレクトロニクス製品は，製品の標準化，部品の共通化，生産のユニット化が進んでおり，個別モデルごとに大型投資を必要とする自動車産業などと比べると，設備投資額は少なくてすむ．また，白物家電を別にすれば，輸送コストも少ない．このような製品の性格から，日本のエレクトロニクス・メーカーの生産は，労働コストの低い中国を中心に展開し，日本国内での生産が縮小傾向を強めているものと考えられる．冷蔵庫や洗濯機などの白物家電は，輸送コストがかかることや，日本国内市場向け製品の仕様が海外市場向けと異なることなどから，国内生産の減少幅が比較的小さいものの，普及品については海外への生産シフトが進んでいる．

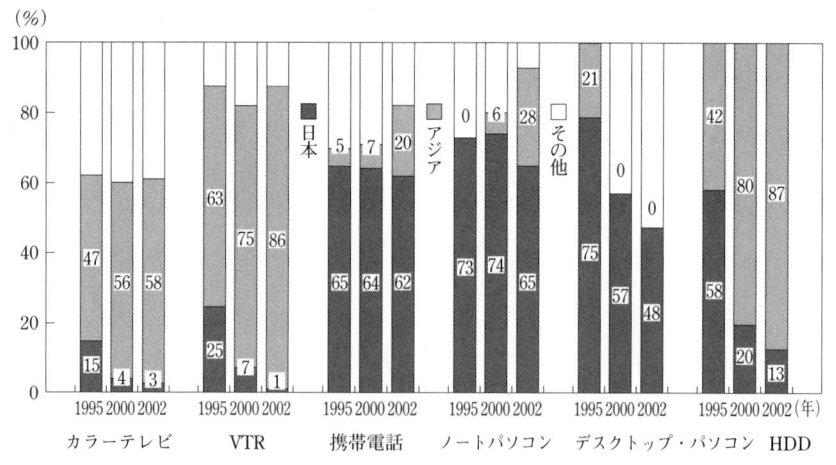

図表8-7　日本のエレクトロニクス産業の世界生産状況

（注）　2002年は予測．
（資料）　電子情報技術産業協会『主要電子機器の世界生産状況』．

（2）加速する域内拠点の再構築

　日本のエレクトロニクス企業において，アジアにおける事業再編の動きが広がっている．この背景として以下の2点が挙げられる．

　第1は，ASEAN自由貿易地域（AFTA）の進展などを通じて，アジア市場が一体化に向かっていることである．2002年1月，ASEAN先発6カ国で，対象とされていた大半の品目の関税が5％以下に引き下げられた．今後，電気製品や部品のうち，一時的除外品目に入っているものについても段階的に関税が引き下げられる予定である．さらに2002年に，ASEAN諸国と中国との間において自由貿易協定（FTA）締結に向けての話し合いが始まり，域内で市場統合に向けた動きが加速している．

　第2は，日本のエレクトロニクス・メーカーの経営が一段と厳しさを増していることである．この要因は，①世界的にエレクトロニクス生産の供給過剰感が強まっていること，②アジア域内あるいは輸出市場において，韓国製品や中国製品との安値競争が激化していること，③日本国内における長引く景気低迷を背景に売上低迷が続いていることなどである．

　このような状況のなか，日本のエレクトロニクス企業にとって国際競争力の向上が最重要課題となっている．アジア域内の市場統合をにらみながら，既存の生産拠点の統廃合や拠点間での生産品目の調整を進めることによって，コスト競争力の強化を急いでいる．

　今後，大手エレクトロニクス・メーカーを中心に，世界規模で調達，生産，販売の最適化を目的とした生産拠点の再配置が活発化することが予想されるが，なかでも重要なのが，生産基地と販売市場としての両面をもった中国である．『ジェトロ投資白書（2001年版）』によれば，2001年8月，日立製作所は，中国を核としたアジアでの生産再編策の中で，エアコンなどの家電製品や高付加価値製品の中国への生産移管を発表した．同年，松下電器も，北京の生産拠点を統括拠点に格上げし，資材調達やマーケティングなどの機能を強化する方針を発表している．東芝，NEC，富士通なども，国内外で人員削減を含むリストラを進める一方で，中国においては，生産能力の拡大，研究開発拠点の設立，ソフト開発センターの設立などを進めている．

　もっとも，中国だけに投資が集中しているわけではない．市場の大きさや良質で低廉な労働力を考慮すれば，ASEAN諸国に比べて中国に優位性がある

とみられるものの，中国一国に生産を集中することによるリスクに考慮し，日本企業の進出の歴史が長く，生産基盤も確立されているASEAN諸国への投資を増やしている企業もある．例えば，ソニーは，2003年にインドネシア工場を閉鎖し，マレーシアに集約することを発表している．日本ビクターは2002年にデジタルビデオカメラなどの高価格製品をマレーシア工場に移管するとともに，研究開発機能の充実も図っている．

(3) 中国地場企業の成長と激化する競合

こうしたなか，中国の地場のエレクトロニクス・メーカーが成長している．1999年のエレクトロニクス製品の世界生産において，中国が最大シェアとなっている品目は，カラーテレビ（4,262万台），エアコン（1,338万台），洗濯機（1,342万台），冷蔵庫（1,210万台），電話器（7,140万台）などである．

図表8-8は中国におけるエレクトロニクス製品のブランド別販売シェアをまとめたものであるが，デジタルカメラ，ビデオカメラ，携帯電話では外国ブランドが高いシェアを確保しているものの，冷蔵庫，カラーテレビ，エアコンなどの家電製品からDVDプレーヤーやパソコンなどのハイテク情報通信機器まで中国地場企業が大きなシェアを占めている．

ASEAN諸国において地場のエレクトロニクス・メーカーがほとんど育っていないことと比べて対照的である．このように中国で地場企業が成長してきた要因は豊富な労働力だけではない．長江デルタ地域における重工業分野の国有企業，珠江デルタ地域における香港企業の委託生産などによる中小エレクトロニクス企業，北京周辺の中関村における大学や政府系研究機関を中心としたIT関連企業など各地で地場企業が集積し，国内にエレクトロニクス産業の基盤ができてきたこと，さらに1980年代半ば以降，半導体などIT関連企業の育成が政策的に図られてきたことも大きな理由である．

家電製品の販売には，流通やアフターサービス体制の整備が不可欠であり，日本のエレクトロニクス・メーカーにとって中国市場に参入することは容易でない．海爾やTCL集団に代表される中国地場大手企業は，国内に流通ネットワークや部品調達ネットワークを張り巡らし，強いコスト競争力と整備されたサービス体制を武器に，国内市場において外資企業を凌駕している．このような状況にあって，三洋電機など一部の日本企業は，中国企業との提携を進める

図表 8-8 中国における主要エレクトロニクス製品のブランド別シェア

(単位:%)

	第1位		第2位		第3位	
	ブランド名	シェア	ブランド名	シェア	ブランド名	シェア
冷蔵庫	海爾	29.9	容声	9.8	エレクトロラックス	8.8
カラーテレビ	長虹	17.4	康佳	13.9	TCL王牌	9.8
エアコン	美的	12.1	海爾	11.9	格力	8.9
電気ポット	万家楽	9.5	海爾	7.5	リンナイ	5.0
洗濯機	海爾	25.4	小天鵝	23.1	小鴨	7.5
DVD等	新科	16.1	歩歩高	14.9	廈新	8.1
デジタルカメラ	ソニー	20.0	オリンパス	19.7	キャノン	11.5
ビデオカメラ	ソニー	40.2	松下	22.7	JVC	13.3
パソコン	聯想	18.1	方正	2.7	実達	2.3
携帯電話	モトローラ	29.6	ノキア	27.2	エリクソン	14.0

(注) 網掛け部分は外資企業,その他は中国地場企業.
(資料) ジェトロ『ジェトロ投資白書2002年版』(原データは北京華聞旭通国際広告有限公司).

ことによって,中国市場への参入とコスト競争力の向上を図っている(コラム8参照).

さらに中国の大手家電メーカーは海外市場への進出も加速している.海爾やTCL集団は,インドネシア,ベトナム,インドなどアジア域内への投資を進めており,価格選好の強いアジア市場で日系企業や韓国系企業などと激しいシェア争いをしている.また海爾は米国に,TCL集団はドイツに生産拠点を設け欧米市場への展開も加速している.エレクトロニクス産業において,日本,韓国,台湾に中国が加わり,世界規模で競合が激化している.

5. おわりに

日本国内で中国脅威論が高まっている.中国が衣料品や雑貨において強い競争力をもつようになったことを受けて,同様の動きが他分野まで波及し,中国がすべての分野で日本製品に対して優位に立つのではないかとの恐れである.確かに日本市場における中国製エレクトロニクス製品の急速な普及などをみると,そのような懸念が現実のものとならないとはいい切れない.しかし,問題は中国側だけにあるのではなく,日本のエレクトロニクス産業において,産業高度化や技術革新のスピードが遅すぎたことを要因に,強い国際競争力をもっ

た製品が生まれてこなかったことにもある．

　日本のエレクトロニクス・メーカーは，競争力の低下した製品の生産移管を進める一方，日本国内に残すべき製品を峻別し，資源を集中的に投入することで，国際競争力の向上を図ることが課題である．

◆スタディ・ガイド
　日本のエレクトロニクス産業のアジアでの事業展開に関する情報については，以下が参考になる．
・日本貿易振興会（ジェトロ）『ジェトロ貿易投資白書』．
　2002年度版から，それまで別々に発行されていた『ジェトロ貿易白書』と『ジェトロ投資白書』が『ジェトロ貿易投資白書』に統合された．
・経済産業省『我が国企業の海外事業活動』．
　日本企業が海外で行っている事業活動を把握するのに適当である．経済産業省のホームページでも公表されている．
・経済産業省『通商白書』．
　日本の通商に関わる現状と課題をまとめた白書である．経済産業省のホームページでも公表されている．
　日本のエレクトロニクス産業の貿易・投資に関するデータは以下のホームページで入手できる．
・（社）電子情報技術産業協会（http:// www.jeita.or.jp/）
・（社）日本電機工業会（http:// www.jema-net.or.jp/）
・（財）家電製品協会（http:// www.aeha.or.jp/）
　日本の対外直接投資に関する統計類は，財務省ホームページに掲載されている「対外及び対内直接投資状況」にまとめられている（http://www.mof.go.jp/）．

◆主要参考文献
・木村福成ほか編著『東アジア国際分業と中国』日本貿易振興会，2002年．
・丸山惠也ほか編著『アジア経済圏と国際分業の進展』ミネルヴァ書房，1999年．
・佐々木隆雄『日本電子産業の海外進出』法政大学出版局，1987年．
・電波新聞社『電子工業年鑑2002』2002年．
・電子情報技術産業協会『主要電子機器の世界生産状況2000〜2002年』2002年．
・電子情報技術産業協会『2001年における電子工業の動向』2002年．

【コラム8】 広がる戦略的提携の動き

　中国地場企業の実力が向上し品質が急速に向上するなかで，日本企業と中国企業との関係にも変化が起こっている．具体的には，従来の安価な労働力を利用した生産委託を中心とした関係を超え，競合企業との戦略的な提携が活発化している．電機におけるこのような動きをみてみよう．

　2002年1月，三洋電機は，中国最大の総合家電メーカー（2000年売上は約6,500億円）である海爾（ハイアール）集団と包括的な生産・販売提携関係を結んだ．高付加価値製品は三洋が，低価格の普及品は海爾が生産し，それぞれのブランドのままで相互供給する計画である．日本では三洋が海爾ブランドの製品を自社販売網で販売し，中国市場においては三洋ブランドの製品を海爾が販売することになる．これまでの日本企業と中国企業との提携では生産委託のかたちが多く，逆輸入された製品は日本メーカーのブランドで販売されることが通常であった．また，中国家電メーカーの多くは，これまで日本や欧米の有力メーカーのコピー商品を生産してきた．家電製品に限らずこれまで日本の消費財メーカーは中国企業によるコピー商品によって大きな被害を受け，中国政府に対して違法コピーの取り締まりや罰則の強化を要請してきた経緯がある．しかしながら，ここにきて日中間で提携を模索する動きが出てきた．

　三洋と海爾のケースでは，日中企業が対等の立場で相互補完を進めようとしている．中国企業が急速に実力をつけてきたことと，低付加価値製品において日本の総合家電メーカーが競争力を失ってきたことがその理由である．実際，海爾は，中国にとどまらず，これまで日本メーカーが強い競争力をもっていた欧米諸国やASEAN諸国の市場においても，品質の向上と価格の安さを武器に急速にシェアを伸ばしている．三洋と海爾との提携が契機になって，家電第3位でテレビ，電話機，洗濯機，冷蔵庫，エアコンなどの生産を得意とするTCL集団に対して東芝，松下電器産業などが資本参加を決定あるいは検討している．

　今後，日本のエレクトロニクス・メーカーにおいて，安価な製品を中国企業に委託生産させ自社の製品ラインを充実させようとする動きから一歩踏み込んで，中国企業との対等な立場での提携が増加してくるものと考えられる．さらに，提携の内容も，製造面にまで発展していくものと考えられる．中国企業の低コスト生産を可能にしている材料・部品の調達や生産方法を取り入れることなしに，日本企業が国際競争力を維持することが困難になりつつあるのではないだろうか．

第9章　自動車産業と日本メーカーの事業展開

◆本章のポイント

　本章では，アジアの多くの国々が長い期間をかけて育成してきた自動車産業が，1990年代後半以降，経済のグローバル化と自動車メーカーの戦略的提携に直面して，大きく変化しつつあることを示す．

1．長年にわたり政府の保護下に置かれていたアジアの自動車産業は，1990年代後半以降，貿易・投資の自由化，完成車メーカーの戦略的提携などの影響を受け，国際競争力の大幅な向上を迫られている．
2．タイは，自動車メーカーの集積が進み商用車の輸出拠点となった．マレーシアの国民車プロジェクトは転機を迎えている．韓国では，経済危機を乗り越えた完成車メーカーがグローバル戦略を展開しつつある．中国は，市場が順調に拡大するなか，生産国としての実力を着実に蓄えている．
3．自動車産業育成策のあり方が，1990年代中頃を境に一変した．世界貿易機関（WTO）のもと，国内の自動車産業を直接的に保護する政策を実施できなくなった．政府の新しい役割は，裾野産業の育成，外国の自動車メーカーの誘致，産業集積を促すインフラ整備，自動車メーカーのグローバル戦略に対応できる人材の供給などに移っている．
4．先進国の完成車メーカーは，グローバル戦略を推進する過程で，本国に集中させるべき機能と，海外の拠点に移管すべき機能を明確に分けるようになってきた．そして，アジアを含む海外拠点で，現地の市場特性を反映した新車種を，国際競争力のある価格と品質で，本国とのタイムラグを最短化して量産化できる生産方式の開発に取り組んでいる．
5．アジアにおける生産分業体制の再構築は，域内最大の市場・生産国である日本を巻き込んで急速に進んでいる．日本国内に研究・開発機能が残るにせよ，自動車部品と完成車の域内貿易が，タイや中国を軸に活発化する．

1. 市場規模と生産基盤

アジアの多くの国々は，自動車産業を自国の経済発展にとって重要な産業として位置付け，その育成にあたってきた．政府は，関税や非関税障壁で国内市場を保護するとともに，限られた数の自動車メーカーに生産を許可することで自動車産業を育成した．そして，アジアにも韓国やタイのような自動車輸出国が台頭してきた．自動車産業は，雇用創出，技術力の向上，裾野産業の発達，他産業の需要誘発，外貨の節約／獲得などの点において，経済発展に大きく貢献してきた．

1990年代後半以降，アジアの自動車生産国は，貿易と投資のさらなる自由化に加えて，世界の主要完成車メーカーが戦略的提携を契機に打ち出したグローバル戦略への対応を迫られている．

(1) 市場の拡大と分断

アジアの**自動車市場**（インドネシア，マレーシア，フィリピン，タイのASEAN4，中国，台湾，韓国の7カ国）は，1980年代半ばからの高度成長期に順調に拡大し，96年には販売台数は502万台に達した．その後，97年7月に通貨危機が起きASEAN4と韓国が大きな打撃を受けたことから，97年は486万台，98年は330万台へと落ち込んだ．96年の水準を上回ったのは2001年（523万台）になってからであった（図表9-1）．2001年には，韓国市場が145万台に回復したものの，それでも96年の164万台を下回った．同様に，ASEAN4も107万台へと販売台数を伸ばしたが，過去最高である96年の145万台には及ばなかった．他方，中国は96年の146万台から2001年には236万台へと，販売台数を大きく伸ばした．

このようにアジア自動車市場は再拡大しているが，日本，米国，欧州と比較すると市場規模は小さく，かつ多くの市場（国）に分断されている．世界の主要国・地域の自動車市場規模を2000年についてみると，アジア7カ国の合計が493万台であったのに対して，西欧が1,703万台，米国が1,799万台，日本が596万台であった．アジアと日本との差は100万台程度に縮小したが，域内最大の市場である中国を除くと，1カ国当たりの市場規模はさほど大きくない．

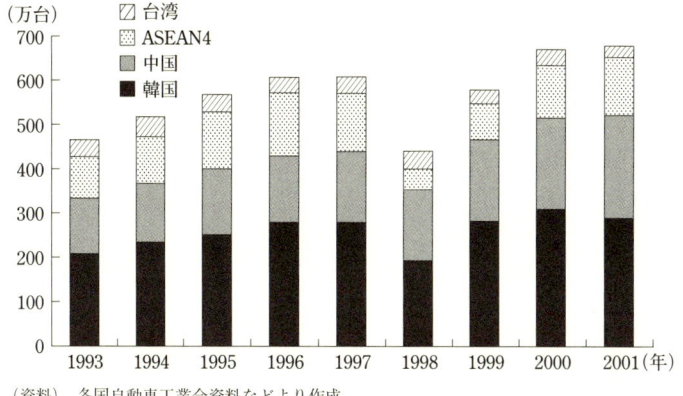

図表9-1　アジアの自動車販売台数の推移

凡例：台湾／ASEAN4／中国／韓国

（資料）各国自動車工業会資料などより作成．

（2）多様性に富む市場

　自動車メーカーは，1カ国当たりの市場規模が大きくなくとも，各市場の特性にあわせて，木目の細かい対応をしなければならない．道路の整備状況は，都市国家であるシンガポールと戦乱からの復興に取り組んでいるカンボジアではまったく異なる．赤道直下のインドネシアでは暖房装置は不要であるが，韓国では不可欠である．中国の農村で使われる自動車は，「走る，曲る，止まる」の3つの基本性能が備わっていれば十分であり，何よりも頑強さが求められる．タイの地方では，平日は荷物を運搬，そして週末には家族を乗せることができる商用車が好まれている．1人当たり GDP（2000年）は，シンガポール，台湾，香港で1万ドルを超えている一方で，カンボジア，ラオス，ミャンマー，中国，インドネシアでは1,000ドルを下回っているが，どの国でも外国の高級車への需要はある．

　アジアの自動車市場の特色として，次の3点が指摘できる．第1に，乗用車の普及率がさほど高くなく，地方を中心に商用車中心の市場となっている国が多いことである．マレーシアを除く ASEAN の自動車生産国や中国がこれに該当する．また，タイのように，商用車の普及を狙ってその国内税率を乗用車よりも低く設定している国では，乗用車の販売価格が商用車よりも割高になっている．

第2に，右ハンドル車の国と左ハンドル車の国が混在している．このため，自動車を他のアジア諸国に輸出する際に，製造ラインを左右双方の仕様に対応できるように調整しなければならない場合がある．

　第3に，消費者は自動車を先進国以上にステータス・シンボル，あるいは資産として認識している．アジアの所得水準を考慮すると，自動車が高級品であることは間違いない．消費者は，新聞，雑誌，インターネットなどを通じて，先進国の自動車市場に関する最新の情報を集めている．日本で普及した一世代前の乗用車をアジアに投入しても，消費者の関心を引かなくなっている．

(3) 増加する生産台数

　アジア諸国（中国，韓国，台湾，ASEAN4の7カ国）の自動車生産台数は，国内市場の順調な拡大と，韓国などが輸出競争力を高めたことから，90年代に入ってから着実に増加し，1996年には610万台に達した（図表9-2）．通貨危機の影響で98年に441万台へ落ち込んだものの，2000年には675万台，2001年には683万台と通貨危機前の水準を上回った．2001年の生産台数を国・地域別にみると，乗用車の輸出が多い韓国が295万台と最も多く，それに中国（233万台）が肉薄している．ASEAN4は128万台とかなり盛り返してきたが，96年の145万台には及ばない（ただし，2002年に入り生産台数は順調に伸びた）．

　世界の主要国・地域の自動車生産台数を2000年についてみると，アジアの675

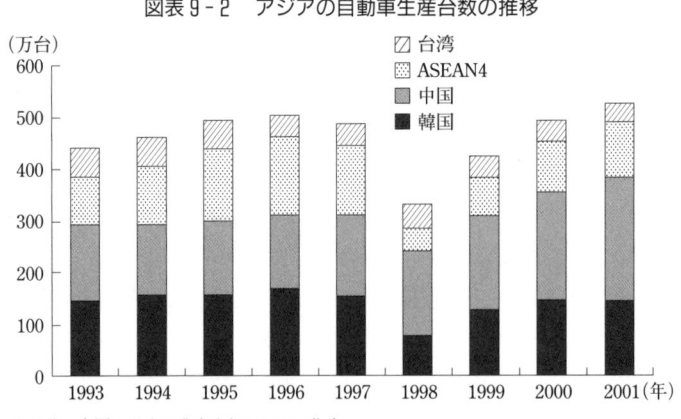

図表9-2　アジアの自動車生産台数の推移

(資料)　各国自動車工業会資料などより作成．

万台に対し，西欧が2,028万台，米国が1,280万台，日本が1,014万台となった．依然格差は大きいが，アジアは米国の51％，日本の64％の生産実績をもっている．今後，中国とタイを中心に生産台数が大幅に増える見込みであり，アジアの生産台数はさらに伸びよう．

他方，自動車産業は世界的に過剰生産能力を抱えている産業であり，アジアもその例外ではない．1990年代に入り市場が順調に拡大するとの予測に基づいてASEANや韓国で生産能力が大幅に増強された．中国においても，地場メーカーが過剰設備を抱えているところに，外国の完成車メーカーによる生産能力の増強が相次いで発表されている．市場が順調に拡大しているとはいえ，既存設備のスクラップ・アンド・ビルドが必要である．

図表9-3には，やや古くなるが，アジアの自動車生産国の基礎データを掲げてある．生産額をみると，日本が1998年に3,078億ドルであったのに対し，中国は509億ドル，韓国は464億ドル，タイは184億ドルであった．従業員1人当たり生産額についても，日本の41万ドルに対して，韓国が21万ドル，タイが17万ドル，台湾が15万ドルとなっており，生産性にも開きがある．1人当たり賃金をみると，日本の4万3,007ドルが突出している．

自動車産業は，他産業に対する**生産誘発効果**が大きく，この面でも経済発展の牽引役となることが期待されている．自動車を製造するには，ボディ（外装）に使用する精度の高いものをはじめとして，大量の鋼板が必要である．また，タイヤをはじめとする多種多様なゴム，ABS樹脂，ガラスも多く使われ

図表9-3　アジアの主要自動車産業の概要

国・年		企業数		生産額		雇用		雇用数/社 (人)	賃金 (ドル)	生産額/人 (ドル)
		社	％	百万ドル	％	千人	％			
韓国	1997	3,083	3.3	46,444	10.2	222	8.5	72	21,094	209,397
中国	1998	6,779	4.6	50,876	7.2	3,375	6.8	498	—	15,074
台湾	1996	2,838	1.8	10,940	4.1	72	2.9	25	17,053	151,599
インドネシア	1998	232	1.1	4,394	1.0	38	0.9	166	965	114,427
マレーシア	1997	317	1.4	4,832	3.4	38	2.9	120	6,508	126,829
フィリピン	1997	249	1.7	2,934	6.1	30	2.7	122	3,638	96,513
タイ	1996	1,095	4.6	18,398	13.2	107	4.4	98	4,776	171,589
日本	1998	10,436	2.8	307,776	12.6	752	7.6	72	43,007	409,277

(注)　％は各国の製造業全体に占める割合．中国のみ輸送機械全体が対象．賃金は従業員1人当たり賃金（年間）．
(資料)　UNIDO, *International Yearbook of Industrial Statistics* より日本総合研究所作成．

ている．自動車生産台数が増えるにつれて，日本の素材関連企業のアジアでの生産が増加した．

　自動車産業が発達することに伴う，間接的な波及効果も見逃せない．自動車を販売するためにはディーラー網が必要であり，アフターサービスには整備工場が欠かせない．自動車が普及するにつれて，ガソリンスタンドも増設される．広告業界にとって，自動車メーカーは得意客である．中古車の流通市場の整備とともに，情報誌も発行される．自動車ローンを手掛ける自動車メーカーや金融機関も現れている．

（4）政府の自動車産業育成策

　貿易・投資の自由化が進展し，完成車メーカーがグローバル戦略を急速に推進する状況下で，アジア諸国の政府はどのような対応策を打ち出そうとしているのだろうか．**自動車産業育成策**は，一昔前とはかなり違ったものになっている．

　アジアの自動車産業の歴史を振り返ると，その育成策は多くの国で共通していた（中国は除く）．自動車産業を育成する目的は，経済発展，税収確保，雇用創出，技術移転，国内企業の育成，他の産業とのリンケージの強化，外貨バランスの維持などである．その実現のために，完成車メーカーの行動に直接的に影響を及ぼすことのできる手段を用いた．それらは，①税制（関税と内国税），②ライセンス制（完成車輸入と自動車製造許可），③国産化比率規制，国産化義務部品，④外貨獲得義務（あるいは輸出入金額の均衡）などである．外国資本の出資比率規制や進出地域を限定する措置もとられた．開発途上国にとって，輸入単価の高い自動車を国内で生産できるようになることは，国際収支の改善という点でも意味がある．また，輸入部品を国産部品に置き換えることにより，裾野産業の育成に繋げることができる．総じていえば，アジア諸国の自動車産業育成策は，国内需要を満たすための生産能力の整備という意味では成功を収めたと評価できる．ただし，それは，消費者に負担を強い，多くの部品・資材を輸入に頼ることによって達成されたものでもあった．

　現在では，過去に用いた手段の多くが使えなくなっている．WTOの規定により，国産化比率規制などの政策手段を講じることができなくなり，関税に置き換わっている．今後とも使えるのは，カテゴリー別税制（乗用車と商用車の

別,排気量などを基準に税率を決める),輸出用完成車を生産する目的で輸入された部品・資材の輸入関税の減免などに限られる.

　自動車産業育成策は,完成車メーカーの進出を促したり,その事業活動が円滑に行われるための環境づくりへと重心を移している.すなわち,産業集積の促進,人材育成,情報通信ネットワークの整備が焦点になっている.ASEANの自動車生産拠点となりつつあるタイが,港湾,工業団地,高速道路などを整備し,部品産業の集積を図っているのはその代表例である.

　加えて,自動車市場の拡大を支援することも政府の役割の1つである.国際的な競争に勝ち抜くためには,生産台数を増やして量産効果を発揮することによって,製造コストを低下させることが欠かせない.そのためには,奢侈税などを引き下げることにより販売価格を引き下げ,市場拡大へと繋げる必要があろう.とりわけ,商用車と比較して乗用車に高率の内国税を課している国では,いずれ税率の調整が必要になろう.道路などのインフラの整備や環境問題への対応も,市場を拡大させるための措置である.

(5) アジアでの生産の難しさ

　アジアに生産拠点をもつ自動車メーカーは,貿易と投資の自由化が進むなかで,価格と品質の両面で国際競争力のある自動車を作ることを求められている.しかしながら,日本と比較すると,自動車生産に必要な条件は整っていない.市場・生産規模は小さく,産業基盤も心もとない.現地政府が政策を約束通りに実施する保証はない.以下では,諸々の制約条件があるなかで,日系自動車メーカーがどのような対応をしてきたかについて,その進出の歴史が長く,市場シェアが高いASEANの事例を念頭に述べる.

①生産台数が少なくとも採算を確保するための工夫

　ASEANで自動車を生産するには,生産台数の少なさが製造コストに跳ね返ることを抑える必要がある.装置産業である自動車産業は**量産効果**が重視される.一般的に,自動車組立工場を建設するには,土地・建物に加えて,プレス機械,塗装設備,金型などに多額の投資を必要とする.したがって,生産台数が少ないと,1台当たりの製造コストが割高になってしまい,あらかじめ想定していた採算を確保できなくなる.

ASEANでは，輸入自動車に高い関税が課されていたことから，自動車メーカーは製造コストが多少高くとも採算を確保できた．しかし，近年では，関税率の引き下げや販売競争が激しくなってきたことから，生産量を増やして1台当たりの製造コスト低下させることが以前にもまして重要になっている．

ASEANの自動車組立工場では，生産台数が少ないため，先進国の工場と同じ最新の機械を導入すると価格競争力を失ってしまう．そのため，機械の代わりに，多くのワーカーを生産ラインに配置している．これにより，生産ラインの自動化率（生産工程のうち機械で処理する工程の比率）は日本の工場よりも低くなるが，製造コストを抑えることができる．ただし，この方法の場合，生産台数が一定量を超える（生産ラインのスピードが速くなる）と，人的ミスが増え生産性が低下する恐れがある．このため，ASEANの自動車組立工場の生産ラインの能力は，最大でも年産10万台前半に抑えられており，日本国内のような大規模量産工場は建設されていない．

②部品調達ネットワークの構築

部品調達先の確保も，ASEANで自動車を生産するにあたってきわめて重要である．一般的に，乗用車はおよそ2万点の部品で組み立てられている（ただし，近年では，複数の部品を1つにまとめて生産する方式が普及しつつあり，部品点数は減っている）．完成車メーカーが使用する部品は，自社で製造する内製部品と，外部から調達する部品に分けられる．エンジンなどを内製するにしても，それに必要な部品の多くを部品メーカーから調達しなければならない．自動車産業では，完成車メーカーを頂点に，部品調達の広範なネットワークが形成されてきた．

ASEANの場合は，1960年代に日系メーカーが自動車生産を開始した当時，部品メーカーは存在していなかった．そのため，現地で調達できる部品を段階的に増やしていった．現地調達は，日本から輸入すると輸送費がかさむ部品や，現地生産が比較的容易なバッテリー，ガラス，タイヤなどから始まった．現地調達率が低い状態で生産台数が増えると，貿易収支が悪化することから，政府は国内で生産された部品の使用を義務付ける国産化規制を課した．

日系完成車メーカーは，エンジンなどを内製する，日本の部品メーカーの進出を促す，地場企業を育成するといった対応策を講じた．このようにして，ASEANでも完成車メーカーを頂点とする部品調達のピラミッドが形成され

たが，生産量と部品メーカーの数が限られていることから，その底辺は狭い．

　日系完成車メーカーは，近年，現地調達率のさらなる引き上げに取り組んでいる．国産化比率規制が撤廃され，関税が引き下げられると，完成車メーカーは輸入部品への依存度を高めると考えることもできるが，実際にはそうなっていない．それは，1つには，日本からの輸入部品に依存していると，為替変動リスクにさらされてしまうからである．もう1つには，価格，品質の両面において国際競争力を高めることを迫られているからである．完成車メーカーにとっては，組立工場の近くに競争力のある部品を供給できる部品メーカーを多くもつことで，効率的な生産，設計・開発分野での協働などの面でメリットを得られる．

　ここで気をつけなければならないのは，**現地調達率**が高まることと，地場の部品メーカーからの調達が拡大することは，必ずしもイコールではないということである．完成車メーカーが国際競争力を意識して部品メーカーに対して要求する水準に，短期間のうちにキャッチアップできる地場企業は限られる．近年タイには，新車種の投入にあわせて日本から部品メーカーが大量に進出している．このため，完成車メーカーの現地調達率は上昇するが，地場部品メーカーとの直接的な取引が減少する恐れがある．ASEANの主要自動車生産国では，裾野産業，あるいは中小企業の育成が積年の課題となっているが，これからはむしろ国際競争力を欠く地場企業が淘汰されることがありえる．

　また，完成車メーカーと一次部品メーカーの関係も変化してきた．日系部品メーカーは，日本国内で取引のあるケイレツの完成車メーカーに対して製品を供給するだけでは，生産量を確保できない．このため，ケイレツ以外の完成車メーカー（フォードやGMを含む）にも製品を供給する例が多くみられるようになった．他方，完成車メーカーとしては，安く部品を調達できるのであれば，部品メーカーが他の完成車メーカーと取引をすることを容認する．近年，日本国内でもケイレツの崩壊が指摘されることが多いが，むしろ海外で先行した動きがでている．また，完成車メーカーが世界の主要な市場での生産を拡大するようになったことに伴い，それに対応してグローバルな供給体制を整えることができる部品メーカーと，できない部品メーカーが選別されるようになってきている．

③技術者の確保と育成

　ASEAN 諸国の**技術力**の向上も，日系自動車メーカーにとっては大きな課題である．自動車は技術の塊であり，技術者なしには成り立たない．アジアの生産拠点で，新車種の量産体制を確立し，生産を安定させるまでにさまざまな技術者が関わる．しかしながら，現状，現地の技術者が対応できる分野は限られている．

　新しい車種を開発して，アジアの生産拠点で量産化するまでのプロセスを考えてみよう．まず，自動車の設計・開発は，ASEAN の拠点から送られてくる情報を反映させるものの，日本で行われる．基幹部品の開発や詳細設計（試作やその評価を含む）も日本で行われる．日本で設計・開発した自動車を，現地仕様に対応できるように設計を変更したり，ASEAN の組立工場の製造ラインを設計する段階になり，日本と ASEAN の拠点との技術情報のやりとりが本格化する．次に，量産化に備えた生産準備プロセスが ASEAN の工場で行われる．この段階でも，そうしたプロセスが現地の技術者によって行われるとは限らない．ASEAN の組立工場では，自動車のモデル・チェンジのサイクルが長いことから，そのために必要な技術者を常時抱えることは非効率である．このため，日本から大勢の応援部隊が派遣されることになる．

　一般的に，自動車産業の技術者として連想されるのは，生産ラインで自動車を組み立てているワーカーであろう．この分野では，現地の人達が積極的に登用されている．加えて，生産を円滑に進めるには，工場内での生産管理，部品メーカーに対する指導ができる技術者が必要になる．近年では，日本の本社との間で設計情報をやりとりするようになってきたり，サプライ・チェーン・マネジメントが導入されてきたことから，情報通信分野での技術者も必要になってきた．さらに，生産台数が増えるにつれて，生産現場だけではなく，経理，人事・研修，調達・販売などの間接部門でも専門家が必要になる．

　日系自動車メーカーが ASEAN の人材育成に大きく貢献してきたことは間違いない．その一方で，日系自動車メーカーは企業として，自社が現地で必要とする技術だけを移転してきたともいえよう．企業の立場に立つと，アジアのすべての生産拠点に設計・開発拠点を設けても採算はあわない．他方で，新車種の生産を ASEAN で立ち上げる都度，日本から大量の応援部隊を派遣していては費用がかさんでしまう．企業は，費用と便益を勘案しながら，最適な人

員配置，あるいは現地社員の研修体制を整えるのである．

2．主要自動車生産国の概要

(1) ASEAN
①タイ：外国メーカーの集積をテコに商用車の生産拠点に

　タイは，外国の自動車メーカーを積極的に誘致することにより，自動車産業を発展させてきた国である．国民車の育成にこだわることなく，外国の自動車メーカーが活動しやすい環境を提供することで，産業集積を促進してきた．現在では，日系完成車メーカーを含む世界の主要完成車メーカーが組立工場を構えている．加えて，部品メーカーの集積も厚みを増してきた．自動車産業の集積地は，バンコク近郊から東部臨海工業地帯へと拡大するとともに，高速道路でネットワーク化されてきた．

　タイの市場規模は，経済危機に見舞われる直前の1996年に史上最高の58.9万台に達し，ASEAN諸国で最大となった．しかしながら，危機後の回復ペースは他のASEAN諸国よりも鈍い．2001年の市場規模は29.7万台と，マレーシア（39.6万台）やインドネシア（30.0万台）を下回った．他方，2001年の生産台数（45.9万台）は，輸出（17.5万台）が堅調であったことから，域内で最大となった．

　タイは，1トンピックアップトラックに代表される商用車を中心とした生産・輸出拠点となった．近年，外国の自動車メーカーによる大型投資が相次いでいる．三菱自動車，フォード・マツダ，GMなどは，多くの商用車を輸出している．いすゞやトヨタなど，日本での同車種の生産をタイに移管する企業が現れた．開発途上国向けのミニバンをタイで製造する計画を進めている企業もある．さらに，富士重工業は，提携先であるGMのタイ工場で生産したミニバン「トラヴィック」を2001年から日本へ輸入している．ホンダは，2002年に，「フィット」の車台を使ってタイで生産したアジア戦略車である「シティ」の日本での販売を開始した（日本国内でのブランド名は「フィット・アリア」）．

②マレーシア：転機を迎えた国民車プロジェクト

　マレーシアは，**国民車メーカー**を積極的に育成してきた国である．マハティール首相が1982年に発表した国民車構想のもと，83年にプロトン，93年にプロ

デュアがそれぞれ設立された．政府は，完成車の輸入関税率を引き上げたり，地場メーカーに税制上の恩典を与えることにより，安価な乗用車を国民に供給してきた．また，地場の自動車部品メーカーの育成や，国産エンジンの開発にも取り組んできた．89年には乗用車の輸出を開始した．国民車メーカーは順調に生産を拡大してきたが，すべてを自前の技術で賄っているわけではない．プロトン社は三菱自動車など，プロデュア社はダイハツの支援をそれぞれ受けている．国民車メーカー2社の自動車市場シェアは近年でも，合計で80％強を維持している．その裏返しとして，日本車のシェアは2001年に14.1％にとどまっており，ASEANの自動車生産国の中で最も低い．

20年の歴史をもつ国民車構想は，安価な乗用車を国民に供給したという点で評価できる．また，ここ2～3年は，国内市場が好調なことと，円安により部品の調達コストが低下したことから，国民車メーカーの業績は好調である．しかしながら，その一方で，国民車メーカーは，自由化の荒波の中で転機に立たされている．先進国の完成車メーカーが数多く集積するタイ製の自動車に対抗できるのかという点が問われている．マレーシアは，本来であれば2003年のASEAN自由貿易地域（AFTA）の発効に伴って，域内からの完成車の輸入関税を現在の最高300％から0～5％に引き下げる必要があった．しかしながら，マレーシアはその適用を2005年からとし，関税率も当初20％にするとの例外措置を獲得した．

③インドネシア：潜在力の開花に必要な政治・社会情勢の安定

インドネシアは，経済危機に見舞われなければ，日本の自動車メーカーが多額の投資をしていた可能性がある国である．インドネシアも国民車メーカーの育成を目指していた時期がある．旧スハルト政権下で，大統領の三男が韓国の起亜自動車と組んで国民車メーカーを立ち上げようとしたが，経済危機の直撃を受け頓挫した．その後，政府は1999年に新自動車政策を打ち出し部品と完成車の輸入関税率を引き下げたものの，自動車産業育成策の方向性は定まっていない．他方，市場としてのインドネシアの魅力は大きく，日本の完成車メーカー，部品メーカーによる投資が回復しつつある．潜在的な成長力があるだけに，政治・社会情勢の安定が待たれる．

④フィリピン：機能部品の輸出拠点に活路

フィリピンは，自動車産業育成策の一貫性を欠いている国である．

ASEAN4の中では市場規模が最も小さく，2001年の販売台数は7.7万台にとどまった．それにもかかわらず，多くの完成車メーカーが生産を行っていることから，少量多品種生産に陥っている．その一方で，多くの完成車メーカーがフィリピンを特定の機能部品の輸出拠点として位置付けている．トランスミッションなどをフィリピンで集中生産してASEAN域内外へ輸出している例が何社かみられる．また，近年では，AFTA実現を見越して，完成車の域内輸出拠点としてフィリピンを活用しつつある完成車メーカーもある．

(2) 韓国：グローバル戦略を推進する現代自動車

　韓国は，国内の自動車メーカーの育成を積極的に推進してきた国である．国産車の製造は，1963年の「自動車工業総合育成計画」によって，指定された完成車メーカーのもとに部品メーカーが系列化されたことにさかのぼることができる．その後，海外メーカーからの技術供与を受けながら生産を拡大した．74年の「長期自動車工業振興計画」の中で，自動車産業は重要産業に指定されるとともに，輸出産業化への取り組みが盛り込まれた．その後は，大規模工場の建設が続いたものの，業界再編が繰り返された．紆余曲折を経ながらも，韓国の自動車メーカーは，70年代後半に輸出を開始し，80年代後半からは乗用車を中心に急速に輸出を増やした．

　市場規模は，1997年の経済危機で大きく落ち込んだものの，2001年には145万台に回復した．同年の輸出は150万台であり，国内需要を上回る実績を誇っている．また，経済危機は自動車業界再編の契機となった．GMは，経営不振に陥っていた大宇自動車を買収した．サムスン自動車は，ルノーの出資を受け入れルノー・サムスン自動車として再スタートを切った．現代自動車は，ダイムラークライスラーの出資を受け入れた．このように，地場の完成車メーカーは，欧米完成車メーカーのグローバルネットワークに接続されたのである．戦略的提携の成果として，現代自動車，ダイムラークライスラー，三菱自動車による新車開発，そしてGM，大宇，スズキによる中国での合弁事業などを挙げることができる．その一方で，ASEAN4，中国，台湾などに組立工場をもつ日系完成車メーカーは，韓国では生産拠点を展開していない．

　韓国の完成車メーカーの中では，現代自動車グループ（現代自動車，起亜自動車）の健闘が目立つ．国内販売シェアが2001年に84.8％に上昇したのをはじ

め，米国でも同年に3％台のシェアを獲得した．現代自動車は，中国や米国での現地生産にも取り組んでおり，グローバル展開を進めようとしている．

（3）中国：市場，生産国としての重みを増す

　中国の自動車産業は，1949年の中華人民共和国の建国から78年に開放・改革政策が実施されるまで，先進国メーカーとの交流が途絶えていた．また，中央政府が設立した大手メーカーと，地方政府が設立した中堅メーカーや小型メーカーが並存するという重層構造が形成された（陳［2000］p.49）．全国各地に多くの自動車メーカーが設立されたことが，現在自動車産業が抱えている過剰生産能力や生産性の低さなどの遠因となっている．80年代以降，経済成長を背景に自動車への需要が高まってきたものの，国内の自動車メーカーの技術蓄積が限られていたことから，外国の自動車メーカーとの合弁事業が立ち上げられるようになった．

　近年，中国は，2001年のWTO加盟に伴う輸入関税の引き下げや，国内市場拡大を見込んだ内外自動車メーカーによる生産体制の整備が急ピッチで進むなか，海外との結びつきを急速に強めている．自動車保有台数（2000年）は人口1,000人当たり12.7台と，他のアジア主要国よりは低いものの，市場規模は日本に次ぐアジア第2位である．2001年にはASEAN4の合計である107万台を大きく上回る236万台に達した．政府は2001年に発表した第10次5カ年計画（2001～05年）の中で，2005年の自動車販売台数を310～330万台と予測している．

　2001年の自動車販売の車種別内訳は，自動車が72万台（シェア31％），商用車が164万台（同69％）となっており，商用車の比率が高い．さらに，商用車のおよそ半分をバスが占めているのも中国の特色である．乗用車については近年，経済成長が著しい沿岸部を中心に販売が大きく伸びている．小型車のみならず高級車の販売も拡大している．また，中国市場の特色としては，ASEANとは異なり欧米の完成車メーカーや地場の完成車メーカーの市場シェアが高く，日系完成車メーカーが出遅れていることが指摘できる．

　WTO加盟に伴い自動車の輸入関税率が段階的に引き下げられることも，競争を刺激している．完成車の輸入関税が，2006年7月に向けて，乗用車の場合には25％となる（2001年時点で70～80％）．輸入車の販売価格引き下げは，地場メーカーの旧モデルの値引き販売，そして外国メーカーの販売価格の低下を

第9章 自動車産業と日本メーカーの事業展開

誘発している．

　中国は，市場としてのみならず生産国としての存在感を日増しに高めている．自動車生産台数は2001年に233万台に達した．生産台数は，日本と韓国に次いでアジアで第3位である．車種別の内訳は，乗用車が70万台（シェア30％），商用車が163万台（同70％）である．

　2002年は，中国市場で出遅れていた日本の完成車メーカーの戦略が前進した年であった．ホンダは，1998年に広州でアコードの生産を開始して以降，増産を繰り返してきたが，2002年に新車種の投入や，小型車の輸出専用ラインを含む生産能力増強計画を明らかにした．日産は，東風汽車との合弁事業で1,200億円を上回る大型投資を計画しており，小型車から商用車，高級車までフルラインの車種を投入する計画を発表した．トヨタは，同年10月に天津トヨタ自動車で小型セダンの生産を開始するとともに，提携先の第一汽車と2005年に稼動予定の第2工場を中心に1,000億円規模の投資を行う方針を明らかにした．

　このように，市場規模と生産台数を順調に拡大してきた中国ではあるが，懸念材料もいくつかある．今後，中国では，交通渋滞や環境汚染への対策も必要となり，クリーンな自動車の投入も求められるようになろう．中国はすでに原油輸入国であることから，自動車の増加はその拡大として跳ね返る．中国の自動車産業は，技術のキャッチアップのスピードが速いように思えるが，最新設備の導入だけでは不十分であり，それを使いこなす人材やノウハウも必要になる．企業の自由な活動をつうじたコスト削減や効率追求をどの程度容認していくのか，あるいは，政治的干渉がどの程度排除されるのかが注目される．

3. 世界的規模で進展した完成車メーカーの戦略的提携

(1) 戦略的提携で充実したアジア拠点網

　先進国の完成車メーカーのグローバル戦略は，貿易・投資の自由化と並んで，アジアの自動車産業を大きく変貌させる要因と考えられる．自動車産業は，エレクトロニクス産業などと比較すると，グローバル化が遅れている産業であった．しかしながら，1990年代終盤以降，完成車メーカーの相次ぐ**戦略的提携**，貿易・投資の自由化の進展，情報通信ネットワークの発達などを背景に，グローバル規模での事業展開が加速している．

世界の主要完成車メーカーは，1998年5月にダイムラーとクライスラーが経営統合を発表して以降，資本関係を伴う戦略的提携に相次いで踏み切った．そして，GMグループ（GM，オペル，サーブ，フィアット，いすゞ，スズキ，富士重工業，大宇），ルノー・日産グループ（ルノー，日産自動車，日産ディーゼル，ルノー・三星自動車），フォード・グループ（フォード，ボルボ（乗用車），ローバー，マツダ），ダイムラークライスラー・グループ（ダイムラークライスラー，三菱自動車，現代自動車），トヨタ・グループ（トヨタ自動車，ダイハツ，日野自動車）の5つに，出資関係を伴う戦略的提携を実施していないホンダとフォルクスワーゲンを加えた7つのグループが，21世紀初頭のグローバル競争時代の主役となった．このように戦略的提携が進展した理由として，①出資を受け入れる企業の財務内容の改善，②規模の経済性の享受，③生産・販売する車種の相互補完，④燃料電池車などの環境・安全に関わる新技術への投資負担の軽減，⑤市場や生産拠点の地域的補完性などが指摘できる．

図表9-4は，それら7グループのアジアにおける生産拠点を整理したものである．各グループは，図表に掲げてある7カ国のほぼすべてに生産拠点をもつことになった．ただし，韓国メーカーと戦略的提携の関係にあるのは2001年末現在，現代自動車に出資したダイムラークライスラー・グループ，三星自動車を買収したルノー・グループ，大宇自動車を買収したGMグループの3つに限られる．さらに，全体的な傾向として，フォルクスワーゲンを除く6つのグループがASEANの自動車産業の中核を担うタイに年産10万台を超える生産能力を保有していること，中国での生産拠点の数が急増していることが指摘できる．

世界の自動車メーカーがアジアに注目しているのは，先進国市場が飽和状態にあることから，世界シェアを伸ばすには新興成長市場を攻略する必要があると考えているためである．こうした見方は，1990年代中頃の時点ですでに一般的であった．しかし，その後2001年に向けて販売台数が最も増えたのは，米国市場であった．アジアは，97年の経済危機の影響もあり，90年代終盤は期待されたほどの市場規模とはならなかった．だが，21世紀に入ってからは，先述のように，経済危機に見舞われた国々の市場が回復基調にあることに加えて，中国市場が予想を上回るペースで拡大している．

図表9-4　主要完成車グループのアジアでの生産拠点（2002年5月時点）

		タイ	マレーシア	インドネシア	フィリピン	韓国	台湾	中国 乗用車	中国 商用車
トヨタ・グループ	トヨタ	○	○	○	○		○	△(○)	△○
	日野	○	△	○	○				(○)
	ダイハツ		○(国)	○	△△		△	△	△△
本田技研工業		○	○	○	○		○	○	
GMグループ	GM	●		●		大宇買取決定	△	○	○
	いすゞ	○	○△△	○	△		○		○○○
	スズキ	△	△△	○	△		△△	○○	○△△
	富士重工業		△				○	△	
	フィアット	(○)			△				
フォード・グループ	フォード	○	○	△	○		○	(○)	○
	マツダ		○△	△	△△		○		△△
ルノー／日産グループ	ルノー	○				○	△	△	
	日産自動車	○○	○	○△	○△		○	交渉中	
	日産ディーゼル			○	○○				
ダイムラークライスラー・グループ	ダイムラークライスラー	△△	△△	○△	△	○		○	○○△
	三菱自工	○	○(国)	○△	○	(現代)		認可申請中	○○
フォルクスワーゲン		△	△				○	○○	
プジョー・シトロエン		△	△△△					○	
BMW		●	△	△				認可申請中	

（注1）　●100％出資，○合弁会社，△技術提携／委託生産．
（注2）　網掛けは当該国での生産が10万台以上，（　）は計画中，（国）は国民車メーカーへの出資をそれぞれ示す．
（資料）　日本総合研究所作成．

（2）グローバル戦略とアジア

　世界の完成車メーカーは，1990年代終盤より，アジアを含む世界の拠点ネットワークを拡充しているが，どのような発想に基づいてグローバル戦略を展開しようとしているのであろうか．**グローバル戦略**とは，研究・開発，部品・資材の調達，製造，販売のプロセスのうち，1つの国・地域に集中させるべきもの（セントラリゼーション）と，多くの国・地域で現地化すべきもの（ローカリゼーション）を適切に配分することである．これは，量産効果のメリットを

享受する一方で，ローカリゼーションのメリットがある機能についてはアジアへ移管することを意味する．グローバル化とは，単に世界の多くの国に拠点を配置することではなく，セントラリゼーションとローカリゼーションのバランスをとることである．

　完成車メーカーは，①研究・開発機能などを世界のいくつかの拠点に集約し，②部品・資材の調達については世界最適調達体制を構築し，③主要な消費地でその市場ニーズに適した車種を製造・投入することを狙う．かつて，1970年代から80年代初頭に展開されたワールド・カー構想は，自動車メーカーが作りやすい車を世界の多くの市場で投入することを目的としたものであった．フォードやGMは，世界最適生産体制の構築を目指し，多くの部品を共通化した低コストの自動車をアジア市場にも投入したが，その結果は惨憺たるものであった．

　現在では，自動車メーカーは，消費者が欲する自動車を世界の主要な市場で同時期に投入することにより，市場シェアを高めようとしている．この戦略がアジアでも機能するためには，新しい生産システムを確立する必要がある．近年，日本の完成車メーカーの中に，1ライン当たり年産3～4万台の生産台数でも利益が確保できるような生産システムを開発し，アジアを含む世界の拠点に展開する企業が現れた．これは，いうまでもなく，価格と品質の両方で日本と同等の水準を目指すものである．そのために，世界の各拠点における機械設備の共通化，ノウハウの共有化などをあらかじめ進めておき，日本のマザー工場で確立した技術を，短期間のうちにアジアの工場に移管できるようにしておくのである．しかも，この生産システムは，需要動向に応じて生産機種（車種）を最少の投資で迅速に変更したり，先進国（日本）で立ち上げた最新モデルを，ほとんどタイムラグをおくことなく生産できるものであるという．

　ホンダは，2000年秋に「シビック」の新モデルを，世界12カ国・地域で投入したが，量産開始時期のずれは9カ月であった．生産国には，タイ，台湾，フィリピン，インドネシア，マレーシアも含まれている．このようにして，先進国市場に投入してからアジアで販売するまでに失っていた潜在的な顧客を確保できるようになる．

4．アジアにおける分業体制の展望

　アジアにおける国際分業体制を展望するにあたって注目されるのは，域内で最も大きな自動車市場をもち，かつ最大の生産・輸出国である日本の自動車メーカーの動きである．日本の完成車メーカーは長期的に，海外，すなわち消費地の中で現地生産を行う傾向を強めている．日本国内の自動車生産台数は1985年の1,348万台をピークに減少に転じ，2001年には978万台となった．日本の完成車輸出のピークは85年の673万台であり，2001年には417万台にまで減少した．他方，完成車メーカーのアジアでの生産台数は85年の21万台，90年の95万台，95年の188万台と着実に拡大し，97年には過去最高の200万台に達した．その後は通貨危機の影響で落ち込んだが，2001年には162万台に回復している．他方，日本からアジアへの輸出は97年の60万台から2001年には34万台へと大きく減少した．日本の完成車メーカーがアジアの市場ニーズに適した車種を現地生産するほど，日本からの輸出が代替されることになる．

　今後とも，日本からアジアへ生産機能がシフトすることが予想される．日本の賃金水準は，前掲の図表9-3のとおり，東アジア諸国と比較して著しく高い．それに加えて，新規労働力の供給という点でも，日本は大きな制約に直面している．図表9-5は，アジア9カ国の年齢別人口構成を整理したものである．日本を含むアジア全体の年少人口（0～14歳）に占める日本の比率は4.2％にすぎず，将来生産年齢人口にシフトしてくる世代は少ない．これに対して，ASEANの主要自動車生産4カ国は東アジア全体の年少人口の24.8％，中国は同68.3％をそれぞれ占めている．

　他方で，研究・開発機能は今後とも日本に集中することになろう．先進国（日本）に集中する機能とアジアに移転する機能を，今後2～3年間のうちに投入される車種について展望すると，地域戦略を展開する範囲において必要な設計・開発機能はアジアに移転されるが，それ以上のものではない．東アジアの自動車産業については，今後とも同様の展開が続き，日本との技術ギャップは縮小しないであろう．とりわけ注目されるのが環境技術への投資である．日本では，すでに1997年にガソリンエンジンと電気モーターを組み合わせたハイブリッドシステムを搭載した乗用車が市場に投入されている．さらに，次世代

図表9-5　アジア主要9カ国の人口と年齢別人口構成

(単位:%)

	日本		中国		ASEAN4		NIEs3		9か国合計	
		域内比率		域内比率		域内比率		域内比率		域内比率
人口（百万人）	126	7.1	1,243	69.8	354	19.9	57	3.2	1,782	100.0
年齢別人口の比率										
年少人口（0～14歳）	15.1	4.2	25.0	68.3	31.9	24.8	21.2	2.7	25.5	100.0
生産年齢人口（15～64歳）	68.7	7.3	68.0	70.5	63.7	18.8	71.4	3.4	67.3	100.0
老年人口（65歳以上）	16.2	16.0	7.1	68.6	4.4	12.2	7.3	3.2	7.2	100.0
合計	100.0	—	100.0	—	100.0	—	100.0	—	100.0	—
消費を牽引する層（35～49歳）	20.6	7.4	20.2	70.8	18.0	18.0	24.1	3.9	19.9	100.0
名目GDP（2000年,10億ドル）	4,739	68.0	1,080	15.5	439	6.3	713	10.2	6,971	100.0

(注) フィリピンは1995年，中国，マレーシア，インドネシアの3カ国は97年，日本とシンガポールは98年，韓国とタイは99年．NIEsには台湾は含まれていない．
(資料) United Nations, *Demographic Yearbook 1999* より日本総合研究所作成．

　環境エンジンの本命である燃料電池車の開発も進み，すでに2002年12月に市場投入されている．こうした分野の研究・開発は日本で引き続き行われる．
　アジアでは，完成車と自動車部品の域内貿易が今後さらに活発になることが予想される（図表9-6）．従来アジアでは各国市場が関税で守られていたり，輸入制限が行われていたこと，そして国により仕様が異なっていたことから，完成車貿易は活発ではなかった．しかしながら，貿易・投資の自由化と戦略的提携により，完成車輸出は増大しつつある．すでに，GMのタイ工場で組み立てられたミニバンが，日本市場に輸出されている．国内での生産を打ち切り，タイに生産を集約している商用車（1トンピックアップトラック）もある（トヨタ，いすゞ）．ホンダは，中国にアジア・欧州向けの輸出専用工場を構築する計画を明らかにしている．GMの上海工場からフィリピンへの完成車輸出が始まっている．ASEANでは，AFTAの開始により，域内の完成車貿易が活発化することは間違いない．さらには，将来的にASEANと中国が自由貿易協定を締結し，その中に完成車の輸入関税を相互に引き下げることが盛り込まれるならば，完成車貿易はさらに活発になろう．

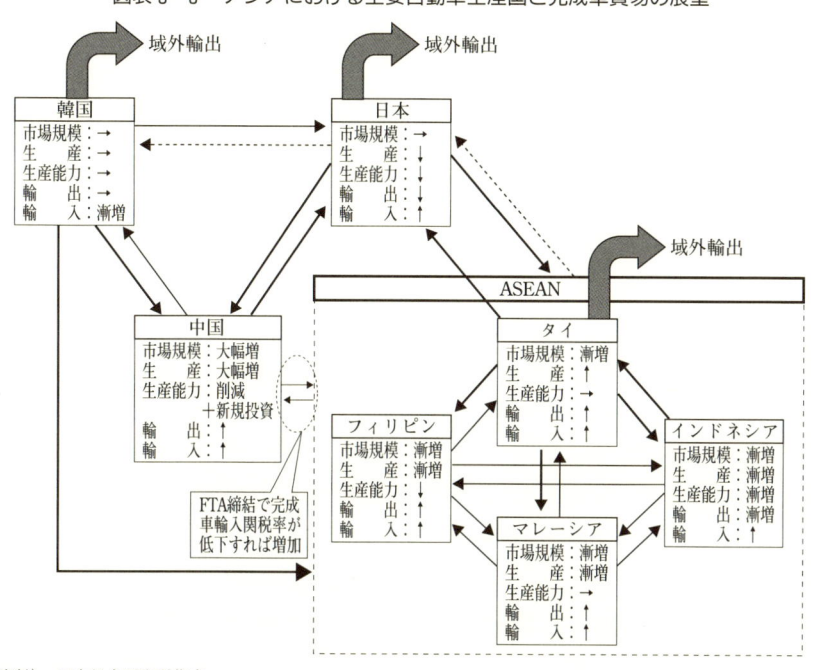

図表9-6　アジアにおける主要自動車生産国と完成車貿易の展望

(資料) 日本総合研究所作成.

5. おわりに

　自動車とは,「走る,止まる,曲る」の3つの基本性能を備え,人と物を目的地まで安全かつ効率的に運ぶための手段である.しかし,自動車は単なる道具ではない.消費者は,自分のライフスタイルや価値観が投影された自動車を求めている.これは,先進国と開発途上国の双方にあてはまる.安くて良い自動車を作りさえすれば販売台数が伸びるとは限らないところに,自動車産業の難しさがある.

　他方,アジア(特にASEAN)では,政府と完成車メーカーのいずれもが,1990年代中頃まで,国を自動車産業が存立する単位として想定していた.ところが,90年代終盤になると,先進国の完成車メーカーはグローバル戦略を急速に推進し始めた.今後10年ほどを展望すると,完成車メーカーはこれまで以上

に国境を意識しない事業を展開することになろう．アジア諸国の政府も，自国内で自動車産業が完結しなければならないという固定観念を捨てざるをえなくなろう．そして，情報通信ネットワークの発達は，アジアにおける設計・開発，調達，製造，販売といった活動をより効率的なものにする．

アジアにおける分業体制が拡大・深化するほど，自動車メーカーは新たなリスクを抱えることになる．中国やタイでは設備投資が大型化しており，これまで以上に細かいリスク管理が必要になる．サプライ・チェーン・マネジメントの導入は，業務の効率化に寄与するが，その一方でどこかの国で事故が起きた場合に，アジア全体の工場が止まる恐れがある．中国でのビジネスは，自由な企業活動が保証されているわけではなく，模造品対策も厄介である．1997年の通貨危機によって多額の為替差損が発生するとともに，販売が急減した記憶を忘れるには早すぎる．

日本の本社の収益状況が短期間のうちに変化する状況下では，自社がとることのできる最大リスク量を常に見直しながら，アジアにおける貿易・投資の自由化や戦略的提携のメリットを拡大していくことが肝要である．また，為替レート，需要の変動，そして市場構造などの変化に柔軟に対応できる生産システムを構築し，アジアに展開していくことも，リスク管理という視点から見逃せない点である．

◉スタディ・ガイド

　日本自動車工業会は，豊富な情報を提供している．ホームページ（http://www.jama.or.jp/）で，自動車産業に関する基本的な情報を入手できる．『世界自動車統計年報』には，文字通り世界各国の生産と販売の詳しいデータが掲載されている．『日本の自動車工業』から，日本の生産，輸出額，海外生産台数などのデータを得ることができる．月刊誌『JAMAGAZINE』には，アジアの自動車産業に関するレポートが1～2年に1回掲載される．同会が運営する自動車図書館［東京都千代田区大手町1-6-1（大手町ビル）］では，資料の閲覧・コピー（一部コピー禁止の資料あり）ができる（Tel：03-3213-3090，ホームページ・アドレス：http://www.jama.or.jp/lib/car_library/）．

　日本自動車部品工業会（http://www.japia.or.jp/）は，『月刊自動車部品』を発行している．会員企業に対する海外事業のアンケート調査の結果をまとめた「海外事業動向」を毎年発表しており，自動車部品メーカーのアジアでの事業動

向を把握できる．

　自動車産業の調査研究会社である株式会社 FOURIN（フォーイン）は，アジアを含む世界各国の自動車産業に関する各種調査報告書を有料で提供している (http://www.fourin.com/jp/)．

◆主要参考文献

・佐藤一朗・足立文彦「日本型経営と技術移転―タイ国自動車産業の現場からの考察」名古屋大学経済学部附属国際経済動態研究センター『調査と資料』第106号，1998年．
・塩見治人編著『移行期の中国自動車産業』日本経済評論社，2001年．
・高安健一「自動車メーカーのグローバル展開とアジア戦略」日本総合研究所『環太平洋ビジネス情報 RIM』2002年1月号，pp.10-42．
・陳晋『中国乗用車企業の成長戦略』信山社，2000年．
・藤本隆宏・梶山泰生「アジア・カーとグローバル戦略―グローバル・ローカル・トレードオフに対する動態的なアプローチ」青木昌彦・寺西重郎編著『転換期の東アジアと日本企業』東洋経済新報社，2000年，pp.405-454．
・丸山惠也・趙亨濟編著『比較研究日韓自動車産業の全容』亜紀書房，2000年．
・水野順子『韓国の自動車産業』アジア経済研究所，1996年．
・森美奈子「タイにおける自動車産業集積の形成と発展」さくら総合研究所『環太平洋ビジネス情報 RIM』2000年10月号，pp.34-47．

【コラム9】 ASEAN後発加盟国で出会った自動車

　少し前のことになるが，1996年に，ASEANに加盟する前のベトナム，ラオス，ミャンマー，カンボジアを訪問し，自動車産業に関する調査を実施した．

　ベトナムでは，ある日系完成車メーカーの工場で，マレーシアの国民車であるプロトンの車が生産されていた．生産ラインがあるわけではなく，車をのせた台車の周りに人が群がって輸入部品を組み立てていた．しかも，台車は3つしかなかった．マハティール首相の訪越にあわせて，プロトンによるベトナムでの現地生産の実績づくりに励んでいたのである．ハノイの国際空港では，飛行機から入国手続きを行う建物までバスで移動した．それは，社内広告などから判断して日本の神戸で活躍していたものであった．ただし，右ハンドル車から左ハンドル車に器用に改造されていた．

　ミャンマーは，政情が安定していれば，外国の完成車メーカーが工場を新設していた可能性が高い．かつて戦後賠償の一環として，日本の援助で自動車工場が建設されたことがあり，長年にわたりトラックなどの生産が細々と続けられてきた．地場企業が製造したオート三輪を小さくしたような自動車に乗り込んだところ，サスペンションはなきに等しく，道の凹凸がダイレクトに身体に伝わってきた．上り坂に差し掛かると急に減速する．また，首都ヤンゴン市内では，韓国メーカーの真新しい販売店を発見した．販売した車の多くが国境を接する中国へ流出するとのことであった．その一方，街中で日本製の中古車を多くみかけた．車のボディーには，ブランドを維持するために，日本語の会社名がそのまま残されている．

　ラオスでは，日系自動車メーカーのディーラーを訪問した．応対していただいた経営者は，同国の5大金持ちの1人ということであった（後日，「日本経済新聞」に顔写真入りの記事が掲載されていた）．よほどの金持ちでないと自動車のディーラーはつとまらないのであった．その後，真新しい韓国製のミニバンに乗って首都ビエンチャン市内を移動していたところ，観光名所である凱旋門の近くで立ち往生した．救援車として送られてきたのは，1960年代に製造されたトヨタのコロナであった．走行距離は優に100万キロを超えていた．本来座席シートがあるべき部分には木の板が敷いてあった．それでも立派に市内を走り回る姿に日本車の底力をみた．

　カンボジアでは，内戦の終結を受けて，日本車の販売店が開設されつつあった．しかしながら，残念なことに訪問した日系の販売店は1997年6月に起きた市街戦のとばっちりを受けて襲撃されてしまった．平和は自動車産業が発展するための前提条件である．

第10章　アジア金融市場と邦銀の事業展開

◆本章のポイント

　この章では，日本の銀行（邦銀）のアジアにおける事業展開について，国際銀行業務の内容，アジア金融市場の特色，1997年以降の邦銀をめぐる環境変化という3つの視点から学ぶ．

1．銀行は，国際業務においても，国内業務と同様に資金仲介機能を果たし，資金調達者と資金運用者を結びつける役割を果たす．国内業務との違いは，カントリーリスクへの対応が必要なことや，米ドルや現地通貨などの外貨を取り扱うことなどである．
2．邦銀は，1950年代以降，日本企業の進出と軌を一にしてアジア拠点を拡充した．90年代に入ると，日系企業に加えて，アジアの地場企業（非日系企業）やインフラ・プロジェクトなどへの貸出残高を大幅に増やした．ところが，97年以降は一転して，アジア経済危機と日本国内の金融危機により，邦銀の貸出残高は大きく減少した．邦銀の国際金融取引の低迷は，シンガポール，香港，バンコクなどの域内の国際金融センターにも悪影響を及ぼした．
3．1998年以降，アジアの多くの国々が経常収支黒字を計上しており，それを原資に対外債務を返済している．これは，アジア諸国の外貨借入ニーズが低下していることを意味する．邦銀がアジアで収益機会を求めるのであれば，付加価値の高い金融サービスの提供や，キャッシュ・マネジメント・サービスなどの情報通信ネットワークを活用したビジネスを展開する必要がある．
4．21世紀初頭の邦銀のアジア戦略は，2002年にかけて誕生した4大金融グループを中心に展開される．しかしながら，国内の金融不安が払拭されていないことや，邦銀の格付けが回復していないことから，アジア戦略を積極的に展開できる状況にない．中国については，日本からの直接投資が増加しているものの，法制度の不透明さなどもあり対応は難しい．

1. 国際金融業務とは

　アジアにおける邦銀の歩みは，1997年までの拡大期と，その後の調整期に分けることができる．邦銀は，50年代から60年代にかけて，日本企業の拠点づくりに対応するためにアジアへの進出を開始した．70年代後半には，国際金融センターとして発達しつつあった香港とシンガポールに多くの邦銀が拠点を構え，資金取引や外国為替業務を拡大した．80年代後半になると，円高を背景とした日本企業の対アジア投資が急増し，地方銀行を含む邦銀のアジア・シフトが鮮明になった．そして，邦銀は，日系企業のみならず，アジアの地場企業やインフラ・プロジェクトなどへの貸し出しを大幅に増やした．

　順調に拡大していた邦銀のアジア業務は，1997年に大きな転機を迎えた．アジア経済危機と日本国内の金融危機がほぼ同時に発生した痛手は大きく，邦銀はアジア向け貸出残高の大幅かつ継続的な削減や，拠点の整理・統合に追い込まれた．邦銀がアジア戦略を再強化するためには，国内の金融不安が払拭され，格付けと外貨調達能力が回復することが前提条件となる．

(1) 国境を越えた資金仲介機能

　邦銀のアジアでの事業展開について述べる前に，この項では，銀行の国際業務について解説する．銀行は，資金調達者と資金運用者のニーズを結びつける**資金仲介機能**を担っており，資金運用者から預金を集め，企業などの資金調達者に貸し出している．その際に，企業に関する情報を取得，分析し，信用リスクをとる見返りとして，銀行は調達金利と貸出金利の差である利鞘を収入として獲得する．銀行は，国際金融業務においても，国内業務と同様に，資金仲介機能を果たしている．

　ただし，国内業務と異なる点として，①日本円だけではなく米ドルや現地通貨などを取り扱う，②カントリーリスクを管理する必要がある，③取引先に外国の企業や政府が多く含まれることが指摘できる．

(2) 業務の分類

　国際銀行業務はどのように分類できるのであろうか．それは，おおまかに，

①商業銀行業務, ②資金・為替業務, ③投資銀行業務に分けることができるが, 厳密には分類できない. 当然のことながら, 銀行によって業務の分類や実施体制は異なる. 重要なのは, 分類よりも, 顧客ニーズに合致したサービスの提供ができる体制づくりである. 一般的な融資・保証業務, 銀行団を組成してリスクを分散しながら大型の融資案件をとりまとめる国際協調融資（シンジケート・ローン）, インフラ・プロジェクトなどに融資するプロジェクト・ファイナンス（企業の信用力ではなく, 事業そのものから生み出される収益に注目して実施する融資）, 証券業務（株式, 債券）, M&A（企業合併・買収）などの仲介ビジネス, ストラクチャード・ファイナンス（資産の裏付けのある証券などを活用した資金調達手法）などの金融サービスを, 顧客のニーズに合わせて多くの国・通貨で提供することを国際業務と捉えた方が, 実態に即しているといえよう.

また, 邦銀のアジアでの業務内容の特色として, 進出先の国での個人向け銀行業務（リテール・バンキング）に消極的で, 企業向け銀行業務（ホールセール・バンキング）がサービスの大勢を占めていることが指摘できる. リテール・バンキングは日本国内では主力業務ではあるが, アジアでは, 拠点数が少ないこと, 市場規模が小さいこと, スタッフが限られていること, ノウハウの蓄積が少ないことなどから, 邦銀はほとんど手掛けてこなかった. これに対して, 欧米の一部の銀行（シティバンク, 香港上海銀行など）は, アジアでのリテール・バンキングに積極的である.

(3) 顧　　客

邦銀は海外支店での取引先を, 一般に「**日系企業**」と「**非日系企業**」に分けている. 日系とは現地で事業を展開している日本企業のことである. 非日系は, アジアの地場企業（多くが華僑・華人系企業）, 欧米企業, そして現地政府などを指す. 邦銀は通貨危機の前に非日系企業に対するビジネスを強化し, 貸出残高を増やしていた. 1990年代に入ってから欧米市場で競争が激しくなり利鞘（貸出金利から調達金利を差し引いたもの）が薄くなっていたことから, 邦銀は利鞘が比較的厚かったアジア市場での貸し出しを増やしたのである.

邦銀の海外支店の組織は, 多くの場合, 日系企業を担当するセクション, 非日系企業を担当するセクション, 資金・為替業務を担当するセクションに分け

られる.さらに,日系企業を担当するセクションでは,企業規模や業種によって担当者を配置する場合もある.邦銀の海外拠点としては,支店のほかに,投資銀行業務を行う現地法人やリース会社を設立する例がある.

(4) 米ドルと現地通貨を用いたビジネス

邦銀の日本国内での業務のほとんどが円で行われている.海外拠点の業務については,ドルや進出先の国の通貨が多く用いられる.これは,顧客が,設備投資,運転資金,貿易取引などにさまざまな通貨を用いるためである.

邦銀が顧客ニーズに応えるためには,現地通貨やドルを調達する手段を自ら確保しておく必要がある.調達手段として,金融市場での調達,地場銀行からの借り入れ,現地通貨建て預金の受け入れなどがある.これらのうち,金融市場での調達と地場銀行借り入れについては,調達がきわめて困難になるリスクがある.邦銀が顧客に対して安定的に現地通貨を供給するためには,現地通貨建ての預金を集めることが不可欠である.

(5) 金利収入と非金利収入

銀行業務は,**金利収入**を生み出す業務と,**非金利収入**を獲得する業務に分けることができる.前者は,調達金利に一定のスプレッド(上乗せ金利)を加えて貸し出すことにより,金利収入を獲得するものである.後者は,基本的に貸し出しに依存することなく手数料収入を獲得するものである.

邦銀は一般的に欧米銀行と比較して,総収入に占める金利収入の比率が高い.アジアでの業務においても,貸し出し業務から得られる金利収入の比率が高いようである.近年,邦銀も手数料ビジネスの拡大に取り組んでいる.国際業務を手掛ける銀行は,世界主要国の中央銀行で構成される国際決済銀行(BIS:Bank for International Settlements)により,**自己資本比率**を8％以上に保つことを義務付けられている.すなわち,分子である自己資本が分母である資産の8％を超えていることが,健全性の目安となっている.この基準を満たしていない銀行は国際業務に従事できない.邦銀は自己資本比率規制をクリアーするために,アジアにおいても資産を増やすことなく収入を確保しようとしている.しかしながら,現実問題として,人員削減が続いている状況下で,資産を増やさず,そしてリスクをとらずに,手数料収入を拡大することは難しい.また,

金利収入と手数料収入は相反する概念ではなく，現実には資産と知恵を組み合わせた対応が必要である．

2．アジアに注力する理由

(1) 日本企業への対応

　邦銀が国際業務を拡大した理由として，日本企業の海外進出と金融グローバル化の進展が指摘できる．邦銀は，日本企業の海外での拠点づくりや事業活動を，金融面，情報面などから支えてきた．邦銀にとって，日系企業の海外拠点との取引は，国内業務の延長としての性格をもっている．日本国内で取引関係のある企業が海外に進出する際に，自行の海外拠点と連携して支援する．通常，外資法をはじめとする法制度，インフラの整備状況，合弁事業のパートナーなど，進出に必要な情報を提供する．

　第7章で述べたように，日本のアジア向け直接投資は，1985年以降の円高・ドル安期に急増した．90年代後半に横ばいに転じたものの，近年は，中国向けの直接投資が再び増加している．経済産業省が発表した「2001年海外事業活動基本調査」で，2000年度の海外現地法人の地域別売上高をみると，アジアは北米（56兆4,154億円）には及ばないものの36兆3,761億円と，欧州の27兆179億円を大きく上回っている．拠点数（2000年度末）では，アジアは7,244社と，北米（3,316社）と欧州（2,682社）の合計よりも多い．業種別には，アジア拠点のうち電気機械関係の売上高が2000年度に9兆4,226億円に達し，北米（5兆8,759億円）や欧州（4兆9,052億円）を大きく引き離している．日系企業のアジアでの活動が活発になるほど，輸出入，現地販売，設備投資，現地での預金などが拡大し，邦銀にとってのビジネスチャンスが拡大する．

　また，アジアに数多くの製造・販売拠点をもつ大企業の中から，域内の業務活動を円滑に推進する目的で，香港やシンガポールに**地域統括拠点**を設置するケースが多くみられる．これは，域内の貿易取引，金融取引，部品や資材の調達などのロジスティック部門を一元管理し，効率的なオペレーションを推進することを狙ったものである．加えて，アジアの拠点にサプライ・チェーン・マネジメントを導入し，製造から販売までのビジネス・プロセスを一元管理する動きが広まってきている．このように，アジアに展開する日系企業は，モノと

カネの流れの効率化に取り組んでいる．邦銀は，そうした動きに対応するために，企業が情報通信ネットワークを活用して資金取引を効率的に管理できる**キャッシュ・マネジメント・サービス**の提供に力を入れている．

（2）金融グローバル化への対応

邦銀が国際業務を手掛けるもう1つの理由は，**金融グローバル化**への対応である．情報通信革命により世界の金融市場の一体化が進み，東京，ロンドン，ニューヨークなど，異なる時間帯に属する国際金融センターを結ぶ24時間取引が活発に行われるようになった．

アジアの時間帯では，東京に加えて，香港やシンガポールなどの国際金融センターでも活発に資金・為替取引が行われている．そうした拠点は，近隣諸国の取引を処理するとともに，欧米市場とリンクしている．また，アジアの国際金融センターは，欧米市場では入手することが難しいアジアの情報を収集して，日米欧の拠点に伝える機能も担っている．

確かに，近年では情報通信技術のさらなる発達により，企業は世界のどこか1つの国際金融センターに財務機能を集中させた方が効率的であるかもしれない．しかし，顧客である企業の拠点が世界各地に分散していること，国ごとに規制が異なる場合があること，情報を収集する機能が必要なことから，アジアにも財務拠点，あるいは地域統括拠点を維持する必要性がある．

（3）経常収支からみた資金需要

アジア諸国にはどの程度の資金需要があるのであろうか．国全体としてどの程度の資金を海外から調達する必要があるのかという点については，財・サービスや投資収支の収支尻である経常収支から大まかに把握することができる．経常収支が赤字の場合，それを資本収支の黒字（海外からの資本流入）で埋め合わせる必要がある．

図表10-1は，アジア主要国の**貯蓄率**（国内貯蓄／名目GDP），**投資率**（国内投資／名目GDP），そして**経常収支**の名目GDP比を示している．これによると，タイ，韓国，マレーシア，インドネシア，フィリピンなど通貨危機の直撃を受けた国々では，1996年時点ではいずれも経常収支は赤字であった．すなわち，国内貯蓄では賄いきれない投資を，海外から調達した資金を活用して行っ

ていた．海外からの資金流入（資本収支の中身）は，先進国政府や国際金融機関などからの公的資金，そして直接投資，銀行融資，証券投資などの民間資金に分けられる．アジアでは，97年に通貨危機が発生するまでは，銀行融資や証券投資などの形態による資金流入が非常に活発であった．

ところが，通貨危機を境にアジア諸国の国際収支構造が一変した．1998年以降は，図表10-1に掲げた9カ国すべてで経常収支は黒字となった．かつて多

図表10-1 アジア主要国の貯蓄率と投資率の推移（対名目GDP）

(単位：%)

		1996年	1997年	1998年	1999年	2000年	2001年
韓　　　国	貯蓄	34.0	33.7	34.4	33.5	32.6	30.1
	投資	37.9	34.2	21.2	26.7	28.2	26.7
	経常収支	▲4.4	▲1.7	12.7	5.8	2.7	3.4
台　　　湾	貯蓄	26.6	26.4	26.0	26.1	25.2	23.5
	投資	23.2	24.2	24.9	23.4	22.9	18.2
	経常収支	3.9	2.4	1.3	2.9	2.9	6.7
香　　　港	貯蓄	30.7	31.1	30.1	30.4	32.3	31.1
	投資	32.1	34.5	29.0	25.0	24.6	25.8
シンガポール	貯蓄	49.3	50.5	50.8	48.8	49.3	45.8
	投資	37.1	38.6	33.3	31.9	31.6	24.3
	経常収支	14.1	19.0	24.0	20.0	17.2	20.9
タ　　　イ	貯蓄	37.4	37.4	36.5	29.9	30.2	27.5
	投資	41.6	33.3	20.5	19.9	22.7	22.0
	経常収支	▲8.1	▲2.1	12.7	10.0	7.5	5.5
マレーシア	貯蓄	42.9	43.9	48.7	47.3	46.8	42.3
	投資	41.5	43.0	26.7	22.3	26.8	24.8
	経常収支	▲4.4	▲5.9	13.2	15.9	9.4	7.8
インドネシア	貯蓄	30.1	31.5	26.5	20.2	25.7	25.5
	投資	30.7	31.8	16.8	12.2	17.9	17.0
	経常収支	▲3.4	▲2.3	4.3	4.1	5.2	3.1
フィリピン	貯蓄	18.0	17.7	16.7	18.7	21.0	22.1
	投資	23.1	23.8	19.3	17.8	16.9	16.6
	経常収支	▲4.6	▲5.1	2.3	9.2	10.7	6.0
中　　　国	貯蓄	41.1	41.5	39.8	39.4	38.9	38.1
	投資	39.6	38.2	37.7	37.4	36.1	36.3
	経常収支	0.9	4.1	3.3	1.6	1.9	1.7

（注）香港の経常収支は発表されていない．貯蓄から投資を差し引いたものは必ずしも経常収支と一致しない．
（資料）ADB, *Asian Development Outlook 2002*, 2002年4月発表より日本総合研究所作成．

額の経常赤字を抱え，それを資本収支の黒字で穴埋めしていた国々は，経常黒字を背景に対外債務の削減に務めている．すなわち，過去の銀行借り入れを返済している状態にある．

3．カントリーリスクと現地政府による規制

(1) カントリーリスク

　邦銀は，国際業務を手掛けるにあたって，国内業務では考慮する必要のないカントリーリスクを適切に管理しなければならない．**カントリーリスク**とは，貸し出し先の信用リスクなどの通常の商取引に関わるものではなく，海外への投資，融資，貿易取引に関し債権回収に問題が生じるリスクである．その中身は，時代とともに変化してきた．1960年代から70年代にかけては，開発途上国で自国の資源の所有権と利用権を主張する資源ナショナリズムが台頭し，多国籍企業の海外拠点が現地政府によって接収されるリスクが問題になった．80年代になると，82年に顕在化したメキシコの累積債務問題など，国際金融市場から借り入れを行った開発途上国政府の支払い能力が問われるようになった．そして，90年代に入ると，94年のメキシコ通貨危機，98年のロシア通貨危機など，投機的な資金の動きが急激な為替変動をもたらすケースが多くみられた．97年のアジア通貨危機は，そうしたリスクが域内の多くの国々で同時期に起きた例である．

　アジア通貨危機は，予想を超えた通貨価値の下落と景気の悪化をもたらした．多くの日本企業が，現地拠点の資金繰りの逼迫，売上激減，インフラ・プロジェクトの中断などに追い込まれた．また，1998年5月にインドネシアで暴動が発生し，スハルト大統領が退陣に追い込まれた際に，多くの日本人が同国から脱出したのは記憶に新しい．

　また，邦銀にとっては，1998年に中国が外貨取り入れのための窓口として設立した広東国際投資信託公司（GITIC）が支払い不能に陥ったケースも，カントリーリスクの1つであろう．外国銀行は，GITICへの貸し出しはそれを管理する広東省などの中国の公的機関によって保証されていると認識していたが，返済額は大幅に減額されてしまった．

　電力，道路などのプロジェクトに融資し，そのプロジェクトから得られる収

入を原資に返済を受けることを前提にしたプロジェクト・ファイナンスでは，事業計画の中で為替変動リスクを十分に考慮している．しかし，アジア通貨危機では，想定を超えた為替相場の下落に見舞われ，中止に追い込まれるプロジェクトが現れた．なお，海外で事業を行っている日系企業への貸し出しについては，日本の親企業が保証していることが多く，カントリーリスクは実質的に小さい．

それでは，銀行はどのようにしてカントリーリスクを管理しているのであろうか．邦銀は，通常，国ごとに貸出残高の上限（カントリー・リミット／カントリー・シーリング）を設定することにより，特定の国に与信が集中することを回避している．そのうえで，産業構造，業界動向，個別企業の情報などを加味して国ごとの与信ポートフォリオを構築し，管理する．また，国を単位としてポートフォリオを考えるのではなく，世界全体でどの業種にどれだけ貸し出しているかという観点からのリスク管理の考え方もある．

邦銀は，貸し出し先の国について行内格付けを作成し，定期的に見直している．これは，格付け会社が公表している格付け，自行の海外拠点からの情報，当該国の主要経済指標の動向，与信政策などを勘案して作成される．銀行にとっては，相手国の支払い能力を示す外貨準備高，税収，国際収支，対外債務残高などに関する指標は，カントリーリスクを判断するうえで重要である．

銀行内部では，いくつかの部署が与信管理に関わっている．融資企画部門は，国別に貸出残高の上限を設定する．営業部門（含む海外支店）は，貸し出し案件を開拓する．審査部門は，リスク管理の観点から，営業部門からの稟議書を審査，またポートフォリオの管理を行う．

1997年のアジア通貨危機の際には，欧米の格付け会社がアジア諸国の格付けを短期間のうちに大幅に引き下げた．**格付け**とは，企業や国の支払い能力を分析したうえで，その結果をわかりやすくアルファベットで表現したものである（例えば，最も返済が確実な場合は，AAA（トリプルA）の格付けが付与される）．米国の格付け会社であるS&P社は，97年12月に韓国の格付けを2回にわたり計7ノッチ（段階）も引き下げた．本来であれば，格付けは当該国の長期的な支払い能力を示すものであり，短期的に大きく変動するものではない．アジア通貨危機の後，邦銀の中には，リスク管理体制の強化という観点から，カントリーリスクをより適切に管理するためにVar（バリュー・アット・リスク）

図表10-2 アジア主要国・地域のカントリーリスクの推移

	1997年		1998年		1999年		2000年		2001年		2002年	
	3月	9月	3月	9月	3月	9月	3月	9月	3月	9月	3月	9月
シンガポール	83.9	84.2	82.9	82.3	81.3	81.9	80.4	87.8	85.8	84.8	84.8	86.1
台湾	77.1	76.7	75.5	76.2	75.5	75.3	76.2	78.9	76.1	74.9	73.0	74.7
韓国	71.4	69.7	64.4	53.6	52.7	56.8	58.8	63.3	62.4	61.7	62.7	65.6
香港	64.9	63.9	62.9	61.4	61.8	61.3	60.8	68.3	67.0	65.2	66.5	67.7
マレーシア	67.5	66.7	64.5	59.0	51.0	51.7	54.9	59.5	58.9	56.4	55.3	57.7
タイ	61.2	59.9	52.3	47.5	46.9	48.3	48.8	53.2	50.2	50.0	48.2	51.9
インドネシア	52.0	51.8	49.9	32.9	27.9	27.1	28.3	27.4	25.1	21.6	21.6	23.8
フィリピン	46.3	44.3	43.3	43.0	43.3	45.9	46.7	49.4	43.1	43.5	42.4	44.9
ベトナム	32.5	32.5	32.7	30.2	27.8	28.1	29.1	28.0	28.5	30.0	29.3	32.3
中国	58.0	57.8	57.6	57.7	57.2	56.4	56.6	60.6	58.6	57.4	57.6	58.9
インド	52.0	46.9	46.5	44.9	44.5	44.2	45.3	51.5	47.7	47.4	48.0	47.3
11カ国平均	60.6	59.5	57.5	53.5	51.8	52.5	53.3	57.1	54.9	53.9	53.6	55.5

(注) 表中の数字はクレジット・レーティングで,値が大きい(小さい)ほどカントリーリスクが低い(高い).
   最高は100ポイント.
(資料) *Institutional Investors*,各号より日本総合研究所作成.

モデルを取り入れて,過去のデータをもとにリスク量を計量化したり,ストレス・テストにより想定外の事態が生じた場合のシミュレーションを実施しているところがある.

それでは,図表10-2で,アジア主要国のカントリーリスクがどのように推移してきたのかを確認してみよう.これは,イギリスの金融専門誌である*Institutional Investors*が世界の金融関係者に対して,年に2回アンケート調査を実施した結果を整理したものである.ここでは,通貨危機前の1997年3月から2002年9月までのデータを掲載してある(ポイントが高い(低い)ほど,カントリーリスクは低い(高い)).

アジアの主要国・地域では,シンガポールと台湾はカントリーリスクが低く,かつ変動幅が小さい.これに対して,韓国,タイ,インドネシアなどは通貨危機後にカントリーリスクが大きく高まった.それらのうち,インドネシアはいまだに回復していない.中国については,日本国内では,やがて崩壊するという意味での中国脅威論と,著しい経済成長を続け日本経済が打撃をこうむるという意味での中国脅威論が交錯している.ところが,世界の金融関係者は,中国に対する評価をここ数年ほとんど変えていないのである.

周知のように,アジアは,香港,シンガポール,台湾,韓国のような高所得

国から，ラオス，カンボジア，ミャンマーなどの低所得国を含む国々で構成されている．また，政治体制も社会主義国から王制まで多様である．多様性に富むアジアでは，各国に固有の事情を考慮する一方で，アジア通貨危機のように多くの国々がほぼ同時に危機に襲われるリスクをバランスよく監視していくことが肝要である．

（2）現地政府による規制
①拠点開設免許

　企業が海外で事業を行う場合，進出先の国の規制が業務を制約することがある．アジアにおいても，政府は，国内の信用秩序維持や地場銀行の保護・育成と外国銀行の国内進出によるメリットを天秤にかけながら，外国銀行に対して規制を課している．受け入れ国政府としては，国内市場が外国銀行によって席巻されることを警戒する一方で，国内への金融技術の導入，競争によるサービスの効率化，人材育成などの効果を期待している．

　外国銀行にとっての代表的な規制として，**拠点開設免許**がある．外国銀行は，好きな国に好きなだけ拠点を開設できるわけではなく，現地政府から許可を獲得しなければならない．また，拠点の種類にも，情報収集を目的とした駐在員事務所，（原則的に）非居住者を対象に業務を行うオフショア支店，地場銀行と同じように現地通貨を用いたビジネスを展開できる**フルブランチ**などがある．特に，フルブランチの免許の有無は，進出先の国での業務活動を大きく左右する．現地通貨を預金として受け入れることにより安定的に調達できるようになれば，現地通貨での貸し出しを拡大できる．もちろん金融市場からも調達できるが，何らかの理由により調達が困難になるリスクがある．しかしながら，アジアの多くの国々では，国内銀行保護の観点から，フルブランチ免許の交付は制限されたままである．また，インターネットを使ったネット・バンキングの開設にも現地政府の許可を必要とする．シンガポールのように外国銀行の現金自動受け払い機（ATM）の設置台数が制限されているケースもある．拠点網の少なさを補うために，アジアの地場銀行と業務提携を行う邦銀が多い．

　フルブランチの開設免許とは逆に，現地政府から外国銀行が出店を要請される場合がある．例えば，タイでは1990年代に，政府の地方経済振興策に呼応して外国銀行が地方都市（チョンブリ，アユタヤなど）で支店を開設したことが

ある．マレーシアのオフショア市場は，首都クアラルンプールから飛行機で2時間ほど離れたラブアン島に設立され，外国銀行はオフィスを構えることを求められた．中国でも地方での拠点開設を要請された例がある．

②為替取引規制

為替取引規制も外国銀行の活動に大きな影響を及ぼす．アジア通貨危機後，投機的な資金の流れを抑制することが課題になっているが，ASEAN諸国では為替取引規制を強化している．マレーシア，タイ，インドネシアなどは，シンガポール外国為替市場で投機筋に自国通貨売りを仕掛けられたことから，国外に自国通貨が流出することを制限するようになった．

タイは，1997年5月に導入したバーツの国外流出規制を98年1月に厳格化するとともに，その後も貿易取引などの裏付けのある取引（いわゆる実需原則）を周知徹底している．マレーシアは98年9月にリンギの価値を米ドルに対して，1ドル＝3.8リンギの水準で固定すると同時に，国外に自国通貨が流出することを厳しく制限した．インドネシアも2001年1月に為替取引規制を導入した．

このように，ASEAN諸国が為替取引規制を導入した結果，シンガポール外国為替取引市場におけるASEAN通貨の取引高は急減した．邦銀に限らず多くの外国銀行にとって，シンガポール市場でのASEAN通貨取引は，業務の大きな部分を占めているだけに，その影響が懸念される．

4．アジア金融市場の特徴

(1) 銀行市場の規模

次に，邦銀が業務を展開する場であるアジアの金融市場について述べる．まず，図表10-3で，アジア諸国の市場の大きさを確認してみたい．ここから，日本を含むアジア主要9カ国（日本，中国，ASEAN4，台湾を除くNIEs3）について，銀行の民間部門（中国と香港は，中央政府以外の部門）に対する貸し出し残高の推移を読み取ることができる．85年から最近時（2001年末～2002年6月の各国データ）までの間に，9カ国の合計は1兆8,968億ドルから6兆7,950億ドルへと3.6倍になった．

ただし，貸し出し残高はピーク時の1995年の7兆692億ドルを，2000年，最近時ともに下回っている．日本の残高が5兆5,353億ドルから4兆1,576億ドル

第10章 アジア金融市場と邦銀の事業展開

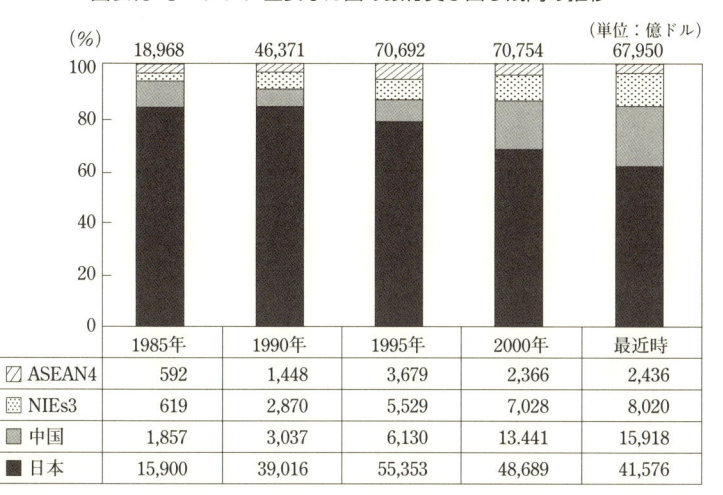

図表10-3 アジア主要9カ国の銀行貸し出し残高の推移

(単位:億ドル)

	1985年	1990年	1995年	2000年	最近時
合計	18,968	46,371	70,692	70,754	67,950
ASEAN4	592	1,448	3,679	2,366	2,436
NIEs3	619	2,870	5,529	7,028	8,020
中国	1,857	3,037	6,130	13,441	15,918
日本	15,900	39,016	55,353	48,689	41,576

(注) 最近時は、インドネシアが2001年末、フィリピンが2002年4月、タイ、香港、韓国が2002年5月、他は2002年6月。
(資料) IMF, *International Financial Statistics* より日本総合研究所作成。

へと大幅に減少したのが、その最大の要因である。また、ASEAN4が為替下落の影響により、同期間中に3,679億ドルから2,436億ドルへと大きく減ったのが目立つ。対照的に、中国では高い経済成長率を背景に着実に増加しており、2002年6月に1兆5,918億ドルに達した。これはアジア全体の23.4%に相当する。

このように、日本の残高が縮小する一方で、アジア諸国はおおむね拡大傾向にあることから、邦銀にとってもアジアで業務を展開する必然性はある。しかしながら、市場規模の小さい国が多いことから、多くの店舗を展開できたとしても採算の確保は難しいであろう。中国にしても、市場規模は拡大しているものの、外国銀行が広大な国土をあまねくカバーすることは困難である。

(2) アジアの国際金融センター

アジアには、外国銀行が業務を展開する拠点となる、東京、シンガポール、香港といった世界を代表する国際金融センターがある。それらのほかにも、マレーシアのラブアン・オフショア金融センターが1990年に、タイのバンコク国際金融市場 (BIBF: Bangkok International Banking Facilities) が93年にそれぞれ設立された。最近では中国の上海が注目を集めている。

国際金融センターは，比較的規制が少なく，外国銀行にとって活動しやすい市場である．**オフショア市場**は，一般的に，非居住者が資金の調達・運用をする「外一外の取引」を原則とし，金融・税制上の制約がきわめて少なく，自由に取引を行うことができる．アジアのオフショア市場も，国内取引と非居住者の取引を分離した内外分離型であるが，香港だけが内外一体型である．

また，シンガポールや香港などのアジアを代表する国際金融センターには，銀行のみならず，証券会社，保険会社，資産運用会社，事業会社の財務部門などが多く集積しており，資金・為替取引のほか，シンジケート・ローンや投資銀行業務の拠点ともなっている．さらに，会計事務所，弁護士事務所，通信社などの国際金融センターを支える機関も揃っている．

① 1997年を境に急減した市場規模

アジアのオフショア市場は，域内諸国の順調な経済発展を背景に，1990年代に入ってから急拡大した．しかしながら，通貨危機に見舞われた97年を境に様相が一変した．図表10-4に掲げたアジアを代表する4つの市場すべてで，97～98年を境に残高が大きく減少した．日本のオフショア勘定残高は98年末の7,821億ドルから2001年末には3,726億ドルへと急減した．96年と比較して，香港は2001年末時点で▲33.4％，シンガポールは同▲7.0％それぞれ残高を減らした．香港の減少幅が大きいのは，邦銀による香港を使った円取引が大きく減少したためである．さらに，93年に設立され，邦銀が中心になり外貨調達窓口としての役割を担っていたタイのBIBFでは，外貨建て債務の返済が続いて

図表10-4　アジアの主要オフショア市場の残高推移（年末値）

(単位：10億ドル)

	シンガポール	香港	タイ	日本
1996年	506.9	608.6	50.4	693.9
1997年	557.2	600.6	39.8	680.6
1998年	503.6	501.0	25.0	782.1
1999年	480.4	475.8	14.7	523.7
2000年	486.5	450.4	10.2	410.8
2001年	471.4	405.2	7.0	372.6

（資料）Monetary Authority of Singapore (MAS), Bank for International Settlements (BIS), Bank of Thailand, 財務省（日本）などの資料より日本総合研究所作成．

図表10-5 世界の主要国・地域別の外国為替市場取引高の推移
（各年4月における1営業日当たり平均取引高）

(単位：10億ドル，％)

国・地域	1989年		1992年		1995年		1998年		2001年	
	金額	シェア	金額	シェア	金額	シェア	金額	シェア	金額	シェア
中国	—	—	—	—	—	—	0	0.0	0	0.0
香港	49	6.8	60	5.6	90	5.7	79	4.0	67	4.1
台湾	—	—	—	—	—	—	5	0.3	4	0.2
韓国	—	—	—	—	—	—	4	0.2	10	0.6
シンガポール	55	7.7	74	6.9	105	6.7	139	7.1	101	6.2
インドネシア	—	—	—	—	—	—	2	0.1	4	0.2
マレーシア	—	—	—	—	—	—	1	0.1	1	0.1
フィリピン	—	—	—	—	—	—	1	0.1	1	0.1
タイ	—	—	—	—	—	—	3	0.2	2	0.1
インド	—	—	—	—	—	—	2	0.1	3	0.2
アジア計	104	14.5	134	12.5	195	12.4	236	12.2	193	11.8
英国	184	25.6	291	27.0	464	29.5	637	32.5	504	31.1
米国	115	16.0	167	15.5	244	15.5	351	17.9	254	15.7
日本	111	15.5	120	11.2	161	10.2	136	6.9	147	9.1
ドイツ	—	—	55	5.1	76	4.8	94	4.8	88	5.4
オーストラリア	29	4.0	29	2.7	40	2.5	47	2.4	52	3.2
合計	718	100.0	1,076	100.0	1,572	100.0	1,958	100.0	1,618	100.0

(資料) Bank for International Settlements (BIS), "Central Bank Survey of Foreign Exchange and Derivatives Market Activities in April 2001: Preliminary Global Data" より日本総合研究所作成．

いる．その残高は2001年末に，96年末の504億ドルを86％も下回る70億ドルとなった．このようなオフショア市場残高の減少は，域内での資金交流が停滞していることを示唆している．

②外国為替市場

　国際金融センターは，**外国為替市場**としての顔をもっている．BISは1989年以来3年ごとに世界の外国為替市場に関する調査結果（4月の1日当たり平均取引高）を発表している．それによると，全世界の取引高は89年から98年まで順調に拡大していたが，2001年に初めて減少し，98年比▲19％減となった．これはEUの通貨統合により欧州通貨相互の取引がなくなったことや，金融機関の相次ぐ合併により市場でのプレーヤーが減少したことを反映している（図表10-5）．

　1998年調査からは香港とシンガポール以外のアジア諸国も調査対象に含まれ

るようになったが，アジア全体の世界シェアは98年の12.2％から2001年に11.8％へ低下した．その一方で，アジアと同じ取引時間帯に属するオーストラリアが2001年に取引高，シェアとも大きく伸ばした．これは，欧米金融機関が為替取引の拠点をアジアから同国に移管したためと考えられる．加えて，中国を除いて域内諸国・地域の経済活動が停滞していることや，先述のようにタイ，インドネシア，マレーシアで**為替取引規制**が導入されたことも影響している．

③シンガポール

　経済規模が小さいシンガポールは，金融取引の域内拠点となるべく，さまざまな市場を整備するとともに，他国の市場と結びつけてきた．シンガポールは1968年にアジア初のオフショア市場であるアジア・ダラー市場（Asia Dollar Market）を開設した．84年には金融デリバティブ商品を上場したシンガポール国際金融取引所（SIMEX）を設立した．99年には，SIMEXとシンガポール証券取引所（SES）を合併させ，シンガポール取引所（SGX）とした．シンガポールには，銀行に限らず，世界の主要な証券会社，保険会社，資産運用会社などが拠点を構えている．同国の外国為替市場は，89年から98年までは順調に取引高を増やしたが，世界シェアは横這いであった．2001年については，取引高，シェアとも大幅に低下した．

④香　　港

　香港は1970年代に自然発生的に形成された国際金融センターといわれている．中国経済の台頭とともに，その海外市場へのゲートウェイとして発展した．しかしながら，97年に中国に返還されて以来，邦銀の活動が低迷してきたことから，国際金融センターとしての地位にかげりがみえている．在香港金融機関の資産残高（香港ドル＋外貨）は97年以来大きく減少した．金融機関の国籍を日本，中国，米国，欧州，その他地域に分けると，96年末から2000年末までの間に残高が減ったのは日本（3,516億香港ドル→1,310億香港ドル）だけであった．さらに，世界規模で金融機関の整理・統合が進展したことから，各地域・国が香港にもつ拠点数は一様に減少した．そのなかにあって日本は，拠点数を92から35へと大幅に減らした．

⑤上　　海

　上海は，中国沿岸部の急速な経済発展，そして国内の金融取引の拡大，外国金融機関の相次ぐ進出などにより，国際金融センター化への期待が高まってい

る．将来的には，国内の金融業務の一大拠点となり，香港の国際金融業務が部分的に上海に移管されることが考えられる．しかしながら，香港やシンガポールと同程度に法制度の整備が進み，カントリーリスクが低下し，人民元の国際化が進まないと，非居住者が自由に取引を行う国際金融金融センターとして大きく飛躍することは難しいであろう．

⑥バンコク

タイでは1993年に先述のBIBFが，インドシナ諸国へ復興資金を供給することを目的に，設立された．しかしながら，実際は非居住者間の取引（外―外）はわずかで，シンガポール市場などから調達した米ドルを，国内企業に貸し出すこと（外―内）が業務の中心となった．BIBFを通じて国内に流入した資金が，バブル発生の一因となった．邦銀はフルブランチの免許を獲得するための実績を積むために，融資競争を展開した．

5．邦銀の事業展開

邦銀の国際業務を展望すると，アジアが引き続き重要な地域であることに疑問を挟む余地はない．しかしながら，一方でアジアは邦銀の「裏庭」であるとの考えを改める必要がある．確かに，地理的に近接しているアジアには主要顧客である日系企業が多く進出してはいるものの，邦銀の与信残高と拠点網が欧米銀行に対して抜きん出ているとはいえなくなっている．

（1）縮小したアジア拠点網

邦銀がアジアで業務を展開するためには，拠点網を維持することが不可欠である．戦後，邦銀のアジア拠点は拡大基調にあったが，1997年に日本の金融システム危機が表面化して以来減少に転じた．

国内でバブルが崩壊する直前の1989年時点で存在していた大手23行（都市銀行13行，長期信用銀行3行，信託銀行7行）のすべてがアジアに支店を展開していた．ところが，2001年6月末時点で，その数は6つへと大きく減少した．アジア主要国・地域のほぼすべてに自前の拠点を展開しているのは**4大金融グループ**（三井住友フィナンシャルグループ，三菱東京フィナンシャル・グループ，みずほフィナンシャルグループ，UFJグループ）のみとなった（図表

図表10-6　4大金融グループのアジア拠点展開

グループ名	韓国	台湾	香港	中国	シンガポール	マレーシア	インドネシア	フィリピン	タイ	ベトナム	ミャンマー	インド
三菱東京フィナンシャル・グループ	◎◎	◎	◎◎△	◎◎◎◎◎◎◎◎	◎△	◎◎△	◎△△△	◎	◎◎◎◎	◎◎	◯	◎◎◎◎
みずほフィナンシャルグループ	◎	◎◎	◎	◎◎◎◎◎◎◎◎◎	◎	◎◎△	◯	◎	◎	◎◎	◯	◎◎
UFJグループ	◎	◯	◎	◎△◎◎◎◎◯	◎	◎△			◯			◎
三井住友フィナンシャルグループ	◎	◎	◎	◎◎◎◎◎◎◎◎	◎	◎◎△	◯	◎	◎◯	◯	◯	◎◎

(注1)　◎は支店，◯は駐在員事務所，△は出張所．
(注2)　これらのほかにも，現地法人の銀行をインドネシアやマレーシアに設立しているグループがある．
(注3)　4大金融グループのうち，三井住友銀行，東京三菱銀行，みずほコーポレート銀行，UFJ銀行のアジアでの拠点数を集計したもの．
(資料)　各グループのホームページ，ディスクロジャー誌などより日本総合研究所作成．

10-6)．

　邦銀のアジア拠点が大きく減少した原因は3つある．第1は，国際業務を行うのに必要な自己資本比率（8％以上）を維持することは困難と考え，自ら海外業務から撤退したケースである．第2は，経営不振に陥り一時国有化や閉鎖に追い込まれた銀行が，国際業務から撤退したケースである．第3は，大手銀行同士の経営統合に伴い，重複する海外拠点の整理・統合が進んだことである．また，地方銀行の多くが，香港やシンガポールを中心に展開していた支店や駐在員事務所を閉鎖した．

(2) 大きく減少した与信残高

　邦銀のアジアにおけるプレゼンスは，与信残高の減少に現れている．図表10-7は，BISに報告義務のある国（主に先進工業国）の銀行の，アジア向け与信残高（国境を越えて貸し出すクロスボーダー与信と，現地企業や政府に対する外貨建て与信の合計）の推移を，96年末から2001年末までについて整理したものである．BIS報告銀行の対アジア与信残高は，この間に3,670億ドルから1,132億ドル（▲30.8％）減少し，2,538億ドルとなった．そのなかにあって

日本の残高は1,186億ドルから501億ドルへと，685億ドル（▲57.8％）も減少した．これは，BIS報告銀行全体の減少額の61％に相当する．

通貨危機の前後で，BIS報告銀行の対アジア与信残高のシェアが大きく変動した．日本は1997年6月時点で，対アジア与信残高の31.8％を占めていた．90年代中頃から欧州が日本を上回るペースで与信残高を増やしていたことから，日本のシェアは低下傾向にあったものの，それでもおよそ3分の1を占めていたのである．ところが，2001年末には，1カ国としては最大のシェアを維持したとはいえ，19.7％へと大きく低下した．代わってドイツ（15.8％），英国（9.6％），フランス（8.7％）などの欧州諸国が高いシェアを有するようになった．米国は8.5％となり，97年6月とほぼ同じ水準であった．

このように，2001年末時点では日本がアジアに対して最大の与信残高を維持していた．ところが，現地通貨建て債権を加えると（総額3,769億ドル），米国が16.7％で第1位となり，日本は15.6％の第2位となる．英国（15.3％），ドイツ（11.8％），フランス（6.9％）などの欧州勢も健闘している．邦銀は，アジアに地理的に近接しているものの，現地通貨を用いたビジネスでは劣勢に立たされている．BISが発表する統計によると，日本のアジア向け与信残高に占める現地通貨の比率は2001年末時点で14.7％にすぎなかった．これは，先進国銀行の平均である32.6％を大きく下回っている．米銀についてはシティバンクなどがアジアでもリテール業務を展開していること，英銀については香港上海銀行などアジア拠点網が充実している銀行が多いことなどにより，現地通貨建て債権の比率が高くなっていると推測される．

図表10-7　日本対アジア与信残高の推移

（単位：億ドル，％）

	1996年	1997年6月	1997年	1998年	1999年	2000年	2001年	（1996年比）
先進国銀行(A)	3,670	3,894	3,810	2,979	2,709	2,800	2,538	▲1,132
前年比	▲98.8	6.1	▲2.2	▲21.8	▲9.1	3.4	▲9.4	▲30.8
日本(B)	1,186	1,238	1,147	859	651	557	501	▲685
前年比	▲99.0	4.4	▲7.4	▲25.1	▲24.2	▲14.4	▲10.1	▲57.8
B/A	32.3	31.8	30.1	28.8	24.0	19.9	19.7	▲12.6

（資料）　BIS, *Intermational Consolidated Banking Statistics*, 各号より日本総合研究所作成．

(3) 欧米銀行の動向

　邦銀と競合する欧米の銀行は，着実にアジアでの基盤を整備している．通貨危機が発生して以来，欧米の銀行が体力の衰えたアジアの銀行をこぞって買収するのではとの観測があったが，実際には多くなかった．ABN アムロ銀行（オランダ），スタンダード＆チャータード銀行（英国），香港上海銀行（英国）などがいくつかの地場銀行の株式の過半数を取得した．その他は，ドイツ銀行，ゴールドマンサックス，米国の投資ファンドが韓国の銀行に出資した程度である．欧米の銀行も1990年代に入ってから合併を繰り返しているうちに，グローバル戦略を展開する銀行と国内業務に特化する銀行に二極化しており，潜在的な投資家は限られている．

　先述のように，与信残高では欧米の銀行のシェアが高まっている．拠点ネットワークにしても，欧米銀行の拠点を合計すると日本勢を大きく上回っている．欧米銀行にとっては，グローバルに事業を展開する日本の大企業は優良顧客であり，むしろ邦銀は守りにまわることもある．アジアの優良銀行も，日系企業を担当する部署であるジャパン・デスクを設置するなどして，日系企業への攻勢を強めている．

(4) 難しい中国ビジネスへの取り組み

　日系企業，そして邦銀にとって難しいのが，中国のリスクをどのようにみきわめるのかという点である．一般的に，中国ビジネスは，他地域と比較して採算面では厳しい状況にあるといわれている．法制度の頻繁な変更，その適応基準の曖昧さ，中央政府と地方政府の力関係など，ビジネスを展開するうえでの障害も多い．中国は2001年12月に WTO 加盟を果たした後も，外国銀行に対する規制に関しては，緩和措置を実施するのではなくむしろ強化している分野もある．中国の地場銀行の不良債権処理や収益力の向上へのメドが立つまで，外国銀行の参入をためらう恐れがある．

　しかしながら，他方で，好むと好まざるとにかかわらず，日本企業は対中直接投資を拡大させ，中国を含む国際分業体制を構築する動きを強めている．さらに，日本国内の市場が低迷するなかで，自社製品の販売市場としての中国を重視しつつある．政治的リスクや諸制度の違いを抱えながらも，日本企業にとって中国は無視できない存在となっている．将来的に東アジアにおいて自由貿

易協定が次々と締結されていくとするならば，ビジネス障壁は低くなっていく．中国を軸に再編されつつあるアジアの産業ネットワークをカバーすることは邦銀として不可欠である．

6．おわりに

これまで述べてきたように，1997年を境に邦銀のアジアでの事業展開は調整期に入った．その後，国際金融業務を手掛ける邦銀は大幅に減少した．今後は，経営統合を経て誕生した4大金融グループがいかなる戦略を展開するのかが注目される．経営統合によって収益力を強化し，外貨調達能力や格付けが回復し，リスク許容度が高まることが強く期待される．

他方，これからのアジア・マーケットでは，資金の量的な充足だけではなく，付加価値の高い金融サービスの提供をこれまでにも増して求められるようになろう．当面はアジアに経営資源を投入することは難しいであろうが，キャッシュ・マネジメント・システムを活用した顧客の囲い込み，現地スタッフの積極的な登用，優良非日系企業とのパイプづくり，アジアの地場銀行との友好関係の構築，アジア市場に適した金融商品の考案，銀行の国内拠点との連携強化などを進めておく必要があろう．

◆スタディ・ガイド

　邦銀のアジア業務，そして国際業務に関する情報源は限られており，研究成果も少ない．多少古くなるが旧大蔵省が平成9・10年版まで発行していた『国際金融局年報』の中に，邦銀の国際業務に関する記述がある（平成8年版より『国際金融年報』に改題）．邦銀の海外拠点展開を個別行ごとに調べるには，『週刊金融財政事情』夏季特集号（8月初旬頃発刊）が便利である．邦銀を含む先進国銀行のアジア向け与信残高は，国際決済銀行（BIS）が年4回公表している *BIS Consolidated International Banking Statistics*（http://www.bis.org/publ/）に掲載されている．

　個別銀行のアジアでの事業展開については，各行がホームページでも掲載している『ディスクロージャー誌』および「決算短信」より，海外拠点，地域別貸出金・リスク管理債権の動向，セグメント情報（世界の主要4地域ごとの資産，計上利益）などを入手できる．

◆主要参考文献
- 「特集:新局面を迎えたアジア戦略」『金融ジャーナル』1998年7月号.
- 「特集:メガバンク成功の条件」『金融ジャーナル』2000年7月号.
- 家森信善『日本の金融機関と金融市場の国際化』千倉書房,1999年.
- 高安健一「邦銀のアジア戦略」さくら総合研究所環太平洋研究センター編『アジア新金融地図—成長市場を制するのは誰か』日本経済新聞社,1996年,pp.173-233.
- 高安健一「特集:経営統合を控えた邦銀のアジア戦略」『環太平洋ビジネス情報RIM』2001年1月号,さくら総合研究所,pp.3-45.
- 鳥畑与一「本邦金融機関の国際化と円の国際化」上川孝夫・今村英悦編著『円の政治経済学—アジアと世界のシステム』同文舘,1997年,pp.131-155.
- 米田敬智『タイ・フルブランチへの道:産業金融の現場から』中央公論社,1998年.
- Casserley, Dominic, Greg Gibb, and the Financial Institutions Team, *Banking in Asia: The End of Entitlement*, John Wiley & Sons, Singapore, 1999.
- Kawai, Masahiro, Yuzuru Ozeki, and Hitoshi Tokumaru, "Banking on East Asia: Expansion and Retrenchment of Japanese Firms," in Aggarwal, Vinod K. and Shujiro Urata, eds., *Winning in Asia, Japanese Style: Market and Nonmarket Strategies for Success*, Palgrave Macmillan, New York, 2002.

【コラム10】 金融危機と邦銀アジア支店

　アジア経済危機と日本の金融危機は，邦銀のアジア支店にも大きな影響を及ぼした．タイでは，邦銀が1990年代中頃にかけて，フルブランチ免許の獲得を目指して熾烈な貸出競争を繰り広げていた．同国で古くからフルブランチの免許を取得していたのは，三井住友銀行（旧三井銀行，1952年）と東京三菱銀行（旧東京銀行，1962年）の2行だけであった．他の邦銀は，日本企業がタイへ続々と進出を始めたことから，90年代に入り免許獲得に積極的に取り組んだ．93年にバンコクにオフショア市場が設立されると，邦銀は現地の金融当局にタイ経済への貢献をアピールするために，現地企業への貸し出し競争を展開した．そして，96年に免許を交付する銀行が発表されて間もなく通貨危機が発生した．その後邦銀の貸出残高が急減したことはいうまでもない．さらに，皮肉なことに，日本国内で大手銀行が次々と経営統合に踏み切ったことから，かつてタイでフルブランチの免許を競い合っていた支店同士が合併したケースがでてきた．

　シンガポールでは，日本のバブル経済が崩壊する直前の1989年末時点で，都銀13行と長期信用銀行3行のすべてが拠点をもっていた．シンガポールは外国銀行の国内市場への進出を制限する一方で，国際金融センターとしての競争力を高めるために多くの外国銀行に対してオフショア・バンクの免許を交付した．しかしながら，2002年8月時点のMAS（Monetary Authority of Singapore: シンガポール通貨庁）の資料を基に集計すると，上記16行のうち2002年時点でシンガポールに拠点をもつ邦銀は，4大金融グループのみとなった（他に信託銀行2行）．

　1997年秋に日本が金融危機の嵐に見舞われてから間もない98年2月に，アジアのある国へ出張する機会があった．そこで面談した邦銀の支店長さんは，沈痛な面持ちをしていた．当時，邦銀は，98年3月末の年度末に向けて外貨が調達できるか否かという瀬戸際に立たされていた．その支店長さんによると，現地通貨の調達に窮していたところ，ある大手華僑財閥の総帥が，多額の現地通貨の預金をしてくれたという．華僑というと，商売にドライというイメージがあるが，長年の友人が困った際には助けるのは当然との言葉が返ってきたという．その総帥は，昔々大学を卒業して間もなくの頃，毎日集金袋をもって支店に来ていたとのこと．

第4部　安全保障と経済協力

第11章　アジアにおける経済安全保障

◆本章のポイント

　本章では，①安全保障の問題はアジア経済にどのような影響を与えたのか，②アジア経済の持続的成長を脅かす要因は何なのか，③アジア経済の成長持続と安定維持のために取り組むべき課題は何なのか，について学ぶ．

1．アジアの経済安全保障をめぐる情勢は，世界経済におけるアジアのプレゼンスの高まり，冷戦終結後の不安定な国際政治体制，域内相互依存関係の強化などの要因によって変化している．グローバル化のもとで持続的発展と経済的安定を実現するために，アジアは，①民主化を通じた政治情勢の安定，②成長制約要因の解消，③環境問題の緩和に取り組んでいく必要がある．
2．政治情勢の不安定化は，①資源配分の歪み，②軍事支出など国家予算の肥大化，③経済制裁や外国投資の減少などの経済的なコストを伴う．アジアの政治情勢をみると民主化は不可避の流れであり，経済発展の新たなパラダイムを指し示す政治的リーダーのもとでの豊かな市民社会の実現が求められる．
3．経済発展に伴ってアジアのエネルギー需要は増大している．エネルギー供給については，①環境への影響も配慮したエネルギー源の見直し，②エネルギー源の安定的確保，③エネルギー利用効率の向上が重要となる．
4．緑の革命によってアジアの農業生産は急拡大し，食糧の需給をほぼ均衡させることができた．しかし，①農業生産の伸び率の鈍化，②所得向上に伴う食生活の変化，③貿易自由化に伴う農業生産の国際的分業化の進展，など食糧需給に影響を与える不安定要因が存在する．
5．工業化，人口増加，都市化，消費生活の変化などの要因が環境への負荷を高め，大気汚染，森林減少，水質汚染，土壌劣化，希少生物の絶滅，都市部の生活環境悪化などの問題を発生させている．アジアにおける環境悪化は地球規模での問題になっており，域内協力を通じた問題への取り組みが望まれる．

1. アジアの経済安全保障の課題

(1) 経済安全保障とは

経済安全保障とは，経済の持続的成長や安定が脅かされることを防ぐための方策や体制と定義できる．例えばエネルギーの供給不安，食糧の供給不安，急激なグローバル化による，一国の，あるいは地域全体の経済システムの動揺などである．

経済安全保障は，政治的な安全保障と相互に関連し合うものである．第1に，政治的独立や領土が外部からの武力攻撃や侵略，あるいは国内の武力抗争によって脅かされる場合，経済的利益も損なわれることになる．実際に紛争が発生しない場合でも安全保障を維持するためのコストは，経済的な負担になってくる．第2に，エネルギーや食糧など経済安全保障を実施する手段として，政治的関係や交渉力が重要になる．逆に，経済力が政治的な安全保障において有効な手段になる．第3に，経済発展が民主化運動を活発化させるように，大きな経済変動が政治的な安全保障に影響を与えるケースも発生する．

アジアの経済安全保障体制は，1990年代以降，大きく変化している．特徴的な変化としては，①アジア各国間の相互依存関係が強まっていること，②経済規模の拡大から経済変動が他の国，地域に与える影響が大きくなったこと，③冷戦終結後の多極化した国際政治体制とその不安定化の影響を受けていること，④グローバル化が急激な経済危機発生の可能性を生んでいること，などが挙げられる．その結果，アジア諸国にとって経済安全保障の問題は重要性を増しているといえる．アジア諸国は，経済・政治・社会を含めた自国の総合的な安全保障体制を確立するとともに，他のアジア諸国との連携による地域全体の経済安全保障体制を確保することが求められている．

(2) 東アジアの発展プロセスと経済安全保障

アジア通貨危機を経た後も東アジアは依然として他の地域と比べて高い経済成長率を維持している．しかし，21世紀のアジア経済を展望すると，経済安全保障——持続的経済成長と経済の安定——を阻害するいくつかの問題点が指摘できる．

これまでの東アジアの発展プロセスを概観し，東アジアが現在直面する経済安全保障上の課題をまとめたものが図表11-1である．

独立直後の東アジアがまず取り組んだのは内部的には国家の統合であり，対外的には東西冷戦構造のもとでの安全保障であった．この課題を達成するため，多くの国では強い指導者に率いられた有力政党や軍部を中心とする集権的な権威主義的政治体制，すなわち開発独裁体制が形成された．東アジア諸国は，米国やソ連などからの経済援助，軍事援助を受けながら国家建設に着手したのである．

開発独裁政権による経済政策は，開発至上主義に特徴づけられる．国民の所得向上と経済的自立が国家統合にとって不可欠であり，国家主導で経済開発が進められた．各国は，1960年代のNIEsから80年代のASEAN，中国，90年代の後発ASEANと時期の違いこそあれ，輸出志向工業化を目指した外向きの開発戦略を採用し，高い経済成長を達成した．一方，開発独裁は，癒着や汚職が蔓延するクローニー・キャピタリズムを生み出した．このクローニー・キャピタリズムは地場企業家だけでなく，外国企業や経済援助も巻き込んだものであった．また，経済開発が優先されるなか民主化運動や人権が抑圧された．労働者の権利抑圧や児童労働に対する規制は緩やかであった．

経済成長に伴って東アジアの所得水準は向上し，絶対的貧困も減少した．しかし，外国資本を成長のエンジンとする外向きの開発戦略は外国資本への依存度を高める結果となった．製品の国際市場での販売，技術のキャッチアップなどは外国資本に依存せざるをえなかった．主要輸出品目は資源加工品，労働集約的製品が中心となる一方で，資本財，中間財は先進国からの輸入に頼る構造ができあがった．また，環境負荷の高い産業（環境汚染を発生する産業）が先進国から東アジアへ移転するかたちで，先進国から東アジア諸国への**公害の輸出**も一部にみられた．

分配の公正よりも成長を重視する開発至上主義は，高い経済成長を達成したものの，成長プロセスのなかで大きな歪みも作り出した．1つは，環境問題である．経済成長それ自体が，用地開発，排気ガス，産業廃棄物など環境への負荷を高めている．また，所得機会を求めた森林伐採やエビ養殖などによる環境破壊が進んだ．第2は，所得格差の拡大である．所得水準は向上したものの富が一部の富裕層に集中し，所得格差はかえって拡大する状況がみられた．高賃

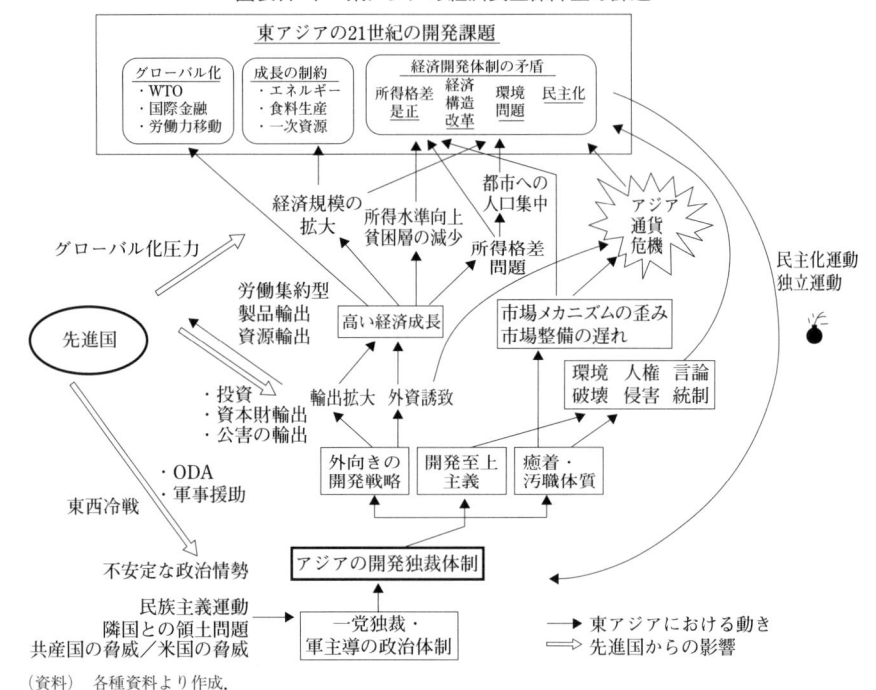

図表11-1　東アジアの経済安全保障上の課題

(資料)　各種資料より作成.

金の就業機会を求めた都市部への労働力移動は，都市部での**インフォーマル部門**（公的統計に含まれない経済部門）の形成やスラム化の問題を生んでいる．

　国家主導型の経済開発とクローニー・キャピタリズムは，市場メカニズムの歪みを生んだ．政府の介入とレント・シーキング，非効率な国営企業，一握りの財閥による寡占体制などの問題である．これらは，1997年のアジア通貨危機を深刻化させた要因にもなった．

（3）東アジアが直面する経済安全保障上の課題

　以上のように大きな矛盾を抱えた東アジアの経済開発体制は，21世紀に入って見直しを迫られている．東アジアが持続的発展と経済の安定のために取り組むべき主な課題としては，次の点が挙げられる．

①民主化の進展

　米国の人権外交に代表されるように国際社会で強まっている民主化を求める動き，東アジア各国における市民運動の活発化などから，各国政府は民主化への対応に迫られている．民主化は不可避の動きとなっているが，社会が政治的に未成熟である場合には，民主化運動の活発化は政治情勢の不安定化を招くことになる．

②成長制約要因の解消

　東アジア経済がめざましい成長を遂げた結果，国際経済におけるプレゼンスが高まった．また，世界市場におけるエネルギー需給，食糧需給，資源需給に対する東アジアの影響力が大きくなった．したがって，エネルギー，食料，資源などの要因は東アジア経済の成長の制約となってくる．

③環境問題への対応

　東アジアにおいて環境汚染が深刻化している．自国内における外部不経済だけでなく，周辺諸国に与える被害も大きい．開発至上主義から脱却し，環境との共存を考えた経済発展が求められている．

　上記3つの問題に適切に対処したうえで，アジア諸国は経済のグローバル化に対応していくことが求められている．東アジアにおいて経済のグローバル化は急速に進展している．アジア通貨危機もグローバル化への対応ができなかったことが招いたともいえる．グローバル化のもとでは経済の構造改革は避けられない．また，市場開放が進むと外国企業への依存度がますます高まるものと考えられる．国としての経済的自立をいかに確保するかが課題となる．

　以上の点を踏まえたうえで開発プライオリティを見直し，バランスのとれた経済成長を実現していく必要がある．その際には，経済成長の成果をこれまで以上に貧困層にいきわたるようにし，所得格差是正を図っていくことも求められる．

2．政治的安全保障

(1) アジアの政治的問題

　アジアは性格が異なるさまざまな国で構成されている．植民地時代を含めた

歴史的背景，民族構成，宗教，文化，地理的位置，資源も多様である．政治体制と経済社会構造を形成する価値観や理念も国によって異なる．独立時にそれぞれ固有の政治状況にあったアジア各国は，各々，国家統合と経済開発のための政治・経済体制を築いてきた．しかし，アジア各国の政治的安定は，独立直後から現在に至るまで外的および内的要因に脅かされ続けている．

①外的要因による問題

外的要因によって安全保障上の問題が生じた背景には，冷戦下の大国のパワーポリティクスという国際政治情勢があった．

外的要因による問題として第1に挙げられるのは，中国，朝鮮，ベトナムにみられた国家分断である．これは，政治イデオロギーの違いによる国内の政治的対立に大国が介入するかたちで起こった．分断された国の間で政治的，経済的対立が続いただけでなく，朝鮮，ベトナムでは軍事的衝突も発生した．

連合国が第2次世界大戦の戦後処理を話し合ったポツダム会議おいて，朝鮮は北緯38度線で分断され，1948年に南に大韓民国（韓国），北には朝鮮民主主義人民共和国（北朝鮮）が樹立された．54年に韓国と北朝鮮の間で武力衝突が発生し，韓国を支援する米国を中心とする国連軍と北朝鮮を支援する中国も巻き込んで朝鮮戦争が勃発した．朝鮮戦争は53年に終結したが国土は荒廃し，韓国はほとんど無からの経済再建に取り組まざるをえなかった．その後，韓国と北朝鮮の間では緊張関係が続き，国防のための軍事支出は韓国にとって財政上の重荷となった．現在，南北間で緊張緩和に向けた話し合いが行われているが，核開発疑惑など北朝鮮は北東アジアにおける安全保障上の大きな不安定要因であり続けている．韓国統一部の推定によると，北朝鮮の1人当たり国民所得は韓国の約27分の1であり，両国の間には大きな経済格差がある．もし，将来，南北が統一する場合には北支援のかたちで韓国が負担する経済コストは大きなものになろう．

ベトナムは，1946年にフランスが自国の利権確保のために介入した結果始まったインドシナ戦争をきっかけとして，54年に南北に分断された．その後，65年に南ベトナム国内に組織された反政府共産勢力・南ベトナム解放民族戦線の南ベトナム政府に対する抗争に米国が介入したことでベトナム戦争が勃発した．米国の南ベトナム支援には，南ベトナム解放民族戦線を支援する北ベトナム，

中国に対抗した共産主義封じ込めの狙いがあった．ベトナム戦争は，75年のサイゴン陥落，76年の南北ベトナムの統一をもって終了したが，ベトナム戦争における人的・物的損害はきわめて大きかった．

日中戦争において国民党と中国共産党はともに日本軍と戦ったが，1947年に国民党により樹立された中華民国政権は，中国共産党との内戦に敗れて台湾に逃れた．中国本国では，49年，共産党が独立宣言を行い，中華人民共和国（中国）を建国した．中国と台湾は，共産主義体制と自由主義体制に分かれて，各々，独自の経済発展の道を歩んだ．中国が改革開放に経済政策を変更した後は，主に台湾の対中投資の拡大や貿易取引の増加などを通じて中国と台湾の間の経済関係は緊密化が進んでいる．しかし，建国以来，台湾の中国復帰を重要政治課題とする中国が「一国二制度」による中国復帰を主張するのに対し，台湾は「2つの中国」を主張しており，政治的には対立が続いている．

第2に，内戦の勃発とそれに対する大国，近隣国の介入がある．

カンボジアは，1970年，クーデターによって親米ロン・ノル政権から共産主義寄りのシアヌーク政権に変わり，さらに中国の支援を受けたポル・ポトが政権を握った．その後，91年に和平協定が結ばれるまで，ベトナム軍の支援を受けたヘン・サムリン政権とポル・ポト派の間で，続いてソ連・ベトナムが支援するヘン・サムリン政権と中国，東南アジア諸国連合（ASEAN：Association of Southeast Asian Nations），米国が支援する民主カンプチア三派連合政府（ポル・ポト派，シアヌーク派，ソン・サン派）の間で内戦が続いた．ポル・ポト政権時代の農村への強制移住，知識人の大量虐殺や長引く内戦によって国土は荒廃し，人的資源も失われ，カンボジア経済は大きな打撃を受けた．同様にラオスでも60年頃から和平協定が結ばれる74年まで親米派と北ベトナムの支援を受けたラオス愛国戦線の間で内戦が繰り返された．

ベトナム，カンボジア，ラオスのインドシナ3国の共産化やベトナム軍のカンボジア侵攻によって75万人ともいわれる難民がタイに流入した．インドシナ3国の共産化は，近隣諸国にとって軍事的脅威となり，これがASEANが結成される要因となった．

第3に，国境・領有権をめぐる隣接国との紛争がある．

領有権問題は，対象地域が保有する天然資源，軍事上の重要性，居住する民族の帰属などの要因が絡んでくる．軍事衝突にまで至らないが，将来，紛争の

火種になる可能性を有しているものもある．国境・領有権問題は住民の宗教問題や少数民族問題を背景とするケースが多く，問題の解決を困難にしている．

　インドとパキスタンは核・ミサイル技術で軍拡競争を続けている．両国間では，カシミール地方の領有をめぐって，1947年，いわゆるカシミール紛争が勃発した．国連の仲裁で現在は休戦中であるが，係争地域の45％をインド，35％をパキスタン，20％を中国が実効支配している．中国とインドの間では，54年以降，軍事衝突が繰り返されており，カシミール北部，チベット西部，アッサム北部が係争下にある．2002年にはイスラム過激派テロ事件を契機に，両国合わせて100万人規模の兵力が国境周辺に配備される一触即発の事態が生じた．

　マレーシアが1963年にシンガポール，カリマンタン島北部（現在のサバ，サラワク両州）を併合してマラヤ連邦を結成した際には，同地域の領有権をめぐってフィリピン，インドネシアと対立が起きた．マレーシアはインドネシアとフィリピンと断交し，一時はインドネシア軍がマレーシアへ侵入する事態も生じた．ASEAN結成によってASEAN加盟国内の領有権をめぐる問題は沈静化した．しかし，カリマンタン島沖のシパダン，リギタン両島をめぐるマレーシアとインドネシアの領有権争いなどのようにいまだに解決していない問題もある．

　南沙（スプラトリー）諸島は南シナ海の約100の島からなる島嶼群であるが，石油資源の埋蔵が推定されている．現在，中国，台湾，ベトナム，マレーシア，フィリピン，ブルネイが領有権を主張している．各国は南沙諸島の島やサンゴ礁に軍隊を配置しており，紛争の種となりかねない状態である．

②内的要因による問題

　内的要因による安全保障上の主たる問題は，宗教・民族対立に起因するものであり，分離独立運動，華人排斥運動，共産ゲリラ活動などがある．

　フィリピンにおいては，共産ゲリラ，イスラム系住民（モロ族）の独立運動が続いた．1972年にイスラム教徒の多い南部ミンダナオ島においてイスラム系住民による分離独立運動が激化した．その後，モロ民族解放戦線（MNLF），MNLFから分派したモロ・イスラム解放戦線（MILF）による武力闘争が続いたが，2001年に和平が結ばれている．しかし，イスラム系過激派の「アブ・サヤフ」は一連の和平交渉には参加しておらずテロ事件，誘拐事件を繰り返している．

第11章　アジアにおける経済安全保障

　インドネシアでは，1999年の住民投票に基づいて分離独立を決定した東チモールのほかにナングル・アチェ・ダルサラム州，パプア州で分離独立運動が続いている．アチェでは国軍と独立派との間で衝突が頻発している．さらに最近では，イスラム教徒とキリスト教徒の間の抗争がカリマンタン島やマルク島で発生した．現在も爆弾テロ事件が各地で相次ぐなど不安定な政情が続いており，今後，宗教対立や反華人運動が再び活発化する可能性が残されている．

　マレーシアでは，1969年にマレー系住民（ブミプトラ）と華人の衝突から暴動（5・13事件）が発生し，これを契機にマレー系住民を優先するブミプトラ政策が採用された．マレーシアの人口構成は，ブミプトラ6割強，華人3割弱，インド人1割弱である．71年に発表された新経済政策では，①すべての雇用において民族別人口構成比を反映させる，②90年までに株式の民族別保有率をブミプトラ30％，非ブミプトラ40％，外国人30％とする，という目標が掲げられ，ブミプトラ優先の経済社会政策（ブミプトラ政策）が実施された．

　ミャンマーでは，山岳少数民族（カレン族など）の分離独立運動がある．同国は約135の民族からなる多民族国家であるが，多数派であるビルマ族が国家権力の中枢を握っている．このため多数の少数民族が自治権を求めて反政府運動を続けてきた．1988年に発足した国家法秩序回復評議会（SLORC）政権は少数民族との和平交渉を進め，95年にはカチン独立機構と和平合意に至るなど一定の成果をみている．最後に残った主要反政府組織であるカレン民族同盟も95年頃から政府軍に対して劣勢となり，多くの難民が発生した．

　スリランカでは人口の7割を仏教徒シンハラ人が占め，ヒンズー教徒タミル人が2割弱を占める．1980年代にシンハラ人優先政策を不満としたタミル人の分離独立運動が激化し，スリランカは内戦状態に入った．タミル人過激派タミル・イスラム解放の虎（LTTE）が北部に拠点を築いてテロ活動を続けている．政府軍と過激派の抗争では18年間で6万人以上の死者がでているといわれる．2002年に政府とLTTEの間に停戦合意が結ばれ，和平交渉に入った．

　ヒンズー教徒が多数を占めるインドでも，イスラム教徒襲撃，シーク派教徒弾圧などの宗教対立がある．ヒンズー・イスラム教徒間の対立の背景には，インド・パキスタンの政治的緊張からヒンズー教徒に反イスラム感情が存在することがある．

　中国も，チベット独立運動など少数民族の問題を抱えており，将来的には紛

争の火種となる可能性を抱えている．

（2）政治的問題の経済コスト

　上記の安全保障に関わる問題は，アジア各国の経済にも影響を与えた．第1は，経済体制や開発プライオリティの選択であり，それを通じた資源配分の歪みである．東西冷戦下の政治的緊張のなかで自由主義体制あるいは社会主義体制の選択が行われた．また，予算配分面において，政治的安定のために特定の人種や地域を優遇する政策が導入された．マレーシアのブミプトラ政策は，その一例である．

　第2は，政治的混乱による財政負担の増大である．政治的安定維持や隣国との紛争のための軍事支出の拡大や，紛争による経済的資産破壊後の復興のための支出などである．アジア各国では軍事支出が国家予算の中で大きなウエートを占めている．スリランカでは，戦費を調達するために税金や公共料金を引き上げており，物価の上昇を招いた．治安の悪化は外国人観光客を減少させ，重要な外貨獲得源である観光産業に打撃を与えた．スリランカの中央銀行は，内戦がGDP成長率を2～3％引き下げたと試算している．

　第3は，外国政府や外国企業への影響である．政治的紛争の勃発は，諸外国による経済制裁や外国企業の資本逃避を生む．ミャンマーのSLORC政権によるアウン・サン・スーチー女史軟禁など民主化運動抑圧に対する1996年の米国による経済制裁は，通貨危機による対ミャンマー直接投資の減少を加速させることになった．

（3）アジアにおける民主化の進展：開発独裁の終焉

　東西冷戦の終了と機を同じくして，アジア各国において**民主化運動**が活発化した．

　フィリピンでは，1986年の大統領選挙に際してマルコス大統領は不正な手段で選挙に介入することで四選を狙った．しかし，マルコス大統領は，83年に暗殺されたコラソン・アキノ上院議員の未亡人アキノ女史を支持する市民運動の高まり（ピープルズ・パワー）の前に亡命を余儀なくされた．中国では89年6月に民主化を求める学生や市民の声が高まり，天安門に集まった学生・市民に対して人民解放軍が発砲し，多数の死者を出す天安門事件が発生した．タイで

は，92年5月に国軍出身のスチンダ大統領の退陣を求める学生，市民に対して国軍が発砲し，多数の死者を出した．結局，スチンダ大統領は，退陣に追い込まれた．同様に民主化を求める学生・市民運動は，ミャンマーやインドネシアでも発生している．

アジア各国で民主化運動が活発化した背景には，①冷戦後，米国が同盟国に対して民主化を要求するようになったこと，②所得向上に伴ってアジア各国で中間所得層が台頭し，権威主義的政治体制に対する批判が生まれたこと，③IT化の進展によって情報の共有化が可能となり，これが民主化運動のまとまりを可能としたこと，などが挙げられる．

アジアの首脳，例えばシンガポールのリー・クワンユー上級相やマレーシアのマハティール首相は，「アジア的価値観」という表現でアジアの開発独裁体制を弁護する発言を行っている．しかし，過去の韓国の朴政権やインドネシアのスハルト政権にみられたように，政府の力によって民主化運動を抑圧することは，難しくなっている．民主化運動抑圧は，米国をはじめとする諸外国からの強い反発を招くことになる．一方で，民主化運動の広がりは，労働争議や地方独立運動などが活発化するという問題につながる可能性をもっている．

こうしたなか，アジアの多くの国は，国家としての統合，安定を維持しながら民主化を進めるという課題に迫られている．まず第1は，民主化時代に適合した新たな政治体制・経済開発のパラダイムを示すことができる政治的リーダーへと指導者の世代交代を図っていくことである．政府介入を排除し，経済のグローバル化を進め，市場原理に経済を委ねることによって経済成長を達成するというIMFの主張に代表されるネオリベラリズム（新自由主義）に対して慎重な，あるいは批判的な意見がアジア諸国の中でも強まっている．域内経済協力を通じた安全保障，大国の覇権主義への対応，経済面での相互補完関係の深化など新たな政治・経済開発のパラダイムづくりにおいてアジア諸国の次期リーダーに期待される役割は大きい．

第2は，人権の保障，所得格差是正を通じた国内融和，バランスのとれた経済発展を通じて豊かな市民社会を実現していくことである．そのためには，**ソーシャル・セーフティー・ネット**（経済的弱者救済のための社会保障制度）の拡充，NGO活動への市民の積極的な参加，女性の地位向上，教育・人材育成なども進めていく必要がある．

3．エネルギー保障

(1) エネルギー需要の急増

　急速な経済発展によりアジアにおけるエネルギー消費量も急増した．アジアにおけるエネルギー消費量の伸びは世界全体の伸びを大きく上回った．米国エネルギー省のデータによると1980年代，90年代の世界のエネルギー消費量の年平均伸び率が，各々，2.1％，1.3％であったのに対し，アジア（日本を除く）の伸び率は，5.4％，4.3％であった．アジア域内ではASEANが7.3％，6.6％で，北東アジア（5.3％，3.6％），南アジア（5.3，5.1％）を上回った．

　国別に消費量（2000年）の規模をみると中国が全体の46％を占めアジア最大であり，これにインド（16％），韓国（10％），台湾（5％）が続いている．これら4カ国・地域で全体の77％を占める．

　アジアのエネルギー供給の特徴は，全体として石炭への依存度が高いことである．石炭依存度は4割を超えている．これは中国とインドにおいて石炭への依存度がきわめて高いことが影響している．中国の石炭依存度は7割に達している．東アジアでは石炭48％，石油37％，天然ガス6％，原子力7％，水力・その他2％という構成である．東南アジアは，石炭9％，石油57％，天然ガス30％，水力・その他4％となっている．

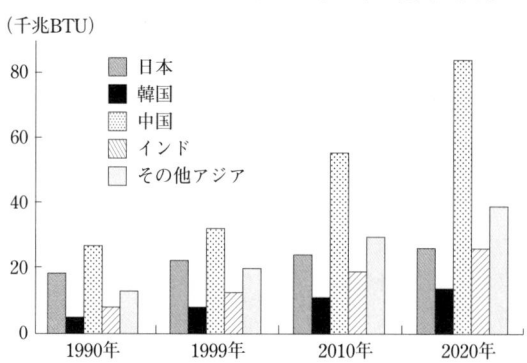

図表11-2　アジアにおけるエネルギー消費量予測

（千兆BTU）

（注）　1 British Thermal Unit（BTU）＝1,055ジュール．
（資料）　Energy Information Administration, *Energy Outlook 2001*.

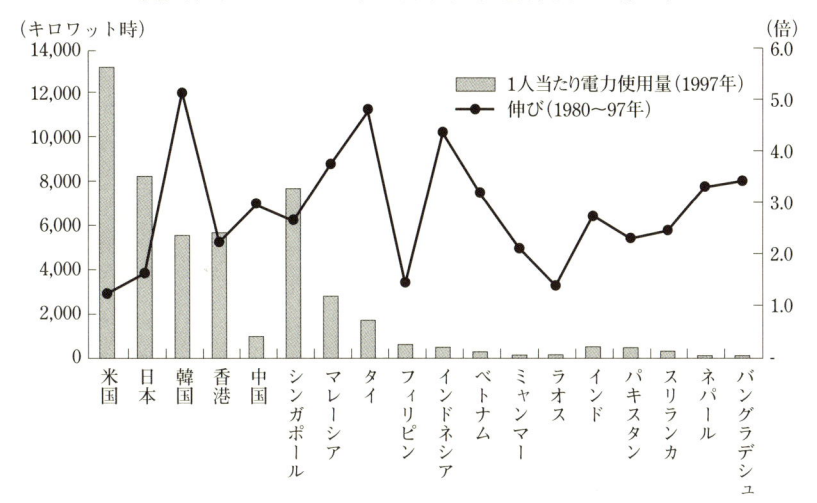

図表11-3 アジアにおける1人当たり電力使用量と伸び率

凡例：1人当たり電力使用量（1997年）、伸び（1980～97年）

横軸：米国，日本，韓国，香港，中国，シンガポール，マレーシア，タイ，フィリピン，インドネシア，ベトナム，ミャンマー，ラオス，インド，パキスタン，スリランカ，ネパール，バングラデシュ

（資料）UNDP, *Human Development Indicators.*

アジアにおいては，人口の増加，経済活動の活発化，所得水準の上昇，電化率の上昇，モータリゼーションの進展などの要因から，今後もエネルギー消費量は高い伸びが続くと考えられる．米国エネルギー省では，アジアのエネルギー消費量は1999～2010年は年率4.4％，2010～20年も年率3.6％の増加を示すと予測している．最大のエネルギー消費国である中国は経済開発が本格化することから，各々，5.1％，4.4％の高い伸びを示すとみられる．世界の消費量の増加分の4割はアジア途上国で占められ，その半分は中国の増加分である．

（2）アジアにおけるエネルギー安全保障上の問題

持続的経済発展のためにはエネルギーの安定供給が不可欠である．同時にエネルギーの消費拡大は大気汚染など環境問題を発生させることになる．したがって，アジアのエネルギー問題を考える場合には，①環境への影響も配慮した望ましいエネルギー源へのシフト，②エネルギー源の安定的確保，③エネルギー利用の効率性を高める取り組み，が重要となる．

各種のエネルギー源の中で石炭はSO_x（硫黄酸化物），NO_x（窒素酸化物），CO_2（二酸化炭素）の排出量が多いため環境への負荷が大きい．このため石炭への依存度の引き下げが課題となっている．今後，アジアにおいて石油，天然

ガスのウエートが高まっていくと考えられる．特に天然ガスは化石燃料の中で公害物質の排出量が比較的小さいため，天然ガスへの移行が検討されている．中国では環境問題の深刻化から石油へのシフトが進んでいるが，今後は天然ガスの利用も拡大することになろう．タイ，マレーシア，インドネシアなど天然ガス産出国では天然ガス輸出用のパイプ・ラインの建設が進められている．その他のエネルギー源では水力，原子力のほか太陽熱，地熱，潮力，バイオマス燃料などの代用エネルギーが考えられる．

エネルギー源構成における脱石炭化は，アジア域内におけるエネルギー資源の需給バランスを変化させることになる．石炭の需要は増加基調を維持するものの，それを上回るペースで石油の需要が拡大する．中国の場合，1995年までは石油は国内で自給していた．しかし，石油需要が拡大した結果，現在では石油輸入国になっている．石炭は十分自給可能であるが，中国の石油，天然ガスの輸入依存度は上昇すると考えられる．石油・天然ガスの輸入依存度が2010年には各々40％弱，20％弱まで増加するとの予測もある．韓国，台湾は，石炭，石油，天然ガスいずれも大半を輸入に依存している．ASEANではインドネシア，ブルネイ，マレーシア，タイ，ベトナム，ミャンマーなど石油，天然ガスを産出する国があるが，石油については埋蔵量の減少により輸入依存度が高まるとみられる．エネルギー需要の絶対量が急増するなか，中国が石油，天然ガスの輸入国に転じていることから，アジア全体では石油，天然ガスとも輸入依存度が上昇していくことになる．資源エネルギー庁は，アジア地域の中東依存度が，98年の46％から2020年には56％に上昇すると予測している．

したがって，石油の安定的確保がアジアのエネルギー安全保障問題の焦点となってくる．石油調達におけるアジアの中東依存が高まると，ペルシャ湾からアジアへ至る海上輸送路（SLOC：Sea Line of Communication）の安全がこれまで以上に重要になってくる．SLOCには，現在，中国や周辺ASEAN諸国によって領有権が争われている南沙諸島，イスラム系組織によるテロ活動が活発化している東南アジア諸国が含まれる．アジア域内の政治的安定を維持することが，アジアのエネルギー安全保障にとって必要条件となる．

エネルギー消費においてその効率を向上させることも必要である．アジア諸国における生産活動は，先進国と比べてエネルギー効率が悪いと指摘される．アジアにおいて省エネ化は遅れている．生産施設に対して省エネ機器の導入を

図る一方で，消費面でも省エネ型製品を普及させていくことが望まれる．
　また，急増する電力需要に対していかに発電・配電能力を拡大し，効率的な電力供給を実現していくかも課題になっている．現在，アジア諸国では電力の供給能力は需要に追いついていない．アジアの中には電化率が10％台の水準にとどまっている発展の遅れた国も残されている．先発 ASEAN でも発電能力がピーク時需要を満たせず停電が発生している状況であり，特に農村部では電化が遅れている．アジア各国の電力会社は一般的に経営に非効率的な面が多く，投資資金も不足している．こうした問題に対処するためにアジア各国政府は電力自由化に踏み切り，国営電力会社の民営化や BOT 形式（Build-Operate-Transfer の略．建設，運営後，一定期間後に政府に施設を移管する），BOO 形式（Build -Operate-Own の略．建設後，施設を政府に移管せず所有・運営する）などの形態での電力部門への民間投資促進などの方策によって電力供給網の拡充を図っている．

4．食糧保障

（1）緑の革命とアジアの農業生産の拡大

　農業は，食料の供給，雇用機会の創出という役割を果たす．農業生産の拡大は，食料価格の安定，賃金を含めてインフレの抑制につながり，工業化を助けることになる．農民の所得向上は，工業製品への需要拡大や資本の出し手の増加につながる．また，農産物は工業部門の原材料となり，輸出による外貨の獲得源にもなる．
　植民地下でのアジアの農業は，大規模エステート（農園）による輸出向けプランテーション農業と生産性の低い伝統的小規模農業との二重構造であった．日本，韓国，シンガポールなどの高所得国や都市国家では経済に占める農業のウエートはきわめて小さくなっている．一方，工業化が遅れており，人口が大きい国，例えばバングラデシュなどの国では農業がいまだに重要な産業となっている．
　アジアでは，1960年代以降，急速な食糧生産の拡大をみた．この原動力となったのが，品種改良による新種の導入であった．多収穫品種の導入と，その効果を最大限に引き出すための灌漑・排水施設の整備，種苗，肥料などの投入に

よる食糧生産の拡大は**緑の革命**と呼ばれる．緑の革命は，アジアの急速な経済成長の土台となった．食糧価格の安定，限界地に対する圧力を減らし，環境を守るのに役立った．

緑の革命は，品種改良で始まった．1960年にフィリピンの国際稲研究所（IRRI: the International Rice Research Institute）が米国のフォード財団，ロックフェラー財団の支援を受けて米の品種改良の研究・普及活動を開始した．また，メキシコの国際とうもろこし・小麦改良センター（CIMMYT: the International Center for Maize and Wheat Improvement）がとうもろこし，小麦の，台湾のアジア野菜研究開発センター（AVRDC: the Asian Vegetable Research and Development Center）が主要な野菜の研究をスタートさせた．

IRRIは，IR8という高収量品種（HYV: High Yield Variety）を開発した．IR8は，①茎が短く，より多くの実をつけることが可能，②耐肥・肥料反応性が高く，肥料の投入により大幅に収穫を増やすことが可能，③生育期間が短い，などの特性をもっていた．高収量品種の導入によって，米の二期作が可能となり，土地の高度利用が実現された．一方で，収穫を増やすためには灌漑設備の整備や肥料・農薬の投入，除草や病虫害予防が必要となった．

緑の革命によって産出高は飛躍的に増加した．アジア各国は高収量品種を，交配により各国に適した品種に改良し，導入していった．緑の革命によってアジアの高い人口増加率から危惧されていた食糧供給不足という事態を回避することができた．また，農業生産拡大のための森林の伐採を避けることが可能となった．国際農業研究グループ（CGIAR）のレポートは，もしも緑の革命がなかったとすれば，耕作面積の拡大により環境への負荷は現在の水準よりもさらに大きくなっていたと指摘している．アジアにおいては，1970年代以降，可耕地が急速に減少し，土地の限界収量も低下した．このため土地の生産性を高める緑の革命はアジアの状況に合致していたといえよう．

一方で，緑の革命は，地域間の所得格差拡大を生むという批判があった．多収量品種は灌漑に適した地域や大規模農家に有利に働くために，水資源にアクセス可能な地域とそうでない地域との間に所得格差を生むというのである．穀物生産の急拡大はトラクターによる耕作の機械化も促進する．したがって，緑の革命は資金力のある大規模農家に有利に働くという点が指摘された．

その他，特定の高収量品種への特化と伝統的な在来品種の作付け面積の減少

によって疫病や虫害が発生すると作物が全滅するというリスクが高まったという批判や，肥料の大量投入，病虫害から守るための高濃度の農薬投入，灌漑による塩類集積など，土地の劣化，水質汚染，住民の健康被害などの問題を発生させたという批判もある．

所得格差の拡大という問題に関しては，最近では，①緑の革命が小規模農家にも普及したこと，②農業生産の拡大と多様化の結果，農産品加工など新たな分野での労働力の需要が拡大したことから，所得格差を生むとしてもそれはわずかであるという見方もでている．

(2) 伸び率鈍化に直面する近年の農業生産

アジアの農業生産は，緑の革命によって高い伸びをみせたが，最近では伸び率が鈍化している．1人当たり穀物生産高は減少傾向を示している．世界の農業生産の増加率も低下傾向を示している．1981〜90年の年平均伸び率が2.5%であったのに対し，91〜96年は2.1%，97〜2001年は1.7%であった．この主因は，改革解放後大きな伸びを示していた中国の伸び率の低下である．国連食糧農業機関（FAO: Food and Agriculture Organization）の統計によれば，東アジアおよび南アジアの穀物生産は61年の28,363万トンから2001年には89,670万トンへと約3倍に増加した．しかし，伸び率は年々低下しており，年平均増加率は61〜71年の4.5%が，71〜81年3.1%，81〜91年2.9%，91〜2001年1.2%となっている．

この理由としては，①耕地拡大の限界と限界生産性の低下，②水資源の減少，自然災害の発生，砂漠化などの環境要因，②経済開発による農地の転用，③換金作物への転換，などが挙げられる．水資源の問題から灌漑可能な農地の拡大に限界があること，新たな品種改良による単収増加率が鈍化していることなど緑の革命による増産に限界が生じている．

一方で，所得向上に伴って農産物の需要構造に変化が生じている．畜産物需要と飼料用穀物需要の拡大である．所得水準の向上した国では，食肉の消費が増加する．また，タイのように畜産品が輸出商品となる国もある．2000年の穀物需要のうち飼料に使われる比率は，マレーシア41%，韓国43%，タイ34%，フィリピン28%，中国23%と相対的に高い．

2001年の穀物自給率（生産量/消費量）が100%を超えた国は，タイ，ベトナ

ム，ラオス，ミャンマー，パキスタン，インド，カンボジア，バングラデシュ，ネパールである．中国，インドネシア，フィリピンが80％を超えている．アジア全体（日本を除く）では97％であり，域内での穀物自給は達成されていない．

（3）高まる食糧安全保障への関心

　アジア全体で穀物の自給率は100％を下回っており，輸入に依存する部分が存在する．穀物の国際価格は，天候などの要因に左右される生産動向によって大きく変動する．米の貿易量は全生産量の3％にすぎないことから，国際価格は生産動向に大きく反応する．農業生産の伸び率が人口増加率を上回らない限り，食糧供給が不足する事態を招くことになる．国民を飢餓に追い込まないため，食糧の必要量を確保するという食糧安全保障が重要になる．

　国際的な食糧需給は，天候などの供給要因や人口増加や嗜好の変化などの需要要因によって影響を受ける．1980年代に入って米国，EUや高収量品種が普及した発展途上国での増産，不況による需要減退から供給過剰となった．その後，米国，EUにおける生産調整や天候不順による不作の影響から90年代中頃には食糧需給は逼迫した．96年以降は世界的に生産が拡大し，需給は緩和基調で推移している．FAOは，人口増加率が低下していることから世界の農産品への需要は2015年までは年率1.6％，2015～30年は年率1.4％の増加にとどまると予測している．東アジアは各々同1.8％，同1.3％，南アジアは各々同2.6％，同2.0％である．一方，生産は世界全体では同1.6％，同1.3％増加すると予測している．東アジアは各々同1.7％，同1.3％，南アジアは同2.5％，同1.9％である．世界的にみると食糧需要の伸びに対応して供給を拡大する余地は残されている．しかし，農産品の自給率は東アジアでは97-99年の95％が2015年には92％，2030年には91％に低下し，南アジアでは97-99年の102％から2015年には97％，2030年には95％に低下するとみられる．その結果，アジアの農産品輸入は拡大する．

　アジアの主要需要国の動向をみると中国の人口増加率は低下しており，1人当たり栄養摂取量もすでに1日3,000キロカロリーを超えていることから，中国の需要圧力は弱まるとみられる．一方，インドは文化的に食肉需要は多くないが，栄養摂取量は1日2,500キロカロリーと低く，人口増加率が年率1％を超えていることから食糧需給を逼迫させる要因になりかねないとみられる．

世界の食糧需給の将来予測については，FAOのようにほぼ需給は均衡するという楽観的な見方がある一方で，レスター・ブラウン博士が設立したワールド・ウオッチ研究所に代表されるような悲観論も存在する．いずれの見方をするにせよ，食糧生産の伸び率に鈍化傾向がみられるうえ，エルニーニョなどの異常気象や地球温暖化など食糧供給に深刻な影響を与えうる不確定要因が存在する．したがって，中長期的には食糧需給が逼迫する可能性は常に存在するといえる．

農産物の需給は国際的な問題であり，食糧安全保障は国際的に取り組んでいく必要がある．アジア各国の食糧安全保障は，国によって対応が異なってくる．農業が主要産業である国は農業生産の生産性を高めることを通じて食糧を増産し，自給率を引き上げる必要がある．農業生産の近代化，必要なインフラの整備による効率化が必要である．また，可耕地の制約や自然条件から自国の食糧自給率を100％とすることが不可能であり，輸入に依存せざるをえない国は食糧備蓄を確保して，市況の変動に備える必要がある．

WTO体制への移行プロセスにあるアジア諸国は，保護的な農業政策の見直しを迫られている．アジア各国で農業部門の保護政策の削減・撤廃が進んでいくと，国際的な比較優位に応じた農業生産の国際分業が行われていくことになる．国際競争力のない農産品は輸入に依存する一方で，競争力のある農産品への特化が進む．例えば，中国の小麦，とうもろこし，大豆などの国内価格は国際価格よりも高い．一方，野菜などは国際競争力があり，日本への輸出も拡大している．したがって，中国が穀物の一大輸入国となる一方で，野菜については近隣諸国への輸出ドライブが強まり，相手国の農業に打撃を与える可能性が高まっている．

主要農産物の生産や輸出が少数の特定国に集中した場合，異常気象などの突発事態の際に国際市場で需給が逼迫し，供給不足と価格高騰が生じることになる．国内の農業生産力を維持・向上させることを基本とし，安定的な輸入および備蓄を適切に組み合わせていくことが重要である．また，不測の要因により国内における需給がひっ迫するような場合に備えた食料安全保障のための危機管理の充実が重要になっている．

5. 環境問題

　アジアは多様な自然環境を有し，生物多様性に富んでいる．アジア諸国では急速な経済発展のプロセスで生じた工業化，人口増加，都市への人口集中，所得向上に伴う消費生活の変化などの要因が環境への負荷を高め，さまざまな問題が顕在化している．アジアの環境問題で特に深刻なのは大気汚染，森林減少，水質汚染，土壌劣化，希少生物の絶滅，都市部での生活環境の悪化などである．これまでは，経済成長が優先され，環境対策は重視されてこなかったため，公害防止対策が問題の深刻化に追いついていない状況である．しかし，地球サミットなどの場を通じてアジア各国政府に環境問題への積極的な取り組み姿勢が形成されたこと，NGOによる環境問題への取り組みが始まったこと，所得向上により国民の間にも環境問題への認識が高まったことなどの要因から，アジア各国において環境対策が強化されつつある．しかし，アジア地域における環境の悪化は地球規模の問題となっており，域内協力を通じた取り組みが必要である．

（1）大気汚染

　アジアでは大気汚染が悪化している．特に中国，インド，そしてジャカルタ，マニラ，バンコク等ASEAN諸国の大都市で大気汚染は深刻である．主な大気汚染物質は，CO_2（二酸化炭素），SO_x（硫黄酸化物），NO_x（窒素酸化物），浮遊粒子状物質（SPM），鉛などである．大気汚染を生み出しているのは，工場の排煙，自動車の排気ガス，ごみの燃焼などである．工場の大気汚染防止対策や自動車の排ガス規制が不十分であることが大きな原因である．

　世界銀行の統計から温室効果の原因となる二酸化炭素の排出量をみるとアジアは1997年で全世界の26％を占めている（この統計には台湾は含まれていない）．アジアの中では中国が59％，続いてインド17％，韓国8％，タイ4％で，これら4カ国で全体の9割を占める．

　中国では，石炭が工業および民間用の主要なエネルギー源になっており，硫黄分の多い石炭の燃焼によって発生する排煙，自動車の排気ガスが大気汚染の発生源になっている．鉄鋼，電力などの重工業の設備老朽化と環境対策の遅れ

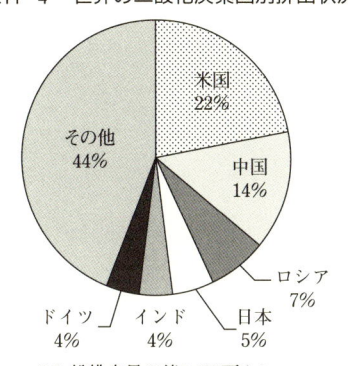

図表11-4　世界の二酸化炭素国別排出状況

- 米国 22%
- 中国 14%
- ロシア 7%
- 日本 5%
- インド 4%
- ドイツ 4%
- その他 44%

CO_2総排出量62億3,100万トン

(注)　オークリッジ国立研究所1996年データより作成.
(資料)　環境庁『環境白書』平成7年版.

が大気汚染を悪化させた．酸性雨の原因物質である二酸化硫黄の排出量は，日本の20倍以上である．このため，中国の多くの主要都市で酸性雨が降っている．これに対し石炭火力発電所への脱硫装置の設置，エネルギー源の天然ガスへの転換，自動車の排ガス規制などの対策を講じているが，解決には至っていない．酸性雨による森林の消失は，台風などの大雨が降った際に洪水を発生させる．1998年には中国の長江で大規模な洪水が発生したが，酸性雨はその原因の1つになったと指摘されている．

(2) 森林減少

また，アジアでは森林面積の減少が進行している．農村部での人口増加や貧困は農地開墾や燃料となる薪炭あるいは家の建材採取のための森林伐採の原因となっている．特にインド，バングラデシュなど南アジアの国では丸太の商業伐採，プランテーション用地のための開墾，リゾート用地・工業用地・宅地造成など経済開発的要因からも森林伐採が進んでいる．急速な森林の減少や荒廃は，森林の保水能力低下による洪水の発生，野生動植物種の減少，住民の移住などの問題を生んでいる．

タイを例にとると，1950年頃には森林が全土の6割を占めていた．これが60年代に入って，とうもろこし，キャッサバ，さとうきびなどの輸出向け換金作

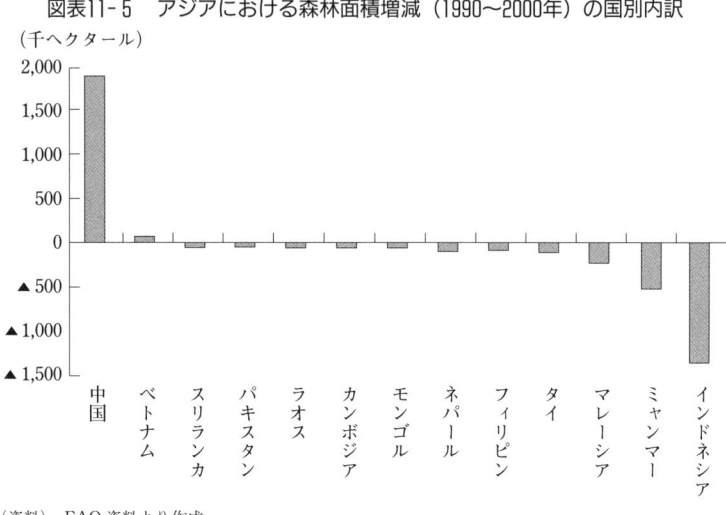

図表11-5 アジアにおける森林面積増減（1990～2000年）の国別内訳

（千ヘクタール）

国別：中国、ベトナム、スリランカ、パキスタン、ラオス、カンボジア、モンゴル、ネパール、フィリピン、タイ、マレーシア、ミャンマー、インドネシア

（資料）FAO資料より作成．

物を栽培するために**焼畑農業**（林地，草地を伐採し，焼き，その焼跡に作物を耕作する農法）が開始された．これらの作物は地力を奪うため，地力が低下すると新たに森林が開墾された．その結果，73年には森林面積は全土の29％まで減少した．さらに経済成長が本格化すると工業用地，住宅用地のための伐採も拡大した．また，インドネシア，マレーシア，ミャンマーでは熱帯雨林の減少が顕著であるが，これは丸太採取のため商業的伐採，ゴムやパーム椰子のプランテーション開発によるところが大きい．合板などの木製品はこれらの国の主要輸出産品になっている．近年，インドネシアのカリマンタン島ではプランテーション農園開発のための火入れにより大規模な森林火災が発生し，近隣諸国にも煙害をもたらしている．

マングローブとは熱帯・亜熱帯地域の沿岸や河口に生育する植物の総称である．マングローブは，魚類が産卵する藻場となり，重要な水産資源の供給源となる．インドネシア，タイ，ベトナム，インドなどではマングローブ林のエビ養殖池への転用が進んでいる．飼料の大量投入による過密養殖によりエビ養殖池は3～5年で使用不可能となるため，新たな土地を開拓する必要が生じる．エビ養殖が急速に拡大した結果，マングローブ林の消滅，配合飼料の沈殿によ

る水質汚染，塩水の流出などの問題が発生し，沿岸部の漁業や周辺部の農業が危機に直面している．

(3) 水質汚染

工業排水や未処理の生活排水による水質汚染もアジアの多くの国で問題となっている．経済成長に伴って，鉱山鉱滓の堆積，重金属や有害物質を含んだ工業排水の流出，農薬・肥料を含んだ農業排水，生活排水などによる，河川，湖沼，海域の水質汚染，富栄養化や有害物質による健康被害などの問題が発生している．下水道などの整備が，急激な工業の発展や人口増加に追いついていない状態である．工場のシアン化合物や水銀のような有害廃棄物の廃棄に対する取り締まりが十分になされていない国が多い．下水処理施設の不足等による生活排水のたれ流しが河川を汚染している．

(4) 土壌劣化・砂漠化

土壌劣化の進んでいるのは，インド，中国，ベトナム，タイ，ラオスなどである．土壌劣化の原因としては，風水による侵食，塩類集積，酸性化，化学物質による汚染などが挙げられる．

侵食による土壌劣化の背景には森林面積の減少があるケースも多い．緑の革命において地下水を用いて灌漑を行った場合，水に含まれていた塩類が集積して農業に被害を与えるという問題も生まれている．また，化学肥料の大量使用も土壌を劣化させる原因となっている．中国では風や水による侵食によって砂漠化が進んでおり，砂漠化による影響は全国土面積の3分の1に及び，およそ4億人が影響を受けているといわれる．

(5) 野生動植物の消失

環境問題が生物に与える影響でのキーワードとなっているのが，**生物多様性**である．生物多様性とは，地球上におけるすべての生物間の違いを指す．生物多様性は，遺伝子（生物の個体の遺伝子に含まれる遺伝情報），種（地球上に存在する全生物種），生態系（ある一定の地域に生息するすべての生物と環境との総合的システム）の3つのレベルでとらえられるのが一般的である．したがって，さまざまな自然環境の中で生態系が形成され，その中で多様な生物種

が生息し，その種と遺伝子が維持されている状態が生物多様性であるといえる．種の多様性の保全は，人間の生息を含めた自然生態系の維持，食品や薬品などの分野で有益な生物の供給などの面で重要な意味をもつ．1992年6月の「環境と開発に関する国連会議（地球サミット）」では，生物多様性の保全，生物資源の持続的活用，遺伝子資源からの利益の公正で公平な分配を目的として，生物多様性条約が調印された．アジア地域は，「世界のなかでも，きわめて豊かな生物多様性を有する広大な地域」（『アジア環境白書1997/98』（1997））である．特に，インドネシア，マレーシアなどのアジア島嶼国は，「メガ・ダイバーシティ」といわれるほど，動植物の生息地が広く多様で，豊富な種を有している．しかし，経済開発とともにアジア地域の生態系は急速に破壊されている．インドネシア，マレーシアをはじめアジア各国は，絶滅に瀕する動植物種の保護に乗り出しており，保護地区の設定，密漁の取り締まりなどの対策を強化している．

(6) 都市化

アジアでは都市への人口集中（都市化）が進んでいる．例えば，インドネシアでは都市人口の全人口に占める比率は，1980年の22%から97年には37%に増加した．中国は同様に20%から32%に増加している．都市への人口集中は，生活排水等による水質汚濁，自動車の渋滞による大気汚染，大量のゴミ処理など都市環境に対する深刻な圧力になっている．一方，高所得を求めて貧しい農村部から都市への人口移動が進展した結果，都市部には**スラム**（貧困地区）や**スクオッター**（不法占拠地区）が形成され，貧困者が劣悪な住宅環境の中で過密に居住している．都市部のスラム／スクオッターは，児童労働，麻薬取引などの犯罪の温床になっている．都市部の貧困層は，日雇い労働，露天商，ゴミ集積場での廃品回収などで生計を立てざるをえず，インフォーマル部門を形成している．また，ストリート・チルドレン（路上生活する児童）の問題も生んでいる．都市部の貧困層は，景気悪化による収入減少の影響を受けやすく，不十分な上下水施設，衛生施設，ゴミ処理など都市部における環境悪化の影響も最も大きく受ける．

6. おわりに

アジア経済は，貧困撲滅と生活の質的向上のため経済成長を維持していく必要がある．しかし，単に高い経済成長のみを追い求める開発至上主義は限界にきている．環境破壊の進展など急激な経済発展がもたらす矛盾が無視できなくなっているからである．

今後は，政府の開発政策の中で，所得格差の縮小，国民の潜在的能力の活用，生活の質的向上などに今まで以上に高い優先度を置いていく必要がある．開発プライオリティを見直したうえで，バランスのとれた経済成長を維持していくことが求められているのである．それぞれの国がどのような発展段階にあるかによって経済開発のために採用する成長戦略は異なってくる．NIEs，先発ASEAN諸国は，経済成長の成果をこれまで以上に貧困層に行き渡るようにしていくことが求められる．後発ASEAN，南アジア諸国は貧困からの脱却のために経済成長を加速させる段階に入ることになる．しかし，先行アジア諸国の経験を踏まえたうえで，過度に開発至上主義に偏ることを避け，バランスのとれた豊かで公平な社会を築いていく道を探っていくことが重要な課題となる．

◆スタディ・ガイド
①インターネット・ホームページ
　世界的な農業，食糧需給に関する情報は国連食糧機構（http://www.fao.org/），環境問題に関する情報は国連環境計画（http://www.unep.org/），貧困撲滅に関する情報は国連開発計画（http://www.undp.org/）のホームページで入手可能である．世界のエネルギー情勢に関する情報は国際エネルギー機関（http://www.iea.org/），資源エネルギー庁（http://www.enecho.meti.go.jp/），米国 Energy Information Administration（http://www.eia.doe.gov/）のホームページで入手可能である．
②白書・統計
　アジアの政治問題に主な白書・統計としては，外務省『外交青書』，アジア経済研究所『アジア動向年報』がある．
　エネルギー，食糧，環境，貧困問題等もカバーする経済・社会統計には World

Bank, *World Development Indicators* がある.

エネルギー問題に関する主な白書・統計としては,International Energy Agency, *Key World Energy Statistics*,資源エネルギー庁『総合エネルギー統計』通商産業研究社,日本エネルギー経済研究所『EDMC／エネルギー・経済統計要覧』省エネルギーセンター,米国 Energy Information Administration, *International Energy Outlook* がある.

食糧問題に関する主な白書・統計としては,FAO, *State of Food and Agriculture*, FAO, *World Agriculture: Towards 2015/2030*, 2002, 農林水産省『食料・農業・農村白書』がある.

環境問題に関する主な白書・統計としては,UNEP, *Global Environment Outlook*,日本環境会議・「アジア環境白書」編集委員会編『アジア環境白書2000/01』,環境庁『環境白書』,農林水産業『森林・林業白書』,FAO, *State of the World's Forests* がある.

貧困問題,人権問題に関する主な白書・統計としては,UNDP, *Human Development Report*, FAO, *The State of Food Insecurity in the World* がある.

◆主要参考文献

- 泉昌一・佐藤栄一編著『冷戦後アジア環太平洋の国際関係』三嶺書房,1999年.
- 岩崎育夫『アジア政治を見る眼―開発独裁から市民社会へ』中央公論新社,2001年.
- 唐沢敬『アジア経済―危機と発展の構図』朝日新聞社,1999年.
- 末廣昭・山影進編『アジア政治経済論―アジアのなかの日本をめざして』NTT出版,2001年.
- 滝川勉『東南アジア農業問題論―序説的・歴史的考察』勁草書房,1994年.
- 増田萬孝『緑の革命の稲・水・農民』農林統計協会,1995年.
- 森井淳吉『発展途上国の農業問題』ミネルヴァ書房,1993年.

【コラム11】 アジアの所得格差

　1985年価格に換算して1人当たり所得が1ドルを下回る貧困者数は，東アジア（大洋州を含む）が2.8億人，南アジアが5.2億人であり，東アジアと南アジアで世界の貧困者数の67％を占めている．しかし，経済発展に伴ってアジアの貧困問題は着実に緩和している．東アジアの貧困者数は75年には7.2億人であったが大幅に改善しており，特に中国の改善が著しい．生活環境にも改善がみられ，幼児死亡率（1,000人当たりの幼児死亡）をみると東アジア・大洋州では80年の82から98年には43に，南アジアは180から89に改善した．

　一方で，経済発展に伴って所得格差は拡大する傾向がある．所得格差を測るには一般的に**ジニ係数**が用いられる．ジニ係数は0から1の間の数値をとり，数字が小さくなるほど，所得格差は小さくなる．所得格差がまったくない，すなわちすべての国民の所得が同じ場合，ジニ係数は0となる．経済が発展するにしたがってジニ係数は上昇する傾向がある．この傾向は，命名者の名とジニ係数の推移を示す線の形状から「クズネッツの逆U字仮説」と呼ばれる．経済発展のプロセスで生じる産業構造の変化が格差をもたらす主な要因となる．例えば工業部門が農業部門より生産性の上昇ペースが速いこと，農村の余剰労働力が工業部門に雇用されて高い所得を得ることから，第1次産業従事者と第2次産業，第3次産業従事者との所得格差が拡大する．また，熟練労働力が不足するため賃金が上昇すること，金持ち階層は保有する資産を活用して高い利潤を得ることができること，などが挙げられる．完全雇用が達成されれば低所得者層の賃金も上昇することとなり，所得格差は縮小に向かう．実際に，タイやマレーシアでは1970年代にジニ係数が上昇した．マレーシアは80年代中頃に，タイでは90年代に入ってジニ係数は上昇から低下に転じているが，この時期は労働市場における過剰労働が縮小したときでもあった．未熟練労働力を吸収する労働集約型輸出産業の発展が，工業化の原動力となるとともに所得格差の縮小にもつながった．

　産業間の所得格差の拡大は，都市・農村間の格差拡大のかたちで現れる．これは高い賃金が得られる雇用機会を求めた農村部から都市への人口流入を発生させる．都市への過剰人口流入は，都市部における所得格差を拡大させ，スラムの問題を発生させる．地域格差是正は，アジア各国政府の重要政策になっており，地域振興のためのプロジェクトが数多く実施されている．

第12章　地域経済統合の進展

◆本章のポイント

　1990年代後半以降，地域経済統合や2国間自由貿易協定の推進が世界的な潮流となっている．本章では，まず，世界における貿易自由化と地域経済統合の動きを概観したうえで，その目的，発展段階，メリットなどについて考察するとともに，アジアにおける現状と問題点について考えていく．

1. 第2次世界大戦後，世界貿易は順調に拡大してきた．しかし，近年では，WTO体制を中心とする世界の貿易自由化の動きが加盟国間の利害の対立から停滞し，これに代わり，地域経済統合や自由貿易協定の動きが活発化してきている．
2. 地域経済統合は，構成国の合意と協力に基づき，域内の貿易や投資を拡大させることを目的としている．経済統合の発展段階をみると，域内関税を撤廃する自由貿易地域が最も初期の段階で実行され，その後，関税同盟，共同市場，完全経済統合などへ深化していく．
3. 地域経済統合や2国間自由貿易協定は，WTOにおける多角的交渉に比べ，参加国が少数であることや，同質性・相互補完性が高いことから交渉が進めやすいというメリットがある．また，構成国に有利で域外国に不利なケースが多く，参加した場合にはメリットが大きい．
4. アジアにおける地域経済統合の動きとしては，AFTA，APEC，SAARCなどがある．しかし，参加国間の経済格差の大きさ，利害の対立や自主性任せの運営方法などの理由から，近年交渉が停滞している．
5. アジアにおいて，地域経済統合に代わり活発化しているのが，2国間自由貿易協定交渉である．特に積極的なのがシンガポールであるが，日本も従来のWTO中心の姿勢を転換し，2国間自由貿易協定交渉を積極的に進め始めている．

1. 貿易自由化の流れと地域経済統合の現状

 第2次世界大戦後,世界的に貿易の自由化はおおむね順調に進展してきたといえる.しかし,ここ数年,世界全体で自由化を進めようという動きは停滞しつつあり,代わって地域内あるいは2国間で自由化を進めようとする動きが顕著となってきている.

(1) グローバリズムの進展

 世界貿易はこれまで順調に拡大してきた.NIEs,ASEAN 4,中国など,輸出依存度の高い東アジア諸国は,このような世界貿易の最大の利益享受者であったといっても過言ではない.輸出主導の経済発展を成し遂げるためには,輸出のコンスタントな受け入れ先が必要であり,特に先進国向けが重要であった.一方で,東アジア途上国は,自国に不足している新技術や資本財,あるいは中間財などを先進国から輸入する必要があった.この結果,両者の間には緊密な相互依存関係が生じた.貿易の拡大が相互の生産を誘発し合うという補完関係が形成され,これがさらなる貿易の拡大を生み出すという好循環が生まれた.

 このように,輸出を拡大するために輸入が必要となるシステムにおいては,ある一時期,あるいは特定の限られた分野を対象とした保護政策の採用はありえても,それを永続させることは不可能であった.この結果,輸出主導型の発展戦略においては,輸入面の自由化もある程度受け入れざるをえない状況が生じた.

 国際貿易の短期理論によると,**自由貿易**の促進が参加国に最大の効用をもたらす.また,当然のことながら,世界貿易における自由化が進めば進むほど,輸出主導型の途上国が輸出を拡大し,それをてこに経済発展を進めていくことが可能になる.世界貿易における自由化の一層の進展は,経済発展のための前提条件の1つといえる.

 各国が自国の利益だけを考え,国際ルールを無視した保護政策を導入すれば,世界全体の貿易秩序が混乱し,結局は各国に不利益をもたらすことになる.実際,1930年代の世界不況の際に,多くの国が関税の引き上げ,輸入数量制限な

どの貿易障壁を設け，自国産業保護策を採ったことが，世界全体の貿易秩序の混乱を招き，第2次世界大戦勃発の一因となったことが指摘されている．

このような保護主義の台頭を防ぎ，世界貿易の健全な発展を図ることを目的に，第2次世界大戦後，自由貿易の枠組み作りが始められ，1948年には関税および貿易に関する一般協定（GATT: General Agreement on Tariffs and Trade）が発足した．GATT は貿易に関するさまざまな国際ルールを定めたが，その基本原則は，①貿易制限措置の削減，②貿易の無差別待遇（最恵国待遇，内国民待遇）であった．GATT では，この2つの原則により貿易に関する差別待遇を撤廃し，より自由な貿易体制の確立を目指した．

貿易制限措置には，関税のほかに輸入の禁止や数量制限などさまざまな措置があるが，GATT では関税以外の制限措置を原則的に禁止し，すべて関税に置き換えることとした．さらに，関税についても，各国の交渉により徐々に引き下げていくことが決められた．

最恵国待遇の原則とは，ある国に貿易面で最も有利な待遇を与えた場合，他の国にも同じ待遇を与えなければならないというものである．例えば，ある国に対して関税率を引き下げた場合には，他のすべての国に対しても同様に関税率を引き下げなければならない．

また，**内国民待遇**の原則とは，外国から輸入される産品に対して，国内産品と同様の待遇を与えること，すなわち，輸入品にのみ不利な措置を採ることを禁止するというものである．例えば，国内製品には安い国内税を課したり，無税にする一方で，輸入品には高い国内税を課すというような差別待遇は禁止されている．

しかし，世界貿易の拡大に伴い，さまざまな問題が発生するようになり，自由貿易の実現に向けた取り組みにおいても体制強化が必要となった．特に，GATT における関税引き下げ交渉の結果，各国の関税率自体は次第に低下したが，これに代わり非関税措置による保護貿易が問題視されるようになった．また，GATT は物品の貿易のみを対象としていたが，サービス貿易の発展に伴い，そのルール導入の必要性が生じた．さらに，知的所有権の保護など新たなルール策定が必要となる分野も増加した．

このような事態に対応するため，1995年に**世界貿易機関**（WTO: World Trade Organization）が設立された．WTO は，GATT を発展的に継承した国

際機関であるが，GATTが協定で正式な国際機関としての実体をもっていなかったのに対し，WTOは正式な国際機関として発足した．世界貿易においては，自由化を目的として，さまざまな国際的な政策協調が図られているが，このような貿易の自由化に向けた動きを一元的に管理する目的で創設されたのがWTOである．

（2）WTOにおける多角的貿易交渉とその行き詰まり

　世界の貿易自由化交渉は，現在，WTO体制を中心として進められている．しかし，WTOは1999年のシアトル閣僚会議の決裂以降，交渉の進展が停滞している．新ラウンドの交渉方式や範囲をめぐり，参加国間の見解が大きく分裂し，討議内容についても，先進国対先進国，先進国対途上国など，テーマによって対立構造が変化し，事態収拾が困難な状況に陥りつつある．このような対立の複雑化は，世界貿易の自由化の先行きに不透明感を与えている．

　WTOでの自由化交渉が難航している要因として，以下の2点が指摘できる．
　第1は，交渉の対象範囲の拡大である．貿易自由化は，中長期的に国内産業の競争力強化や生産性の向上をもたらす．しかし一方で，短期的には比較劣位にある産業や企業が淘汰される結果，貿易収支の悪化や失業の増大などの問題を生じる恐れも大きい．このため，各国が自国経済に不利益な分野の自由化に関して消極的になる傾向が強まっている．農業は地域間格差が大きく，また，農業従事者の保護や食糧自給率の維持など，国内政治に大きく関わる分野であることから，途上国のみならず，日本やEUなどの先進国も，急速な自由化を進めることには難色を示している．また，環境や労働の取り扱いについては，環境の保全や人権保護などを盾に輸入制限が可能であることから，適用を誤ると新たな非関税障壁となる危険性もあり，途上国に加え，産業の競合分野が複雑に絡み合う先進国同士でも問題となりかねない．

　第2は，加盟国の増加である．WTO加盟国は発足時でも124カ国を数えたが，現在ではさらに144カ国（2002年1月1日現在）まで拡大している．この中には，旧東欧諸国などの体制移行国や後発途上国も含まれており，加盟国間の経済格差が一層拡大するとともに，各国の拠って立つ政治，経済，社会的基盤／条件なども多様化している．ところが，WTOの意思決定は全会一致が原則であり，全参加国のコンセンサスを得ることはかなり難しい状況にある．たし

かに，WTOには，全会一致が得られない場合，投票による多数決方式をとるとの規定がある．しかし，強行採決による対立の深刻化を防ぐため，現実には実施されることは少ない．

(3) 地域経済統合・自由貿易協定の進展

このように，WTOを中心とした多角的貿易交渉が停滞するなかで，世界的に地域経済統合の形成や自由貿易協定締結の動きが強まってきている（図表12-1および図表12-2）．地域経済統合や自由貿易協定の場合，WTOに比べて参加国（交渉相手国）がはるかに少なく，また，政治，経済，社会的条件が同質な相手，あるいは相互補完的な相手を交渉相手に選ぶことが可能である．このように，やりやすいところから貿易自由化を進めることができることが，地域経済統合や自由貿易協定の動きが活発化している大きな理由の1つとなっている．

世界的にみると，まず欧州では，欧州連合（EU: European Union）の一層の拡大が図られている．また，北米では北米自由貿易協定（NAFTA: North American Free Trade Agreement），南米では南米南部共同市場（MERCOSUR: メルコスール）がすでに形成されているが，将来的には，この2つを含むさら

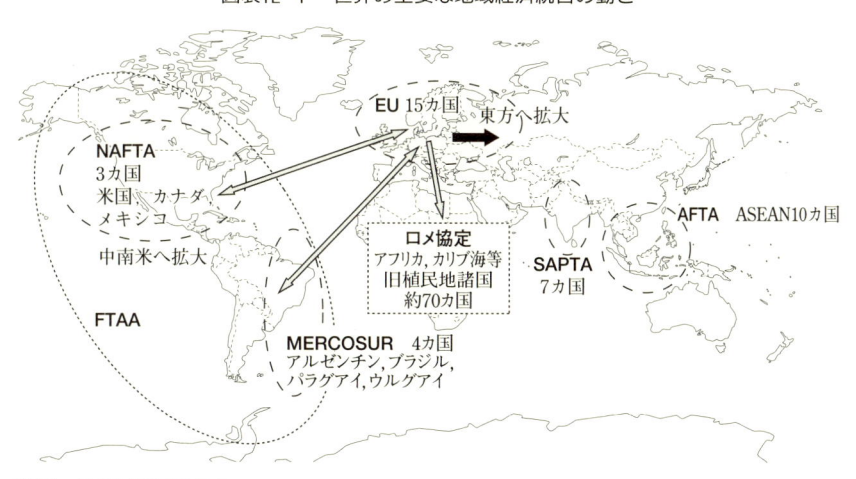

図表12-1　世界の主要な地域経済統合の動き

NAFTA　3カ国　米国，カナダ，メキシコ　中南米へ拡大
FTAA
EU 15カ国　東方へ拡大
ロメ協定　アフリカ，カリブ海等旧植民地諸国　約70カ国
MERCOSUR　4カ国　アルゼンチン，ブラジル，パラグアイ，ウルグアイ
SAPTA　7カ国
AFTA　ASEAN10カ国

（資料）日本総合研究所作成．

図表12-2 世界の主要な地域経済統合の概略

地域		名称	発効年	主要参加国・地域
西欧	EU	欧州連合（EU）	1983	ベルギー、デンマーク、フランス、ドイツ、アイルランド、イタリア、ルクセンブルク、オランダ、ポルトガル、スペイン、英国、スウェーデン、オーストリア、フィンランド
		欧州経済領域（EEA）協定	1994	EU、EFTA（スイスを除く）
		連合（欧州）協定	1994	EU、ハンガリー、ポーランド
			1995	EU、チェコ、スロバキア、ブルガリア、ルーマニア
			1999	EU、スロベニア
	EFTA	EFTA（欧州自由貿易連合）	1960	アイスランド、リヒテンシュタイン、ノルウェー、スイス
		EFTA・中東欧、EFTA・地中海諸国自由貿易協定	1992以降	アイスランド、トルコ、EFTA・チェコ、EFTA・スロバキア、EFTA・イスラエル、EFTA・ポーランド、EFTA・ルーマニア、EFTA・ブルガリア、EFTA・ハンガリー、EFTA・スロベニア、EFTA・エストニア、EFTA・ラトビア、EFTA・リトアニア、EFTA・モロッコ
		EFTA・メキシコ自由貿易協定	2000（調印）	EFTA・メキシコ
北米		NAFTA（北米自由貿易協定）	1994	米国、カナダ、メキシコ
中南米		アンデス共同体	1969	コロンビア、エクアドル、ベネズエラ、ボリビア、ペルー
		メルコスール（南米南部共同市場）	1995	ブラジル、アルゼンチン、パラグアイ、ウルグアイ
アジア・オセアニア		CER（経済協力緊密化協定）	1983	オーストラリア、ニュージーランド
		AFTA（ASEAN自由貿易地域）	1992	シンガポール、マレーシア、インドネシア、タイ、ブルネイ、ベトナム、ラオス、ミャンマー、カンボジア、フィリピン
		SAPTA（南アジア特恵貿易協定）	1995	インド、パキスタン、バングラデシュ、スリランカ、ネパール、ブータン、モルジブ
		インド・スリランカ自由貿易協定	2000	インド、スリランカ
		日本・シンガポール新時代経済連携協定（JSEPA）	2002	日本、シンガポール
中東		GCC（湾岸協力会議）	1981	バーレーン、クウェート、オマーン、カタール、サウジアラビア、アラブ首長国連邦
		アラブ自由貿易地域	1997（調印）	エジプト、チュニジア、モロッコ、GCC、ヨルダン、イラク、シリア、リビア、レバノン
アフリカ		UEMOA（西アフリカ共同市場）	1994	ベニン、キナファソ、コートジボアール、マリ、ニジェール、セネガル、トーゴ
		COMESA（東南部アフリカ共同体）	1994	アンゴラ、ブルンジ、コモロ、コンゴ民主共和国、ジブチ、エジプト、エリトリア、エチオピア、ケニア、マダガスカル、マラウイ、モーリシャス、ナミビア、ルワンダ、セーシェル、スーダン、スワジランド、タンザニア、ウガンダ、ザンビア、ジンバブエ
		EAC（東アフリカ共同体）	2000	ケニア、タンザニア、ウガンダ
構想中		FTAA（米州自由貿易圏構想）	—	キューバを除く北中南米34カ国
		拡大EU	—	ブルガリア、キプロス、チェコ、エストニア、ハンガリー、ラトビア、リトアニア、マルタ、ポーランド、ルーマニア、スロバキア、スロベニア、トルコ

（注）日本・シンガポール新時代経済連携協定を除き2000年11月現在。
（資料）ジェトロ『ジェトロ貿易白書』2001年版。

に大きな地域統合として，南北アメリカ34カ国を囲む米州自由貿易圏構想（FTAA: Free Trade Area of the Americas：）に向けた動きが模索されている．

近年，EUやNAFTAなど，地域経済圏拡大の動きが顕著となっている．地域経済統合は，一般的には域内国の利益になるばかりでなく，域外国にも利益を及ぼす．統合が世界貿易を拡大し，世界経済全体にとっても利益となる可能性がある．しかし，現実には，地域経済統合が世界経済のブロック化につながるのか，それとも結果として世界貿易の自由化促進に結びつくのか，現状では判断を下すことはできない．

他地域と比較すると，アジアにおいては，地域経済統合の動きは必ずしも活発とはいえない．たしかに，ASEANやSAARCといった枠組みは存在するものの，現状では，日本，韓国，台湾，中国などの国・地域が含まれておらず，その経済規模や進展度合いの点からみると，世界的に地域経済統合の動きが活発化するなかで，アジアは取り残されかねない状況にあるといえよう．

2．地域経済統合とは

(1) 地域経済統合の意味

地域経済統合とは，域内諸国の合意・取り決めに基づき，域内各国間の相互協力により，域内貿易や直接投資の深化と域内経済の自立的発展を図ることである．EU，NAFTA，AFTAは，いずれも地域経済統合を目指す試みであるということができる．

一方，**自由貿易協定**（FTA: Free Trade Agreement）とは，もともとは貿易についての協定であった．しかし，最近では協定の中身がモノやサービス貿易の自由化にとどまらず，知的所有権や紛争解決手続きの取り決めなど包括的な内容を含むものが増えてきている．さらに，投資ルール，電子商取引，環境など，WTOにおいてもいまだ決められていない規定を盛り込む動きもある．

自由貿易協定のうち，ある地域内で締結されるものが地域自由貿易協定（RTA: Regional Free Trade Agreement）であり，特定の2カ国間で締結されるものが2国間自由貿易協定である．

通常，地域経済統合は，何段階かの発展プロセスを経て深化していく．ここでは，発展プロセスを3つの段階に分けてみていくことにしたい．第1段階の

「自由貿易地域」から，第2段階の「関税同盟」に進み，それがさらに，第3段階の「深化した統合」となる（図表12-3）。

まず，最も初期の段階で実行されるのが**自由貿易地域**（Free trade zone）である．内容は参加国同士が貿易に関する関税を互いに撤廃する（域内関税撤廃）というものである．その効果は，輸出入価格が同一として，製品価格は関税分だけ違ってくるので，輸出側からみると参加国への輸出は関税が低い分だけ競争力を増し，輸入側からみると参加国からの輸入は関税が低くなり，より安く輸入できるということになる．ただし，参加国以外の国との貿易に対する関税は各国の自主性に委ねられるので，ここで参加国と非参加国との間に格差を設けなければ，意味が薄れる可能性がある．

一般に，自由貿易地域の次の段階で採られるのが関税同盟（Customs union）である．内容は，自由貿易地域の条件である参加国同士の貿易に関する関税を互いに撤廃するという域内関税撤廃に加えて，参加国以外の国との貿易に関する関税を共通にすることである．当然のことながら，共通にするということは，参加国以外の国との貿易に対する関税を，参加国間の貿易に関する

図表12-3　地域経済統合の類型

類型	内容	事例			
		EU	NAFTA	メルコスール	AFTA
		（欧州連合）欧州15カ国	（北米自由貿易地域）米国，カナダ，メキシコ	（南米南部共同市場）ブラジル，アルゼンチン，パラグアイ，ウルグアイ	（ASEAN自由貿易地域）ASEAN10カ国
自由貿易地域	域内関税撤廃		○		○
関税同盟	域内関税撤廃＋対外共通関税設定	○		○	
深化した統合	投資・サービスの自由化	○	○	○	
	労働市場の統合	○		○	
	各種規制・経済政策の共通化	○		○	
	通貨統合	○			

（注1）○は目標を表し，現時点での実現項目ではない．
（注2）欧州15カ国は，オーストリア，イタリア，ベルギー，ルクセンブルク，デンマーク，オランダ，フィンランド，ポルトガル，フランス，スペイン，ドイツ，スウェーデン，ギリシャ，英国，アイルランド．
（資料）経済産業省『通商白書平成12年版』をもとに日本総合研究所作成．

関税よりも高くすることを意味する．これにより，参加国と非参加国との格差の徹底が可能となる．

さらに経済統合が進化した段階になると，参加国間で，貿易のみならず生産要素（労働・資本）についても自由な移動を認める共同市場（Common market）や，共同市場を基礎として，構成国間での経済政策の調整がある程度実施される経済同盟（Economic union）へと発展する．さらに，完全経済統合（Complete economic integration）となると，経済政策が完全に統一され，超国家的機関が設置されることとなる．

具体的な地域統合の例をみると，EU は共同市場から経済同盟を経て，将来の完全経済統合へと進む途上にあるといえ，NAFTA は関税同盟と共同市場の中間にあるといえる．これに対して，AFTA は，最も初期の自由貿易地域の実現を目指しているものの，後述するとおり，必ずしも順調には進んでいない．

(2) 地域経済統合のメリット

地域経済統合を進めるメリットは大きく次の2つである．

第1は，WTO を中心とする多角的な自由貿易交渉が停滞するなかで，地域

図表12-4 地域統合における域内国のメリット

	施策		期待される効果・影響
	対域内	対域外	
貿易創造効果	貿易障壁の低減・撤廃	貿易障壁の維持・域内より低減小	域内貿易の創出
貿易促進効果	〃	〃	域内貿易の拡大
貿易転換効果	〃	〃	域外の効率的（低コスト）生産国からの輸入を域内からの輸入へシフトさせる
交易条件効果	―	共通関税設定	域外からの輸入価格押し下げの効果，域内国の購買力強化・製品競争力の向上（中間財）
市場拡大効果	貿易障壁の撤廃・市場開放		域内における競争激化により生産性など競争力が向上
投資促進効果	〃	―	域内輸出入コストの低さや単一自由市場の創出により域外からの投資拡大（域内のメリット享受のため）

(資料) 日本総合研究所作成．

や相手国が限定されるとはいえ，貿易の自由化やルールづくりを進展させることができるため，自国の貿易促進を図ることが可能なことである．

第2は，ある特定の地域に所属することにより，所属しない場合と比べてはるかに多くのメリットを享受できることである．そもそも，域内と域外との間に何ら格差がないのであれば，地域経済統合を進めるメリットはほとんどないことになる．1990年代に入り，地域統合形成の動きが活発化しているのは，当然のことながらそれに参加するメリットがあるからである．実際，これらの経済統合のほとんどが何らかのかたちで域内と域外の間に格差を設けていることから，このような地域統合の動きに乗り遅れるならば，多くのデメリットを被りかねない状況になりつつある．なお，域内国が得ることのできるメリットを，図表12-4にまとめた．

3．アジアにおける地域経済統合・自由貿易協定の現状

ここでは，アジアにおける地域経済統合および自由貿易協定の現状と課題についてみていくことにしたい．

（1）アジアにおける主な地域経済統合の動き

アジアでは，図表12-5に示したような地域経済協力がある．このうち経済統合を目的としているのは，**東南アジア諸国連合**（ASEAN: Association of South-East Asian Nations），**アジア太平洋経済協力会議**（APEC: Asia Pacific Economic Cooperation），**南アジア地域協力連合**（SAARC: South Asian Association for Regional Cooperation）の3つである．

① ASEANにおける地域経済統合

ASEANは，域内の関税障壁および非関税障壁の撤廃を進め，域内貿易の自由化，すなわちASEAN自由貿易地域（AFTA: ASEAN Free Trade Area）の実現を目指している．貿易面では，域内貿易の量的な拡大に加え，域内分業体制の進展の結果，安価で良質な原材料や部品の輸入が可能となり，これが輸出製品の競争力の強化に繋がることが期待される．また，地域経済統合が進めば，将来的には市場統合による規模の経済性追求も可能となる．この結果，域

図表12-5　アジアにおける主な地域経済統合・地域協力の動き

組織名	設立年	参加国
東南アジア諸国連合 （ASEAN） （10ヵ国）	1967年	シンガポール，タイ，マレーシア，フィリピン，インドネシア，ブルネイ，ベトナム，ミャンマー，ラオス，カンボジア
アジア・太平洋経済協力 （APEC） （18＋3ヵ国・地域）	1989年	日本，米国，カナダ，オーストラリア，ニュージーランド，韓国，中国，香港，台湾，ASEAN 7ヵ国，メキシコ，チリ，パプア・ニューギニア，ロシア，ペルー
南アジア地域協力連合 （SAARC） （7ヵ国）	1985年	インド，バングラデシュ，パキスタン，スリランカ，ネパール，ブータン，モルジブ
アジア欧州首脳会議 （ASEM） （25ヵ国・地域）	1996年	日本，韓国，中国，シンガポール，タイ，マレーシア，フィリピン，インドネシア，ブルネイ，ベトナム，オーストリア，イタリア，ベルギー，ルクセンブルグ，デンマーク，オランダ，フィンランド，ポルトガル，フランス，スペイン，ドイツ，スウェーデン，ギリシャ，英国，アイルランド

（資料）　日本総合研究所作成．

内・域外貿易の拡大に加え，持続的成長のために必要な海外からの直接投資や技術の流入が期待される．

　このような動きの背景には，ASEANでは1980年代から90年代にかけて外資の導入が順調に進み，工業化が進展した結果，域内での工業用部品への需要が相互に高まったことがある．また，各国が自動車産業などで外資系企業に課した部品の国産化義務に対応するためには，一定の条件のもとで国産の部品と同様に扱われる域内の部品の輸入が必要なこともあった．さらに，北米やEUなどで地域経済統合が進展した結果，域外からの市場シェア確保が今後困難になることを踏まえ，域内輸出によりこれをカバーしようという意図もあった．

　そこで，域内に立地する企業が他の域内国から部品などを調達しやすくするために，域内からの輸入に対する関税を対域外関税よりも計画的に低くしていくことが合意された．これが，共通実効特恵関税（CEPT: Common Effective Preferential Tax）スキームである．CEPTスキームでは，ASEAN原加盟6カ国（ブルネイ，インドネシア，マレーシア，フィリピン，シンガポール，タイ）は2002年までに，新規加盟のベトナムは2003年までに，ラオス，ミャンマーは2005年までに，カンボジアは2007年までに，原則として域内関税を5％以下に引き下げることと，すべての産品に対する輸入関税を6カ国については

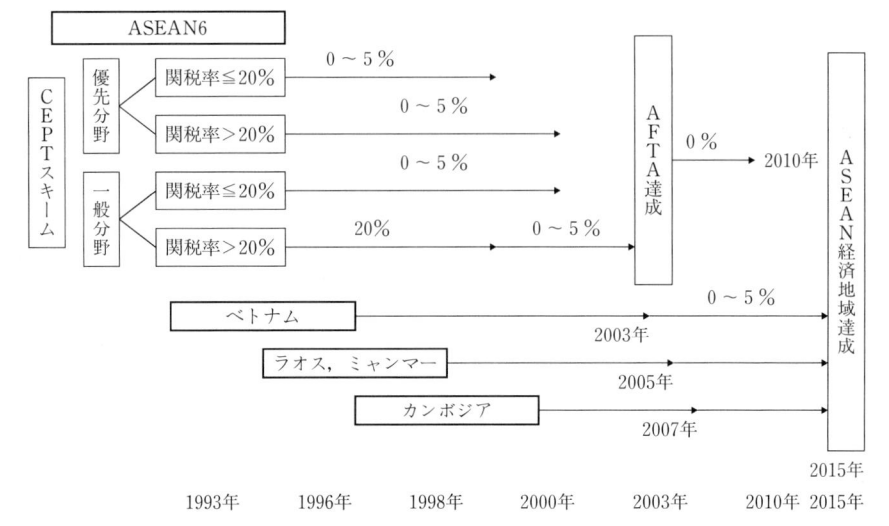

図表12-6　AFTAの域内関税引き下げスケジュール

```
                ASEAN6
         ┌─優先分野─┬─関税率≦20%──0～5%──────────┐
  CEPT   │         └─関税率>20%───0～5%──────────┤ AFTA    0%    ASEAN
  スキーム │                                      ├ 達成 ──2010年─→経済
         └─一般分野─┬─関税率≦20%──0～5%──────────┤              地域
                  └─関税率>20%──20%──0～5%──────┘              達成

         ベトナム ─────────────── 0～5% ────────────┐
                        2003年                    │
         ラオス，ミャンマー ──────────────────────────┤
                              2005年              │
              カンボジア ──────────────────────────┘
                                2007年
                                                                    2015年

  1993年    1996年    1998年    2000年    2003年    2010年  2015年
```

(資料)　日本総合研究所.

2010年までに，新規加盟4カ国については例外品目を除き原則2015年までに撤廃を目指すことが合意されている（図表12-6）．

しかし，AFTAの実現に向けて課題が山積している．

まず，ASEAN内部における，足並みの乱れや不協和音の高まりがある．第1は，アジア経済危機の後遺症や世界経済の停滞の影響を受け，従来のような高い経済成長が望めなくなっていることである．この結果，市場確保型の直接投資などは見直しを余儀なくされるケースも出てきている．第2は，加盟国の増加による負担の増大である．ベトナム，ラオス，ミャンマー，カンボジアが加わり，ASEANが10カ国体制になった結果，域内の経済格差の拡大や政治体制の相違による摩擦の増大により，地域経済統合スケジュールの見直しが必要となっている．第3は，指導者の世代交替である．年齢的な問題に加え，アジア経済危機以降，経済成長と政治的安定というそれまでの好循環が停止した結果，政治的不安定が増大している．この結果，指導者の交替によるコミュニケーション不足や強力なリーダーシップの不在などが問題となりつつある．第4は，全会一致方式による緩やかな政策協調や各国裁量による例外容認というASEAN方式の限界が露呈したことである．例えば，経済危機後，自国産

業保護を名目に，マレーシアやフィリピンにおいては，自動車部品や一部の電子部品の関税が引き上げられた．その後も，2002年の AFTA 形成期限を前に不協和音が高まり，国内産業の保護・育成を優先する動きが顕著となっている．マレーシアが自動車分野において実施時期を遅らせる例外措置を認めさせたのをはじめ，フィリピンやインドネシアも板ガラスや石油製品などの自由化留保を申請するなど，ここにきて AFTA 実現に向けての参加国の足並みの乱れが目立っている．

産業構造の違いに加え，直接投資受け入れや輸出拡大の面で，各国の競争力に大きな格差がみえ始めており，自由化に対する各国の姿勢を及び腰にさせている．とりわけ，競争力において劣位にある国は，貿易自由化により各国の優勝劣敗の構図が固定化してしまうとの懸念があり，自由化に向けて後ろ向きにならざるをえない状況となっている．

一方，外部要因では，以下に挙げる2点が AFTA の実現に影響を与えている．

第1は，中国経済の台頭である．中国は世界の工場として輸出を大きく伸ばしており，国際市場における ASEAN 製品の劣勢は避けられない状況にある．さらに，直接投資が中国に集中しつつあり，このままでは ASEAN 向け投資が先細りになることが懸念され始めている．しかし一方で，このような危機感によって ASEAN の結束が強まり，難航する AFTA が予定通りに実現することも期待されている．

第2は，後述するように，アジアをめぐる2国間自由貿易協定締結の動きが活発化していることである．WTO 体制下での貿易自由化交渉の限界から，2国間自由貿易協定を模索する動きが世界中で顕著となってきている．アジア経済危機を契機に，アジアにおける地域経済統合が具体的な成果をあげられない一方で，東アジアでも，シンガポール，タイ，日本などを中心に FTA 締結に向けた動きが活発化しつつあり，このままでは AFTA が骨抜きとなりかねない状況にある．

ASEAN では，AFTA が2002年1月に発効し関税の引き下げが進む予定である．しかし，ASEAN は域内貿易比率が22.2%（2001年）と EU の60.4%，NAFTA の54.8%と比較して依然低く，自由貿易地域としてのメリットが活かされていない状況にある．今後，ASEAN への外資流入を促し，経済発展

持続のための原動力にするには，AFTA を計画通りに進めていく必要がある．このためには域内関税が相対的に高い自動車や家電，素材産業分野の関税引き下げスケジュールを予定通り実施すること，原産地証明・通関手続きなど非関税障壁の撤廃を着実に進めていくことが求められる．

② APEC における地域経済統合

1989年に発足した APEC は，アジア太平洋地域の持続的発展に向けた地域協力の枠組みである．発足時には12カ国であった参加メンバーは拡大し，現在では，21カ国・地域による経済連携となっている．APEC は他の地域統合と異なり，参加国の自主性を重んじ，域外に対しても貿易投資の自由化の成果を分け合うことを目的とした「開かれた地域主義（open regionalism）」を標榜している．また，NAFTA 諸国，ASEAN 7カ国，ロシア，中南米をも含む広範な地域をカバーしていることから，地域統合間の連携機能としての側面ももっているといわれる．

APEC では，①貿易・投資の自由化，②貿易・投資の円滑化，③経済・技術協力を3つの柱として，地域経済統合を進めようとしている．

まず，貿易・投資の自由化については，関税・非関税措置やサービス分野などにおける障壁の低減・撤廃を進めることにより，貿易・投資の促進を図ることを目指している．また，貿易・投資の円滑化については，国により異なる規格や基準制度が貿易投資の障壁とならないように，統一基準の採用や，制度の明確化・透明性の向上を図ることを目指している．具体的には，貿易データベースおよびガイドブックの作成や，基準の整合化，税関手続の調和などを進めようとしている．さらに，経済・技術協力により，域内経済格差の縮小などを目指している．

具体的目標としては，まず，1994年のボゴール会議において域内貿易・投資の自由化達成目標年が設定され，先進国は2010年まで，途上国は2020年までに，域内の関税をゼロにすることに合意している．また，96年のマニラ会議では，加盟各国の個別行動計画（IAP: Individual Action Plan）の策定が提示された．一方，早期自主的自由化分野は，2020年の貿易自由化期限を前倒しして，99年から2～7年のうちに自由化を達成しようというもので，第1段階として環境関連製品およびサービスなど9分野，第2段階として自動車など6分野の合計15分野が候補として挙げられた．しかし，99年のオークランドでの閣僚および

非公式首脳会談では,自由化達成目標年を再確認したにとどまり,IAPについては協議されなかった.さらに,早期自主的自由化分野については,97年のバンクーバー会議から先送りされている.

APECでは,全会一致を原則としており,緩やかな政策協調や各国の裁量による例外措置の容認など,参加国間の協調や各国の自主性を重視して,会議が進められている.しかし,この結果,域内経済全体よりも各国の置かれた状況が優先されることとなり,これが交渉の進展を妨げる大きな要因となっている.また,WTOほどではないにせよ,参加国が拡大した結果,アジアのみならずオセアニアや中南米など,きわめて多様なメンバーを抱えることになり,利害の調整が困難になったことも無視できない.

③ SAARCにおける地域経済統合

SAARCは,1985年に南アジア7カ国(バングラデシュ,ブータン,インド,モルジブ,ネパール,パキスタン,スリランカ)によって結成された.域内貿易自由化に向けた取り組みは,90年のスリランカによる南アジア特恵貿易協定(SAPTA)の提案により始まった.それまでは各国の利害関係の調整が難しいために経済分野での域内協力に各国とも慎重であったが,グローバルな貿易自由化,地域ブロック化の流れを受けてようやくSAPTAが95年に発足した.ただし,同協定による各国の関税引き下げの対象品目は限定されていることから,その効果は十分に表れていない.そして,SAPTAの次の段階として,域内の関税を撤廃する南アジア自由貿易地域(SAFTA)を創設する計画が定められた.当初は2001年を目標としていたが,印パ関係の悪化からSAFTAの協議がストップし,現状では実現の目途は立っていない.

SAFTAによる貿易自由化が実現すれば,SAARC内での貿易は増加するであろう.ただし,域内各国の貿易構造は,繊維製品や農産加工品等の労働集約型製品を輸出し,資本集約型製品を輸入するというパターンで比較的類似しているため,現時点で域内貿易が全貿易に占める割合は,近年増加傾向にあるとはいえ,5%程度にすぎない.したがって,自由化による直接の効果である域内貿易の増加は限定的なものになると思われる.一方,域内貿易自由化による間接的な効果は,より大きいものが期待できる.つまり,競争促進による域内産業の技術・経営効率の向上,市場拡大による域内外からの投資の活発化といったプラスの効果である.さらに,貿易の自由化は,いずれ資本移動や人材交

流の自由化も促すことになろう．

(2) アジアにおける主な自由貿易協定の動き

アジアにおけるこれまでの貿易自由化の動きは，WTO 体制のもと，AFTA や APEC など，地域経済統合の枠組みの中で進められてきた．しかし，WTO 主導の多国間での貿易自由化交渉が行き詰まりをみせる一方，WTO 体制を補完すると期待されていた APEC，AFTA など地域経済統合での貿易自由化交渉も大きな進展がみられないまま，事実上これらの貿易自由化交渉は暗礁に乗り上げたかたちとなっている．

一方で，東アジアでは，シンガポール，タイ，日本などを中心に，2000年以降，2国間自由貿易協定締結に向けた動きが活発化している．これに加えて，ニュージーランド，メキシコ，カナダなどアジア域外の国との締結も検討され始めた．

とりわけ，シンガポールが積極的であり，ニュージーランド，オーストラリア，欧州自由貿易連合 (EFTA: European Free Trade Area)，米国，日本とはすでに FTA を締結したか，あるいは交渉を開始している．また，韓国，カナダ，チリ，EU などと FTA を結ぶ構想が浮上している．

ASEAN 加盟国の中で，シンガポールの次に 2 国間 FTA の締結に前向きなのがタイである．現在，日本，韓国をはじめ，オーストラリアなどとの間で協定を結ぶ可能性を探っている．

日本は，従来，経済のブロック化に繋がるとして，特定の国家との FTA の締結には消極的であった．しかし，ここにきて FTA 締結に前向きな姿勢を示し，アジア以外の国との締結も検討を始めている．

現在，東アジアで検討されている 2 国間自由貿易協定は，日本，シンガポールなど，経済水準が高く，アジア経済を牽引している国同士が大半である．この理由として，これらの国は相互の経済格差が比較的小さいこと，産業の高度化や法制度などビジネス環境の整備が進んでおり，財貿易に加え，サービス分野での貿易自由化の進展が期待できることなどが挙げられる．さらに，産業の補完関係が形成されている点も大きい．従来の地域経済統合による貿易自由化に比べ，サービス貿易，投資の自由化，共通市場形成に向けた貿易ルールの共通化，ビジネス環境の整備などの分野に重点が置かれている．例えば，2002年

第**12**章　地域経済統合の進展　　　　　　　　　　　　　　　　289

1月に調印された「日本・シンガポール新時代経済連携協定」の場合，貿易手続きの電子化，輸出検査結果の相互承認，反ダンピング課税の不採用，2国間紛争処理手続きの設置，証券取引所の連携強化など，両国間のビジネス関係強化のための措置が多く取り上げられている．

一方，ASEAN諸国の中には，2国間自由貿易協定に慎重な姿勢も強い．なかでもマレーシアはかなり消極的であるといえる．その最大の理由は，域内経済を統合するAFTAの完成を最優先する必要があることであり，シンガポールなどによる2国間FTA締結の動きはこれに風穴を開け，地域経済統合の障害ともなりかねないとの批判もあがっている．

最近の東アジアの地域経済統合・自由貿易協定をめぐる動きとして最も注目されているのが，2001年11月のASEAN＋1（中国）首脳会議において，両者間で自由貿易協定を10年以内に締結するための交渉を開始することに正式合意したことである．これが実現すれば，ASEANと中国を合わせて人口17億人以上の世界一の自由貿易地域が誕生することになる．ASEAN諸国にとって，高成長を続ける中国という巨大市場にアクセスできる魅力がある一方，中国製品の輸出攻勢で自国産業が脅かされるリスクもある．

この動きは以下に挙げる2つの面で特に注目されている．

第1は，これまで貿易，投資両面において，相互補完的というよりは競合的であった両者が手を結んだことである．特にASEANにおいては，貿易面での競合に加え，直接投資の受け入れにおいても中国への一極集中が進み，ASEANへの直接投資が先細りするという強い懸念があった．それにもかかわらず，今回の合意に至った背景には，ASEANにとって巨大市場・中国へのアクセスが捨てがたい魅力であったことがある．

第2は中国がFTAへ向けて動き出したことである．日本がシンガポールとの自由貿易協定を締結するまで，東アジアでは，日本，韓国，中国，台湾という4つの主要国・経済は特定の相手国・地域と自由貿易協定を結んでいなかった．このような状況のなかで，中国がASEANを最初のFTAのパートナーとして選んだことは重要な意味をもっている．これまでASEAN地域においては，日本が主要なリーダー役を果たしてきたが，今後，政治的・経済的に中国がプレゼンスを高めていくための大きな第一歩となりそうである．

今後，ASEANをめぐるFTAの動きは，先行する中国に日本・韓国を加え

た，いわゆるASEAN＋3（日本，中国，韓国）を巻き込んだものとなることが予想される．しかし，そのなかで日本は，依然農業という困難な国内問題を抱え，貿易自由化にいまひとつ積極的になれない状況にある．そもそも，日本がシンガポールを初のFTA締結の相手に選んだ大きな理由の1つは，両国間の貿易に占める農林水産品の比重がきわめて小さいことであったと考えられる．しかし，日本が現在自由貿易協定締結を検討している相手国の場合は事情が異なる．日本のメキシコからの輸入額に占める農林水産品の割合は26％，チリの場合は50％に達する．「実質的にすべての貿易」を対象とすることを規定している関税および貿易に関する一般協定（GATT）第24条に照らせば，すべての農林水産品を関税撤廃の対象から除くことはできないことから，日本国内で早期にコンセンサスを形成する必要に迫られている．

4．おわりに

1999年12月のシアトルにおけるWTO閣僚会議が，加盟国間の利害関係の対立に加え，環境NGOや労働組合などの反対により頓挫して以来，多角的交渉に対する失望感が広まりつつある．これまでみてきたように，WTOに代わり，地域経済統合や2国間自由貿易協定が世界の新たな潮流になってきている．

すでに，世界の多くの国・地域が地域経済統合や2国間自由貿易協定に参加しており，その数は200以上，そのうち自由貿易協定の数はWTOに報告された分だけでも120に達している．一方，米国も，すでに1992年にNAFTAを立ち上げ，現在では前述のFTAA構想を進めようとしている．また，2国間においても，イスラエル（1985年）と締結後，チリ，シンガポールと交渉中である．さらに，EUは東方への拡大を計画し，現在の15カ国に加え，さらに11カ国の新規加盟国実現に向けて進んでいる．

これに対して，アジアにおける地域経済統合，2国間自由貿易協定への取り組みはきわめて緩慢である．世界の主要国・地域の中で，依然自由貿易協定に参加していないのは，韓国，中国，台湾くらいである．また，AFTA，APEC，SAPTAなど，アジア域内の地域経済統合の歩みも十分ではない．また，従来は，APECの自由化の動きをAFTAにおいて先取りしようという試みもみられたが，最近では相互に補完しようという意識に乏しく，相乗効果も期待でき

ない．経済のグローバル化が進展するなかで，日本を含めた東アジア諸国は，世界の地域経済統合の動きに取り残されかねない状況にあり，早急な対応を迫られている．

◆スタディ・ガイド

　グローバリズム，WTO，地域統合について詳しく知るには，以下が参考になる．
・浦田秀次郎『国際経済学入門』日本経済新聞社，1997年．
・伊藤元重『ゼミナール国際経済学（第2版）』日本経済新聞社，1996年．
・大野幸一編『経済統合と発展途上国』アジア経済研究所，1994年．
　WTOに関する情報については下記ホームページが参考になる．
・WTOの公式ホームページ（http://www.wto.org/）
・日本の外務省（http://www.mofa.go.jp/mofaj/gaiko/wto/index.html）
　ASEAN，特にAFTAに関する情報については下記ホームページが参考になる．
・ASEANの公式ページ（http://www.aseansec.org/）
・日本の外務省（http://www.mofa.go.jp/mofaj/area/asia_kyoryoku.html）
　APECに関する情報については下記ホームページが参考になる．
・APECの公式ページ（http://www.apecsec.org.sg/）
・日本の外務省（http://www.mofa.go.jp/mofaj/gaiko/apec_o.html）

◆主要参考文献

・木村福成『国際経済学入門』日本評論社，2000年．
・中北徹『国際経済入門―21世紀の貿易と日本経済をよむ』筑摩書房，1996年．
・木村福成・小浜裕久『実証国際経済入門』日本評論社，1995年．
・山澤逸平・鈴木敏郎・安延申編『APEC入門―開かれた地域協力を目指して』東洋経済新報社，1995年．
・中村洋一編『WTOが貿易を変える』東洋経済新報社，1994年．
・金光秀郎『国際経済政策』東洋経済新報社，1991年．

【コラム12】 地域経済統合先行事例の統合効果

地域経済統合の先行事例として代表的なものは，EUとNAFTAである．以下，その統合の効果についてまとめてみた．

① EU

EUは欧州連合条約（アムステルダム条約）に基づき，経済的な統合を目的に発展してきた欧州共同体（EC）をもとに，経済通貨統合を進めるとともに，共通外交安全保障政策，司法・内務協力などのより幅広い協力も目指す政治・経済統合体である．

EUの域内輸出比率は，1958年の欧州経済共同体（EEC）設立時には30.1％であったが，67年の欧州共同体（EC）設立時には43.7％，73年の英国，デンマーク，アイルランド加盟時には53.6％，88年のスペイン，ポルトガル加盟時56.7％，95年のオーストリア，フィンランド，スウエーデン加盟時62.4％と，持続的に上昇を続けており，域内の経済発展への貢献はきわめて大きいといえる．

また，サービス分野における規制緩和や通貨統合など，統合の深化，拡大が続いている．

② NAFTA

NAFTAは1994年に締結された．同協定は，サービス分野や投資など包括的な自由化を対象としている．

NAFTAの交渉開始時である1991年の段階では，域内輸出比率は42.2％であったが，98年には51.7％と初めて50％を超えた．また，NAFTA成立後の94年から96年までの，域内貿易の増加率は44％で，域外貿易の増加率（33％）を上回った．

メキシコの輸入に占める米国のシェアは，1993年の69.3％から96年には75.5％に上昇した．セクター別では，繊維製品86.4％（17.2％ポイント増），輸送機器83.1％（19.2％ポイント増），電子機器74.3％（5.7％ポイント増）となっている．一方，米国の輸入に占めるメキシコのシェアは93年の6.9％から96年に9.3％となった．特に，衣料品が9.6％（5.2％ポイント増）に上昇した．

1996年の域内向け輸出により，230万人（推定）の雇用がもたらされたとされる．93年と比べ31万2,000人増加しており，このうちカナダで18万9,000人，メキシコで12万2,000人が増加した．

第13章　日本の対アジア政府開発援助

◆**本章のポイント**

本章では，政府開発援助（ODA）の定義と分類，日本のODAの特色，開発経済学や援助政策をめぐる議論などを整理したうえで，日本の援助政策について考える．

1. 日本が1954年に開発途上国援助を開始してから半世紀の歳月が流れようとしている．日本はODA供与額で91年から2000年まで世界第1位の座を維持したものの，2001年には米国に抜かれて第2位となった．国内の経済・財政事情を踏まえ，効率的なODAのあり方が模索されている．
2. ODAのアジア諸国経済への貢献度は，被援助国の経済発展段階や経済規模などにより大きく異なる．例えば，日本は中国へ多額のODAを供与しているが，中国の名目GDP（1999年）に対する比率は0.13％と低い．他方，モンゴルやラオスといった国々にとっては，きわめて大きな役割をもっている．
3. 21世紀に入り，日本のODA政策は転機を迎えた．国際的には，貧困の撲滅が開発戦略の重要課題として掲げられ，達成すべき具体的な目標とその実現のための資金分担が議論されている．他方，日本国内では，円借款制度の見直し，国別援助計画の策定，国際開発金融機関との役割分担，国益の追求との関係，国民参加の促進など，多くの事柄が議論されている．
4. 日本のODAは，被援助国に影響力を行使して短期的な国益を追求するための手段としては適していないと考えられる．中長期的にアジアの安定を作り出すための手段としてとらえるべきである．日本の援助は，他の援助国・機関に対してイニシアチブを発揮するため，そしてなによりも被援助国の経済発展や福祉向上に貢献するために，比較優位を備えていなければならない．

1. 政府開発援助の定義と役割

　日本の開発途上国援助の歴史は，1954年のコロンボ・プラン（アジアおよび太平洋地域における共同的経済社会開発）への加盟にさかのぼる．その後，日本は世界第2位の経済大国となり，91年から2000年まで10年にわたり世界最大の**政府開発援助**（ODA: Official Development Assistance）供与国となった．日本のODAは，地理的に近く，日本企業が数多く進出し，経済的結びつきの強いアジアを中心に展開されてきた．

　幾多の問題を抱えながらも，日本のODAはアジアの経済発展と福祉の向上に貢献してきた．しかしながら，1997年に通貨危機に見舞われた国々に対する経済支援が一巡すると，内外の政治・経済環境は大きく変化し，日本のODAのあり方が再考されるようになった．

(1) 定　義

　ODAは，経済協力開発機構（OECD: Organization for Economic Cooperation and Development）の中に設置され，日本を含む先進22か国と欧州委員会が加盟している**開発援助委員会**（DAC: Development Assistance Committee）によって，次のように定義されている．すなわち，ODAとは，①政府ないし政府の実施機関によって供与され，②開発途上国の経済開発や福祉の向上に寄与することを主たる目的とし，③資金協力については贈与比率（グラント・エレメント，後述）が25％以上である，という3つの条件を満たすものである．

(2) 多様な役割

　ODAの役割は多様であるが，ここでは次の5つを指摘しておく．第1は，被援助国の経済発展や福祉向上への貢献である．ODAは，理想的には，被援助国が自立し，早期に援助を必要としない状態に到達することを目的に実施するものといえよう．

　第2は，被援助国の**貯蓄不足**（貯蓄・投資ギャップ）や**外貨ギャップ**の穴埋めである．通常，開発途上国は経済発展に必要な資金を国内で十分には調達できないことから，外国から資金を取り入れる．民間資金の大規模な流入がみら

れない国々では，ODAが開発資金の確保に重要な役割を担う．開発途上国への資金の流れをみると，1992年の流入額である1,594億ドルのうち，583億ドル（36.6％）をODAが占めていた．2000年には総額1,903億ドルのうち495億ドル，26.0％となり，金額，比率ともに減少したが，貧しい国々にとっては依然重要な外貨調達手段である．

　第3は，国際収支危機に陥った国々への資金支援である．1997年にアジアの多くの国々が通貨危機に見舞われ，外貨不足に直面した．日本は包括的な対アジア経済支援パッケージである「**新宮澤構想**」（コラム13参照）の推進や「特別円借款制度」の設立などにより，経済危機に陥ったアジア諸国に対して大規模な経済（資金）支援を実施した．アフリカなどの最貧国に対する円借款を減免することも，資金繰り支援の一形態といえよう．

　第4は，直接投資の呼び水である．ODAは，道路，発電所，港湾などの社会・経済基盤（インフラストラクチャー）の整備や，経済発展の担い手となる人材育成などに寄与する．これらは，外国からの直接投資の流入や貿易活動の円滑化に欠かせない．

　第5は，経済のグローバル化が開発途上国にもたらす歪の是正や，環境問題，感染症，地域紛争などの国境を越えた問題への対応である．複数の国々にまたがる問題に対して，ODAを活用しつつ多くの援助国，国際開発機関が共同して取り組むことは有効であろう．

2．ODAの分類と実施体制

(1) 分　　類

　経済協力の形態は，経済産業省が刊行してきた『経済協力の現状と問題点』の中で，ODA，その他政府資金，民間資金の3つに分けられている．その他政府資金は，公的資金のうち先述のODAの条件を満たしていないもので，各国輸出入銀行などによる輸出信用や直接投資金融などが含まれる．民間資金は直接投資や銀行貸付などである．

　ODAは，図表13-1のように分類されている．まず，被援助国に返済義務を課すことなく資金を供与する**無償援助**と，返済義務を課す**有償援助**に分けられる．前者には，無償資金協力，技術協力，国連諸機関・国際金融機関などへ

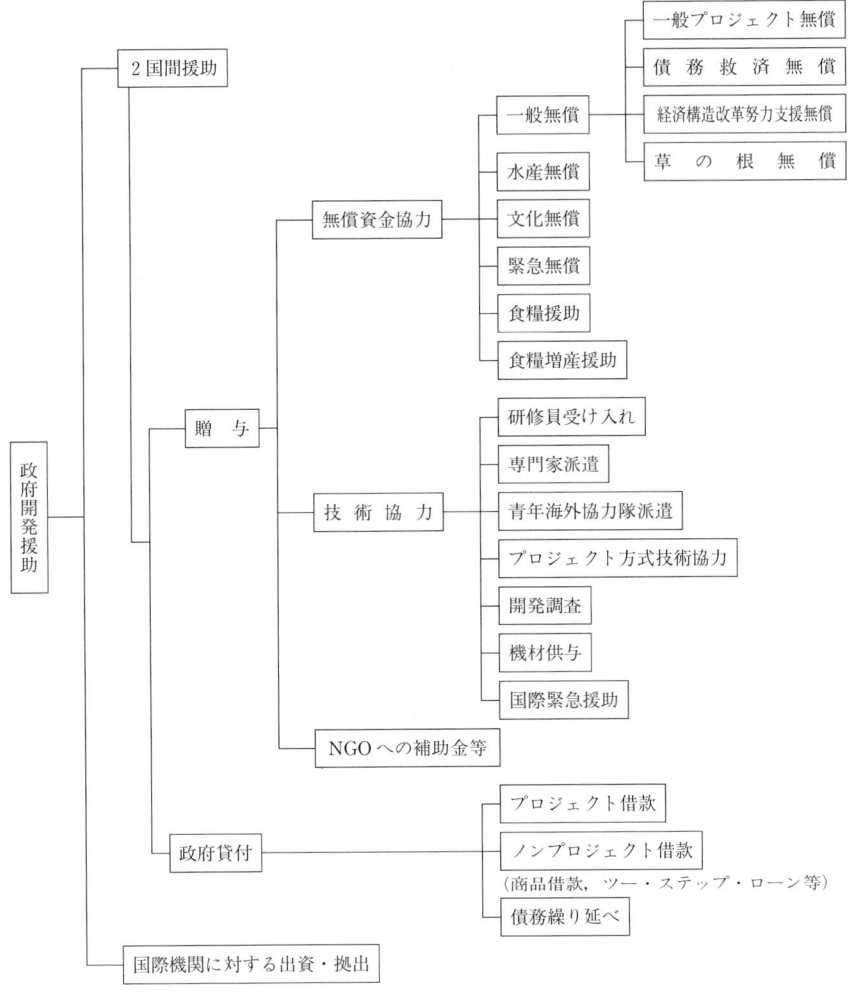

図表13-1　日本の政府開発援助（ODA）の分類

```
政府開発援助
├─ 2国間援助
│   ├─ 贈与
│   │   ├─ 無償資金協力
│   │   │   ├─ 一般無償
│   │   │   │   ├─ 一般プロジェクト無償
│   │   │   │   ├─ 債務救済無償
│   │   │   │   ├─ 経済構造改革努力支援無償
│   │   │   │   └─ 草の根無償
│   │   │   ├─ 水産無償
│   │   │   ├─ 文化無償
│   │   │   ├─ 緊急無償
│   │   │   ├─ 食糧援助
│   │   │   └─ 食糧増産援助
│   │   ├─ 技術協力
│   │   │   ├─ 研修員受け入れ
│   │   │   ├─ 専門家派遣
│   │   │   ├─ 青年海外協力隊派遣
│   │   │   ├─ プロジェクト方式技術協力
│   │   │   ├─ 開発調査
│   │   │   ├─ 機材供与
│   │   │   └─ 国際緊急援助
│   │   └─ NGOへの補助金等
│   └─ 政府貸付
│       ├─ プロジェクト借款
│       ├─ ノンプロジェクト借款
│       │   （商品借款，ツー・ステップ・ローン等）
│       └─ 債務繰り延べ
└─ 国際機関に対する出資・拠出
```

（資料）　外務省『我が国の政府開発援助（ODA白書）1999年版』下巻．

の出資・拠出などが含まれる．無償資金協力は，2国間贈与のうち，技術協力として分類されるものを除いたものであり，主に比較的所得水準の低い開発途上国に対して供与される．その内訳は，一般無償資金協力，水産無償，緊急無償，文化無償，食糧援助，食糧増産援助の6つである．これらのうち，一般無

償資金協力は，インフラを含む幅広い分野でのプロジェクトを対象とする一般プロジェクト無償，債務救済無償，経済構造改善努力支援無償（ノン・プロジェクト無償），草の根無償の4つに分けられる．

技術協力は，開発途上国の自立に不可欠な開発の担い手の育成を目的としている．援助国の技術やノウハウを，開発途上国のニーズや環境に合致したかたちで取り入れたり，技術を被援助国のなかで伝播する人材を育てるものである．そのために専門家の派遣，研修生の受け入れ，機材供与などを行っている．

被援助国に返済義務のある政府間貸し付け／有償資金協力（円借款）は，開発途上国に対し緩やかな条件（低利，長期の償還期間，据え置き期間付き）で，「円資金」を開発資金として貸し付けるものである．対象分野は主にインフラストラクチャー部門であるが，近年では上下水道，保健・医療，教育などの社会セクターへの供与が増えている．

また，ODA は **2 国間援助**と**多国間援助**に分けることができる．多国間 ODA は，国連諸機関や世界銀行などの国際金融機関等への出資・拠出等である．世界銀行グループ，アジア開発銀行（ADB: Asian Development Bank）などの特定地域を対象とする機関，国連開発計画（UNDP: United Nations Development Programme）をはじめとする特定の分野を対象とした機関などが含まれる．こうした国際機関は，専門分野と援助経験を活かした支援を，世界的規模で展開できる．加えて，政治的に中立であり，多くの国々を支援できる立場にある．環境問題，麻薬，難民，感染症などの地球的規模，あるいは複数の国にまたがる問題への対応に適している．

（2）実施体制

日本の ODA は，要請主義に基づいて実施されている．まず，被援助国政府が自国にある日本大使館を通じて外交文書による正式な要請をする．これを受けて，日本政府は案件を検討し，実施する．この**要請主義**は，被援助国の政策を尊重するとともに，自助努力を促すという考え方に立っている．しかし，実際には，プロジェクトの発掘段階から支援が必要な国がある．定期的に政策対話の機会を設けることが，被援助国のニーズを的確に把握するために欠かせない．

他方，日本側では，外務省，財務省，経済産業省，総務省をはじめとして，

1府10省がODAに関わっている．ODAの実施機関として，国際協力事業団（JICA：Japan International Cooperation Agency）や国際協力銀行（JBIC: Japan Bank for International Cooperation）をはじめ，多くの機関がある．関連する経済協力関係機関・団体も多い．最近では地方自治体との連携も増えている．

　近年，国民各層のODAへの参加が強く意識されるようになってきた．民間の国際協力機構であるNGO（Non-Governmental Organization：非政府組織）が，国際協力に大きな役割を果たすようになってきた．日本政府は，そうした動きに対して，新たな官民の連携（Partnership），国民各層の幅広い参加（Participation），官民双方向の交流（Public-Private Interaction）という3つをキーワードに支援している（『政府開発援助（ODA）白書（2001年度版）』p.35）．一方で，NGOについては，2002年1月のアフガニスタン復興支援国際会議における出席問題のように，政府・政治との間で摩擦が生じることがありえる．近年，WTOやIMF・世銀が主催する国際会議で，諸外国のNGOが会議を混乱させる光景が，メディアで取り上げられることが増えている．重要なことは，支援国の国民の発意なりノウハウと開発途上国のニーズを的確に結びつけることである．

3．日本のODAの特徴

　この節では，日本のODAの特徴について他のDAC加盟国と比較しながら解説する．図表13-2は，主要先進7カ国のODAの概況を，量的側面（供与額など），質的側面（譲許性など），配分の3つの視点から整理したものである．

（1）量的側面

　近年，日本のODA予算は削減されている．日本政府は，1978年以降，5次にわたり「ODAに関する中期目標」を設定し，金額目標を公表してきた．また，80年代後半に，ODAは経常収支の黒字を開発途上国へ環流するための手段としても位置付けられた．しかしながら，財政事情が厳しくなってきたことや，援助の質を重視する傾向が強まってきたことから，98年に策定された中期目標には，具体的な金額目標は盛り込まれなかった．

　日本のODA実績〔（東欧諸国，卒業国および欧州復興開発銀行（EBRD:

第 **13** 章　日本の対アジア政府開発援助

図表13-2　主要援助国のODAの比較

		日本	米国	英国	フランス	ドイツ	イタリア	カナダ	DAC計/平均
量的側面	支出純額ベース　ODA実績総額（億ドル）								
	2000年（名目ベース）	135.1	99.6	45.0	41.1	50.3	13.8	17.4	537.3
	2001年（名目ベース）	96.8	108.8	46.6	42.9	48.8	14.9	15.7	513.5
	DAC諸国全体に占めるシェア（2001年, %）	18.8	21.2	9.1	8.4	9.5	2.9	3.1	100.0
	対国民総所得（GNI）（2000年）	0.28	0.10	0.32	0.32	0.27	0.13	0.25	0.22
	（2001年）	0.23	0.11	0.32	0.34	0.27	0.14	0.23	0.22
	人口1人当たりODA供与額（ドル, 99年）	121	34	57	95	67	32	56	106
質的側面	約束額ベース（単位：%）　ODA全体のグラント・エレメント								
	（99年～2000年平均, 除：債務救済）	86.6	99.6	100.0	95.6	96.2	99.0	100.0	95.4
	2国間ODAのグラント・エレメント								
	（99年～2000年平均, 除：債務救済）	72.2	58.7	―	57.4	66.1	82.0	―	71.0
	償還期間（年）	33.7	25.0	―	23.1	37.2	34.1	―	33.0
	据え置き期間（年）	10.1	5.0	―	8.1	6.6	17.3	―	9.9
	平均金利（%）	1.3	1.8	―	2.1	1.9	0.8	―	1.4
	ODA全体の贈与比率								
	（99年～2000年平均, 除：債務救済）	49.5	99.6	95.0	87.8	88.8	93.1	100.0	82.8
	2国間ODAの贈与比率								
	（99年～2000年平均, 除：債務救済）	38.4	98.8	91.9	84.3	79.7	77.9	100.0	76.2
	2国間ODAのタイング・ステイタス（2000年）								
	アン・タイド	86.4	―	91.5	68.0	93.2	38.2	24.9	80.8
	部分タイド	0.5	―	―	25.5	―	―	―	3.0
	タイド	13.1	―	8.5	6.6	6.8	61.8	75.1	16.2
配分	ODA援助形態別内訳（2000年, %）								
	2国間ODA	72.3	74.4	60.2	68.9	53.4	27.4	66.5	67.1
	無償	42.0	81.3	56.9	75.9	53.6	38.2	67.9	61.5
	うち技術協力	18.0	43.4	15.2	31.3	32.6	2.0	20.2	23.8
	NGO支援	1.6	―	3.8	0.7	―	2.0	9.7	2.2
	政府貸付等	30.3	-6.9	3.2	-7.0	-0.2	-10.8	-1.4	5.6
	国際機関向けODA	27.7	25.6	39.8	31.1	46.6	72.6	33.4	32.9
	合計	100.0	100.0	100.0	100.0	100.0	100.0	100.0	100.0
	2国間ODAに占める経済インフラの比率（%）								
	（99年～2000年平均）	31.7	13.3	9.1	6.0	21.0	3.4	4.8	16.8
	2国間ODAの地域別内訳（99年～2000年の平均, %）								
	南・中央アジア	24.3	16.1	18.3	4.4	13.2	10.3	17.6	16.3
	その他アジア・オセアニア	46.3	11.5	8.3	17.7	15.6	4.5	15.5	24.0

（資料）外務省『政府開発援助（ODA）白書（2001年版）』図表190, OECD, *Development Co-operation (2001 Report)*, DACプレスリリースなどから，日本総合研究所作成．

European Bank of Restructuring and Development）向け拠出を含む）〕は，1995年の144.9億ドルをピークに減少傾向に転じ，97年には93.6億ドルとなった．アジア通貨危機関連の支援が拡大したことから98年，99年に増加したものの，2000年は前年を下回る135.1億ドルとなった．2001年にはさらに落ち込み，その実績（暫定値）は，前年比▲18.1％の96.8億ドルとなった．同年のDAC加盟国全体のODA実績（総額は514億ドル）に占める日本のシェアは18.8％となり，アジア通貨危機関連の支援が膨らんだ99年の27.2％から8.4ポイント低下した．

援助国が経済規模に対してどの程度のODAを実施しているのかについて，国民総所得（GNI）に対する比率でみてみよう．日本の比率は2001年に0.23％となり，DAC加盟国の加重平均である0.22％とほぼ同水準，加盟22カ国中第18位となった．最も比率が高いのはデンマークの1.01％，逆に最も低いのは同年に世界最大の援助国の座に返り咲いた米国の0.11％である．また，国際的な目標である0.7％を上回ったのは，デンマークに，ノルウェー（0.83％），オランダ（0.82％），ルクセンブルク（0.80％），スウェーデン（0.76％）を加えた5カ国であった．なお，DAC加盟国のODA実績を国民1人当たりの負担額（1999年について算出したもの）でみると，1位はデンマークの337ドルであり，日本は7位で112ドル，米国は18位で34ドルとなる．日本のODAは，GNIに対する比率では低いが，1人当たりの金額ではDAC加盟国の平均である67ドルを上回っている．

（2）質的側面

ODAの質的側面は，被援助国に対してどれだけ緩やかな条件で資金を供与しているのかという観点からとらえることができる．一般的に，ODA供与の条件を示す指標として「贈与比率」と「グラント・エレメント」が使われている．**贈与比率**とは，2国間援助である無償資金協力と技術協力，多国間援助である国際機関に対する出資・拠出などの合計を，ODA（約束額ベース）で除したものである．DAC諸国の贈与比率（ODA総額，1999年と2000年の平均）をみると，加盟国全体の平均は82.8％と日本の49.5％を大きく上回っている．22カ国のうち100％を達成した国が7つある（ただし，贈与額の大きさを1999年についてみると，日本は86.6億ドルで米国の96.5億ドルに次いで第2位であ

る).

　グラント・エレメントとは，援助条件の緩やかさを表示するための指標である．商業条件（金利10％と仮定）の借款のグラント・エレメントを0％とし，条件（金利，返済期間，据置期間）が緩和されるにしたがって（つまり，金利が低いほど，返済期間が長いほど，そして借り入れてから返済が始まるまでの期間が長いほど），グラント・エレメントは高くなる（贈与の場合は100％）．DAC加盟国全体のグラント・エレメント（1999年と2000年の平均）が95.4％であるのに対して，日本は86.6％で最下位となった．100％を達成した国が10カ国あった．このように，日本のODAの質的指標が他のDAC加盟国を大きく下回っている背景には，2国間援助における贈与の比率が低いこと，換言すれば政府貸付の比率が高いことがある．

　日本のODAの特徴として，**有償資金協力（円借款）**の比率が他の援助国を大幅に上回っていることはすでに述べたとおりである．世界的に，ODAに占める無償資金供与の比率が高まっており，有償資金協力はドイツなどの一部の国が行っているだけである．円借款供与実績（交換公文ベース）は，1996年の1兆2,993億円をピークに減少に転じ，2000年には8,673億円となった．その国別実績を2000年度までの累計でみると，インドネシア（3兆5,485億円），中国（2兆6,679億円），インド（1兆9,443億円），タイ（1兆9,129億円），フィリピン（8,797億円）の順となっている．上位10カ国はすべてアジアの国である．部門別では，電力・ガス，運輸セクターがおよそ半分を占め，近年では，社会サービスセクターが増加している．また，タイド借款制度の創設により，円借款プロジェクトに関連した機材などを日本企業から調達する比率が高まっている．これに対して，欧米諸国は，無償資金供与の比率が高いものの，タイド比率が高く自国企業の被支援国への売り込みを支援しているように思える．

　円借款制度の役割を見直し，時代の変化に合わせてより効果的，効率的なものとすべく，2000年1月に「円借款制度に関する懇談会」（外務省経済協力局長の私的懇談会）が発足し，同年8月に報告書が公表された．これを受けて，「円借款と無償資金協力や技術協力との有機的連携の強化，円借款の貸付金利や償還期間の多様化，およびソフト面の強化等の制度の見直し」などの措置がとられた．

　このように，円借款についてはさまざまな議論がある．円借款の存在意義は，

譲許性の高い資金であり，民間資金だけでは担うことができない，大規模なインフラ整備などに貢献していくことに求められよう．被援助国からみれば，金利水準，返済期間と据え置き期間の長さなどは魅力である（ただし，為替変動リスクは受入国が負わなければならない）．

（3）配　分
①形態別
　次に，日本のODAがどのような分野・地域に重点的に配分されてきたのかをみてみたい．まず，2000年のODA供与額135.1億ドルのうち，2国間ODAが72.3％，国際機関向けが27.7％を占めており，DAC加盟国の平均である67.1％と32.9％とほぼ同水準である．他方，日本の2国間ODAに含まれる無償資金協力がODA全体の42.0％，政府貸付などが同30.3％であるのに対して，DAC平均は61.5％，5.6％であり，日本の政府貸付などの比率が際立って高い．同年の政府貸付などは，米国，フランス，ドイツ，イタリア，カナダの5カ国でマイナスとなった．これは，返済額が新規の供与金額を上回ったためである．

②経済インフラの比率
　2国間ODAに占める経済インフラの比率をみると，1999年と2000年の2年間の平均で日本は31.7％と，DAC加盟国平均の16.8％を大きく上回った．日本が円借款などを活用して，経済インフラ整備に注力してきたことがうかがえる．

③地域配分
　日本の2国間ODAの地域配分をみると，アジア向け（南・中央アジアとその他アジア・オセアニアの合計）が，1999年と2000年の平均で70.6％に達しており，アジアを重視した構成となっている．国別では，インドネシア，中国，インドなどの人口が多い国が上位に入っている．

　このようにアジアの比率は高いものの，日本のODAは必ずしもアジア一辺倒で実施されてきたわけではない．1980年代からは国連の安全保障理事会の常任理事国への昇格を意識したアフリカ支援，89年の湾岸危機を受けての中東地域への支援拡大，ペルーにフジモリ政権が誕生した後の同国のてこ入れなど，その時々の世界情勢を反映したODAの配分調整がなされた．

　他方，日本以外の主要援助国もアジアを軽視しているわけではなく，アジア

向け ODA の比率（1999年と2000年の平均）は比較的高い．米国（27.6%），英国（26.6%），ドイツ（28.8%），カナダ（33.1%）は，ODA の 4 分の 1 以上を重点支援国を中心にアジアに投入している．ODA の地域別配分については，援助国が地理的に近い国々に重点配分していると指摘されることが多いが，必ずしもそうではない．米国は，エジプト，イスラエル，ハイチなどの戦略的に重要な国に重点的に配分しており，ラテンアメリカ諸国の比率（17.1%）は低い．英国は，インドとバングラデシュを中心とした旧植民地を支援している．ドイツの最大の供与先は中国である．

4．アジア諸国にとっての日本の ODA

次に，視点を変えて，日本の ODA がアジア諸国経済にとってどの程度重要なのかという点を確認してみたい．図表13-3 は，アジアの主要な被援助国を，日本からの ODA 供与額が多い順に並べたものである（データは各種統計が揃って入手できた1999年時点）．日本からの ODA 供与額が大きい国は，インドネシア，中国，タイ，ベトナム，インドである．これらの国々では，ODA 受け入れ総額に占める日本のシェアは高い．しかし，国民 1 人当たりの ODA 受け入れ額は，人口の多いインド（1.5ドル）や中国（1.9ドル）ではかなり少なくなる．

被援助国経済にとっての ODA の重要度は，経済状況によって大きく異なる．経済規模（名目 GDP）に対する ODA 受け入れ額の比率を 5 大受け入れ国についてみると，中国（0.24%），インド（0.34%），タイ（0.83%），インドネシア（1.77%），ベトナム（4.97%）となり，かなりの開きがある．中国を例に取り上げると，0.24%は財政支出の名目 GDP 比（17.8%）などと比較して小さく，かつ経常収支が黒字なので，国際収支赤字のファイナンスを ODA に依存する必要はない．これに対して，名目 GDP に対する ODA の比率が4.97%に達するベトナムでは，いずれの項目をみても，経済運営に ODA が欠かせない存在となっている．

見落としてはならないのが，ネパール，カンボジア，ラオス，モンゴルなどの経済規模が小さな国々にとって，日本からの ODA が重要な役割を果たしていることである．経済規模の小さいモンゴルにとっては，日本の ODA は名目

図表13-3　アジアの主要ODA受け入れ国経済にとっての日本の重要度（1999年）

	ネットODA受け入れ額(a)(100万ドル)	日本からのODA(b)(100万ドル)	日本シェア(%)	1人当たりODA受け入れ額(ドル)	GNP(c)(100万ドル)	(a)/(c)(%)	(b)/(c)(%)	財政収支/名目GDP(%)	投資率(%)	経常収支/名目GDP(%)
インドネシア	2,219	1,606	72.4	10.7	125,043	1.77	1.28	▲2.8	12.2	4.1
中国	2,385	1,226	51.4	1.9	979,894	0.24	0.13	▲2.9	37.4	1.6
タイ	1,010	880	87.2	16.8	121,051	0.83	0.73	▲11.2	19.9	10.0
ベトナム	1,429	680	47.6	18.4	28,733	4.97	2.37	▲2.8	22.2	4.1
インド	1,491	634	42.5	1.5	441,834	0.34	0.14	▲5.4	24.3	▲1.1
フィリピン	696	413	59.3	9.4	77,967	0.89	0.53	▲3.6	17.8	9.2
パキスタン	733	170	23.2	5.7	62,915	1.17	0.27	▲6.1	15.6	▲4.1
ラオス	295	133	44.9	57.8	1,476	19.99	8.98	▲8.8	22.7	▲6.3
バングラデシュ	1,215	124	10.2	9.5	47,071	2.58	0.26	▲4.8	22.2	▲1.4
マレーシア	144	123	85.1	6.3	76,944	0.19	0.16	▲3.2	22.3	15.9
モンゴル	222	94	42.4	91.4	927	23.95	10.14	▲12.2	27.0	▲13.7
ウズベキスタン	155	82	52.7	6.4	17,613	0.88	0.46	▲1.7	11.8	▲1.3
ネパール	351	66	18.7	15.7	5,173	6.79	1.27	▲3.9	20.5	▲3.3
カンボジア	279	51	18.2	22.0	3,023	9.23	1.68	▲4.2	17.0	▲8.4

（注1）　ネットODA受け入れ額は，DAC加盟国，非DAC加盟国，国際機関からの合計．
（注2）　日本は国際機関に対して多国間ODAを供与しているので，日本の貢献は表よりも大きい．
（資料）　OECD, *Development Co-operation* (*2001 Report*), ADB, *Key Indicators 2002*, ADB, *Asian Economic Outlook 2002* などより日本総合研究所作成．

GDPの10.1%に達している．ラオスでは，名目GDPの20%に相当するODAが流入しており，そのおよそ半分が日本からのものである．1人当たりGDPが289ドルであるラオスに対して，DAC加盟国から国民1人に対して57.8ドル，日本から同26.1ドルのODAが供与されていることになる．

　日本のODAが被援助国の経済にどれほどの貢献をしてきたのかを計測することは難しい．正確な答えを得るには，投入した費用に見合った経済効果が得られたのか，同じ資金を他のプロジェクトや他の被援助国に投入した場合との比較，援助が日本にとってどのような効果をもたらしたのかなど，多面的な評価が必要になる．他の援助国が日本と同じプロジェクトを実施した場合との比較という問題の立て方もできよう．重要なのは，絶えず事業の評価を実施し，より効果的な援助を模索すること，そして被支援国での経済発展の担い手を育成していくことであろう．

5．援助政策に関する考え方の変遷

この第5節では，日本のODA政策が転機を迎えている背景について，開発戦略の潮流変化，国際社会における開発目標の共有化，グローバルな問題の台頭という3つの観点から整理する．

(1) 開発戦略の潮流変化
①開発戦略について

ODAを実施する「目的」は，先述したように，被援助国の経済発展や福祉の向上を促し，援助を必要としない状態に早期にたどりつくようにすることである．このことに異議を唱える向きは少ないであろう．しかしながら，他方で，ODA「政策」には，その時々の国際政治・経済情勢や開発戦略についての考え方が色濃く反映されてきた．

国際政治情勢が**ODA政策**に大きく影響した例として，第2次世界大戦後の冷戦時代に，欧米諸国などの西側陣営と旧ソ連を軸とする東側陣営が，開発途上国に対して援助外交を展開したことが挙げられる．1989年のベルリンの壁崩壊，そして91年の旧ソ連の消滅をもって東西対立は終焉を迎えた．今日では，旧ソ連・東欧諸国は，IMF・世銀や先進国からの経済支援を受け入れる立場にある．78年に開放・改革政策に踏み出した中国は，世界銀行やDAC加盟国から多くの支援を受けている．かつて，旧ソ連から手厚い支援を受けていたベトナムも，日本をはじめとするDAC加盟国から多額のODAを受け入れている．逆に，2001年9月に米国で同時多発テロが起きるまで，多くの問題を抱えていたアフガニスタンへの国際社会の関心は低かった．

いかなる開発理論に基づいて援助政策を実施するのかという点も，実際の政策や援助効果を大きく左右する．例えば，**新古典派経済学**に基づくと，政府の役割をできるだけ限定する一方で，規制緩和，民営化，国内市場の対外開放，輸出志向工業化政策の推進などを素早く実施し，資源の配分を市場メカニズムにまかせれば，国際競争力が向上することになる．新古典派経済学の考え方に基づいて，1980年代に累積債務問題に直面したラテンアメリカ諸国に対して「**構造調整**」が実施された．90年代初頭のロシアや東欧諸国における経済改革

では，市場経済メカニズムを早期に導入する急進的な改革がIMFの主導により実施されたが，景気の急激な落ち込みを招いてしまった．アフリカにおいては，構造調整を長期間実施しても成果が得られない，構造調整疲れもみられるようになった．

1990年代に入り，新古典派経済学とは異なった観点から，開発の問題をとらえようとする流れが広まった．世界銀行が93年に刊行した『東アジアの奇跡──経済成長と政府の役割 (East Asian Miracle: Economic Growth and Public Policy)』では，東アジア諸国が順調な経済発展を遂げた背景の1つに政府の適切な介入があったことが指摘された．97年に世界銀行が発表した『世界開発報告 (The World Development Report)』では，「変化する世界における政府の役割 (The State in a Changing World)」が論じられた．効率的な政府は，市場が発達し人々がより健康で幸福な生活を送れるようにするルールや制度を提供するものとしてとらえられている．2002年の『世界開発報告』では，「市場経済メカニズムを機能させるための制度構築 (Building Institutions for Markets)」が取り上げられた．

1990年代以降の特色として，経済制度改革への関心が大きく高まったことが指摘できる．それは，司法制度，会計制度，コーポレート・ガバナンスのみならず，マクロ経済の立案・実施能力，公的債務の効率的な管理，金融制度改革なども含んだ広い概念としてとらえるべきであろう．その効果として，アジア通貨危機の後に，為替変動をはじめとする外部ショックに耐えうる強靱な制度の構築という考えが，アジア太平洋経済協力会議 (APEC) などの場で提示された．多くの観点から経済制度改革の重要性が認識されているものの，どのような制度を導入すべきかという点については，アングロサクソン流の制度をアジアに一律に導入することが国際標準への近道であるという考え方と，そうではなく，各国固有の事情を反映させるべきだとの考え方に分かれているように思える．

また，援助に関しては**良い統治と悪い統治**という考え方が世界銀行などで広まっている．これは，統治（ガバナンス）に問題がある国を援助しても，行政効率が低く効果は期待できないので，ガバナンスに問題のない国を重点的に支援しようとするものである．一方で，ガバナンスが懸念される国の方が，むしろ貧困問題が深刻であり，支援の対象にすべきとの議論もある．

援助そのものの有効性に関する議論も展開された．世界銀行が1998年に発表した『有効な援助―ファンジビリティと援助政策（*Assessing Aid : What Works, What Doesn't, and Why*）』では，外国からの援助の効果について論じている．援助が効率的に行われるためには，良き政策環境がなければならないこと，経済制度や政策の改善，民間投資の補完，サービスが効果的に配分される制度や政策を強化することなどが強調されている．

②世界銀行の対応

　世界最大の援助機関である**世界銀行**は，自らを取り巻く環境変化に対応すべく，開発戦略の再検討や組織改革を推進している．1998年秋のIMF・世銀総会においてウォルフェンソン総裁は「**包括的開発フレームワーク**（GDF: Comprehensive Development Framework）を提唱した．これは，被援助国の主体性を尊重しつつ援助国・機関の連携強化を促進していくこと（借入国のオーナーシップとパートナーシップ）を目指しており，経済開発のみならず，社会セクターの開発も考慮した包括的な開発アプローチである．構造調整融資を中心とするマクロ経済面だけでなく，社会セクター，環境，ガバナンスなどのあり方についても関与するもので，かつ10～15年の長期間にわたる総合的な枠組みを想定している．

　世界銀行はIMFとともに「**貧困削減戦略ペーパー**（PRSP: Poverty Reduction Strategy Paper）」を導入した．これに基づいてアフリカ諸国を中心とした**重債務貧困国**（HIPCs: Heavily Indebted Poor Countries）の債務救済が実施されるようになった．こうした動きと，借入国の開発に関する独自のビジョンと改革を進めるうえでの優先順位と制約を勘案して作成された**国別援助戦略**（CAS: Country Assistance Strategy）が連動する．

　世界銀行は1997年に機構改革（Strategic Compact）を実施し，新しいニーズに応えようとした．これは，97年からの3年間に2億5,000万ドルの追加運営経費を投入して，世界銀行をより効率的な体質に転換することを目的に行われたものである．2001年度の『世界銀行次報告書』では，機構改革の成果について，効率性の改善は短期的には困難で，新しい優先事項と業務コストが増加したと述べられている．

(2) 国際的な開発目標の共有

1990年代に貧困の撲滅が開発途上国支援の目標として改めてクローズアップされるようになった。開発目標を共有しようとの意識が、先進国、開発途上国、国際開発金融機関などの間で高まっている。日本のODA政策も、そうした流れと切り離せなくなっている。

1990年代初頭からの動きをたどると、まず、92年にブラジルのリオデジャネイロで「**環境と開発に関する国連会議** (UNCED: United Nations Conference on Environment and Development)」（地球サミット）が開催され、持続可能な開発を実現するための地球規模の行動計画である「**アジェンダ21**」が採択された。

図表13-4　国際連合：ミレニアム開発目標（1990～2015年）

- ミレニアム開発目標は、2000年9月にニューヨークで開催された国連ミレニアム・サミットにおいて、参加189カ国によって採択された。
1. 極度な貧困と飢餓の撲滅
    - 1日1ドル未満で暮らす人口比率を半減（29%→15%）
    - 飢餓に苦しむ人口比率を半減
2. 初等教育の完全普及
    - 男女の差別なく初等教育課程を修了
    （男子生徒に対する女子生徒の割合を81%→100%）
3. 男女平等、女性のエンパワーメントの促進
    - すべての段階の教育について男子と女子の均等な機会を確保
    （中学教育における男子生徒に対する女子生徒の割合を93%→100%）
4. 児童死亡率削減
    - 5歳以下の乳幼児死亡率を現在の数値から3分2削減
    （1,000人当たり86人→29人）
5. 妊産婦の健康の改善
    - 出生死亡率を現在の数値から4分の3削減
    （医師または看護師立ち会いの出産を100人中47人→90人）
6. HIV／エイズの蔓延を止め、減少に転ずる
7. 持続可能な環境づくり
    - 各国政府に持続可能な開発を組み入れ、環境資源の破壊を阻止
    - 飲料水へのアクセスがない人口比率を半減
    - 少なくとも1億人のスラム居住者の生活を顕著に改善
8. グローバルな開発パートナーシップの構築
    - 政府開発援助の増額
    - 市場へのアクセス拡大
    （先進国市場へのアクセスが制限されていることにより開発途上国に年間1,000億ドルのコスト発生）
    - 債務を長期的に持続可能なものとする措置

（注）　括弧内は、1990年の実績と2015年の目標。
（資料）　世界銀行資料などより日本総合研究所作成。

1996年のDAC上級会議において,「新開発戦略」が採択された.その基本理念は,開発途上国自身の自助努力(**オーナーシップ**: Ownership)と開発途上国と先進国の協働(**パートナーシップ**: Partnership)を推進することである.この会議では中長期的に達成されるべき具体的な開発目標が発表された.

2000年9月に,約150カ国の首脳が参加した史上最大規模の「**国連ミレニアムサミット**」がニューヨークで開催され,21世紀に向けた国連の行動指針となる「**ミレニアム宣言**」が参加189か国によって採択された(図表13-4).2015年までに90年と比べて飢餓人口を半減させること,先進国がHIPCsへの債務削減に応じること,開発途上国の先進国市場へのアクセスを補助金削減などにより改善することなどが宣言された.

続いて,2002年3月に,メキシコのモンテレイで開かれていた国連の**開発資金国際会議**では,国連ミレニアム開発目標の達成に必要な資金の確保が主たる議題となった.世界銀行は同年2月に,目標を達成するために今後15年間にわたり年間400~600億ドルの追加資金が必要との試算を公表した.加えて,対外援助の倍増と農業補助金の大幅な削減を先進国に呼びかけた.

この**モンテレイ会議**では,先進国が開発途上国へ供与するODAを,名目GNPの0.7%に引き上げるよう促す合意文書(モンテレイ・コンセンサス)を採択した(既述のように,DAC諸国のODAのGDIに対する比率は2001年時点で0.22%).この0.7%は1960年代より達成目標として提唱されてきたものである.今回の合意文書は,従来の目標を再確認したものであり,達成期限は明記されていない.しかしながら,同会議において,米国のブッシュ大統領が3年間で援助額を50%増加させることを表明,また欧州連合(EU)も増額を明らかにするなど,援助資金の増額という点では前進がみられた.

そして,1992年の地球サミットから10年目にあたる2002年8月末から9月にかけて,「**持続可能な開発のための世界首脳会議**」が,世界各国の首脳,関係閣僚,国際機関の長が参加して,南アフリカのヨハネスブルグで開催された.この会議では,アジェンダ21に基づく国際社会の包括的な取り組みが見直され,「実施計画」(持続可能な開発を進めるための各国の指針となる包括的文書)が首脳級全体会合で採択された.これには,環境,貧困の改善,国際的なODA目標の達成に向けた努力,ガバナンスの強化などにコミットすることが盛り込まれた.日本は,京都議定書の早期発効への取り組みを強化することを求めた.

このように，1990年代初頭より，貧困の撲滅を開発目標として掲げ，その実現に必要な資金を分担し，実際のプロジェクトの推進にあたっては関係各国・機関で協働するというパターンが定着してきている．

　日本の援助政策は，1990年代に入ってから，世界の潮流を一層重視していたように思える．98年の『我が国の政府開発援助―ODA白書―』では，「96年のDAC総会では，わが国が主導的な役割を果たして，7つの具体的な国際開発目標（IDGs：International Development Goals）を掲げたDAC新開発戦略（「21世紀に向けて：開発協力を通じた貢献」）の推進に尽力した」と述べている．しかしながら，その後は国際会議における日本のリーダーシップがみえにくくなっている．その原因を，国内の経済・財政事情の悪化によって，追加的な資金支援に応じられなくなってきたことだけに求めてはならない．世界的に援助の対象がアフリカを中心とした最貧国へとシフトしている（アジアの貧困問題が解消されたという意味ではなく，アフリカへの取り組みが強化されている）．開発途上国が抱える対外債務の削減も，アジアよりもアフリカを想定したものとなっている．

(3) グローバルな問題への対応

　グローバルな問題の台頭も，日本のODA政策に影響を及ぼす要因である．これには，まず，国境を超えた共通の問題への対応という側面がある．地球環境問題，感染症，麻薬，食糧，エネルギーなどの問題への対応がますます重要になってきている．アフガニスタンの例にみられるように，紛争の予防や紛争に見舞われた国々の復興も，国際社会が支援していくべき重要な領域である．こうした問題に対しては，日本が単独で対応しても大きな成果は期待できず，他の援助国や国際開発機関との連携が不可欠である．

　次に，経済のグローバル化によって引き起こされる歪みの問題がある．経済のグローバル化によって，世界全体としてはプラスの経済効果が得られるにせよ，すべての国の人々がその公平な分配を保証されているわけではない．1997年にアジアでみられた，急激な資本移動を背景とした通貨危機も，経済のグローバル化の負の側面である．貿易・投資の自由化を進めても，直接投資はすべての国に均等に流入するのではなく，受け入れ国によって多寡がある．情報の流れについても，情報通信技術の発達の恩恵を多く受ける国とそうではない国

に分かれる．このような経済のグローバル化に伴う負の側面へ対応することもODAの重要な役割である．

6．日本の援助政策

(1) ODA見直し論

日本も1990年代以降，新しい援助政策のあり方を模索してきた．92年に「**政府開発援助（ODA）大綱**」を発表し，ODAの基本理念，原則，重点事項，政府開発援助の効率的実施のための方策などを定めた．その基本理念の中で，「我が国は，開発途上国の離陸へ向けての自助努力を支援することを基本とし，広範な人造り，国内の諸制度を含むインフラストラクチャー（経済社会基盤）及び基礎生活分野の整備等を通じて，これらの国のおける資源配分の効率と公正や「良い統治」の確保を図り，その上に健全な経済発展を実現することを目的として，政府開発援助を実施する」と述べている．

1998年11月に，「**21世紀に向けてのODA改革懇談会**」の最終報告書が提出された．この中では，「ODAの基本精神は憲法前文にある．世界の平和と安定，そして発展なくしては，日本の安全と繁栄も確保しえない．ODAへの真摯な取り組みは，国際社会で信頼される国としての存在を確保し，自らの将来の安寧を保障する道につながる」と述べている．

さらに1999年8月には，5年程度の期間を念頭に置いてODAについての基本的考え方，重点課題，地域別援助のあり方などを明らかにした「**政府開発援助に関する中期政策（ODA中期政策）**」が公表された．この中では，過去のODA中期政策とは異なり，援助額の量的目標は設定されなかった．

2002年3月には「**第2次ODA改革懇談会**」の最終報告書が発表された．それは，①国民の心，知力と活力を総結集したODA，②戦略をもった重点的・効果的なODA，③ODA実施体制の抜本的な整備，という3つを柱にODA改革の具体的方策を示したものである．なお，最終報告書に盛り込まれたODA総合戦略会議については，第1回会合が川口外務大臣を議長として同年6月に開催された．また，外務省は，第2次ODA改革懇談会の最終報告および外相の私的懇談会である外務省を「変える会」の中間報告を踏まえ，2002年7月に，①監査，②評価，③NGOとの連携，④人材の発掘・育成・活用，

⑤情報公開・広報の5分野において，15のODA改革の具体策を順次実施していくことを発表した．

このように，日本国内でもODAのあり方をめぐり，さまざまな改善策が打ち出されている．以下では，日本がODA政策を推進していくうえでのカギとなる，日本独自のコンディショナリティのあり方，国別援助政策，国益とODAの3点について述べる．

(2) 日本独自のコンディショナリティは成り立つのか

日本国内では，1997年のアジア通貨危機以降，IMF・世銀の**構造調整プログラム**が批判の的となり，アジア固有の条件を加味した開発戦略の必要性が強調されている．しかしながら，その後も世界的に通貨・経済危機に陥る国が絶えず，IMF・世銀の構造調整プログラムが適用されてきた．

日本がIMF・世銀の構造調整プログラムに疑問を投げかけ，ODA（円借款）を実施するのであれば，**コンディショナリティ（融資条件）**の問題を避けて通れない．換言すれば，日本がIMF・世銀よりも優れた，あるいは補完するようなプログラムを用意しなければならないのである．

日本が長期の貸し付けである円借款を供与する際に，コンディショナリティについてより積極的に検討してしかるべきであろう．IMFは経済危機に陥った国々に対して，基本的に短中期の調整プログラムを迫る．世界銀行は長期の融資を提供するものの，優先的に被援助国から弁済を受ける権利をもっている．日本以外の主要援助国は2国間政府貸し付けに消極的である．

コンディショナリティを課すには，理論的裏付け，国別援助政策，被援助国の了承が必要である．小浜が指摘しているように，「経済政策支援借款も（中略)，財政支援を行うことが大きな目的となる．その条件として明示的であるかどうかはともかく，経済改革が条件となる．この条件を「コンディショナティ」というのだが，その内容こそまさに，援助の経済学が，これまでの開発経済学に挑戦している最先端のポイント」である（小浜［1998］p.5）．

日本が被支援国に対してコンディショナリティを課すためには，まず日本自身がそれを作成，実施，評価をできる人材と体制を用意しておかなければならない．コンディショナリティの中身は，マクロ経済政策，財政，金融，産業政策，為替制度などを含む広範なものになり，多くの専門家が必要になる．また，

被支援国とは，日頃から政策対話を重ねておくことが，円滑な実施を支えることになろう．

これまでの日本の**知的支援**は，経済のサプライサイドの問題，すなわち産業競争力の向上に偏っていたように思われる．中小企業や人材の育成に貢献し，産業競争力の向上，ひいては国際収支の改善にまで繋げることは重要である．人材や裾野産業の育成は短期間では達成できず，長期的な取り組みが必要である．産業基盤の強さを伴っていなければ持続的経済成長は望めない．こうした分野において 日本の貢献は大きく，IMF・世銀があまり手掛けない分野を補完しているといえよう．そうしたサプライサイドの強化プラスアルファの知的貢献が，制度改革などの面でも必要になっている．

(3) 国別援助方針

日本の**国別援助方針**は，「ODA の効率性・透明性向上に向けた取り組みの一環として，被援助国の政治・経済・社会情勢の認識を踏まえ，開発計画や開発上の課題を勘案したうえで，今後5年間程度を目処とした我が方の援助計画（意義，ODA 大綱との関係，目指すべき方向性，重点分野，課題別援助方針，援助実施上の留意点等）を示すものである」（『政府開発援助（ODA 白書）2001年版』）．2002年11月時点で，バングラデシュ，タイ，ベトナム，エジプト，ガーナ，タンザニア，フィリピン，ケニア，ペルー，中国，マレーシア，カンボジア，ザンビア，チュニジア，ニカラグアの計15カ国（以上，策定順）についての国別援助計画が作られた（作成予定の国が他に9カ国ある）．

2国間ODAに関して，中国向けについては，日本国内においても見直すべきだとの意見が多数聞かれるようになった．その背景には，近年めざましい経済成長を達成していること，軍事予算が拡大していること，中国製品が大量に日本に流入して国内の生産者が打撃を受けているとの見方があること，中国が他の開発途上国に対して経済援助を実施していること，などがある．

「**対中国経済協力計画**」が2001年10月に公表された．円借款については，従来の多年度にわたって供与額を約束する方式から，透明性を高めるため円借款案件候補リスト（ロング・リスト）に基づく単年度供与方式に移行した．近年の対中 ODA の特徴として，日本にも重大な影響を及ぼす酸性雨や黄砂対策等の環境保全，貧困問題を抱える内陸部，人材育成などを重視していることが指

摘できる．2000年度の対中円借款総額のうち86％が環境案件となった．日本と中国両国にとって関心が高く，日本に優れた技術蓄積のある環境問題に絞って実施することは，理にかなっている．先述のように，中国の経済規模や1人当たりGDPと比較して，日本の援助額は少ない．総花的に支援するよりは，日本に技術的な比較優位があり，かつ両国にとって重要な問題にターゲットを絞ることは有益である．

　アジア通貨危機が発生した後に，日本が最も力を入れて支援してきたタイについては，再び安定的な発展の軌道に復帰することを前提に，自立的な発展を支援するとのスタンスをとっている．成長に伴う歪みや成長の阻害要因の解消のためのタイ側の自助努力を支援することを重視している．重点協力分野は，①社会セクター，②環境保全，③地方・農村開発，④経済基盤整備，⑤地域協力支援である．

　日本が知的分野も含めて積極的に支援してきたベトナムは，大型のインフラ整備の必要性が高く，投資環境の改善を通じて，民間による海外からの直接投資の伸びが当面期待できない状況を改善することが重要である．支援分野としては，「人づくり・制度づくり」，「農業・農村開発（貧困対策）」および「環境」を重視している．さらに，日本の経験・ノウハウを生かせるソフト面の充実にも配慮したバランスの取れた援助を，各種スキームを有機的に活用しつつ実施していくとしている（以上，外務省ホームページ参照）．

（4）国益とODA

　日本国内では，経済・財政事情が厳しさを増すなかで，国民の税金などを原資とするODAを実施することに疑問を呈する向きもある．また，実施するのであれば，国益を追求するのは当然だとの意見もある．

　国益をどのようにとらえるべきなのか，そしてODAはその実現に適した手段なのか．援助国によって，**国益とODA**のとらえ方は異なる．米国は世界戦略の要となるエジプトやイスラエルへの援助比率が高い．フランスは，旧植民地を中心に支援している．ドイツの最大の援助先は中国であり，これはドイツ企業の動きと連動したものであろう．日本では，1980年代に軍事力だけでなく資源，エネルギー，食糧の確保などを含めた「総合安全保障（Comprehensive Security）」を実現するための手段としてのODAが位置付けられた時期があっ

たが，その後は尻つぼみになってしまった．

日本はODAを通じて被援助国に影響力を行使できるのであろうか．歴史を振り返ると，日本のODAは第2次世界大戦の戦後賠償として始まったものであり，もともとは外交手段ではなかった．それが，日本のODAが量的に拡大していく過程で，国益と関連付けて論じられるようになった．

日本の場合は，ODAと国益を直接的に結びつけるには無理があるように思える．まず，有償資金協力である円借款の供与先は18カ国（2000年）であり，影響力が行使できる国は限られる．ODAには，所得が一定水準を超えた国に対しては削減するという卒業国の考え方があり，そのレベルに達した国に影響力を行使することは難しくなる．円借款の「条件」については，通常，被援助国の1人当たりGDPや経済情勢，債務返済能力などを考慮して決められており，国益を反映して差をつけると恣意性が入る恐れがある．

ODAが計画通りに実施されない場合に，結果的に被援助国の国民が不利益をこうむるおそれがある．逆に，円借款を増額することにより影響力を行使しようとする場合でも，日本の国益に合致するかたちで使われるとは限らない．先述のように，日本のODAが経済政策運営にあたって大きなウエートを占めている国とそうではない国の差が大きく，後者の場合には影響力を行使できる余地は小さい．むしろ日本が気をつけなければならないのは，経済規模が小さく日本からのODAへの依存度が高い国に対する援助政策を変更すると，被支援国にとってきわめて大きな影響が生じるということであろう．

日本がODAを外交政策と絡めて利用した例としては，1998年にインドとパキスタンが地下核実験を行ったことへの抗議と，核兵器不拡散条件（NPT: The Nuclear Non-Proliferation Treaty）と包括的核実験禁止条約（CTBT: the Comprehensive Test Ban Treaty）への早期加入を求め，新規の円借款，そして緊急・人道的性格の援助および草の根無償資金協力を除く無償資金協力を停止したことが挙げられる．

日本が円借款を国益の実現のために利用するのであれば，あらかじめどのようなコンディショナリティを被援助国に対して課すのかを議論しておかなければならない．例えば，ODAを供与する際に，核実験を実施した場合には，新規供与を停止する，場合によっては繰り上げ返済を求めるといった条項を入れておくことも考えられよう．本来的には，国（地域）別の外交政策，通商政策

などを作成したうえで，その実現に必要な手段の1つとしてODAを位置付けるべきであろう．また，それは短期的に被援助国に影響力を行使するというよりは，中長期的な視点から被援助国を支援することが，被支援国の経済発展と安定，そして長期的な日本の利益にもかなうという考え方に立って行われるべきであろう．

7．おわりに

21世紀に入ってから，日本のODA政策のみならず外交政策のあり方が根本から問われるような事件が相次いで起きている．そして，ODA改革について各方面から多様な意見が寄せられている．ODA改革は，国際的な枠組みの中で日本がイニシアチブを発揮できる，そして何よりも被援助国の経済発展と福祉の向上に寄与するにはどのようにすればよいのかという視点から，論じられるべきであろう．日本は資金供給力という量的な優位性を失いつつある．援助の構想力，知的支援，関係機関を束ねてプログラムを実現していくリーダーシップを求められている．そのためにも，日本自身が構造改革を成し遂げ，その成果をアジアに移転できるようにする必要がある．

◉スタディ・ガイド

　ODAに関する基本的な情報は，外務省（http://www.mofa.go.jp/mofaj/gaiko/oda/index.html），経済産業省（http://www.meti.go.jp/policy/oda/eoda000j.html），財務省（http:// www.mof.go.jp/jouhou/kokkin/frame.html），国際協力事業団（http://www.jica.go.jp/），国際協力銀行（http://www.jbic.go.jp/）などのホームページで入手できる．外務省の『政府開発援助（ODA）白書』は，政府の方針や統計が幅広く盛り込まれており有用である（ホームページからダウンロードできる）．これは，『我が国の政府開発援助』と政府の施策と実績統計を整理した『年次報告』を発展的に統合したもので，2001年度分から刊行されている．

　世界銀行については，ホームページ（http://www.worldbank.org/）で「ミレニアム開発目標」をはじめかなりの情報を入手できる．世界銀行東京事務所（http://www. worldbank.or.jp/）のホームページには，日本語の情報が多く掲載されている．世界銀行の援助については，年1回出版される『世界開発報告

(*World Development Report*)』,『年次報告(*Annual Report*)』などが活用できる．

DAC (www.oecd.org/dac/) からは世界の主要援助国についての基礎資料が入手できる．DAC 加盟国の ODA に関する資料が，OECD が毎年発売している *The DAC Journal Development Co-operation* に掲載される．

◆主要参考文献

- 大野泉『世界銀行：開発援助戦略の変革』NTT 出版，2000年．
- 外務省『政府開発援助 (ODA) 白書』2002年．
- 小浜裕久『ODA の経済学 [第2版]』日本評論社，1998年．
- 下村恭民・中川淳司・齊藤淳『ODA 大綱の政治経済学：運用と援助理念』有斐閣，1999年．
- 白鳥正喜『開発と援助の政治経済学』東洋経済新報社，1998年．
- 末廣昭「日本の新たなアジア関与―知的政策支援は可能か」末廣昭・山影進編著『アジア政治経済論―アジアの中の日本をめざして』NTT 出版，2001年，pp.223-257．
- 世界銀行（小浜裕久・富田陽子訳）『有効な援助―ファンジビリティと援助政策』東洋経済新報社，2000年．

【コラム13】 アジア通貨危機と新宮澤構想

　1997年7月に通貨危機が発生して以降，日本は大規模なアジア支援を実施した．その柱の1つが，98年10月に発表された「新宮澤構想」である．これは当時の宮澤喜一大蔵大臣の名前をとったもので，「新」となっているのは，同大臣が80年代の蔵相時代にも資金環流計画をまとめたことがあるためである．

　新宮澤構想は，アジア諸国の実体経済回復のための中長期の資金支援として円借款（ODA）および日本輸出入銀行（現国際協力銀行）が行うアンタイドローン（OOF）など150億ドル，経済改革過程での短期資金需要への備えとしての150億ドルの計300億ドル規模の資金支援と，信用保証等から成り立っている．

　新宮澤構想で特徴的なことは，多国間の支援スキームではなく，2国間支援であることである．つまり，米国などの干渉を受けることなく独自の支援策を展開することができる．通貨危機が発生してから，日本は「アジア通貨基金構想」を打ち上げ，国際収支危機に直面して外貨不足に陥った国に対して，アジア諸国間で資金を融通しあう仕組みを立ち上げようとした．しかしながら，準備不足，米国の反対，そして中国の無関心により，構想は日の目をみることはなかった．

　新宮澤構想の評価できる側面として，①支援規模が大きいこと，②企業債務の再構築や金融システム再建などの構造問題にまで踏み込もうとしたこと，③新しいスキーム（アジア諸国が発行する債券の保証，利子補給など）を導入しようとしたこと，④民間資金を活用しようとしたこと，などが指摘できる．2002年2月末現在，中長期資金135億ドル，短期資金75億ドルの計210億ドルが承諾されたのに加えて，22.6億ドルが保証などに使われている．

　この構想の限界や課題にも目を向ける必要がある．第1に，タイミングを逸した感がある．構想が発表された時点で，通貨危機に襲われた国々の国際収支危機はほぼ終息していた．第2に，アジアから引き揚げた日本の民間資金の穴埋めを，日本の公的資金で行う形となった．これについては，アジアに展開する日本企業の資金繰り支援に寄与したとの肯定的な評価もある．第3に，アジアの企業債務再構築や金融再建に日本の公的資金を使用するには無理があった．第4に，新宮澤構想は，国会での承認を得ることなく行われ，多額の貸し付けに関する説明責任に問題を残した．第5に，円借款を供与する際に，相手国との間でコンディショナリティ（融資条件）に関する突っ込んだ議論をしていなかった．日本として，アジア諸国の構造問題をどのように把握し，どの部分を支援するのかという点を明確にすべきであったように思われる．

　戦後のアジア通貨の足跡を振り返ると，10年から12年周期で通貨価値の大幅な下落が起きている．次の通貨危機を未然に防ぐためにも，新宮澤構想の再評価がなされるべきである．

あとがきに代えて：中国とどう向き合うか

　本書ではアジア経済を多角的に検討してきたが，中国の台頭を強く意識して論じた箇所が多い．中国は今後も高成長を続け，アジアにおけるプレゼンスを高めていくものと考えられる．このような発展を続ける中国に対して，近隣アジア諸国や日本はどのように向き合っていけばよいのであろうか．この点について，最後に簡単にみておきたい．

アジア経済を牽引する中国
　21世紀に入って，米国をはじめEUや日本の経済が低迷するなかにあって，中国経済の近隣アジア諸国への影響力が強まっている．
　中国とアジアの経済関係における最近の動きをみると，特に貿易関係が緊密化していることが特徴的である．2001年から02年にかけてのアジアの輸出は，各国とも米国向けや日本向けが伸び悩む一方で，中国向けが高い伸びを示している．韓国では，2001年に対中輸出が対日輸出を上回り，中国が米国につぐ第2の輸出相手国になった．その他のアジア諸国の輸出に占める中国の割合も90年代後半以降，急速に高まっている．諸外国からの生産移管が加速していることや国内消費が好調に拡大していることを背景に，中国が「世界の工場」あるいは「世界の市場」として発展し，近隣アジア諸国の輸出のアブソーバーとしての役割を高めつつあることを示している．今後も北京オリンピック（2008年開催予定）や上海万国博覧会（2010年開催予定）に向けて中国経済の安定成長が続くと見込まれることから，近隣アジア諸国の対中輸出は増加を続け，各国経済を牽引するものと考えられる．
　一方，中長期的にみると，中国経済の発展は，周辺アジア諸国にとってプラスとマイナス両面の影響を及ぼす可能性がある．
　まずプラス面として，①アジア諸国からの対中輸出が拡大を持続すること，②中国国内市場の開放に伴い投資機会が増加すること，③中国からアジアへの投資が増加すること，などが見込まれる．これらの動きは，アジアにおける地

域経済協力の進展を通じて一層加速するものと期待される．最近の動きをみると，2002年に AFTA（ASEAN 自由貿易地域）が実現にこぎつけた．また，2010年の締結を目指して，ASEAN と中国との間で自由貿易協定（FTA）の交渉がスタートした．今後，自由貿易協定の枠が広がり，アジア市場が一体化に向かうなかにあって，域内の貿易・投資の緊密化が一層進展していくであろう．その結果，アジアは，全体としての内需が拡大し，欧米先進諸国への依存度を徐々に低下させ，持続的な経済発展に向けての自律性を強めていくものと考えられる．

次に中国経済の発展がアジア諸国に及ぼすマイナス面としては，①輸出市場における競合の激化，②中国への生産シフトに伴った雇用機会の減少，③安価な中国製品の輸入による国内産業への打撃，などが考えられる．すでにいくつかの兆候は現れている．台湾では，1999年以降，パソコン関連を中心に中国への生産シフトが加速した結果，国内で工場閉鎖が増加し失業率が上昇している．他のアジア諸国においても，中国への生産シフトに伴って，国内産業が構造調整の圧力に晒されている．

アジアが全体として世界における存在感を高め，共存共栄を図っていくうえで，日本と中国が中心となって，これらの課題に対処していくことが求められている．

日本はどのように中国と向き合うか

翻って日本経済をみると，バブル経済の崩壊以降，抜本的な構造改革が先送りされ，いまだに景気低迷から抜け出せない状況が続いている．さらに製造業の中国などへの生産移管が広がっていることや，中国などからの製品輸入が急増していることなどから，一部では国内産業の空洞化の危機が叫ばれている．このことは，日本で中国脅威論が高まっている背景ともなっている．

確かに労働コストを比較すれば，日本は中国の40倍前後ときわめて高い．加えて，中国は，電力，通信，運輸などのインフラから，土地代，法人税率まで，コスト面で優位に立っていることから，日本がコスト競争において対等に渡り合うことは困難である．しかしながら，大幅な生産コストの格差を背景にした日本企業の生産シフトや海外製品の逆輸入は，個々の企業にとっては競争力の確保を目的とした合理的で自然な流れである．むしろ，総合的なコスト競争力

が中国のダイナミックな活力の源泉であり，これを脅威とみるのではなく積極的に取り入れることにより，日本のさらなる産業構造の高度化や国際競争力の回復が可能となろう．

　日本の製造基盤が弱体化してきた要因は，高コスト体質や硬直的な雇用制度を温存させる一方で，新産業の創造などが阻害されてきたことにあろう．抜本的な経営改革を断行しコスト競争力を回復することが課題であり，個々の企業にとっては，日本国内に残す製品を見極めたうえで，労働集約的な製品や低付加価値製品については中国などへの生産シフトを進めることが求められている．一方，高付加価値製品については，日本は，依然として強い競争力を確保していることから，中国のコスト競争力を取り入れることを通じて，国際競争力を維持していくことが可能となろう．さらに日本は，対中投資の一段の拡大を通じて積極的に中国への技術移転を進めることによって，日中の経済関係を一層強めるとともに中国の産業構造の高度化に貢献することが望まれる．このことがひいては日本と中国を中心としたアジア経済全体の発展にもつながっていくと考えられる．

資料：東アジア諸国の主要経済指標

資料1　東アジア各国の経済規模と所得水準（2004年）

	中国	韓国	台湾	香港	シンガポール	インドネシア	タイ	マレーシア	フィリピン
名目 GDP（億ドル）	16,494	6,797	3,054	1,646	1,068	2,576	1,635	1,178	864
人口（百万人）	1,299.9	48.1	22.7	6.9	4.2	216.4	64.2	25.6	83.5
1人当たり GDP（ドル）	1,269	14,131	13,458	23,916	25,194	1,191	2,547	4,604	1,035

（資料）ADB, *Key Indicators 2005*.

資料2　東アジア各国の実質経済成長率（前年比）

（単位：%）

	中国	韓国	台湾	香港	シンガポール	インドネシア	タイ	マレーシア	フィリピン
1981	4.5	6.5	6.2	9.4	9.6	7.9	5.9	6.9	3.4
1982	8.3	7.2	3.6	2.7	6.9	2.2	5.4	6.0	3.6
1983	10.4	10.7	8.4	6.3	8.2	4.2	5.6	6.2	1.9
1984	14.6	8.2	10.6	9.8	8.3	7.0	5.8	7.8	▲7.3
1985	16.2	6.5	5.0	0.2	▲1.6	2.5	4.6	▲1.1	▲7.3
1986	8.9	11.0	11.6	11.1	2.3	5.9	5.5	1.2	3.4
1987	11.6	11.1	12.7	13.0	9.7	4.9	9.5	5.4	4.3
1988	11.3	10.6	7.8	8.0	11.3	5.8	13.3	9.9	6.8
1989	4.1	6.7	8.2	2.6	9.9	9.1	12.2	9.1	6.2
1990	3.8	9.2	5.4	3.7	9.0	9.0	11.2	9.0	3.0
1991	9.2	9.4	7.6	5.6	6.8	8.9	8.6	9.5	▲0.6
1992	14.2	5.9	7.5	6.6	6.7	7.2	8.1	8.9	0.3
1993	13.5	6.1	7.0	6.3	12.3	7.3	8.3	9.9	2.1
1994	12.6	8.5	7.1	5.5	11.4	7.5	9.0	9.2	4.4
1995	10.5	9.2	6.4	3.9	8.0	8.2	9.2	9.8	4.7
1996	9.6	7.0	6.1	4.3	8.2	7.8	5.9	10.0	5.8
1997	8.8	4.7	6.4	5.1	8.6	4.7	▲1.4	7.3	5.2
1998	7.8	▲6.9	4.3	▲5.0	▲0.8	▲13.1	▲10.5	▲7.4	▲0.6
1999	7.1	9.5	5.3	3.4	6.8	0.8	4.4	6.1	3.4
2000	8.0	8.5	5.8	10.2	9.6	4.9	4.8	8.9	4.4
2001	8.3	3.8	▲2.2	0.6	▲2.3	3.8	2.2	0.3	1.8
2002	9.1	7.0	4.2	1.8	4.0	4.3	5.3	4.4	4.4
2003	10.0	3.1	3.4	3.2	2.9	5.0	7.0	5.4	4.5
2004	10.1	4.6	6.1	8.6	8.7	4.9	6.2	7.1	6.0
2005	9.9	4.0	4.1	7.3	6.4	5.6	4.5	5.3	5.1

（資料）IMF, *IFS Yearbook 2001*, ADB, *Key Indicators 2005*, ADB, *Asian Development Outlook 2006*.

資料3　東アジア各国の輸出（FOB）

【輸出額】 (単位：億ドル)

	中国	韓国	台湾	香港	シンガポール	インドネシア	タイ	マレーシア	フィリピン
1981	220.1	212.7	226.1	218.3	209.7	251.7	70.3	117.7	56.6
1982	223.2	218.5	222.0	210.1	207.9	223.3	69.5	120.3	49.7
1983	222.3	244.5	251.2	219.6	218.3	211.5	63.7	141.0	48.9
1984	261.4	292.5	304.6	283.2	240.7	218.9	74.1	164.8	52.7
1985	273.5	302.8	307.3	301.9	228.1	185.9	71.2	153.2	46.1
1986	309.4	347.2	398.6	354.4	225.0	148.1	88.8	136.9	48.1
1987	394.4	472.8	538.0	484.8	286.2	171.4	116.6	179.5	57.2
1988	475.2	607.0	605.8	631.7	392.8	192.2	159.6	211.0	70.7
1989	525.4	623.8	661.9	731.4	446.7	221.6	200.9	250.4	78.2
1990	620.9	650.2	670.4	821.4	525.3	256.8	230.5	294.5	81.9
1991	719.1	718.7	761.1	985.5	589.7	291.4	284.4	343.6	88.4
1992	849.4	766.3	813.9	1,194.9	634.5	339.7	324.7	406.9	98.2
1993	917.4	822.4	848.5	1,352.5	739.4	368.2	369.6	471.0	113.8
1994	1,210.1	960.1	928.3	1,513.9	964.5	400.5	452.3	586.5	134.8
1995	1,487.8	1,250.6	1,113.6	1,737.5	1,181.9	454.2	564.4	738.6	174.5
1996	1,510.5	1,297.2	1,156.9	1,807.4	1,250.1	498.2	557.2	783.1	205.4
1997	1,827.9	1,361.6	1,214.7	1,880.6	1,250.1	534.4	576.0	785.2	252.3
1998	1,837.1	1,323.1	1,104.3	1,740.0	1,098.0	488.5	543.4	730.2	295.0
1999	1,949.3	1,436.9	1,214.1	1,739.0	1,146.3	486.7	585.8	846.2	350.4
2000	2,492.0	1,722.7	1,478.4	2,018.6	1,379.5	621.2	691.5	982.3	380.8
2001	2,661.0	1,504.4	1,224.2	1,899.0	1,216.9	563.2	649.7	879.7	321.5
2002	3,256.0	1,624.7	1,303.7	2,000.9	1,250.4	571.6	680.6	940.6	352.1
2003	4,382.3	1,938.2	1,438.9	2,237.7	1,441.3	610.6	801.7	1,047.1	362.3
2004	5,933.7	2,538.4	1,740.7	2,592.6	1,795.5	715.8	975.2	1,265.1	395.9
2005	7,620.7	2,844.2	1,894.0	2,893.4	2,115.3	479.0	1,103.1	1,408.4	398.8

（資料）IMF, *International Financial Statistics*, ADB, *Key Indicatiors 2005*.

【輸出額増加率（前年比）】 (単位：％)

	中国	韓国	台湾	香港	シンガポール	インドネシア	タイ	マレーシア	フィリピン
1981	21.6	21.4	14.1	10.5	8.2	14.9	8.1	▲ 9.1	▲ 1.5
1982	1.4	2.8	▲ 1.8	▲ 3.8	▲ 0.9	▲ 11.3	▲ 1.2	2.2	▲ 12.1
1983	▲ 0.4	11.9	13.1	4.5	5.0	▲ 5.3	▲ 8.3	17.2	▲ 1.6
1984	17.6	19.6	21.2	29.0	10.2	3.5	16.4	16.9	7.9
1985	4.6	3.5	0.9	6.6	▲ 5.2	▲ 15.1	▲ 3.9	▲ 7.1	▲ 12.6
1986	13.1	14.6	29.7	17.4	▲ 1.4	▲ 20.3	24.6	▲ 10.6	4.2
1987	27.5	36.2	35.0	36.8	27.2	15.7	31.3	31.1	19.0
1988	20.5	28.4	12.6	30.3	37.3	12.2	36.9	17.6	23.7
1989	10.6	2.8	9.3	15.8	13.7	15.3	25.9	18.7	10.6
1990	18.2	4.2	1.3	12.3	17.6	15.9	14.8	17.6	4.7
1991	15.8	10.5	13.5	20.0	12.3	13.5	23.4	16.7	8.0
1992	18.1	6.6	6.9	21.2	7.6	16.6	14.2	18.4	11.1
1993	8.0	7.3	4.3	13.2	16.5	8.4	13.8	15.7	15.8
1994	31.9	16.8	9.4	11.9	30.4	8.8	22.4	24.5	18.5
1995	23.0	30.3	20.0	14.8	22.5	13.4	24.8	25.9	29.4
1996	1.5	3.7	3.9	4.0	5.8	9.7	▲ 1.3	6.0	17.7
1997	21.0	5.0	5.0	4.0	▲ 0.0	7.3	3.4	0.3	22.8
1998	0.5	▲ 2.8	▲ 9.1	▲ 7.5	▲ 12.2	▲ 8.6	▲ 5.7	▲ 7.0	16.9
1999	6.1	8.6	9.9	▲ 0.1	4.4	▲ 0.4	7.8	15.9	18.8
2000	27.8	19.9	21.8	16.1	20.3	27.7	18.0	16.1	8.7
2001	6.8	▲ 12.7	▲ 17.2	▲ 5.9	▲ 11.8	▲ 9.3	▲ 6.0	▲ 10.4	▲ 15.6
2002	22.4	8.0	6.5	5.4	2.8	1.5	4.8	6.9	9.5
2003	34.6	19.3	10.4	11.8	15.3	6.8	17.8	11.3	2.9
2004	35.4	31.0	21.0	15.9	24.6	17.2	21.6	20.8	9.3
2005	28.4	12.0	8.8	11.6	17.8	▲ 33.1	13.1	11.3	0.7

（資料）IMF, *International Financial Statistics*, ADB, *Key Indicatiors 2005*.

資料4　東アジア各国の輸入（CIF）

【輸入額】(単位：億ドル)

	中国	韓国	台湾	香港	シンガポール	インドネシア	タイ	マレーシア	フィリピン
1981	220.2	261.3	212.0	248.0	275.7	132.7	99.6	115.5	84.8
1982	192.9	242.5	188.9	235.8	281.7	168.6	85.5	124.2	82.7
1983	213.9	261.9	202.9	240.2	281.6	163.5	102.9	132.6	79.8
1984	274.1	306.3	219.6	285.7	286.7	138.8	104.0	140.5	64.3
1985	422.5	311.4	201.0	297.0	262.9	102.6	92.4	122.5	54.6
1986	429.0	315.9	241.8	353.7	255.1	107.2	91.8	108.1	52.6
1987	432.2	410.2	350.9	484.7	324.9	123.7	129.9	126.7	71.9
1988	552.7	518.1	497.8	639.0	438.4	132.5	202.9	165.3	87.3
1989	591.4	614.6	524.7	721.5	496.7	163.6	257.8	224.7	111.7
1990	533.5	698.4	547.3	824.8	605.8	218.4	330.0	292.5	130.4
1991	637.9	815.2	630.5	1,002.4	661.0	258.7	375.8	366.6	128.6
1992	805.9	817.8	722.1	1,234.1	721.5	273.1	406.8	398.2	154.7
1993	1,039.6	838.0	771.1	1,386.6	851.6	283.3	460.7	456.1	187.7
1994	1,156.1	1,023.5	854.9	1,618.3	1,023.9	319.8	544.3	594.2	226.4
1995	1,320.8	1,351.2	1,035.6	1,927.6	1,243.9	406.3	707.8	776.0	284.9
1996	1,388.3	1,503.4	1,014.3	1,985.4	1,313.3	429.3	723.2	784.1	347.0
1997	1,423.7	1,446.2	1,143.0	2,086.1	1,324.1	416.8	613.5	785.4	385.8
1998	1,402.4	932.8	1,047.6	1,845.1	1,015.0	273.4	428.9	581.3	315.3
1999	1,657.0	1,197.5	1,108.4	1,795.3	1,110.0	240.0	504.4	653.9	325.7
2000	2,250.9	1,604.8	1,399.1	2,128.0	1,346.8	335.1	621.8	819.6	338.1
2001	2,435.5	1,411.0	1,070.8	2,010.8	1,159.2	309.6	619.5	737.4	349.4
2002	2,951.7	1,521.3	1,126.2	2,076.5	1,163.4	312.3	645.9	797.6	372.0
2003	4,127.6	1,788.3	1,273.7	2,319.0	1,278.9	325.5	756.4	833.0	395.4
2004	5,614.2	2,244.6	1,683.8	2,710.7	1,638.2	465.2	954.6	1,052.8	440.8
2005	6,601.6	2,612.4	1,816.0	2,995.3	1,914.5	389.4	1,182.5	1,143.9	-

（資料）IMF, *International Financial Statistics*, 各国通関統計.

【輸入額増加率（前年比）】(単位：%)

	中国	韓国	台湾	香港	シンガポール	インドネシア	タイ	マレーシア	フィリピン
1981	10.4	17.2	7.4	10.5	14.8	22.5	8.0	7.2	2.3
1982	▲12.4	▲7.2	▲10.9	▲4.9	2.2	27.0	▲14.1	7.5	▲2.4
1983	10.9	8.0	7.4	1.9	▲0.0	▲3.0	20.3	6.8	▲3.6
1984	28.1	16.9	8.2	18.9	1.8	▲15.1	1.1	5.9	▲19.4
1985	54.1	1.6	▲8.5	4.0	▲8.3	▲26.1	▲11.1	▲12.8	▲15.2
1986	1.5	1.4	20.3	19.1	▲2.9	4.5	▲0.7	▲11.8	▲3.6
1987	0.7	29.9	45.1	37.0	27.3	15.4	41.6	17.3	36.6
1988	27.9	26.3	41.8	31.8	35.0	7.1	56.1	30.4	21.5
1989	7.0	18.6	5.4	12.9	13.3	23.5	27.1	35.9	27.9
1990	▲9.8	13.6	4.3	14.3	22.0	33.5	28.0	30.2	16.7
1991	19.6	16.7	15.2	21.5	9.1	18.5	13.9	25.3	▲1.4
1992	26.3	0.3	14.5	23.1	9.1	5.5	8.3	8.6	20.3
1993	29.0	2.5	6.8	12.4	18.0	3.7	13.3	14.5	21.4
1994	11.2	22.1	10.9	16.7	20.2	12.9	18.1	30.3	20.6
1995	14.2	32.0	21.1	19.1	21.5	27.0	30.0	30.6	25.8
1996	5.1	11.3	▲2.1	3.0	5.6	5.7	2.2	1.0	21.8
1997	2.5	▲3.8	12.7	5.1	0.8	▲2.9	▲15.2	0.2	11.2
1998	▲1.5	▲35.5	▲8.3	▲11.6	▲23.3	▲34.4	▲30.1	▲26.0	▲18.3
1999	18.2	28.4	5.8	▲2.7	9.4	▲12.2	17.6	12.5	3.3
2000	35.8	34.0	26.2	18.5	21.3	39.6	23.3	25.3	3.8
2001	8.2	▲12.1	▲23.5	▲5.5	▲13.9	▲7.6	▲0.4	▲10.0	3.3
2002	21.2	7.8	5.2	3.3	0.4	0.9	4.3	8.2	6.5
2003	39.8	17.6	13.1	11.7	9.9	4.2	17.1	4.4	6.3
2004	36.0	25.5	32.2	16.9	28.1	42.9	26.2	26.4	11.5
2005	17.6	16.4	7.9	10.5	16.9	▲16.3	23.9	8.6	-

（資料）IMF, *International Financial Statistics*, 各国通関統計.

資料5　東アジア各国の直接投資受入

(単位：百万ドル)

	中国	韓国	台湾	香港	シンガポール	インドネシア	タイ	マレーシア	フィリピン
1981	-	102.0	-	-	1,660.0	133.0	291.0	1,265.0	172.0
1982	430.0	69.0	-	-	1,602.0	225.0	191.0	1,397.0	16.0
1983	636.0	69.0	-	-	1,134.0	292.0	350.0	1,261.0	105.0
1984	1,258.0	110.0	-	-	1,302.0	222.0	401.0	797.0	9.0
1985	1,659.0	234.0	700.0	-	1,047.0	310.0	163.0	695.0	12.0
1986	1,875.0	460.0	770.0	-	1,710.0	258.0	263.0	489.0	127.0
1987	2,314.0	616.0	1,420.0	-	2,836.0	385.0	352.0	423.0	307.0
1988	3,194.0	1,014.0	1,180.0	-	3,655.0	576.0	1,105.0	719.0	936.0
1989	3,393.0	1,118.0	2,420.0	-	2,887.0	682.0	1,775.0	1,668.0	563.0
1990	3,487.0	788.0	2,300.0	-	5,574.7	1,093.0	2,444.0	2,332.0	530.0
1991	4,366.0	1,180.0	1,800.0	-	4,887.1	1,482.0	2,014.0	3,998.0	544.0
1992	11,156.0	728.0	1,460.0	-	2,204.3	1,777.0	2,113.0	5,183.0	228.0
1993	27,515.0	589.0	1,210.0	-	4,686.3	2,004.0	1,804.0	5,006.0	1,238.0
1994	33,787.0	810.0	1,630.0	-	8,550.2	2,109.0	1,366.0	4,341.8	1,591.0
1995	35,849.0	1,776.0	2,930.0	-	8,787.7	4,346.0	2,068.0	4,178.2	1,478.0
1996	40,180.0	2,326.0	2,460.0	-	8,608.0	6,194.0	2,335.9	5,078.0	1,517.0
1997	44,237.0	2,844.0	4,270.0	-	10,476.0	4,677.0	3,894.7	5,136.5	1,222.0
1998	43,751.0	5,406.0	3,740.0	14,765.0	6,389.0	▲ 356.0	7,315.0	2,163.4	2,287.0
1999	38,753.0	9,333.0	4,230.0	24,578.0	16,602.0	▲ 1,866.0	6,103.0	3,895.0	1,725.0
2000	38,399.0	9,283.0	7,610.0	61,924.0	16,479.0	▲ 4,550.0	3,366.0	3,788.0	1,345.0
2001	44,241.0	3,528.0	5,130.0	23,776.0	14,088.0	▲ 2,977.0	3,892.0	554.0	989.0
2002	49,308.0	2,392.0	3,270.0	9,682.0	5,725.0	145.0	953.0	3,203.0	1,792.0
2003	47,077.0	3,526.0	3,580.0	13,624.0	9,348.0	▲ 597.0	1,949.0	2,473.0	347.0
2004	54,936.0	8,189.0	3,950.0	34,032.0	16,032.0	1,023.0	1,412.0	-	469.0

(注)　国際収支ベース．
(資料)　IMF, *International Financial Statistics*, ADB, *Key Indicators*, 各国資料．

資料6　東アジア各国の貯蓄率・投資率（GDP比）

(単位：%)

	国内貯蓄			資本形成			貯蓄・投資ギャップ		
	1990	2000	2004	1990	2000	2004	1990	2000	2004
中国	38.7	39.0	44.7	34.7	36.3	45.3	▲ 4.0	▲ 2.7	0.6
韓国	37.3	33.9	35.0	37.5	31.0	30.2	0.2	▲ 2.9	▲ 4.8
台湾	27.6	24.3	23.4	23.1	22.8	20.7	▲ 4.5	▲ 1.5	▲ 2.7
香港	35.2	31.7	31.6	27.5	28.1	23.0	▲ 7.7	▲ 3.6	▲ 8.6
シンガポール	43.3	47.4	48.0	36.4	32.5	18.3	▲ 6.9	▲ 14.9	▲ 29.7
インドネシア	32.3	31.8	25.3	30.7	22.2	22.8	▲ 1.6	▲ 9.6	▲ 2.5
タイ	34.3	33.0	33.4	41.4	22.8	27.1	7.1	▲ 10.2	▲ 6.3
マレーシア	34.4	47.3	43.8	32.4	27.3	22.5	▲ 2.0	▲ 20.0	▲ 21.3
フィリピン	18.7	17.3	20.9	24.2	21.2	17.0	5.5	3.9	▲ 3.9

(資料)　ADB, *Key Indicators 2006*.

資料：東アジア諸国の主要経済指標

資料7　東アジア各国の経常収支（GDP比）

(単位：%)

	中国	韓国	台湾	香港	シンガポール	インドネシア	タイ	マレーシア	フィリピン
1987	0.1	7.2	17.7	-	▲ 0.5	▲ 2.8	▲ 0.6	8.2	▲ 1.3
1988	▲ 0.9	7.7	8.3	-	7.6	▲ 1.6	▲ 2.5	5.1	▲ 1.0
1989	▲ 1.0	2.3	7.7	-	9.8	▲ 1.1	▲ 3.3	▲ 0.5	▲ 3.4
1990	3.1	▲ 0.8	6.8	-	8.5	▲ 2.6	▲ 8.4	▲ 2.1	▲ 5.8
1991	3.3	▲ 2.7	7.0	-	11.3	▲ 3.3	▲ 7.5	▲ 8.6	▲ 1.9
1992	1.3	▲ 1.2	4.0	-	11.9	▲ 2.0	▲ 5.5	▲ 3.7	▲ 1.6
1993	▲ 2.0	0.2	3.1	-	7.2	▲ 1.3	▲ 4.9	▲ 4.6	▲ 5.5
1994	1.4	▲ 1.0	2.7	-	16.1	▲ 1.6	▲ 5.4	▲ 7.6	▲ 4.6
1995	0.2	▲ 1.7	2.1	-	17.5	▲ 3.2	▲ 7.9	▲ 9.8	▲ 4.4
1996	0.9	▲ 4.1	3.9	-	15.0	▲ 3.4	▲ 7.9	▲ 4.4	▲ 4.8
1997	4.1	▲ 1.6	2.4	▲ 4.5	15.6	▲ 2.4	▲ 2.1	▲ 5.9	▲ 5.3
1998	3.3	11.7	1.3	1.5	22.3	4.3	12.8	13.2	2.4
1999	2.1	5.5	2.8	6.4	17.9	4.1	10.2	15.9	9.5
2000	1.9	2.4	2.9	4.2	12.9	4.8	7.6	9.4	8.2
2001	1.3	1.7	6.3	5.9	16.8	4.2	5.4	8.3	▲ 2.5
2002	2.4	1.0	8.7	7.6	13.4	3.8	5.5	8.4	▲ 0.5
2003	2.8	2.0	9.8	10.4	24.1	3.4	5.6	12.8	0.4
2004	3.6	4.1	5.7	9.5	24.5	1.2	4.3	12.6	1.9
2005	7.0	2.1	4.7	11.1	28.5	1.1	▲ 2.1	15.7	2.4

（資料）　ADB, *Key Indicators 2005*, ADB, *Asian Development Outlook 2006*.

資料8　東アジア各国の外貨準備高

(単位：億ドル)

	中国	韓国	台湾	香港	シンガポール	インドネシア	タイ	マレーシア	フィリピン
1981	50.6	26.8	72.4	-	75.5	50.1	17.3	41.0	20.7
1982	113.5	28.1	85.3	-	84.8	31.4	15.4	37.7	8.9
1983	149.9	23.5	118.6	-	92.6	37.2	16.1	37.8	7.5
1984	173.7	27.5	156.6	-	104.2	47.7	19.2	37.2	6.0
1985	127.3	28.7	225.6	-	128.5	49.7	21.9	49.1	6.2
1986	114.5	33.2	463.1	-	129.4	40.5	28.0	60.3	17.3
1987	163.0	35.8	767.5	-	152.3	55.9	40.1	74.4	9.7
1988	185.4	123.5	739.0	-	170.7	50.5	61.0	65.3	10.0
1989	179.6	152.1	732.2	-	203.4	54.5	95.2	77.8	14.2
1990	295.9	147.9	724.4	245.7	277.5	74.6	133.0	97.5	9.2
1991	436.7	137.0	824.1	288.1	341.3	92.6	175.2	108.9	32.5
1992	206.2	171.2	823.1	351.7	398.8	104.5	203.6	172.3	44.0
1993	223.9	202.3	835.7	429.9	483.6	112.6	244.7	272.5	46.8
1994	529.1	256.4	924.5	492.5	581.8	121.3	293.3	254.2	60.2
1995	753.8	326.8	903.1	554.0	687.0	137.1	359.8	237.7	63.7
1996	1,070.4	340.4	880.4	638.1	768.5	182.5	377.3	270.1	100.3
1997	1,427.6	203.7	835.0	928.0	712.9	165.9	261.8	207.9	72.7
1998	1,491.9	519.7	903.4	896.5	749.3	227.1	288.3	255.6	92.3
1999	1,577.3	739.9	1,062.0	962.4	768.4	264.5	340.6	305.9	132.3
2000	1,682.8	961.3	1,067.4	1,075.4	801.3	285.0	320.2	295.2	130.5
2001	2,156.1	1,027.5	1,222.1	1,111.6	753.8	272.5	323.6	304.7	134.4
2002	2,864.1	1,213.5	1,616.6	1,119.2	822.8	309.7	389.2	342.2	131.4
2003	4,032.5	1,552.8	2,066.3	1,183.9	963.2	349.6	421.5	445.2	134.6
2004	6,099.3	1,990.0	2,417.4	1,235.7	1,128.1	349.5	498.3	667.5	129.2
2005	8,188.7	2,103.2	2,532.9	1,242.8	1,166.5	327.7	520.7	705.0	159.3

（注）　年末。金を除く。
（資料）　IMF, *International Financial Statistics*.

資料：東アジア諸国の主要経済指標

資料9　東アジア各国の対米ドル為替レート（年平均）

	中国 (人民元)	韓国 (ウォン)	台湾 (新台湾元)	香港 (香港ドル)	シンガポール (シンガポール・ドル)	インドネシア (ルピア)	タイ (バーツ)	マレーシア (リンギ)	フィリピン (ペソ)	日本 (円)
1981	1.705	681.0	36.84	5.589	2.113	632	21.82	2.304	7.90	220.5
1982	1.893	731.1	39.11	6.070	2.140	661	23.00	2.335	8.54	249.1
1983	1.976	775.8	40.06	7.265	2.113	909	23.00	2.321	11.11	237.5
1984	2.320	806.0	39.60	7.818	2.133	1,026	23.64	2.344	16.70	237.5
1985	2.937	870.0	39.85	7.791	2.200	1,111	27.16	2.483	18.61	238.5
1986	3.453	881.5	37.82	7.803	2.177	1,283	26.30	2.581	20.39	168.5
1987	3.722	822.6	31.77	7.798	2.106	1,644	25.72	2.520	20.57	144.6
1988	3.722	731.5	28.59	7.806	2.012	1,686	25.29	2.619	21.10	128.2
1989	3.765	671.5	26.40	7.800	1.950	1,770	25.70	2.709	21.74	138.0
1990	4.783	707.8	26.89	7.790	1.813	1,843	25.59	2.705	24.31	144.8
1991	5.323	733.4	26.81	7.771	1.728	1,950	25.52	2.750	27.48	134.7
1992	5.515	780.7	25.16	7.741	1.629	2,030	25.40	2.547	25.51	126.7
1993	5.762	802.7	26.38	7.736	1.616	2,087	25.32	2.574	27.12	111.2
1994	8.619	803.5	26.46	7.728	1.527	2,161	25.15	2.624	26.42	102.2
1995	8.351	771.3	26.48	7.736	1.417	2,249	24.92	2.504	25.71	94.1
1996	8.314	804.5	27.46	7.734	1.410	2,342	25.34	2.516	26.22	108.8
1997	8.290	951.3	28.66	7.742	1.485	2,909	31.36	2.813	29.47	121.0
1998	8.279	1,401.4	33.44	7.745	1.674	10,014	41.36	3.924	40.89	130.9
1999	8.278	1,188.8	32.27	7.758	1.695	7,855	37.81	3.800	39.09	113.9
2000	8.279	1,131.0	31.23	7.791	1.724	8,422	40.11	3.800	44.19	107.8
2001	8.277	1,291.0	33.80	7.799	1.792	10,261	44.43	3.800	50.99	121.5
2002	8.277	1,251.1	34.58	7.799	1.791	9,311	42.96	3.800	51.60	125.4
2003	8.277	1,191.6	34.42	7.787	1.742	8,577	41.49	3.800	54.20	115.9
2004	8.277	1,145.3	33.42	7.788	1.690	8,939	40.22	3.800	56.04	108.2
2005	8.194	1,024.1	32.17	7.777	1.664	9,705	40.22	3.780	55.09	110.2

（資料）IMF, *International Financial Statistics*, 台湾中央銀行.

索　引
(太字は重要と思われる箇所を示す)

AFTA	→ ASEAN自由貿易地域
AIA	→ ASEAN投資地域
APEC	→ アジア太平洋経済協力会議
ASEAN	→ 東南アジア諸国連合
BIBF	→ バンコク国際金融市場
CAS	→ 国別援助戦略
CEPT	→ 共通実効特恵関税
DAC	→ 開発援助委員会
EU	→ 欧州連合
FTA	→ 自由貿易協定
FTAA	→ 米州自由貿易圏構想
FTZ	→ 自由貿易地域
GATT	→ 関税および貿易に関する一般協定
GDF	→ 包括的開発フレームワーク
HIPCs	→ 重債務貧困国
IMF	→ 国際通貨基金
IRRI	→ 国際稲研究所
JBIC	→ 国際協力銀行
JEITA	→ 電子情報技術産業協会
JICA	→ 国際協力事業団
MERCOSUR	→ 南米南部共同市場
NAFTA	→ 北米自由貿易協定
NGO	→ 非政府組織
NIEs	→ 新興工業経済地域
ODA	→ 政府開発援助
OECD	→ 経済協力開発機構
OHQ	→ 地域統括本部
PRSP	→ 貧困削減戦略ペーパー
RTA	→ 地域自由貿易協定
SAARC	→ 南アジア地域協力連合
SAFTA	→ 南アジア自由貿易地域
SAPTA	→ 南アジア特恵貿易協定
SGX	→ シンガポール取引所
UNCED	→ 環境と開発に関する国連会議
WTO	→ 世界貿易機関

ア　行

アジア経済危機　80,94,96,165,284
アジア太平洋経済協力会議（APEC）　3,**282**,286-288,290
アジア・ダラー市場　234
アジア通貨危機　3,**56**,88,**113**,226
アジア的価値観　255
アジアの四小龍　107
アジェンダ21　**308**
ASEAN自由貿易地域（AFTA）　4,49,**119**,**168**,189,206,279,281,282,284-286,288-290
ASEAN投資地域（AIA）　121
ASEAN 4　196
ASEAN＋3（日本，中国，韓国）　4,74,290
アブ・サヤフ　252
域内分業体制　**166**
異常気象　263
委託加工　136
委託加工方式　99,**142**
一国二制度　251
インドネシア　206
インフォーマル・サービス部門　**48**
インフォーマル部門　125,**248**
インフラストラクチャー　12
迂回輸出　36,175
AICOスキーム　**49**
NGO　290,298
円借款制度に関する懇談会　301
OHQ（地域統括本部）　100
ODA政策　**305**
ODAに関する中期目標　298
ODAの質的側面　300
ODAの量的側面　298
欧州連合（EU）　122,277,279,281,283,285,290

欧米銀行　238
オーナーシップ　**309**
オフショア（金融）市場　**62,232**

カ　行

「海外事業活動基本調査」　184
「海外事業活動動向調査」　184
海外生産比率　**166**
改革・開放　132,134,138,143-145,149,151
改革・開放政策　99,133,**137**,139,141,145
外貨準備　**57**,59
外国為替市場　**233**
外資ギャップ　**294**
外資出資比率　90
海上輸送路（SLOC）　258
開発援助委員会（DAC）　**294**
開発資金国際会議　**309**
開発独裁　**24**,247
格付け　6,**227**
加工貿易　135
加工貿易型　**90**
カシミール紛争　252
過剰生産能力　199
華人　107
華南経済圏　**142**
カレンシーボード制　**69**
為替取引規制　230,**234**
環境と開発に関する国連環境開発会議（UNCED）
　（地球サミット）　**308**
雁行型発展　**16,114,177**
韓国　196,207
関税および貿易に関する一般協定（GATT）
　275,276,290
関税同盟　280,281
完成車貿易　214
カントリーリスク　6,**226**,228
広東国際投資信託公司（GITIC）　226
管理フロート制　**63**
企業債務処理委員会　73
企業向け銀行業務（ホールセール・バンキング）
　221
技術・資本集約型産業　93,98

技術者　204
技術力　**204**
逆輸入　**165**,166
逆輸入比率　165
キャッシュ・マネジメント・サービス　**224**
キャパシティ・ビルディング　3
行政改革　146,**147**
共通実効特恵関税協定（CEPT）　121,283
共同市場　281
京都議定書　309
拠点開設免許　229
緊急輸入制限措置（セーフガード）　8,**54**
銀行市場の規模　230
均整成長アプローチ　**15**
金融改革　146,**149**
金融関連法制度　72
金融グローバル化　60,**224**
金融派生商品（デリバティブ）　**60**
金融・ビジネスセンター　100
金融抑圧　22
金利収入　**222**
空洞化　99
国別援助支援　**313**
国別援助戦略（CAS）　**307**
クズネッツの逆U字仮説　271
グラント・エレメント　**301**
クルーグマン，ポール　3
クロスボーダーM&A　**34**,44
クローニー・キャピタリズム　30,**112**,247
クローニズム（仲間内主義）　15,**66**
グローバリゼーション　158
グローバル化　**25**,212,249
　経済の――　310
グローバル・スタンダード　**26**
グローバル戦略　**211**
経営開発国際研究所（IMD）　5
軽工業　86,91,92
軽工業製品　84,**89**,90
経済安全保障　**246**
経済協力開発機構（OECD）　7,294
経済制度　3
経済制度改革　306

索引　　　331

経済特区　138,140,141,158
経済のサービス化　81
経常収支　**58**,64,**224**
ケイレツ　203
権威主義開発体制　**94**,95
研究・開発機能　213
現地生産　213
現地調達率　185,187,**203**
公害の輸出　**247**
工業団地　90
高収量品種（HYV）　260
構造改革　7,**67**
構造調整　**305**
構造調整プログラム　**312**
郷鎮企業　138,141,**143**,144,145
後発 ASEAN 諸国　106
後発性の利益　**18,117**
5 カ年計画　87,90,136,137
国益と ODA　**314**
国際稲研究所（IRRI）　259
国際競争力　80,84,91,96-98,158,201,203
国際競争力ランキング　5
国際協調融資（シンジケート・ローン）　221
国際協力銀行（JBIC）　181,298
国際協力事業団（JICA）　298
国際銀行業務　**220**
国際金融センター　82,85,224,231,**232**
国際金融のトリレンマ　75
国際収支統計　**34**
国際通貨基金（IMF）　5,20,34,**57**,67,68,108
国際とうもろこし・小麦改良センター　260
国際分業体制　**49**
国産化規制　202
国内産業保護策　89
国民車構想　205
国民車メーカー　**205**
国有企業　138,143,146,**147**,148-150
国有企業改革　138,145,146,**147**,148
国連ミレニアムサミット　**309**
個人向け銀行業務（リテール・バンキング）　221
国家開発計画　**14**
国家分断　250

固定相場制　40,**63**
コーポレート・ガバナンス　**66**
コンディショナリティ（融資条件）　**67**,**312**
コンテスト・ベースの競争　23

サ 行

最恵国待遇　**275**
財閥グループ　44,66,96
債務再編委員会　73
砂漠化　267
サポーティング・インダストリー　**118**
産業（の）空洞化　96-98,158
産業構造の転換　81
産業（の）高度化　47,96-98,100,101,158,288
産業集積　158,159,185,205
三資企業　**142**
酸性雨　265
三大改革　145,**146**,149,151
3 段階発展戦略　145
GNI（国民総所得）　133
GM　214
GM グループ　210
資金仲介機能　**220**
資金フロー　60
資源確保型投資　35
自己資本比率　**222**
資産管理会社　**71**
資産・負債のミスマッチ　**66**
市場拡張的見解　**27**
市場確保型（投資）　35,284
市場友好的見解　**21**
持続可能な開発のための世界首脳会議　**309**
実質実効為替レート　65
シティバンク　237
自動化率　202
自動車産業育成策　**200**
自動車市場　201
自動車生産台数　198
ジニ係数　150,**271**
資本財　13,85,89,90,96,274
資本集約型産業　84,86,96
資本集約型製品　287

332　　　　　　　索　引

資本注入機関　**71**
資本取引規制　70
社会主義市場経済　**139**
上海　234
重化学工業　91,92,132
重化学工業化　81,90,91
　──政策　94,95
重化学工業製品　84
重工業化　136,137
重債務貧困国（HIPCs）　**307**
修正主義の見方　20
自由貿易　**274**,275,281
自由貿易協定（FTA）　122,**159**,189,277,**279**,282,285,288-290
自由貿易地域（FTZ）　176,**280**,281,285
珠江デルタ　51,**141**,142,158,181,190
少子高齢化　151
消費財　14
消費者　198
商用車　197
乗用車　197
新開発戦略　309
シンガポール　224,234
シンガポール・オフショア市場　62
シンガポール国際金融取引所（SIMEX）　234
シンガポール証券取引所（SES）　234
シンガポール取引所（SGX）　234
新興工業経済地域（NIEs）　16,107
新古典派　**15**,**305**
　──の見方　20
新竹科学工業園区　93
新宮澤構想　**295**
人民元の国際化　235
信用収縮（クレジット・クランチ）　**59**
水質汚染　267
スクオッター　**268**
裾野産業　203
ストリート・チルドレン　**268**
スピルオーバー効果　**38**
スラム　**268**
政策金融　22,94,96
生産拠点　210

生産システム　212,216
生産誘発効果　**199**
製品輸出比率　46
西部開発　**145**
生物多様性　**267**
政府開発援助（ODA）　111,**294**
政府開発援助（ODA）大綱　**311**
政府開発援助に関する中期政策（ODA中期政策）　**311**
政府の役割　4
世界銀行　**307**
世界の工場　285
世界貿易機関（WTO）　5,22,130,145,146,159,161,168,**275**,276,277,279,281,287,288,290
　──体制　276,285
セーフティー・ネット　**56**
漸進主義　**139**
セントラリゼーション　212
先発ASEAN諸国　106
先富論　**141**,150
戦略的提携　**209**
贈与比率　**300**
ソーシャル・セーフティー・ネット　**255**
外向きの成長戦略　**18**

タ　行

タイ　201,205,314
対外債務　94
大気汚染　264
タイ経済支援国会議　57
対中国経済協力計画　**313**
第2次ODA改革懇談会　**311**
ダイムラークライスラー・グループ　210
大躍進　132,136,**137**
台湾　196
多国間援助　**297**
DAC上級会議　309
脱石炭化　258
タミル・イスラム解放の虎　253
短期債務カバー率　**62**
地域経済統合　277,**279**,281-286,288-291
地域自由貿易協定（RTA）　279

索　引

地域統括拠点　**223**
地域ハブ　100
チェンマイ・イニシアティブ　74
地球温暖化　263
地球サミット　264,308
知識集約型　99
知識集約型産業　98
知的支援　**313**
知的所有権　279
　　──の保護　275
中間財　85,89,90-93,96,274
中関村　190
中国　5,196,208,238,313
　　──のWTO加盟　180
中小企業　203
長江デルタ　**141**,158,181,190
朝鮮戦争　250
直接投資　**34**,223
貯蓄不足　**294**
貯蓄率　224
通貨バスケット方式　**63**
通貨防衛協定　57
TCL集団　183,191,193
抓大放小　147
電子情報技術産業協会（JEITA）　172
ドイモイ政策　110
投資率　97,**224**
鄧小平　**137**,139
統治（ガバナンス）　306
東南アジア諸国連合（ASEAN）　16,106,**282**
都市化　268
土壌劣化　267
独資企業　142
飛び地経済　**118**
トヨタ　209
トヨタ・グループ　210
トリックル・ダウン効果　15
ドル・ペッグ制　**57**

ナ　行

内国民待遇　**275**
南沙諸島　252

南巡講話　**43**,**139**,179
南米南部共同市場（MERCOSUR，メルコスール）　122,277
日系企業　**221**
2国間援助　**297**
21世紀に向けてのODA改革懇談会　**311**
日産　209
日本　6,213
日本企業　7,223
日本・シンガポール新時代経済連携協定　289
ネポティズム（縁故主義）　**66**
農業生産請負制　**138**,143

ハ　行

海爾（ハイアール）　183,191,193
パートナーシップ　**309**
バンコク　235
バンコク国際金融市場（BIBF）　62,69,108,231,235
反ダンピング　289
BOO形式　259
BOT形式　259
東アジアの奇跡　3,**16**,19,306
非関税障壁　168,276,286
非金利収入　**222**
一人っ子政策　151
非日系企業　**221**
ピープルズ・パワー　254
開かれた地域主義　286
貧困削減戦略ペーパー（PRSP）　**307**
フィリピン　206
フォード・グループ　210
フォーマル・サービス部門　**48**
フォルクスワーゲン　210
不均整成長アプローチ　**15**
複線型工業化　**91**
負債比率　66
2つの中国　251
部品調達　**202**
部品メーカー　203
ブミプトラ（マレー人優遇）政策　24,**70**,**108**,253

プラザ合意　**40**
プランテーション　12,259
不良債権比率　**71**
フルブランチ　**229**
プロジェクト・ファイナンス　221,227
プロデュア　205
プロトン　205
文化大革命　132,136,**137**
分業体制　216
米州自由貿易構想（FTAA）　279,290
ヘッジファンド　**60**,63
ペティ＝クラークの法則　**19**,**49**
ベトナム　314
ベトナム戦争　250
変動相場制　40,**57**
貿易依存度　134
貿易（の）自由化　274,276,277,279,282,285-288,290
貿易摩擦　175
貿易摩擦回避型投資　36
邦銀のアジア拠点　236
包括的開発フレームワーク（GDF）　**307**
北米自由貿易協定（NAFTA）　122,277,279,281,285,286,290
香港　224,234
香港上海銀行　238
ホンダ　209,210,214

マ 行

マーケット・ベースの競争　23
マレーシア　205
マングローブ　**266**
マンデル＝フレミング・モデル　**75**
三井住友フィナンシャル・グループ　235
みずほフィナンシャルグループ　235
三菱東京フィナンシャル・グループ　235
緑の革命　**260**
南アジア自由貿易地域（SAFTA）　287
南アジア地域協力連合（SAARC）　279,**282**,287
南アジア特恵貿易協定（SAPTA）　26,287,290

ミレニアム宣言　**309**
民主化運動　**254**
無償援助　**295**
モジュール化　43
モノカルチャー経済　**12**
モンテレイ会議　**309**

ヤ 行

焼畑農業　**266**
UFJグループ　235
有償援助　**295**
有償資金協力（円借款）　**301**
輸出依存度　84,96,130,274
輸出加工型　142
輸出加工区　**89**,92,93,141
輸出志向型　91,92
輸出志向工業化　**15**,**39**,**62**,84-86,**89**,90-93,**112**
── 政策　45,89,92
── 戦略　88,92
輸出主導型　96,101,274
輸出信用制度　89
輸出比率　45
輸出ペシミズム論　14
ユニット化　43
輸入依存度　84
輸入浸透度　188
輸入代替　89,91,92
輸入代替工業化　**14**,**39**,**89**,91-93,**111**,**173**
── 政策　36,89,92
── 戦略　88
輸入代替産業　89
良い統治と悪い統治　**306**
要請主義　**297**
与信残高　236
与信ポートフォリオ　227
4大金融グループ　235

ラ 行

ライフスタイル　215
ラブアン・オフショア金融センター　231
リージョナリゼーション　26

リスク　216
リスク管理　8
量産化　204
量産効果　**201**
累積債務危機　68
離陸（テイクオフ）　15
ルノー・日産グループ　210
レント　25
レント・シーキング　**25**,248
労働集約型　89,**91**

労働集約型産業　86,87,89,96-98,142
労働集約型製品　83,84,135,278
労働力確保型投資　35
ローカリゼーション　211
ローカル・コンテント　26

ワ　行

ワシントン・コンセンサス　**20**
ワールド・カー構想　212

執筆者紹介

今井　宏（第4，6，7，12章執筆）
日本総合研究所総合研究部門主任研究員，立命館大学経済学部客員教授
『中国の躍進・アジアの応戦』（共著，東洋経済新報社，2002年），「深刻化する中国の失業問題」（『RIM』Vol.2, No.6, 2002年），「中国に集中する東アジア向け投資」（『RIM』Vol.2, No.4, 2002年）

高安　健一（序章，第9，10，13章執筆）
日本総合研究所調査部上席主任研究員，獨協大学経済学部教授
『アジア新金融地図』（日本経済新聞社，1996年），『アジア・ネットワーク』（日本経済評論社，1997年），『東アジアの開発経験』（アジア経済研究所，1997年），『アジアの大都市［3］シンガポール他』（日本評論社，2000年），『ポスト通貨危機の経済学』（勁草書房，2000年），いずれも共著．『新しい貨幣の創造』（石見尚と共訳，日本経済評論社，2001年），『アジア金融再生』（勁草書房，2005年）

坂東　達郎（第2，3，8章執筆）
日本総合研究所総合研究部門主任研究員，立命館大学経済学部客員教授
『中国の躍進・アジアの応戦』（共著，東洋経済新報社，2002年），「縁故主義からの脱却を図るマハティール政権」（『RIM』Vol.1, No.3, 2001年），「先送りが続くマレーシア大企業改革」（『国際金融』，外国為替貿易研究会，2000年7月）

三島　一夫（第1，5，11章執筆）
コーエイ総合研究所主席研究員，前・日本総合研究所調査部主任研究員，元・神戸大学大学院国際協力研究科助教授，元・立命館大学経済学部講師
『中国の躍進・アジアの応戦』（共著，東洋経済新報社，2002年），「域内統合を迎えるインドネシアの産業競争力の現状と課題」（『RIM』Vol.1, No.1, 2001年），「通貨危機後のASEANにおける輸出振興のための課題」（『アジアエコノミックレビュー』Vol.6, No.1, 2000年）

テキストブック　21世紀アジア経済

2003年4月10日　第1版第1刷発行
2012年3月10日　第1版第4刷発行

著者　今高坂<ruby>坂<rt>ばん</rt></ruby>三　井<ruby>井<rt>い</rt></ruby>安<ruby>安<rt>やす</rt></ruby>東<ruby>東<rt>どう</rt></ruby>島<ruby>島<rt>しま</rt></ruby>一　宏<ruby>宏<rt>ひろし</rt></ruby>健<ruby>健<rt>けん</rt></ruby>達<ruby>達<rt>たつ</rt></ruby>一<ruby>一<rt>かず</rt></ruby>郎<ruby>郎<rt>ろう</rt></ruby>夫<ruby>夫<rt>お</rt></ruby>

発行者　井　村　寿　人

発行所　株式会社　勁<ruby>勁<rt>けい</rt></ruby>草<ruby>草<rt>そう</rt></ruby>書房
112-0005　東京都文京区水道 2-1-1　振替 00150-2-175253
（編集）電話　03-3815-5277／FAX 03-3814-6968
（営業）電話　03-3814-6861／FAX 03-3814-6854
理想社・中永製本所

©The Japan Reserach Institute, Ltd.　2003
ISBN978-4-326-50239-4　Printed in Japan

JCOPY 〈(社)出版者著作権管理機構　委託出版物〉
本書の無断複写は著作権法上での例外を除き禁じられています。
複写される場合は、そのつど事前に、(社)出版者著作権管理機構
（電話 03-3513-6969、FAX 03-3513-6979、e-mail: info@jcopy.or.jp）
の許諾を得てください。

＊落丁本・乱丁本はお取替いたします。
http://www.keisoshobo.co.jp

天児　慧
等　身　大　の　中　国　　　　　　　　46判　2,415円
　　　　　　　　　　　　　　　　　　　　　　　35130-5

大塚正修・日本経済研究センター編
中　国　社　会　保　障　改　革　の　衝　撃　　A5判　2,730円
　　　　　自己責任の拡大と社会安定の行方　　　　　　50234-9

大　橋　英　夫
米中経済摩擦：中国経済の国際展開　　　　　A5判　3,885円
　　　　　　　　　　　　　　　　　　　　　　　50145-8

浦田秀次郎・木下俊彦 編著
ア　ジ　ア　経　済　：　リ　ス　ク　へ　の　挑　戦　　A5判　2,835円
　　　　　　　　　　　　　　　　　　　　　　　50191-5

浦田秀次郎・小浜裕久 編著
東　ア　ジ　ア　の　持　続　的　経　済　発　展　　A5判　3,045円
　　　　　　　　　　　　　　　　　　　　　　　50200-4

天児　慧編著
中　　国　　は　　脅　　威　　か　　　　　　A5判　3,465円
　　　　　　　　　　　　　　　　　　　　　　　30109-6

佐　藤　考　一
Ａ　Ｓ　Ｅ　Ａ　Ｎ　レ　ジ　ー　ム
　　　ASEAN における会議外交の発展と課題　　　A5判　4,410円
　　　　　　　　　　　　　　　　　　　　　　　30147-8

高　安　健　一
ア　ジ　ア　金　融　再　生
　　　　　危機克服の戦略と政策　　　　　　　　A5判　5,040円
　　　　　　　　　　　　　　　　　　　　　　　50260-8

────────────────────勁草書房

＊表示価格は 2012 年 3 月現在，消費税は含まれております。